Rafael Soares de Almeida

Aprendendo Programação Orientada a Objetos com **Visual Studio 2017 e Xamarin.Android**

EDITORA CIÊNCIA MODERNA

Aprendendo Programação Orientada a Objetos com Visual Studio 2017 e Xamarin.Android

Editor: Paulo André P. Marques
Produção Editorial: Dilene Sandes Pessanha
Capa: Daniel Jara
Diagramação: Daniel Jara
Copidesque: Equipe Ciência Moderna

FICHA CATALOGRAFICA

ALMEIDA, Rafael Soares de.

Aprendendo Programação Orientada a Objetos com Visual Studio 2017 e Xamarin.Android

Rio de Janeiro: Editora Ciência Moderna Ltda., 2021.

1. Linguagem de Programação
I — Título

ISBN: 978-85-399-1046-5 CDD 005.133

Editora Ciência Moderna Ltda.
R. Alice Figueiredo, 46 – Riachuelo
Rio de Janeiro, RJ – Brasil CEP: 20.950-150
Tel: (21) 2201-6662/ Fax: (21) 2201-6896
E-MAIL: LCM@LCM.COM.BR
WWW.LCM.COM.BR

05/21

Agradecimentos

À minha amada Mãe, dona Zezé, sem a qual nada disto teria sentido.

À minha amada esposa Gorete e à minha amada filha
Ana Paula, que me ensinam todos os dias o verdadeiro sentido da vida.

Aos meus irmãos, pelo positivismo empregado.

Aos amigos Cláudio Alcântara, Jose Orlando,
Profª Msc Maria Beatriz Sena Brignol, Profº Doutor Ailton Feitosa.

Aos amigos que tanto me deram força para continuar
nesta caminhada, meu muito obrigado e desculpas por minha ausência.

"O covarde nunca começa, O fracassado nunca termina, O vencedor nunca desiste."

Norman Vincent Peale

Sumário

Capítulo 1

Paradigmas de Linguagens de Programação

Chamamos de paradigma um conjunto de características que servem para categorizar um grupo de linguagens. Existem diversas classificações de paradigmas de LPs, sendo a mais comum a que divide os paradigmas de LPs nos paradigmas imperativo, orientado a objetos, funcional e lógico. A classificação utilizada aqui foi adaptada da apresentada por Appleby (1991). As únicas alterações realizadas nessa classificação são a substituição do paradigma "distribuído" pelo "concorrente" e a exclusão do paradigma de "linguagens de bancos de dados". Cabe ressalvar a não rigidez dessa classificação, deixando aberta a possibilidade de LPs se enquadrarem em mais de um desses paradigmas simultaneamente. A Figura abaixo ilustra a classificação adotada neste livro:

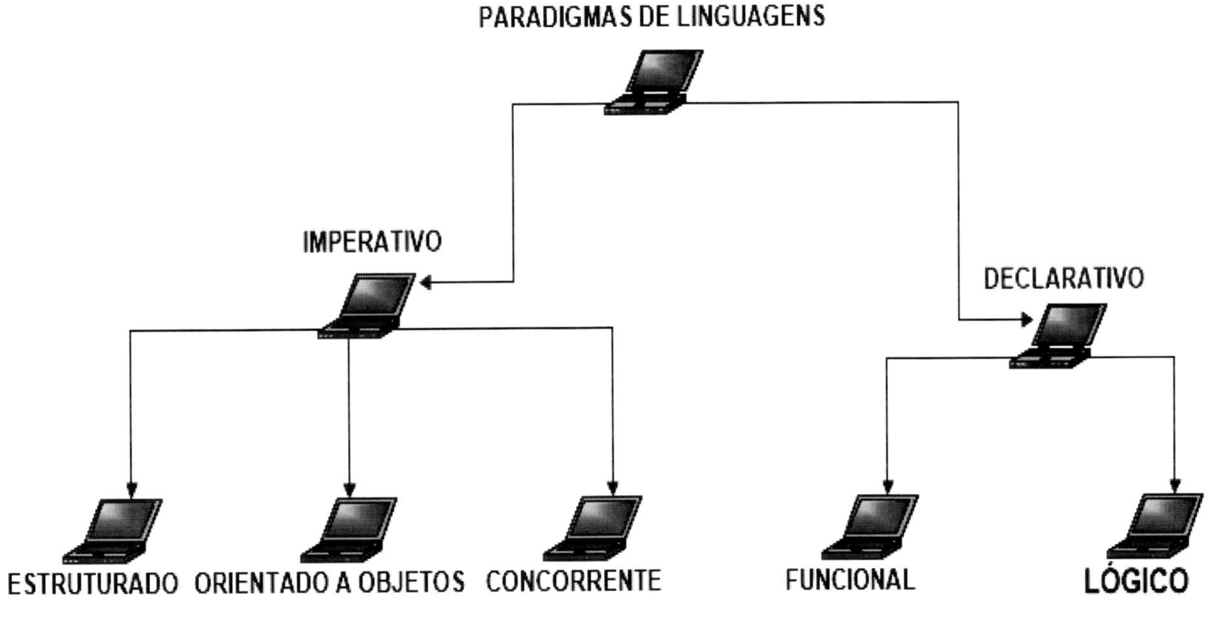

Figura 1

Nessa classificação, os paradigmas são subdivididos em duas categorias principais: imperativo e declarativo.

Paradigma Imperativo

O paradigma imperativo engloba os paradigmas fundamentados na ideia de computação como um processo que realiza mudanças de estados. Nesse sentido, um estado representa uma configuração qualquer da memória do computador. Os programas de LPs incluídas nesse paradigma especificam como uma computação é realizada por uma sequência de alterações no estado da memória do computador.

O foco dos programas no paradigma imperativo é especificar como um processamento deve ser feito no computador. Os conceitos fundamentais são de variável, valor e atribuição. Variáveis são vistas como sendo um conjunto de células de memória. Elas possuem um valor associado em um determinado instante do processamento e podem ter seu valor modificado por meio de operações de atribuição.

O paradigma imperativo é subdividido nos paradigmas estruturado, orientado a objetos e concorrente.

Paradigma Estruturado

As primeiras LPs foram fortemente influenciadas pela programação em linguagem de máquina. Esse tipo de programação se caracterizava pela existência de uma sequência monolítica de comandos e pelo uso de desvios condicionais e incondicionais para determinar o fluxo de controle da execução do programa.

Logo se percebeu que esse estilo de programação estimulava a ocorrência de erros e reduzia a produtividade do programador. Para contornar essa dificuldade, surgiu a programação estruturada. Esse tipo de programação se baseia na ideia de desenvolvimento de programas por refinamentos sucessivos *(top-down)*. A programação estruturada consegue organizar o fluxo de controle de execução dos programas desestimulando o uso de comandos de desvio incondicional e incentivando a divisão dos programas em subprogramas e em blocos aninhados de comandos. PASCAL, C, Cobol, Clipper entre outras, são linguagens que adotam o paradigma estruturado.

Paradigma Orientado a Objetos

Com o avanço da computação, os sistemas de software têm se tornado cada vez maiores e mais complexos. O paradigma orientado a objetos oferece conceitos que objetivam tornar mais rápido e confiável o desenvolvimento desses sistemas.

Enquanto as linguagens que adotam o paradigma estruturado enfocam as abstrações de controle de execução dos programas, as linguagens que adotam o paradigma orientado a objetos enfocam as abstrações de dados como elemento básico de programação. Classes são abstrações que definem uma estrutura de dados e um conjunto de operações que podem ser realizadas sobre elas, chamadas métodos. Objetos são instâncias de classes. Outros conceitos importantes nesse paradigma são a herança e o polimorfismo.

Por utilizarem os conceitos do paradigma estruturado na especificação dos métodos, o paradigma orientado a objetos pode ser considerado uma evolução do paradigma estruturado. SMALLTALK [GOLDBERG & ROBSON, 1989], C++, JAVA, C# .NET, entre outras, são linguagens que adotam o paradigma orientado a objetos.

Paradigma Concorrente

A programação concorrente ocorre quando vários processos executam simultaneamente e concorrem por recursos. Os sistemas concorrentes têm se tornado cada vez mais usados. Eles podem utilizar uma única unidade de processamento ou várias unidades em paralelo. Nesse último caso as unidades de processamento podem estar localizadas em um mesmo computador ou distribuídas entre vários. Sistemas concorrentes também podem compartilhar dados ou dispositivos periféricos.

O paradigma concorrente engloba linguagens que oferecem facilidades para o desenvolvimento desses sistemas. ADA e JAVA são provavelmente as linguagens mais conhecidas a oferecer suporte a concorrência.

Paradigma Declarativo

Em contraste com o paradigma imperativo, no qual os programas são especificações de como o computador deve realizar uma tarefa, no paradigma declarativo os programas são especificações sobre o que é essa tarefa. No paradigma declarativo, o programador não precisa se preocupar sobre como o computador é implementado, nem sobre a maneira pela qual ele é melhor utilizado para realizar uma tarefa. A preocupação do programador é descrever de forma abstrata a tarefa a ser resolvida.

Tipicamente, programas em linguagens declarativas são especificações de relações ou funções. Não existem atribuições as variáveis dos programas uma vez que as variáveis declarativas são de fato incógnitas e não representam células de memória.

Os interpretadores ou compiladores das LPs declarativas gerenciam a memória do computador, tornando transparente para o programador a necessidade de alocação e desalocação de memória.

Paradigma Funcional

Linguagens funcionais operam apenas sobre funções, as quais recebem listas de valores e retornam um valor. O objetivo da programação funcional é definir uma função que retorne um valor como a resposta do problema. Um programa funcional é uma chamada de função que normalmente chama outras funções para gerar um valor de retorno. As principais operações nesse tipo de programação são a composição de funções e a chamada recursiva de funções. Outra característica importante é que as funções podem ser passadas como parâmetros a outras funções. LISP [MCCARTHY, 1960], HASKELL [JONES, 2003] e ML [MILNER et al., 1997] são exemplos de linguagens funcionais.

Paradigma Lógico

Linguagens lógicas são normalmente baseadas em um subconjunto do cálculo de predicados. Um predicado define uma relação entre constantes ou variáveis. Um programa lógico é composto por cláusulas que definem predicados e relações factuais. A característica diferencial do paradigma lógico é que a execução dos programas corresponde a um processo de dedução automática.

Assim, quando uma questão é formulada, um mecanismo de inferência tenta deduzir novos fatos a partir dos existentes para verificar a veracidade da questão. PROLOG [ISO, 1995b] é o exemplo mais conhecido de linguagem que adota o paradigma lógico.

Evolução das Linguagens de Programação

Antes do surgimento das LPs, a programação de computadores era feita exclusivamente em linguagem de máquina. Os programadores tinham de conhecer profundamente a arquitetura da máquina na qual o programa seria executado, seu conjunto de instruções e sua forma de funcionamento. Mesmo dominando todo esse conhecimento, a atividade de programação era pouco produtiva porque as instruções das linguagens de máquina são muito simples.

As primeiras LPs surgiram no final dos anos 50 e início dos anos 60 para facilitar o trabalho de programação. Por conta da cultura de programação dessa época e da limitação de recursos dos computadores, essas linguagens foram fortemente influenciadas pelas linguagens de máquina e pela arquitetura de Von Neumman dos computadores. A eficiência computacional era o foco principal das LPs, porque os recursos como memória e processadores eram escassos. FORTRAN e COBOL [ANSI, 1985] são exemplos de linguagens que surgiram nessa época.

À medida que os recursos computacionais se desenvolviam, os computadores iam se tornando mais poderosos e úteis. Novamente, a atividade de programação se tornava um gargalo para a disseminação dos sistemas computacionais. No final dos anos 60, as LPs passaram a enfocar a eficiência na produtividade dos programadores. Surgiram as LPs que enfatizavam a programação estruturada. PASCAL e C são exemplos de linguagens que surgiram nessa época.

Com o aumento da complexidade dos sistemas computacionais, uma nova técnica de programação passou a ser o foco das LPs no final dos anos 70 e início dos anos 80 - a abstração de dados. Essas LPs enfocavam a construção modularizada de programas e bibliotecas e o conceito de tipos abstratos de dados. MODULA-2 e ADA são exemplos de linguagens que surgiram nessa época.

Durante os anos 80 e 90 houve uma vasta disseminação do uso de computadores pessoais e das estações de trabalho. Surge a indústria do software, e com ela, a necessidade de se produzir e atualizar software rapidamente. O reuso passa a ser um conceito central para a produtividade no desenvolvimento de software. Para atender esse requisito são desenvolvidas as LPs orientadas a objetos. SMALLTALK, EIFFEL [MEYER. 1992], C++, JAVA e C#.NET são exemplos de linguagens que surgiram nessa época.

É importante dizer que muitas linguagens foram incorporando novas características à medida que se constatava a sua necessidade. Assim, versões atuais de FORTRAN e COBOL, por exemplo, já incorporam os conceitos de programação estruturada.

Cabe dizer ainda que as linguagens declarativas evoluíram em paralelo com as imperativas. LISP surgiu no final dos anos 50, e PROLOG no início dos anos 70. O maior interesse no desenvolvimento dessas linguagens tem ocorrido no meio acadêmico, em particular, nas áreas de pesquisa sobre Linguagens de Programação e Inteligência Artificial.

A seguir, apresentamos uma breve descrição da origem e principais características de algumas das LPs mais conhecidas.

Origem das Linguagens de Programação

FORTRAN (1957): Desenvolvida inicialmente por Backus para computadores IBM. Destinou-se a aplicações numérico-científícas (caracterizadas por poucos dados e muita computação). Enfatizava a eficiência computacional (por exemplo, não havia alocação dinâmica de memória). Não enfocava a eficiência dos programadores (por exemplo, as estruturas de controle eram todas baseadas no comando *GOTO)*. Versões atuais de FORTRAN incorporaram avanços das outras LPs.

LISP (1959): Criada por John McCarthy no MIT. Adota o paradigma funcional. Apropriada para processamento simbólico. Ainda hoje é a LP mais usada na Inteligência Artificial. COMMON LISP [ABELSON *et al.*, 1998] e SCHEME [GRAHAM, 1995] são dialetos.

ALGOL (1960) [NAUR, 1960]: Criada por um comitê de especialistas. Primeira LP com sintaxe formalmente definida. Importância teórica enorme, tendo influenciado todas as LPs imperativas subsequentes, embora ela própria não tenha sido muito usada (até hoje se usa o termo *ALGOL-like).*

COBOL (1960): Criada por um comitê de especialistas. Primeira LP encomendada pelo Departamento de Defesa Americano (DoD). Destinada para aplicações comerciais (caracterizada por muitos dados e pouca computação). Tentou enfatizar legibilidade (LP mais próxima do inglês), mas acabou comprometendo redigibilidade.

BASIC (1964): Criada por Kemeny e Kurtz na Universidade de Darmouth. Objetivava ser de fácil aprendizado para uso por estudantes de artes e ciências humanas.

PASCAL (1971): Criada por Niklaus Wirth. Foi projetada para ser usada no ensino de programação estruturada. Enfocou a simplicidade.

C (1972): Criada por Dennis Ritchie no Bell Labs. Projetada para ser usada no desenvolvimento de sistemas de programação (em particular, para a implementação do sistema operacional UNIX).

PROLOG (1972): Criada por Comerauer e Roussel, na Universidade de Aix-Marseille, com o auxílio de Kowaiski, da Universidade de Edimburgo. Adota o paradigma lógico, sendo bastante usada em Inteligência Artificial.

SMALLTALK (1972): Criada por Alan Key e Adele Goldberg no Xerox PARC. Primeira Linguagem de Programação totalmente orientada a objetos. O ambiente de programação da SMALLTALK apresentou o conceito de interfaces gráficas com o usuário que hoje é amplamente utilizado.

ADA (1983): Criada pela empresa Cii-Honeywell Bull, liderada pelo francês Jean Ichbiah, vencedora de licitação promovida pelo DoD para atender à demanda de uma linguagem de programação de alto nível padronizada. Demandou o maior esforço para o desenvolvimento de uma LP, envolvendo centenas de pessoas durante oito anos. LP muito grande e complexa. Apropriada para programação concorrente e sistemas de tempo real.

C++ (1985): Criada por Bjarne Stroustrup no Bell Labs. Projetada para ser uma extensão de C com orientação a objetos. Tinha como requisito não implicar perda significativa de eficiência em relação ao código em C. Responsável pela rápida aceitação da orientação a objetos. Tornou-se uma LP muito complexa.

JAVA (1995): Criada pela Sun Mycrosystems para ser usada na construção de softwares para sistemas de controle embutido (como eletrodomésticos), mas acabou não sendo usada para esse fim. Baseou-se fortemente em C++, mas é bem mais simples. É uma LP orientada a objetos. Não utiliza explicitamente o conceito de ponteiros e foi projetada para enfatizar a portabilidade. Tem se tornado amplamente utilizada por causa da sua confiabilidade e portabilidade, pelo advento da INTERNET e porque os programadores de C e C++ a aprendem facilmente.

C# (ou **C Sharp**) (2001): É uma linguagem de programação orientada a objetos desenvolvida pela Microsoft como parte da plataforma **.NET**. A sua sintaxe orientada a objetos foi baseada no C++ mas inclui muitas influências de outras linguagens de programação, como Delphi e Java.

Capítulo 2

Conceitos de Orientação a Objetos

Nos dias de hoje, praticamente todo o software é escrito numa ou noutra linguagem orientada a objetos. As linguagens estruturadas como C e Pascal tiveram muito sucesso nos anos 1970 e 1980. Desde os anos 1990 a programação orientada a objetos - POO (em inglês, Object-Oriented Programming) ganhou especial relevância, dominando a indústria da informática. Os exemplos mais familiares de linguagens orientadas a objetos são C++, Java, Delphi, SmallTalk e C# (Sharp) .NET.

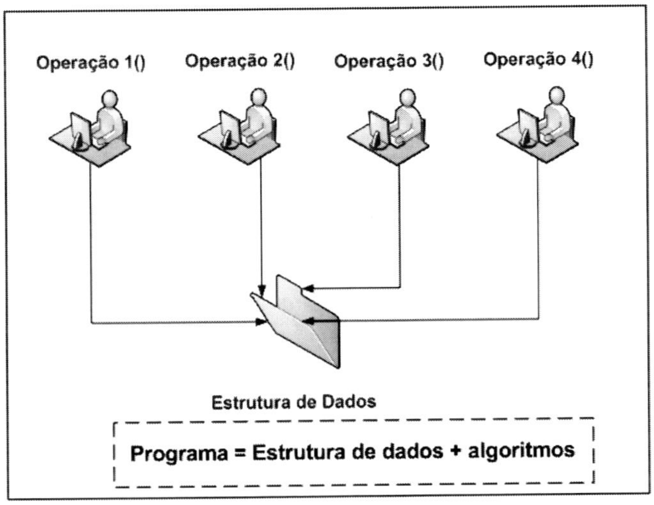

Figura 2

Por que esta mudança? As linguagens estruturadas têm um modelo de programação simples. O programador pensa numa ou mais estruturas de dados que lhe modelem o problema e, em seguida, desenvolve um conjunto de operações (funções) que atuam sobre essas estruturas de dados, conforme figura 2:

Embora este modelo de desenvolvimento funcione bem para pequenos programas, existem sérios problemas quando a dimensão dos sistemas começa a aumentar. O problema é que uma vez que todas as operações têm acesso a todos os dados, uma pequena modificação num dos módulos pode ter implicações em todo o programa. À medida que os programas crescem, torna-se muito difícil manter o código. É simples de constatar: mudar o nome de uma variável numa estrutura de dados pode implicar mudar o seu nome em milhares de linhas de código onde esta é utilizada. Vejamos outro exemplo: se uma função pode alterar o valor de uma variável global, sem que o resto das funções tenha **consciência** ou espere essa alteração, isso poderá levar a graves erros de funcionamento. Estes problemas são muito difíceis de retirar do código. Costuma-se dizer que neste tipo de arquitetura existe um elevado acoplamento entre módulos.

A programação orientada a objetos tenta aliviar alguns desses problemas. A ideia principal é diminuir o acoplamento entre os diversos módulos. Para isso, cada uma das estruturas de dados é encapsulada dentro de um objeto, que também possui funções que atuam sobre essa estrutura de dados. Os dados não são diretamente visíveis para o exterior do objeto. Apenas a **interface**, isto é, as operações disponibilizadas no objeto, são visíveis. Em POO, o programador pensa em termos de objetos que modelam o seu problema e nas relações entre eles. As estruturas de dados específicas e a implementação das operações sobre as mesmas devem ser apenas **detalhes** de implementação, veja na figura abaixo a ilustração desta ideia:

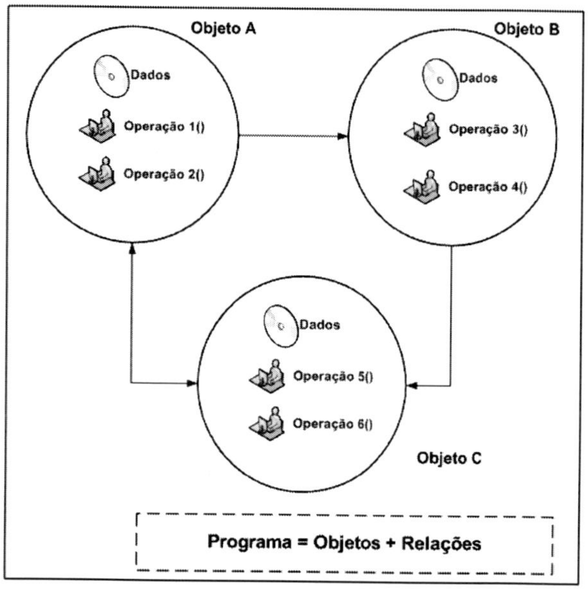

Figura 3

Uma questão bastante complexa é a forma como se consegue chegar a um conjunto de objetos e relações que modelem o problema corretamente. Este livro não tem como objetivo ensinar ao leitor todo este processo. O tema é demasiado extenso e complexo para ser discutido em profundidade aqui. Caso o leitor não tenha experiência em **design** orientado a objetos, recomenda-se o livro de ***Grady Booch - Object-Oriented Analysis and Design with Applications.*** Não é realmente possível aprender a programar bem no paradigma de orientação a objetos lendo simplesmente um livro que ensina a sintaxe usada numa linguagem. Embora isso seja mais ou menos possível numa linguagem estruturada, os conceitos envolvidos em orientação a objetos são muito mais elaborados.

Pode-se dizer que para aprender POO começa-se por ler um livro que ensine a sintaxe de uma linguagem POO, em seguida lê-se um livro sobre **design** POO e, finalmente, só a experiência pode ajudar o programador. Vamos discutir um pouco dos principais conceitos associados à POO.

Por que Aprender Orientação a Objeto?

Se voltarmos um pouco no tempo, veremos que o conceito predominante de programação antes da **Programação Orientada a Objetos** era chamada de programação estruturada.

A programação estruturada consiste basicamente em dividir a tarefa de programação em pequenos blocos de códigos chamados de procedimentos (procedure, em inglês), também conhecidos como sub-rotinas.

Em grandes programas desenvolvidos com metodologia estruturada, é possível atingir impressionantes números, como 180.000 mil linhas de código ou até mais. Agora, imagine que você tem em seu código uma variável global pública que é utilizada em vários procedimentos ao curso do seu programa e você necessite fazer uma alteração nesta variável.

Aí estão os pontos fracos em uma programação estruturada ou procedural. Qualquer código que seja gravado como um código estruturado não é modular nesse ponto. O problema é que um elemento de dados pode ser alterado em qualquer pedaço de código e, provavelmente, o desenvolvedor não tenha planejado isso. Este fato, geralmente, resulta em erros no tempo de execução, que são muito difíceis de depurar. Além disso, a manutenção pode se transformar num desafio cada vez maior conforme passam os dias. Tentar entender o ímpeto global de alterar uma única linha de código com programação estruturada nem sempre é uma tarefa fácil.

Primeira conclusão: gerenciar tanto código quanto dados em programação estruturada resulta em taxas muito baixas de reutilização.

Neste ponto a **POO** soluciona estes problemas. Ela condiciona os dados e métodos que agem sobre os dados em uma unidade chamada objeto. Dados de objeto podem ser escondidos (encapsulados) para evitar manipulação não autorizada e um objeto apresenta um conjunto de métodos públicos para permitir e centralizar a operação nestes dados.

O tipo de programação funcional (veja que já a chamamos procedural, estruturada e alguns autores a chamam também procedimental) cria aplicativos que são chamados de monolíticos, isto significa que toda a funcionalidade está contida em uns poucos módulos de código. Para ilustrar melhor, imagine que um aplicativo de alto desempenho que você escreveu é um carro super esportivo. Se ele for escrito com técnicas funcionais (programação tradicional), então, este carro será basicamente uma unidade. Se precisarmos aprimorar este carro, teremos que substituir toda a unidade, enviando-a de volta ao fabricante e deixando que um perito especialista faça sua atualização ou **upgrade.** Se forem utilizadas técnicas de **POO,** então, poderíamos simplesmente comprar um novo motor do fabricante e seguir suas instruções para substituí-lo nos mesmos.

Uma das melhores características da **POO** é a herança, ou seja, sua capacidade de permitir que programadores reutilizem o código e dados. Com isso, nós, desenvolvedores, podemos construir aplicativos mais complexos rapidamente.

Porém, vale algumas ressalvas para não permitir entusiasmos exagerados. Você tem que entender e aprender a pensar **orientado á objeto**, caso contrário, não verá utilidade nestas características de programação permitidas pela linguagem. Outro ponto que serve como dica é que um código novo sempre está muito suscetível a erros, portanto, apenas faça herança de códigos bem testados e homologados.

Como vimos anteriormente, poderíamos passar algumas boas páginas **conversando** sobre as diferenças entre programação procedural ou estruturada e **POO,** vamos demonstrar em exemplos úteis o porquê de utilizar **POO.**

Por que é Importante Usar Programação Orientada a Objetos?

Um dos maiores desafios da programação e análise de sistemas em geral é a reusabilidade, compartilhamento e arquitetura de divisão em módulos. Estas questões são imprescindíveis para garantir um desenvolvimento eficiente e a distribuição de tarefas entre os membros de uma equipe.

O dinamismo nas mudanças de regras de negócio dentro de uma corporação reforça a necessidade de um desenvolvimento modular coeso, que permita a execução de manutenções pontuais com facilidade, sem a geração de efeitos colaterais indesejados em outros subsistemas.

Na busca por soluções para as questões levantadas, a **POO** posiciona-se como a melhor opção conhecida até o momento, pois a técnica naturalmente incentiva a reusabilidade e a divisão do software em módulos.

A Ideia principal da **POO** é quebrar o software em classes, onde cada funcionalidade tem uma classe para sua implementação. Isso facilita o desenvolvimento, pois coloca o foco do programador apenas naquela classe que deve ser implementada, além de permitir que outros membros da equipe programem também outras partes ao mesmo tempo, já considerando a existência dessa classe. É claro que, para que isso se torne possível, deve existir uma fase de modelagem do sistema em classes antes do início da fase de implementação.

Bolo de Fubá com Cobertura de Chocolate

Antes de iniciarmos nosso aprendizado em **Programação Orientada a Objetos**, vamos analisar como se faz um bolo de fubá com cobertura de chocolate.

Ingredientes da Massa

- 1 copo (requeijão) de suco de laranja;
- 2 xícara (chá) de açúcar;
- 2 xícaras (chá) de farinha de trigo;
- 2 xícara (chá) de fubá;
- 1 colher (chá) de fermento em pó;
- 4 ovos (separe as claras);
- 100 ml de leite de coco;
- 200 g de margarina.

Ingredientes da Cobertura de Chocolate

- 1 xícara (chá) de leite (quente);

- 250 g de chocolate ao leite ralado;
- 3 colheres (sopa) de creme de leite.

Modo de Preparo da Massa

- Na batedeira coloque o açúcar, a manteiga ou margarina, e as gemas;
- Misture até virar um creme;
- Junte o suco de laranja (coado), o leite de coco, a farinha e o fubá (peneirados);
- Bata até se agregarem bem;
- Desligue a batedeira;
- Junte as claras em neve;
- Mexa com cuidado;
- Em seguida adicione o fermento;
- Unte e polvilhe uma assadeira;
- Coloque a massa dentro da assadeira;
- Pré-aqueça o forno em temperatura média (150°C);
- Leve a assadeira ao forno por 15 minutos;
- Após esse tempo, aumente a temperatura do forno para 180°C;
- Deixe dourar (aproximadamente 20 minutos);
- Desenforme;
- Regue com a cobertura de chocolate, após pronto.

Modo de Preparo da Cobertura

- Misture o creme de leite com o leite;
- Leve ao fogo;
- Após os dois ingredientes estiveram bem encorpados, desligue o fogo;
- Junte o chocolate ralado;
- Misture até derreter.

Agora que o bolo está pronto, podemos observar que a receita possui uma organização padronizada, composta de ingredientes e de modo de preparo. Podemos ver, ainda, que os ingredientes dizem do que o bolo é composto, bem como o modo de preparo, que diz como o bolo é feito. Detalhando mais ainda, veremos que cada ingrediente nada mais é do que uma quantidade de algo - um tipo - e o modo de preparo é a utilização dos ingredientes para produzir um resultado.

Aplicando a Programação Orientada a Objetos na Receita de Bolo

Ao pensarmos na receita de bolo de forma orientada a objeto, surgem as seguintes questões:

O que é uma receita de bolo?
Mundo Real: É a definição de como se fazer um bolo.
POO: é uma Classe.

O que são os ingredientes?
Mundo Real: são os itens que comporão o bolo.
POO: são os Atributos da Classe.

O que é o modo de preparo?
Mundo Real: é como se deve fazer o bolo.
POO: são os Métodos da Classe.

O que é o bolo pronto?
Mundo Real: é o bolo devidamente assado, já com a cobertura de chocolate, como determina a receita, pronto para consumo.
POO: é a Instância da Classe.

Depois de pronto, como o bolo se comporta?
Mundo Real: exala cheiro, possui temperatura, cor, textura, sabor, etc.
POO: são outros Atributos da Classe, que devem ser previstos após a instanciação do objeto.

Capítulo 3

Introdução à UML

A **UML** (**Unified Modeling Language ou Linguagem de Modelagem Unificada**) é uma linguagem de modelagem visual, de uso geral na área de engenharia de software, que se destina a fornecer uma maneira padrão para visualizar o desenho de um sistema.

Essa linguagem tornou-se, nos últimos anos, a linguagem padrão de modelagem de software adotada internacionalmente pela indústria de Engenharia de Software.

Deve-se esclarecer que a **UML** não é uma linguagem de programação e sim uma linguagem de modelagem, que tem como objetivo auxiliar os engenheiros de software na definição das características do software, tais como seus requisitos, seu comportamento, sua estrutura lógica, a dinâmica de seus processos e até mesmo suas necessidades físicas em relação ao equipamento sobre o qual o sistema deverá ser implantado. Estas características vão ser definidas através da **UML** antes do software começar a ser realmente desenvolvido.

Breve Histórico da UML

A **UML** surgiu pelo desejo de padronizar os sistemas de notação díspares e abordagens de design de software desenvolvido por Grady Booch(**o método de Booch**), Ivar Jacobson(**método OMT - Object Modeling Technique**) e James Rumbaugh(**o método OOSE - Object- Oriented Software Engineering)** na Rational Software em meados de 1994-95. Estas eram, até os anos 90, as três principais metodologias utilizadas no desenvolvimento de software. A Rational Software foi responsável pela união dessas três metodologias, inclusive com apoio financeiro.

Em 1997 a **UML** foi adotada como padrão pelo **Object Management Group - OMG**, e tem sido gerido por esta organização desde então. Em 2005, a **UML**, também foi publicada pela **Organização Internacional de Normalização - ISO** como um padrão **ISO** aprovado. Desde então, tem sido revisado periodicamente para cobrir a última revisão do **UML**. A documentação oficial da **UML** pode ser consultada no site da **OMG** em http://www.omg.org/.

Por que Modelar Software?

Você deve estar se perguntando: Eu tenho mesmo que modelar um software? Veremos que **profissionais** vão dizer que conseguem definir todas as necessidades de um sistema de informação de cabeça e que sempre trabalharam desta forma. Podemos até crer que esta afirmação é verdadeira, mas a questão é muito mais ampla, envolvendo fatores extremamente complexos, como levantamento e análise de requisitos, prototipação, tamanho do projeto, complexidade, prazos, custos, documentação, manutenção e reusabilidade, entre outros.

Devemos ter em mente que, por mais simples que seja, todo e qualquer sistema deve ser modelado antes de iniciarmos a implementação, entre outras coisas, porque os sistemas de informação frequentemente costumam possuir a propriedade de **crescer**, isto é, aumentar em tamanho, complexidade e abrangência. Desta forma, podemos afirmar que sistemas de informação são **vivos**, porque nunca estão completamente finalizados. O termo certo a utilizar é **dinâmicos**, porque normalmente os sistemas de informação estão em constante mudança, conforme os seguintes fatores:

- Os clientes desejarem constantemente modificações ou melhorias no sistema;
- O mercado está sempre mudando, o que força a adoção de novas estratégias por parte das empresas e consequentemente de seus sistemas;
- O governo frequentemente promulga novas leis e cria novos impostos e alíquotas ou ainda modifica as leis, impostos e alíquotas já existentes, o que acarreta a manutenção no software.

Assim sendo, um sistema de informação precisa possuir uma documentação extremamente detalhada, precisa e atualizada para que possa ser mantido com facilidade, rapidez e de maneira correta, sem produzir novos erros ao corrigir os antigos. Desta forma, modelar um sistema é uma forma bastante eficiente de documentá-lo, mas a modelagem não serve apenas para isso, a documentação é apenas uma das vantagens fornecidas pela modelagem.

Levantamento e Análise de Requisitos

Esta é a primeira fase, e em minha opinião, a mais importante do desenvolvimento de software. Alguns autores sugerem, ainda, as seguintes fases: Análise de Requisitos, Projeto, Codificação, Testes e Implantação. Nesta fase, vamos estar em contato direto com o nosso cliente, assim vamos tentar compreender as necessidades do usuário e o que ele deseja que o sistema a ser desenvolvido realize. As técnicas utilizadas são as entrevistas, onde o engenheiro de software tenta compreender como funciona atualmente o processo a ser informatizado e quais funções e serviços o cliente vai precisar que o software possa fornecer para as suas necessidades.

Não tem um número mínimo de entrevistas a serem realizadas, devemos fazer quantas forem necessárias para que as necessidades do usuário sejam bem compreendidas. Nestas entrevistas o engenheiro deve auxiliar o cliente a definir quais informações deverão ser produzidas, quais informações deverão ser fornecidas e qual o nível de desempenho exigido do software.

A próxima fase é a Análise de Requisitos, onde devemos analisar as necessidades apresentadas pelo cliente, ou seja, o engenheiro vai examinar os requisitos enunciados pelos usuários, verificando se estes foram especificados corretamente e se foram realmente bem compreendidos, assim podemos determinar as reais necessidades do sistema.

Os problemas enfrentados nesta fase são o de comunicação, constituindo-se em um dos maiores desafios da Engenharia de Software, pois existe uma dificuldade muito grande em conseguir compreender um conjunto de conceitos vagos, abstratos e difusos que representam as necessidades e desejos dos clientes e transformá-los em conceitos concretos e inteligíveis. Será que os conceitos foram bem compreendidos e vamos conseguir determinar se as necessidades dos usuários foram entendidas corretamente, verificando se algum tópico deixou de ser abordado, determinando se algum item foi especificado incorretamente ou se algum conceito precisa ser mais bem explicado. Nesta fase, uma linguagem de modelagem auxilia a levantar questões que não foram concebidas durante as entrevistas iniciais e devem ser sanadas o quanto antes, para que o projeto do software não tenha que sofrer modificações quando seu desenvolvimento já estiver em andamento, o que pode causar grandes atrasos no desenvolvimento do software, sendo por vezes necessário remodelar totalmente o projeto.

Outro grande problema que vamos encontrar nesta fase é que os usuários têm muita dificuldade em passar as reais potencialidades de um sistema de informação. Muitas vezes, os engenheiros de software precisam sugerir muitas características e funções do sistema que o cliente não sabia como formular ou sequer havia imaginado, ou seja, os engenheiros de software precisam reestruturar o modo como as informações são geridas e utilizadas pela empresa e apresentar maneiras de combiná-las e apresentá-las de modo que possam ser melhor aproveitadas pelos usuários.

Prototipação

Esta é uma técnica muito popular e de fácil aplicação, que consiste em desenvolver rapidamente um **esboço** do sistema para ver como o mesmo vai ficar quando for finalizado, apresentando a interface do software a ser desenvolvido, ilustrando como as informações seriam inseridas e recuperadas no sistema através do desenho das suas telas, e apresentando alguns exemplos com dados fictícios de quais seriam os resultados apresentados pelo software, desta forma vamos evitar que, após meses ou mesmo anos de desenvolvimento, descubra-se, ao implantar o sistema, que o mesmo não atende completamente as necessidades do cliente devido principalmente a falhas de comunicação durante as entrevistas iniciais.

Hoje em dia podemos utilizar ferramentas conhecidas como **RAD - Rapid Application Development ou Desenvolvimento Rápido de Aplicações**, sendo uma das principais o **Microsoft Visual Studio**, as quais disponibilizam ambientes de desenvolvimento visual com caixas de texto, botões, labels, entre outros, que permitem a construção de interfaces de forma muito rápida, além de permitirem modificar essas interfaces de maneira igualmente veloz, na maioria das vezes sem a necessidade de alterar qualquer código porventura já escrito.

A grande desvantagem da apresentação de um protótipo, é que este pode induzir o cliente a acreditar que o software se encontra em um estágio bastante avançado de desenvolvimento, pois o mesmo não compreende o conceito de um protótipo, para ele o esboço apresentado já é o próprio sistema praticamente acabado, por isso muitas vezes o cliente não compreende nem aceita prazos longos e para ele absurdos, já que o sistema lhe foi apresentado já funcionando, necessitando de alguns poucos ajustes. Eu aconselho sempre dizer ao cliente que o software que lhe está sendo apresentado é apenas um **esboço** do que será o sistema quando o mesmo estiver finalizado e que seu desenvolvimento ainda não foi realmente iniciado.

Prazos e Custos

Esta é a fase mais árdua, mas é uma das mais importantes. Como iremos determinar o prazo real de entrega de um software? Como saber quantos e quais profissionais deverão trabalhar no projeto? Como saber determinar o custo total de desenvolvimento? Como saber determinar o valor estipulado para produzir o sistema? Como saber definir a real complexidade de desenvolvimento do software? Podemos tentar responder a todas estas perguntas, partindo da documentação da empresa desenvolvedora que deverá possuir registros das datas de início e término de cada projeto concluído anteriormente, bem como o custo real de desenvolvimento que estes projetos acarretaram, envolvendo inclusive os custos com manutenção, além do número de profissionais envolvidos em cada projeto. Uma empresa de desenvolvimento de software que nunca tenha desenvolvido um sistema de informação antes, e, portanto, não possua documentação histórica de projetos anteriores, dificilmente será capaz de apresentar uma estimativa correta de prazos e custos, principalmente porque a equipe de desenvolvimento não saberá com certeza quanto tempo levará desenvolvendo o sistema, já que o tempo de desenvolvimento influencia diretamente o custo de desenvolvimento do sistema e logicamente o valor a ser pedido pelo software.

O grande problema é se a estimativa de prazo estiver errada, cada dia a mais de desenvolvimento do projeto acarretará prejuízos para a empresa que desenvolve o sistema, decorrentes, por exemplo, de pagamentos de salários aos profissionais envolvidos no projeto que não haviam sido previstos e desgaste dos equipamentos utilizados, isso sem levar em conta prejuízos mais difíceis de contabilizar como manter diversos profissionais ocupados em projetos que já deveriam estar concluídos, deixando de trabalhar em novos projetos, além da insatisfação dos clientes por não receberem o produto no prazo estimado e a propaganda negativa decorrente disto.

Manutenção

Esta é a fase onde buscamos a constante melhoria de um software já desenvolvido, ou em fase de desenvolvimento, através da correção de erros que são encontrados durante a utilização do sistema pelo usuário ou por testes realizados pelos desenvolvedores. Muitos autores dizem que a manutenção de um software representa de 40 a 60% do custo total do projeto, desta forma, uma modelagem correta pode ajudar a diminuir os custos com manutenção.

Em muitos casos, a manutenção ocorre por necessidades que estão fora do desenvolvimento do software, pois os sistemas são dinâmicos, e por isto estão sempre em constante evolução. Um exemplo bem prático destas mudanças são as alterações advindas do Governo através de leis, alíquotas, impostos, taxas ou no formato de notas fiscais. Assim sendo, por mais que a modelagem do sistema estivesse correta, provavelmente ele vá precisar sofrer manutenções.

Podemos dizer que a modelagem ajuda muito na diminuição de futuras manutenções, em contrapartida, esta modelagem vai ajudar o desenvolvedor que for fazer a manutenção a entendê-lo com mais clareza, visto que esta é uma das tarefas mais ingratas do desenvolvimento de software, por exigir que estes despendam grandes esforços para compreender códigos escritos por outros profissionais com estilos de desenvolvimento diferentes e que normalmente não se encontram mais na empresa.

Devemos também, após qualquer manutenção feita no sistema, modelar e documentar novamente, para manter sempre atualizada a documentação do sistema e prevenir futuras manutenções, pois uma documentação desatualizada pode ser mais prejudicial à manutenção do sistema do que nenhuma documentação.

Documentação Histórica

Por último, mas não menos importante, estamos fazendo referência à perspectiva histórica, ou seja, à documentação histórica dos projetos anteriores já concluídos pela empresa, que vai ajudar a responder as seguintes questões:

- A empresa está evoluindo?
- O processo de desenvolvimento tornou-se mais ágil?
- As metodologias atualmente adotadas são superiores às práticas aplicadas anteriormente?
- A qualidade do software produzido está melhorando?

Toda empresa ou departamento de desenvolvimento de software precisa do registro detalhado de cada um dos sistemas de informação que foram desenvolvidos por eles, para poder determinar, os seguintes fatores:

- A média de manutenções que um sistema sofre normalmente dentro de um determinado período de tempo;
- Qual a média de custo de modelagem;
- Qual a média de custo de desenvolvimento;
- Qual a média de tempo despendido até a finalização do projeto;
- Quantos profissionais são necessários envolver normalmente em um projeto.

Com estas informações, as empresas podem utilizá-las nos orçamentos de desenvolvimento de softwares futuros e ajudam a determinar prazos e custos mais próximos da realidade, além de ser muito útil em outra área: a **Reusabilidade**, que nada mais é do que a reutilização de rotinas, funções e algoritmos previamente desenvolvidos em outros sistemas. Assim pode-se agilizar o processo de desenvolvimento de software, e ao mesmo tempo realizar o desejo do cliente, que é receber o sistema o mais rápido possível. Desta forma, um sistema corretamente documentado, ajuda a corrigir as seguintes questões:

- Onde as rotinas se encontram?
- Para que foram utilizadas?
- Em que projetos estão documentadas?
- Elas são adequadas ao software atualmente em desenvolvimento?
- Qual o nível necessário de adaptação destas rotinas para que possam ser utilizadas na construção do sistema atual?

Por que tantos Diagramas?

O grande objetivo é para que o desenvolvedor tenha uma visão ampliada do sistema a ser modelado, analisando-o e modelando-o sob diversos aspectos, procurando-se assim atingir a completitude da modelagem, permitindo que cada diagrama complemente os outros.

Os diagramas da **UML** analisam o sistema, ou parte dele, sob diferentes perspectivas. Imaginem um sistema modelado em camadas, desta forma alguns diagramas vão enfocar o sistema de forma mais geral, apresentando uma visão externa do sistema, enquanto outros vão oferecer uma visão de uma camada mais profunda do software, apresentando um enfoque mais técnico ou ainda uma visão parcial dos elementos que compõem o sistema ou um determinado processo. Assim a utilização de muitos diagramas vai permitir que erros sejam descobertos, diminuindo a possibilidade da ocorrência de erros futuros.

Atualmente a **UML** define em sua versão 2.2 quatorze tipos de diagramas, divididos em duas categorias: **Diagramas Estruturais ou Estáticos – Structural Diagrams** e **Diagramas de Comportamentos - Behavioral Diagrams**. A função dos diagramas estruturais é a de mostrar as características do seu sistema que não mudam com o tempo. Já os Diagramas de Comportamentos ou Dinâmicos mostram como o sistema responde às requisições ou como o mesmo evolui durante o tempo.

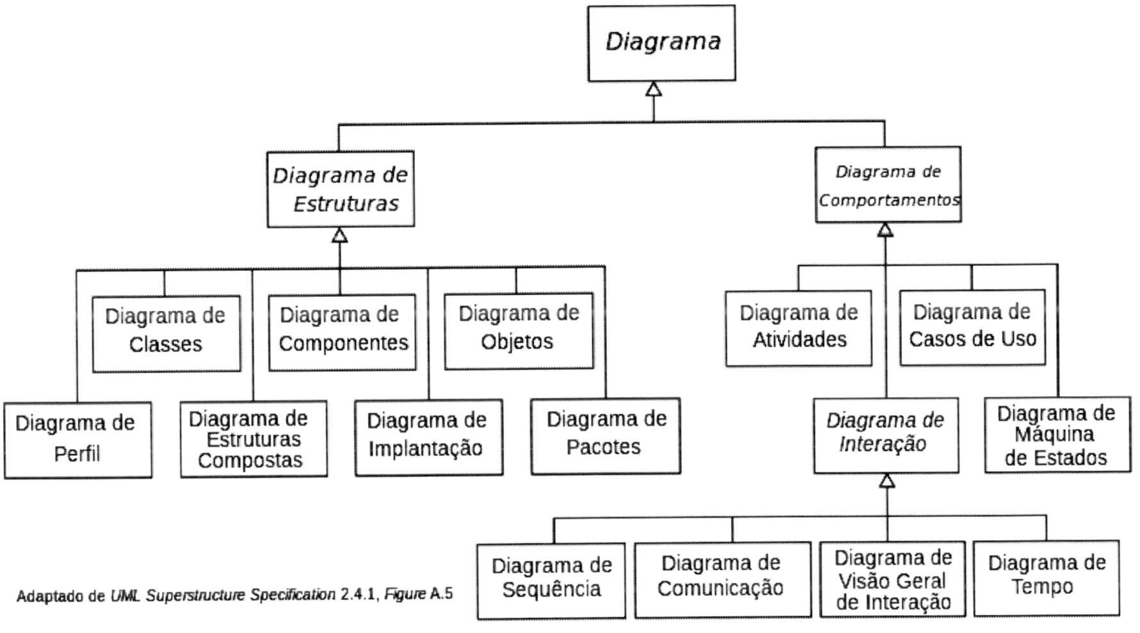

Figura 4

Vamos conhecer um pouquinho sobre cada diagrama:

Diagrama de Classes (*Class Diagram*) - são utilizados para capturar as relações estáticas do seu software; em outras palavras, como as coisas estão juntas.

Diagrama de Componentes (*Component Diagram*) – são utilizados para mostrar as dependências entre componentes de software, apresentando suas interfaces.

Diagrama de Objetos (*Object Diagram*) - apresentam objetos e valores de dados, o que vai corresponder a uma instância do diagrama de classes, mostrando o estado de um sistema em um determinado ponto do tempo.

Diagrama de Perfil (*Profile Diagram*) – são utilizados para representar mecanismos de extensibilidade, que permitem que as metaclasses de metamodelos existentes sejam estendidos para adaptarem-se a diferentes escopos, como adaptar metamodelos **UML** a diferentes plataformas de desenvolvimento como **.NET**. Este diagrama está de acordo com o **OMG Meta Object Facility – MOF**.

Diagrama de Estrutura Composta (*Composite Structure Diagrams*) – são utilizados para mostrar como elementos do sistema se combinam para perceber padrões complexos. Como os sistemas se tornam mais complexos, as relações entre os elementos crescem em complexidade também. Conceitualmente, diagramas de estruturas compostas ligam diagramas de classe e diagramas de componentes.

Diagrama de Implantação (*Deployment Diagram*) – são utilizados para mostrar como o sistema está sendo executado, e como os componentes são configurados em tempo de execução, hardware, sistemas operacionais, por exemplo.

Diagrama de Pacotes (*Package Diagram*) – são utilizados para organizar elementos de modelo e mostrar dependências entre eles. São realmente tipos especiais de diagramas de classe. Eles usam a mesma notação, mas seu foco é sobre como classes e interfaces são agrupadas.

Diagrama de Atividades (*Activity Diagram*) – são utilizados para representar a execução de ações ou atividades e os fluxos que são disparados pela conclusão de outras ações ou atividades.

Diagrama de Casos de Uso (*Use Case Diagram*) – são utilizados para mostrar os requisitos funcionais para um sistema, seus casos de uso, atores e seus relacionamentos que expressam a funcionalidade de um sistema.

Diagrama de Máquina de Estados (*Statechart Diagram*) – são utilizados para capturar o comportamento de um sistema de software. Podem ser usados para modelar o comportamento de uma classe, subsistema ou aplicativo inteiro. Eles também fornecem uma excelente maneira de modelar as comunicações que ocorrem com entidades externas através de um protocolo ou sistema baseado em eventos.

Diagrama de Sequências (*Sequence Diagram*) – são utilizados para mostrar a interação que enfatizam o tipo e a ordem das mensagens passadas entre os elementos durante a execução.

Diagrama de Comunicação (*Communication Diagram*) – também conhecido anteriormente como diagrama de colaboração, que mostra objetos, seus inter-relacionamentos e o fluxo de mensagens entre eles, e enfatizam os objetos envolvidos mais do que o fim e a natureza das mensagens trocadas.

Diagrama de Visão Geral de Interação (*Interaction-Overview Diagram*) - são versões simplificadas do diagrama de atividades. Em vez de enfatizar a atividade a cada passo, este diagrama vai enfatizar que elemento ou elementos estão envolvidos na realização dessa atividade. A especificação **UML** descreve diagramas de interação como enfatizando que tem o foco de controle ao longo da execução de um sistema.

Diagrama de tempo (*Timing Diagram*) – são utilizados para mostrar as especificações de tempo de execução para mensagens. Eles são frequentemente usados para modelar sistemas de tempo real, tais como comunicação via satélite. Eles têm notação específica para indicar quanto tempo um sistema tem de processar ou responder a mensagens, e como as interrupções externas são levadas em conta nesta execução.

Muito bem, você deve estar se perguntando, eu como desenvolvedor preciso trabalhar com todos estes diagramas? A resposta é: a princípio não. Pois para os desenvolvedores o diagrama que realmente interessa é o **Diagrama de Classes**, por este motivo vamos estudá-lo um pouco mais no próximo capítulo.

Capítulo 4

Diagramas de Caso de Uso

O Diagrama de Casos de Uso procura, por meio de uma linguagem simples, possibilitar a compreensão do comportamento externo do sistema por qualquer pessoa, tentando apresentar o sistema através de uma perspectiva do usuário. É, dentre todos os diagramas da UML o mais abstrato e, portanto, o mais flexível e informal. O Diagrama de Casos de Uso costuma ser utilizado principalmente no início da modelagem do sistema, principalmente nas etapas de Levantamento e Análise de Requisitos, embora venha a ser consultado e possivelmente modificado durante todo o processo de engenharia e sirva de base para a modelagem de outros diagramas.

Este diagrama tem por objetivo apresentar uma visão externa geral das funções e serviços que o sistema deverá oferecer aos usuários, sem se preocupar em como essas funções serão implementadas. O Diagrama de Casos de Uso é de grande auxílio na etapa de Análise de Requisitos, ajudando a especificar, visualizar e documentar as características, funções e serviços do sistema desejados pelo usuário. O Diagrama de Casos de Uso tenta identificar os tipos de usuários que irão interagir com o sistema, quais papéis esses usuários irão assumir e quais funções serão requisitadas por cada usuário específico.

Por utilizar uma linguagem informal e apresentar uma visão geral do comportamento do sistema a ser desenvolvido, o Diagrama de Casos de Uso pode e deve ser apresentado durante as reuniões iniciais com os clientes como uma forma de ilustrar o comportamento do sistema de informação, facilitar a compreensão dos usuários e auxiliar na identificação de possíveis falhas de especificação. É bastante útil e recomendável que um Diagrama de Casos de Uso seja apresentado aos clientes juntamente com um protótipo, o que permitirá que um complemente o outro.

Atores

O Diagrama de Casos de Uso concentra-se em dois itens principais: Atores e Casos de Uso. Os atores representam os papéis desempenhados pelos diversos usuários que poderão utilizar de alguma maneira os serviços e funções do sistema; eventualmente um Ator pode representar algum hardware especial ou mesmo um outro software que interaja com o sistema, como no caso de um sistema integrado, por exemplo. Assim um Ator pode ser qualquer elemento externo que interaja com o software. Os Atores são representados por símbolos de "bonecos magros", contendo uma breve descrição logo abaixo do seu símbolo que identifica qual o papel que o Ator em questão assume dentro do diagrama. A figura 5 abaixo mostra a representação de atores, através de alguns exemplos:

Casos de Uso

Os Casos de Uso referem-se aos serviços, tarefas ou funções que podem ser utilizados de alguma maneira pelos usuários do sistema, como emitir um relatório ou cadastrar a venda de algum produto. Os Casos de Uso são utilizados para expressar e documentar os comportamentos pretendidos para as funções do sistema.

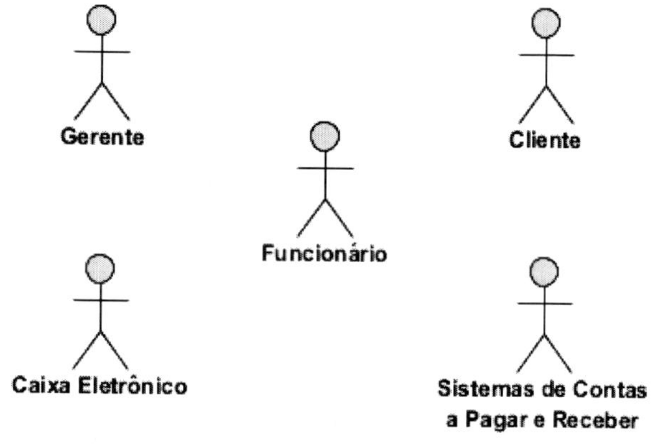

Figura 5

Em geral, pode-se associar um Caso de Uso a uma tela do sistema, embora isto não seja de forma alguma uma regra, já que um Caso de Uso, ou seja, um serviço do sistema pode perfeitamente abranger várias telas do sistema ou constituir-se em apenas uma pequena opção de uma interface, como um botão, por exemplo. Os Casos de Uso são representados por elipses contendo dentro de si um texto descrevendo a que serviço o Caso de Uso se refere. Na verdade, não existe um limite determinado para o texto que possa estar contido dentro da elipse, mas em geral, a descrição de um Caso de Uso costuma ser bastante sucinta. A figura 6 apresenta um exemplo de Caso de Uso, representando a abertura de uma conta corrente:

Figura 6

Os Casos de Uso costumam ser documentados, fornecendo instruções em linhas gerais de como será seu funcionamento, quais atividades deverão ser executadas, qual evento forçará sua execução, quais Atores os poderão utilizar, quais suas possíveis restrições, entre outras.

Embora a documentação seja utilizada no momento da implementação de um Caso de Uso, além de servir como base para a construção de outros diagramas baseados nos Casos de Uso, como é comum acontecer com o Diagrama de Sequência, que será visto mais adiante, o objetivo principal da documentação de um Caso de Uso é fornecer um relatório ao cliente explicando qual o comportamento pretendido para um determinado Caso de Uso e quais funções ele executará quando for solicitado. Normalmente um Caso de Uso é documentado de maneira informal, mas nada impede que o engenheiro de software insira detalhes de implementação em uma linguagem mais técnica se assim considerar necessário.

Documentação de Casos de Uso

A documentação de um Caso de Uso costuma descrever por meio de uma linguagem bastante simples, a função em linhas gerais do Caso de Uso, quais Atores interagem com o mesmo, quais etapas devem ser executadas pelo Ator e pelo sistema para que o Caso de Uso execute sua função, quais parâmetros devem ser fornecidos e quais restrições e validações o Caso de Uso deve possuir.

No entanto, não existe um formato específico de documentação para Casos de Uso definido pela UML, o que está de acordo com a característica do próprio diagrama, ou seja, o formato de documentação de um Caso de Uso é bastante flexível, permitindo que se documente o Caso de Uso da forma que se considerar melhor, até mesmo através do uso de pseudo-código ou da utilização do código de uma linguagem de programação propriamente dita, embora isto fuja bastante do objetivo principal do Diagrama de Casos de Uso, que é utilizar uma linguagem simples que até mesmo usuários leigos possam entendê-la.

Por esse motivo recomendamos que se evite a utilização de pseudo-código na documentação de Casos de Uso, isto é mais adequado em outros diagramas como o Diagrama de Atividades, por exemplo. Os Casos de Uso podem também ser documentados por meio de outros diagramas como o Diagrama de Sequência ou o Diagrama de Gráfico de Estados. A tabela abaixo fornece uma sugestão de como documentar o Caso de Uso - Abertura de Conta:

Nome do Caso de Uso	**Abertura de Conta**
Caso de Uso Geral	
Ator Principal	Cliente
Atores Secundários	Funcionário
Resumo	Este caso de uso descreve as etapas percorridas por um cliente para abrir uma conta corrente.
Pré-condições	O pedido de abertura precisa ser aprovado
Pós-condições	É necessário realizar um depósito inicial
Ações do Ator (Cliente)	Ações do Sistema (Funcionário)
1. Solicitar Abertura de Conta	
	2. Consultar cliente por seu CPF
	3. Se for necessário, gravar ou atualizar o cadastro do cliente. Se o cliente não possuir outras contas deve ser registrado como inativo
	4. Avaliar o pedido do cliente
	5. Aprovar o pedido
6. Escolher a senha da conta	
	7. Abrir conta
	8. Definir cliente como ativo
9. Fornecer valor a ser depositado	
	10. Registrar depósito

	11. Emitir cartão da conta
Restrições/Validações	1. Para abrir uma conta corrente é preciso ser maior de idade
	2. O valor mínimo de depósito é R$ 5,00

Seguindo o modelo apresentado na tabela acima, primeiramente deve-se fornecer uma descrição para o Caso de Uso que está sendo documentado, normalmente a mesma descrição apresentada externamente no Caso de Uso.

A informação seguinte talvez aparente ser um pouco mais complexa, o que significa "Caso de Uso Geral"? Como será visto mais adiante, podem haver Casos de Uso Gerais e Casos de Uso Especializados que herdam as características dos Casos de Uso Gerais. Dessa forma, no item Caso de Uso Geral, deve-se informar, se existir, o nome do Caso de Uso Geral a partir do qual o Caso de Uso atual foi derivado. Neste exemplo não existe um Caso de Uso Geral e por isso o campo foi deixado em branco, porém, se o Caso de Uso em questão fosse a abertura de uma conta especial especializada a partir do Caso de Uso Abertura de Conta, então o campo Caso de Uso Geral armazenaria "Abertura de Conta", indicando que o Caso de Uso documentado é uma especialização do Caso de Uso Abertura de Conta.

O campo Ator Principal identifica o ator que mais interage com o Caso de Uso ou que está mais interessado nos resultados produzidos pelo mesmo. Já os Atores secundários são aqueles que interagem em um nível menor com o Caso de Uso ou que não têm tanto interesse em seus resultados. Neste exemplo foram identificados dois Atores, Cliente e Funcionário. O Ator principal é o Cliente porque é ele quem solicita o serviço, embora não interaja diretamente com o sistema, é quem está mais interessado no resultado do processo. Porém quem interage realmente com o serviço e manipula a função de abertura de conta é o Ator Funcionário, uma pessoa contratada pela instituição financeira para atender seus clientes. Na documentação deste Caso de Uso as ações tomadas pelo Ator Funcionário são representadas como ações do sistema.

O campo seguinte da documentação deste Caso de Uso apresenta um breve resumo explicando o seu objetivo. Em seguida são descritas as possíveis pré-condições para que o Caso de Uso seja executado ou concluído e as possíveis pós-condições, ou seja, tarefas que devem ser realizadas depois que as etapas do Caso de Uso tiverem sido concluídas. Neste exemplo, para que a abertura de conta seja realizada é preciso primeiro, como pré-condição, que o pedido de abertura do cliente seja aprovado e após a abertura da conta é necessário depositar algum valor na mesma, isto caracteriza uma pós-condição.

Em seguida, a documentação apresenta as ações realizadas quando o serviço representado pelo Caso de Uso for solicitado. As ações são divididas em ações realizadas pelo Ator que interage com o sistema, no nosso exemplo é o Cliente e em ações realizadas pelo próprio sistema, no nosso exemplo é o Funcionário, numeradas em uma ordem sequencial. Finalmente é apresentada uma lista de possíveis restrições e validações do Caso de Uso, com o objetivo de tornar o processo mais consistente. Na documentação deste caso de uso determinou-se que o cliente precisa ser maior de idade para abrir uma conta corrente, o que constitui uma restrição, além disso, fixou-se o valor mínimo para depósito em R$ 5,00 e isto precisa ser validado no processo de abertura de conta, ou seja, o sistema não pode aceitar um depósito com um valor inferior a este no momento em que uma conta for aberta.

Alguns autores sugerem ainda o acréscimo de Fluxos Alternativos ou Cenários Alternativos, como uma maneira de prever ações que devem ser realizadas quando da ocorrência de possíveis exceções. Nestes casos deve-se determinar o Fluxo ou Cenário Principal que será normalmente executado e cada um dos possíveis Fluxos ou Cenários Alternativos, dependendo do número de exceções que possam vir a ocorrer no Caso de Uso em questão.

Associações

As Associações representam as interações ou relacionamentos entre os Atores que fazem parte do diagrama, entre os Atores e os Casos de Uso ou os relacionamentos entre os Casos de Uso e outros Casos de Uso. Os relacionamentos entre Casos de Uso recebem nomes especiais, como Inclusão, Extensão e Generalização. Todos esses relacionamentos serão examinados no decorrer das próximas seções.

Uma associação entre um Ator e um Caso de Uso demonstra que o Ator utiliza-se, de alguma maneira, da função do sistema representada pelo Caso de Uso em questão, seja requisitando a execução daquela função, seja recebendo o resultado produzido por ela a pedido de outro Ator.

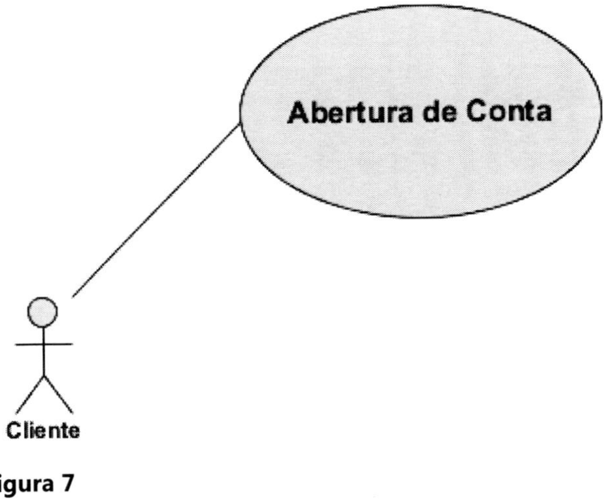

Figura 7

A Associação entre um Ator e um Caso de Uso é representada por uma reta ligando o Ator ao Caso de Uso, podendo ocorrer que as extremidades da reta contenham setas, indicando a navegabilidade da Associação, o que demonstra o sentido em que as informações trafegam, ou seja, se estas são fornecidas pelo Ator ao Caso de Uso, se são transmitidas pelo Caso de Uso ao Ator ou ambos, neste último caso a reta não possui setas, significando que as informações são transmitidas nas duas direções. Além disso, uma Associação pode possuir uma descrição própria, quando há necessidade de esclarecer a natureza da informação que está sendo transmitida, ou para dar um nome à Associação, se isto for considerado necessário. A figura ao lado representa uma Associação entre um Ator e um Caso de Uso:

Ao examinarmos o exemplo ilustrado pela figura acima, percebemos que o Ator Cliente utiliza, de alguma forma, o serviço de Abertura de Conta, representado pelo Caso de Uso e que a informação referente a este processo trafega nas duas direções.

Especialização/Generalização

O relacionamento de **Especialização/Generalização** é uma forma de Associação entre Casos de Uso na qual existem dois ou mais Casos de Uso com características semelhantes, apresentando pequenas diferenças entre si. Quando tal situação ocorre, costuma-se definir um Caso de Uso Geral que descreve as características compartilhadas por todos os Casos de Uso em questão e então relacioná-lo com os outros Casos de Uso envolvidos, cuja documentação conterá somente as características específicas de cada um.

Dessa forma, não é necessário colocar a mesma documentação para todos os Casos de Uso envolvidos, porque toda a estrutura de um Caso de Uso generalizado é herdada pelos Casos de Uso especializados. Além disso, os Casos de Uso especializados herdam também quaisquer possíveis Associações de Inclusão ou Extensão que o Caso de Uso Geral venha a possuir, bem como quaisquer Associações com os Atores que utilizem o Caso de Uso Geral. A Associação de **Generalização/Especialização** é representada por uma reta com uma seta mais grossa, que indica qual o Caso de Uso Geral, para o qual a seta aponta, e quais os Casos de Uso Especializados, neste caso os que se encontram na outra extremidade da seta, apontando para o Caso de Uso Geral. Vejamos um exemplo de **Especialização/Generalização** observando a figura abaixo:

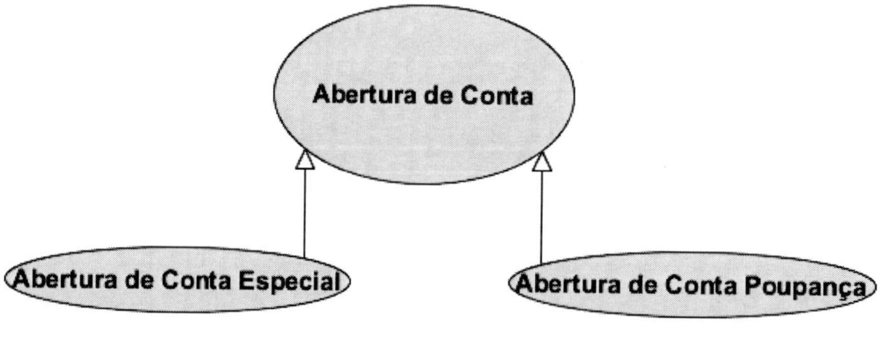

Figura 8

Como se pode perceber no exemplo da figura acima, existem três opções de abertura de conta muito semelhantes entre si: abertura de conta comum, abertura de conta especial e abertura de conta poupança, cada uma representada por um Caso de Uso diferente. As aberturas de conta especial e de conta poupança possuem todas as características e requisitos da abertura de conta comum, porém algumas características e requisitos próprios, o que justifica colocá-las como especializações do Caso de Uso Abertura de Conta Comum, detalhando-se as particularidades de cada Caso de Uso Especializado em sua própria documentação.

Neste exemplo, a Abertura de Conta Especial precisa incluir a definição do limite da conta, quando do momento de sua aprovação, enquanto que a Abertura de Conta Poupança não apresenta a maioria das restrições e validações necessárias à abertura de uma conta corrente, como a obrigatoriedade do cliente ser maior de idade, por exemplo.

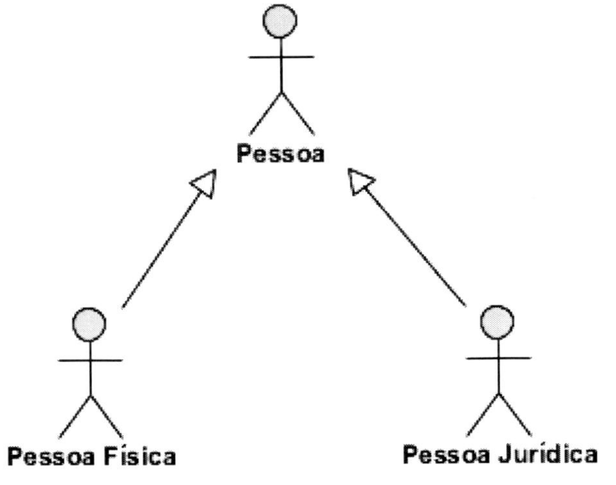

Figura 9

Embora não seja muito comum, o relacionamento de **Especialização/Generalização** também pode ser aplicado sobre Atores. A figura ao lado apresenta um exemplo de **Especialização/Generalização** entre Atores, onde existe um Ator Geral chamado **Pessoa** e dois Atores Especializados chamados respectivamente **Pessoa Física** e **Pessoa Jurídica**.

Inclusão

A Associação de Inclusão costuma ser utilizada quando existe um serviço, situação ou rotina comum a mais de um Caso de Uso. Quando isso ocorre, a documentação dessa rotina é colocada em um Caso de Uso específico para que outros Casos de Uso se utilizem desse serviço, evitando-se descrever uma mesma sequência de passos em vários Casos de Uso. Os relacionamentos de Inclusão indicam uma obrigatoriedade, ou seja, quando um determinado Caso de Uso possui um relacionamento de Inclusão com outro, a execução do primeiro obriga também a execução do segundo. Um relacionamento de Inclusão pode ser comparado à chamada de uma sub-rotina ou função, artifício bastante utilizado na maioria das linguagens de programação.

Uma Associação de Inclusão é representada por uma reta tracejada contendo uma seta em uma de suas extremidades que aponta para o Caso de Uso incluído no Caso de Uso posicionado na outra extremidade da reta. As associações de Inclusão costumam apresentar também um Estereótipo contendo o texto "**include**", entre dois sinais de menor <<, e dois sinais de maior >>. Os Estereótipos serão melhor detalhados no decorrer deste livro. Um exemplo de Inclusão pode ser examinado na figura abaixo:

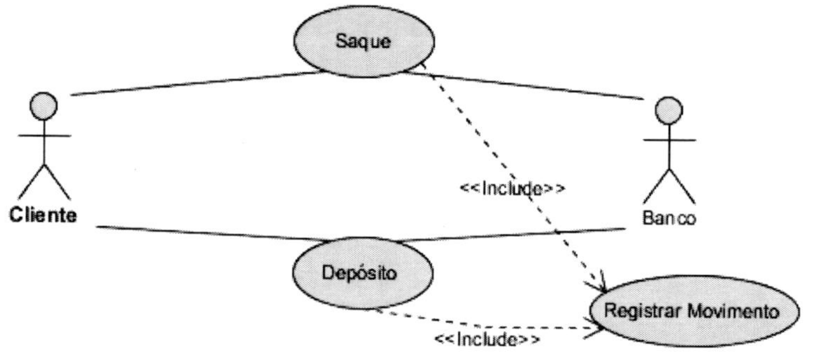

Figura 10

Ao analisarmos a figura acima, percebemos que sempre que um saque ou depósito ocorrer, este deve ser registrado para fins de histórico bancário. Como as rotinas para registro de um saque ou um depósito são extremamente semelhantes, diferenciando- se somente pelo tipo de movimento, colocou-se a rotina de registro em um Caso de Uso à parte, chamado Registrar Movimento. O Caso de Uso Registrar Movimento será executado obrigatoriamente sempre que os Casos de Uso Depósito ou Saque forem utilizados. Assim não é preciso descrever os passos para registrar um movimento nestes Casos de Uso, pois as etapas estão descritas no Caso de Uso Registrar Movimento.

Extensão

Associações de Extensão são utilizadas para descrever cenários opcionais de um Caso de Uso. Os Casos de Uso estendidos descrevem cenários que somente ocorrerão em uma situação específica, se uma determinada condição for satisfeita. Assim, as Associações de Extensão indicam a necessidade de um teste para determinar se é necessário executar também o Caso de Uso estendido ou não. Relacionamentos de Extensão representam eventos que não ocorrem sempre, o que não significa que eles sejam incomuns. As associações de Extensão possuem uma representação muito semelhante às associações de Inclusão, sendo também representados por uma reta tracejada, diferenciando-se pelo fato da seta apontar para o Caso de Uso que utiliza o Caso de Uso estendido e por possuir um Estereótipo contendo o texto "**extend**" ao invés de "**include**". A figura abaixo apresenta um exemplo de **Extensão**:

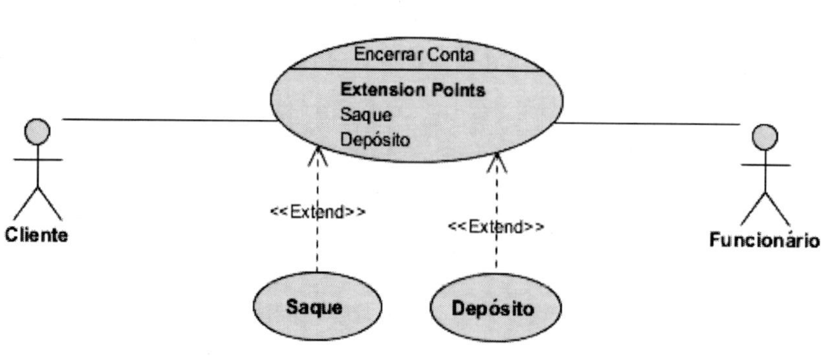

Figura 11

No exemplo acima, um cliente se dirige a um funcionário do banco e solicita o encerramento de uma determinada conta. Como todos sabem, para encerrar uma conta é preciso que o saldo desta conta seja igual a zero. O Caso de Uso **Encerrar Conta** representa o serviço ou função de encerramento de conta utilizada pelo funcionário do banco e pode eventualmente fazer uma chamada ao Caso de Uso **Saque**, se o saldo da conta estiver positivo, ou ao Caso de Uso **Depósito**, se o saldo da conta estiver negativo. Esta Associação entre o Caso de Uso **Encerrar Conta** e os Casos de Uso **Saque** e **Depósito** é uma **Extensão** porque nem sempre eles serão chamados pelo Caso de Uso **Encerrar Conta** e mesmo quando forem chamados, será somente um deles.

Os Casos de Uso identificam, como já foi dito, as funções externas do sistema que os usuários podem utilizar diretamente sem precisar ter conhecimento do que é realizado internamente pelas funções requisitadas. Por esse motivo, normalmente, as funções não são muito detalhadas, no entanto, é possível, se for considerado necessário, explorar Casos de Uso genéricos em outros diagramas de Casos de Uso, onde um determinado Caso de Uso pode ser dividido em Casos de Uso mais específicos, embora isto não seja muito usual e normalmente seja uma tarefa que pode ser atribuída a outros diagramas da **UML**.

Características Gerais da UML

Veremos a descrição de alguns elementos comuns a todos ou a maioria dos diagramas fornecidos pela UML.

Notas

Uma **Nota** ou **Nota Explicativa**, como também é conhecida, é um componente disponível na maioria dos diagramas da **UML**. Como o próprio nome diz, sua função é apresentar um texto explicativo a respeito de um determinado componente do diagrama. As Notas são representadas por retângulos com uma dobra no canto superior direito, ligam-se aos componentes do diagrama através de uma linha tracejada, chamada Âncora. Veja o exemplo na figura abaixo:

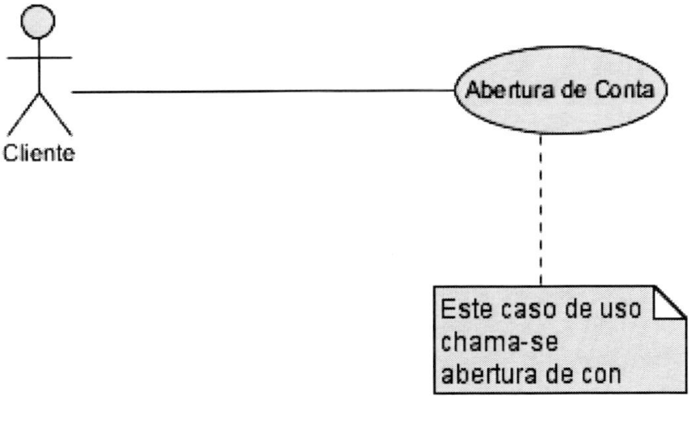

Figura 12

Pacotes

Os **Pacotes** permitem organizar elementos em grupos e costumam ser utilizados na modelagem de sistemas muito extensos, principalmente quando existem vários sistemas ou subsistemas integrados. Os **Pacotes** são utilizados para demonstrar os limites de cada subsistema e como eles se inter-relacionam. Um **Pacote** é representado por um retângulo contendo uma aba. A principal forma de relacionamento entre os **Pacotes** é a de Dependência, representada por uma seta tracejada, apontando para o **Pacote** de quem o **Pacote** em questão possui um certo grau de Dependência. Veja o exemplo na figura abaixo:

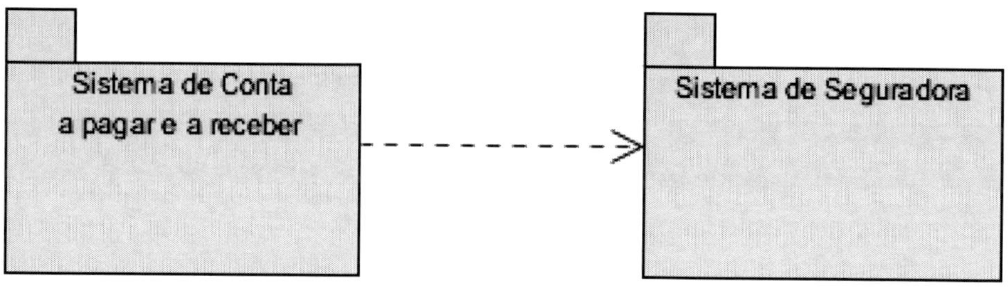

Figura 13

Neste exemplo demonstra a existência de dois sistemas integrados representados pelo sistema de seguradora e o sistema de contas a pagar e receber. Neste enfoque, o sistema principal da empresa é o sistema de seguradora, já que a correção de apólices de seguro para automóveis é o negócio da empresa.

Sendo assim, o sistema de contas a pagar e receber possui um relacionamento de Dependência com o sistema de seguradora, devido ao fato de que as contas a receber são geradas pelo sistema de seguradora. Um componente do tipo Pacote pode perfeitamente conter outros componentes ou mesmo todo um diagrama dentro dele, porém, se o diagrama não for extremamente pequeno fica um pouco difícil demonstrar a relação do sistema representado pelo **Pacote** com os outros sistemas ou subsistemas. Assim, será preciso criar um diagrama como o apresentado na figura acima, identificando apenas os **Pacotes** e detalhando os componentes por eles contidos em diagramas separados.

Estereótipos

Os **Estereótipos** possibilitam um certo grau de extensibilidade aos componentes da **UML**, além de permitir a identificação de componentes que, embora semelhantes aos outros, possuam alguma característica que os diferencie, dando-lhes mais destaque no diagrama. A maioria das ferramentas baseadas em **UML já fornecem diversos Estereótipos** prontos e permitem que outros sejam criados pelo engenheiro de software.

Como um exemplo, poderíamos deixar bem claro que o **Caso de Uso Abertura de Conta** refere-se a um processo, assim, poderíamos atribuir-lhe o Estereótipo **<<process>>**, cujo objetivo é deixar explícito que o

Caso de Uso em questão refere-se a um processo. Este tipo de Estereótipo é apresentado na parte superior do componente, acima da descrição de seu nome. Existem alguns **Estereótipos** que simplesmente apresentam um texto entre sinais de maior e menor sobre o componente, chamados **Estereótipos de Rótulo** e outros que modificam o desenho padrão do componente, chamados de **Estereótipos Gráficos**. Veja o exemplo na figura abaixo:

Figura 14

Na figura acima o **Estereótipo <<process>>** está explícito na parte superior do componente, e isto forçou a mudança do desenho padrão do componente.

Capítulo 5

Diagrama de Classes

O diagrama de classes é um diagrama Entidade/Relacionamento que está presente na especificação de qualquer modelo usando a **UML**. Resulta de um processo de abstração através do qual se identificam os objetos, entidades e relacionamentos, relevantes para o sistema e se procuram descrever propriedades que são os seus atributos e comportamentos que são suas operações ou métodos, desses objetos. É, com certeza, o mais importante e o mais utilizado diagrama da **UML**. Vai nos mostrar uma visão estática de como as classes estão organizadas, preocupando-se em como definir a estrutura lógica das mesmas.

É utilizado para modelar o vocabulário de um sistema, colaborações simples e esquema lógico de bases de dados. Nesse diagrama, a abstração de cada classe com seus atributos e métodos individualmente corresponde à Modelagem de Vocabulário, onde são definidas as classes que farão parte do diagrama, enquanto que as definições de como as classes se relacionam e colaboram para a execução de um determinado processo corresponde à Modelagem de Colaboração deste diagrama. Um Modelo de Colaboração normalmente não enfoca os relacionamentos entre todas as classes que são abstraídas no projeto, apenas as que colaboram de alguma maneira para a execução de um processo específico.

Este diagrama é construído na fase de análise de requisitos e refinado na fase de desenho para ser utilizado na definição dos componentes da aplicação, e serve ainda como base para a construção da maioria dos outros diagramas da linguagem **UML**.

Classes

A classe representa um grupo de coisas que têm estado e comportamento comum. Podemos pensar em uma criança como um modelo para um objeto em um sistema orientado a objetos. Em **UML**, uma classe é um tipo de classificador. Por exemplo, Honda, Toyota e Ferrari todas estas são marcas de carros, para que possa representá-los, usaremos uma classe chamada **Carro**. Cada tipo específico de carro é uma instância dessa classe, ou um objeto. Uma classe pode representar um conceito tangível e concreto, como uma fatura; pode ser resumo, tal como um documento ou um veículo, ou pode representar um conceito imaterial, tais como uma estratégia de investimento de alto risco.

Vamos representar uma classe com uma caixa retangular dividida em três compartimentos. Um compartimento é simplesmente uma área no retângulo para gravar as informações. O primeiro compartimento contém o nome da classe, o segundo contém os atributos, e o terceiro é usado para operações ou métodos. Podemos ocultar qualquer compartimento da classe para melhorar a legibilidade do diagrama. Ao ler um diagrama, não podemos fazer suposições sobre um compartimento em falta; isso não significa que ele está vazio. Podemos adicionar compartimentos para uma classe para mostrar informações adicionais, tais como exceções ou eventos, embora isso esteja fora da notação típica. A **UML** sugere que o nome da classe:

- Comece com uma letra maiúscula;
- Esteja centralizado no compartimento superior;
- Seja escrito em uma fonte em negrito;
- Seja escrito em itálico, se a classe é abstrata.

Veja um exemplo simples de representação de uma classe, conforme figura abaixo:

Figura 15

Objetos

Figura 16

Um objeto é uma instância de uma classe. Por exemplo, você pode ter várias instâncias de uma classe **Carro** nomeado com os dois pontos **:**, uma instância para o carro de duas portas na cor vermelha, uma instância para o carro de quatro portas na cor azul, e uma instância de um carro hatchback na cor prata. Cada instância do carro é um objeto e pode ser dado seu próprio nome, embora seja comum ver objetos não identificados ou anônimos, em diagramas de objetos. Normalmente é mostrado o nome do objeto seguido por dois pontos seguido pelo seu tipo, ou seja, a classe. Vejamos um exemplo de uma instância da classe carro chamada **Honda**. Note-se que nesta figura, ocultamos os compartimentos vazios, conforme a figura 16:

Visibilidade de Atributos e Métodos ou Operações

É usada para identificar o nível de acesso atribuído a uma propriedade: atributos ou operações(métodos), vamos analisar o exemplo para entendermos melhor, conforme figura abaixo:

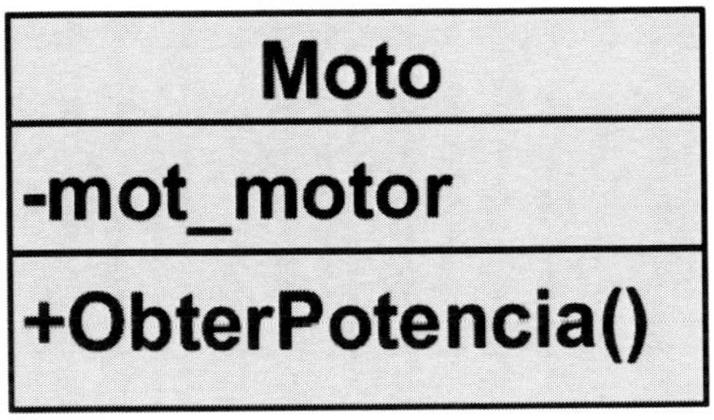

Figura 17

Na figura 17, temos o nome da classe e os mesmos estereótipos. Na segunda região retangular, vindo de cima, temos os atributos, no caso da **Classe Moto**, tem um atributo chamado **mot_motor**. Na terceira região retangular, temos uma propriedade ou método ou operação, no caso da **Classe Moto**, tem uma operação ou método chamado **ObterPotencia()**. Cada um dos atributos e métodos pode vir com símbolos que representam os modificadores de acesso ou visibilidade.

Os modificadores de acesso ou visibilidade vem com os seguintes símbolos: **+(public)**, **-(private)** ou **#(protected)**. O sinal de mais + significa que o atributo ou método é **público**, isto é, pode ser utilizado por qualquer classe. O sinal de menos (-) significa que o atributo ou método é **privado**, ou que só pode ser utilizado pela classe que possui estes atributos e métodos. O sinal de cerquilha # significa que o atributo ou método é **protegido**, isto é, só pode ser usada pela classe mãe e seus descendentes. Em geral, as ferramentas **UML** assumem como padrão a visibilidade privada para atributos e pública para métodos ou operações.

Usando Atributos

Em muitas linguagens de programação modernas, como **C#**, **Java**, entre outras, as propriedades e os campos estão bem definidos. Um campo representa os tipos que já conhecemos, inteiros real, etc, e uma propriedade representa uma função implícita para ler campos privados e escrever neles. Não há necessidade de capturar ambos os campos como propriedades; apenas capturar campos.

Quando adicionamos as classes em nosso diagrama de classes, por padrão os campos são privados. Dependendo da implementação dos seus projetos, se forem acrescentando métodos proprietários, verificar se eles são suportados. Se a sua linguagem de programação não suporta propriedades, durante a execução, use métodos como **get_campo1 (obter_Campo1)** e **set_campo1 (guardar_Campo1)** para cada campo, a fim de restringir o acesso a dados em uma classe.

Adicionar campos privados depende de um conhecimento implícito que campos são acessados através de métodos, sejam públicos ou privados, é uma prática recomendada, mas não imposta ou parte da **UML**. Este estilo de implementação é considerado uma boa prática.

Declaração de Atributos

Os atributos são mostrados como uma linha de texto; precisa de um modificador de acesso para determinar sua visibilidade. Os atributos precisam ter um nome; pode incluir um tipo de dado padrão, e pode ter outros modificadores para indicar se o atributo é somente leitura, somente gravação, estático ou outra coisa. Se observarmos a figura 17, veremos que o atributo **mot_motor** tem um modificador de acesso privado e somente um nome. Veremos abaixo algumas declarações mais completas de atributos, conforme exemplos discutidos até aqui:

-Tipo: TipodeMotor = TipodeMotor.DoisTempos
-Tamanho: serie = "220cc"
-Marca: serie = "Kawasaki" { read-only – somente leitura}

No exemplo acima, temos um atributo privado chamado **Tipo**, cujo tipo de dados é **TipodeMotor** um padrão **TipodeMotor.DoisTempos**. Temos um atributo chamado **Tamanho** com tipo de dados **serie** e um valor padrão de **220cc**. E o último é um atributo do tipo string denominado **Marca**, com um valor padrão **Kawasaki,** este atributo é somente leitura.

Declaração de Atributos de Associação

Os atributos também podem ser descritos como uma Associação. Isto significa que o atributo é modelado como uma classe com um conector entre a classe e o atributo de classe. Todos os elementos acima mencionados podem estar presentes; simplesmente eles são organizados de forma diferente. Considere o atributo **mot_motor** mostrado na Figura 17. Este atributo pode se referir a uma associação de uma classe chamada **Motor**, conforme figura abaixo:

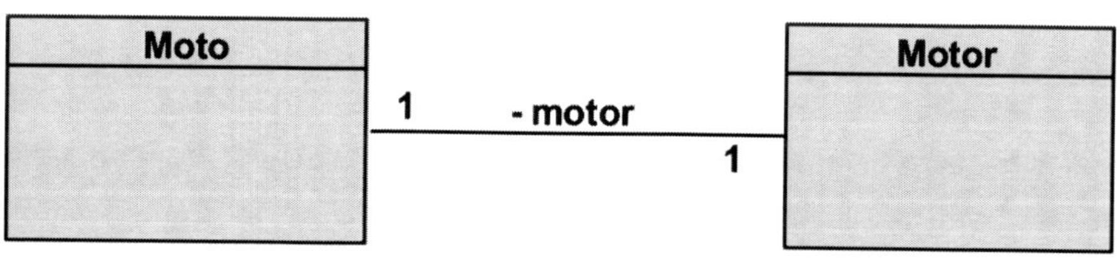

Figura 18

Além disso, os atributos **Tipo**, **Tamanho** e **Marca**, poderiam ser colocados em uma lista como membros da classe **Moto**. Ao usar um atributo de associação, deixe a declaração de campo fora da classe. O link associação (mostrado como **mot_motor**), na Figura 17, desempenha esse papel; não há necessidade de repetir a declaração diretamente na classe. A associação é nomeada como conector. Este nome representa o nome do campo na Figura 18, e o nome **Motor** é a classe **Motor**. Atributos de associação podem também conter uma multiplicidade, o que indica a quantidade que cada elemento está envolvido na associação. No nosso exemplo, uma Motocicleta tem um Motor.

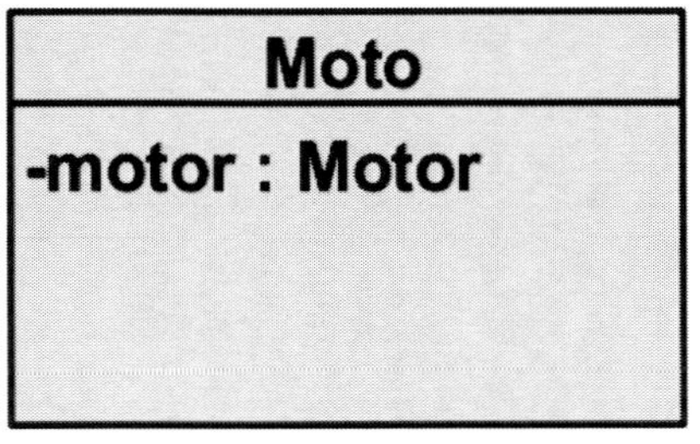

Figura 19

Se o relacionamento for **Aviões** e **Motores**, então poderíamos ter um asterisco ao lado da classe **Motor** para indicar que **Aviões** podem ter mais de um **Motor**. O diagrama de classe da Figura 18 transmite a informação idêntica a do diagrama da figura 19:

Diagramas de classes podem facilmente tornar-se excessivamente complexos se todos os atributos forem modelados como associações. Uma boa regra é mostrar os tipos de campos simples, tais como declarações na classe e exibir os tipos compostos como atributos de associação. Veremos como podemos detalhar a classe **Motor** de uma forma mais completa, usando um atributo de associação ao invés de apenas um campo chamado **mot_motor**, conforme figura abaixo:

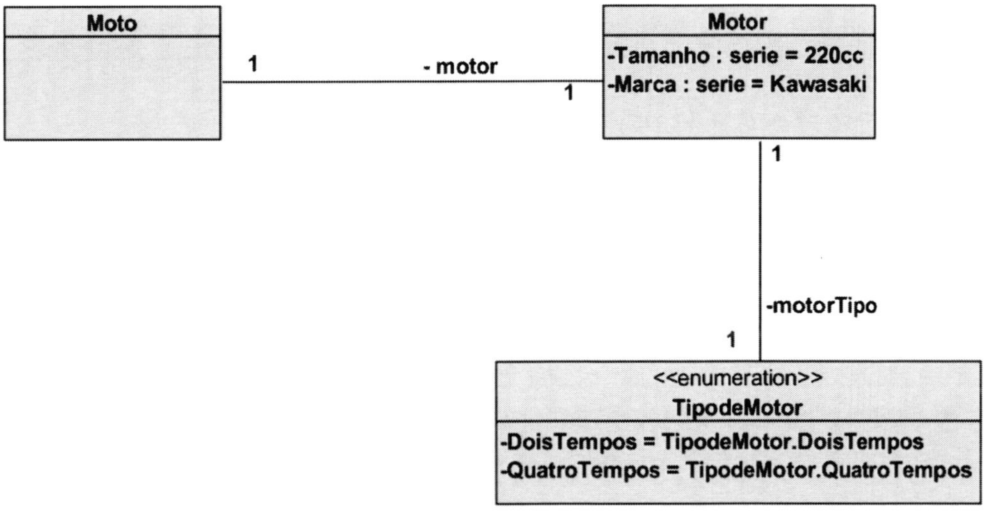

Figura 20

Na Figura acima, queremos dizer que só uma Moto tem um Motor Kawasaki 220cc de dois tempos. Isto pode não ser verdade na vida real, mas é o que transmite o modelo.

Ordem dos Atributos e Multiplicidade

Um único tipo de atributo pode representar mais de um deste mesmo tipo. Isto implica multiplicidade e, possivelmente, a ordem dos atributos. A multiplicidade é indicada para adicionar uma contagem para um atributo de associação, que pode estar ordenado ou desordenado, e podem ser anotados usando as palavras ordenadas ou desordenadas entre parênteses.

Os indicadores de multiplicidade podem ser utilizados em outros contextos e têm o mesmo significado quando aplicado a outros elementos contendo associações **UML** com atributos.

Quando se fala de multiplicidades, podem-se usar termos opcionais, aplicando a multiplicidade quando a mesma não for obrigatória, quando necessário pelo menos um valor único, se apenas um é permitido, e vários valores, se usarmos um asterisco. A Tabela abaixo mostra as multiplicidades possíveis e seus significados:

Multiplicidade	**Significado**
0..1	No mínimo zero (nenhum) e no máximo um. Indica que os objetos das classes associadas não precisam obrigatoriamente estar relacionados, mas se houver relacionamento indica que apenas uma instância da classe se relaciona com as instâncias da outra classe.
1..1	Um e somente um. Indica que apenas um objeto da classe se relaciona com os objetos da outra classe.
0..*	No mínimo nenhum e no máximo muitos. Indica que pode ou não haver instâncias da classe participando do relacionamento.
*	Muitos. Indica que muitos objetos da classe estão envolvidos no relacionamento.
1..*	No mínimo 1 e no máximo muitos. Indica que há pelo menos um objeto envolvido no relacionamento, podendo haver muitos envolvidos.
3..5	No mínimo 3 e no máximo 5. Indica que existem pelo menos 3 instâncias envolvidas no relacionamento e que podem ser 4 ou 5 as instâncias envolvidas, mas não mais do que isso.

Associação Binária

Este tipo de associação vai ocorrer quando são identificados relacionamentos entre duas classes. O tipo mais comum encontrado nos diagramas de classe, conforme figura abaixo:

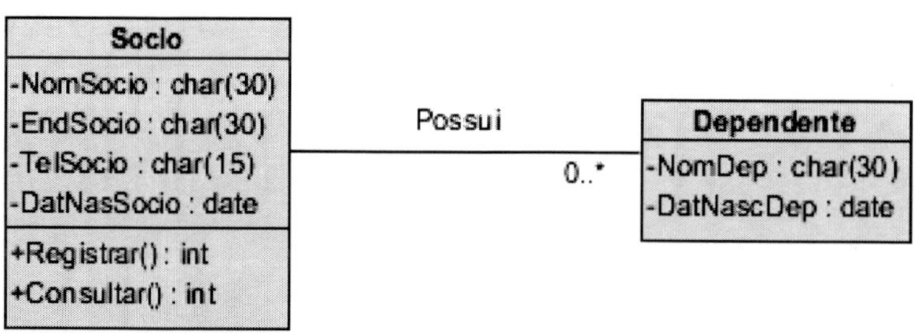

Figura 21

Na figura acima, um objeto da classe **Socio** pode relacionar-se ou não com instâncias da classe **Dependentes**, de acordo com a multiplicidade **0..***, no entanto, se existir um objeto da classe **Dependente**, o seu relacionamento é obrigatório com um objeto da classe **Socio**, pois, como não definimos a multiplicidade na extremidade da classe **Socio**, desta forma, podemos dizer que a multiplicidade é **1..1**. Podemos ainda adicionar uma descrição para esta associação, e definir o sentido em que as informações vão trafegar, por meio da utilização da navegabilidade, conforme figura abaixo:

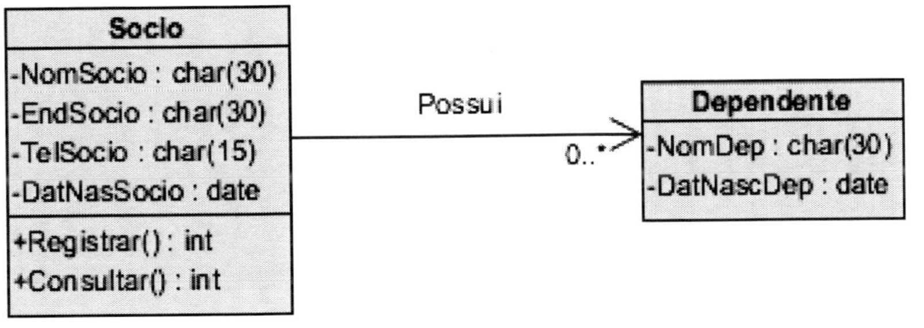

Figura 22

Ao utilizarmos uma descrição para a associação mostrada na figura acima, vai nos permitir compreendermos melhor qual o objetivo da associação e a definição da navegabilidade além de auxiliar a multiplicidade a definir o sentido das informações, facilita a leitura da associação. Veja que a navegabilidade da associação **Possui** aponta da classe **Socio** para a classe **Dependente**, desta forma, vamos ler a associação da seguinte forma: "Uma instância da classe **Socio** possui, no mínimo, nenhuma instância e no máximo muitas instâncias da classe **Dependente** e uma instância da classe **Dependente** é possuída por uma e somente uma instância da classe **Socio"**.

Vejam que neste exemplo, não utilizamos atributos como código do sócio ou código do dependente.

Associação Ternária ou N-ária

Estes tipos de associações conectam mais de duas classes. Sua representação ***é*** feita através de um losango para onde convergem todas as ligações da associação, conforme figura abaixo:

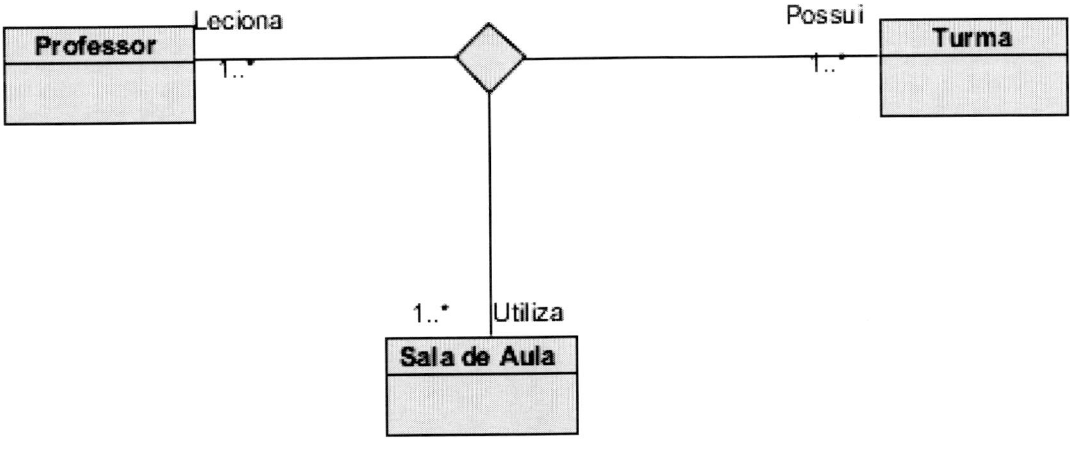

Figura 23

Na figura acima vamos identificar uma associação que demonstra um fato corriqueiro na maioria das universidades, onde um professor pode lecionar para muitas turmas, uma turma pode possuir muitos professores e utilizar muitas salas de aula e um professor lecionando para uma turma específica pode utilizar mais de uma sala de aula. A leitura desta associação deve ser feita da seguinte maneira: "Um professor leciona para no mínimo uma turma e no máximo para muitas, uma turma possui no mínimo um professor e no máximo muitos e um professor lecionando para uma determinada turma utiliza no mínimo uma sala de aula e no máximo muitas". Estas associações do tipo n-árias *são muito úteis para demonstrar associações complexas, mas devemos evitá-las*, pois sua leitura é muito difícil de entender.

Descrição de Agregação e Composição

Agregação é o termo mais frequentemente usado no projeto de software orientado a objetos quando se fala sobre a composição, ou seja, quando se fala de uma classe que consiste de outros. Usa-se o termo agregação, mas o que se quer dizer é composição. O símbolo do conector de agregação consiste em um desenho de um diamante(losango deitado) vazio e uma linha sólida, conforme figura abaixo:

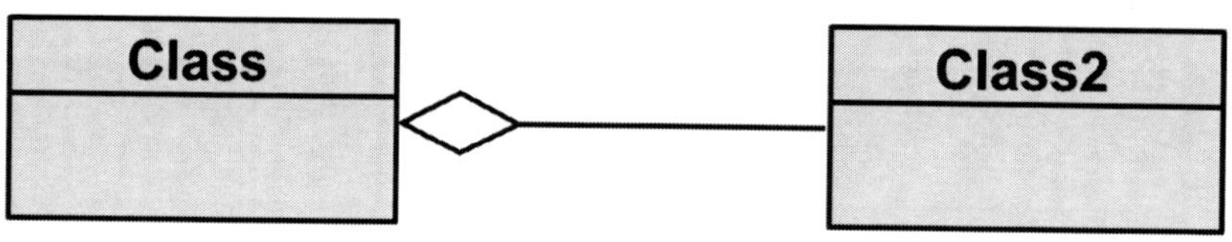

Figura 24

Na associação do tipo Composição, que é uma variação da associação de agregação, o símbolo do conector de composição consiste em um desenho de um diamante(losango deitado) preenchido e uma linha sólida.

Ao usar a associação do tipo composição, significa que a classe que representa a totalidade ou classe composta, contém um e somente uma instância da classe que representa a parte; Também significa que a classe composta é responsável pela duração da classe Parte.

A composição significa que a classe composta deve assegurar que todas as partes sejam criadas e ligadas ***à*** classe composta, antes de ser completamente construída. Embora exista uma classe composta, você pode implementar e confiar que nenhuma de suas Partes vai ser destruída por qualquer outra entidade. Quando a classe composta é destruída, devemos destruir as classes Partes, podemos remover explicitamente as classes Partes e trazê-las para algum outro objeto. A multiplicidade utilizada nas classes compostas é sempre **1** ou **0..1**, conforme figura a seguir:

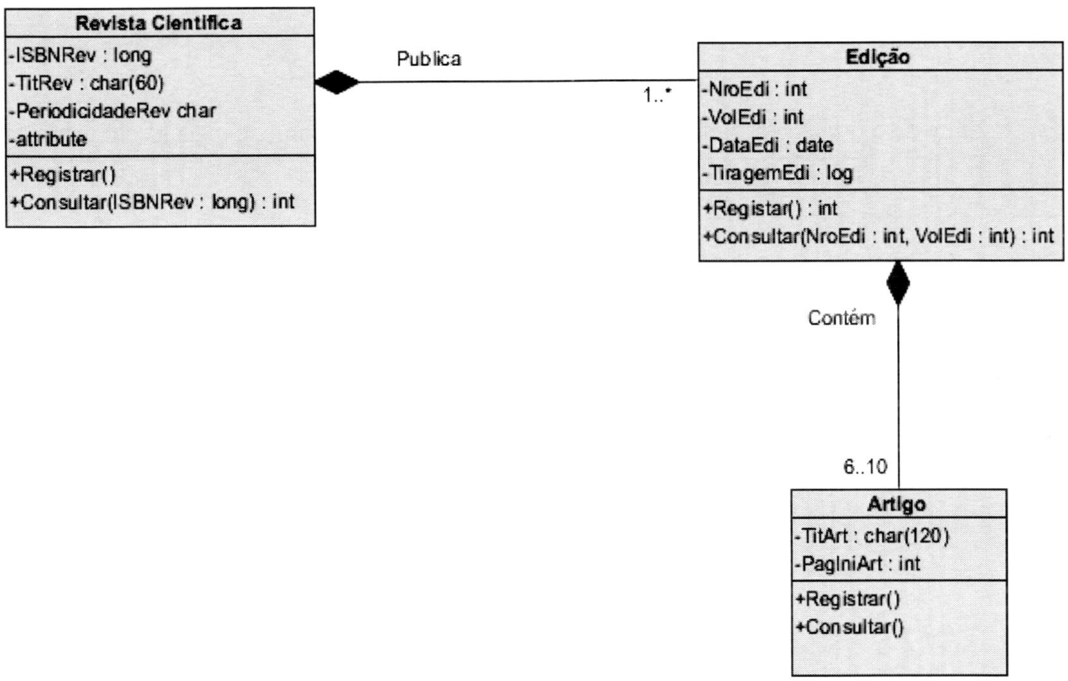

Figura 25

Vamos observar que na figura acima um objeto da classe **Revista Científica** vai fazer referência a, no mínimo, um objeto da classe **Edição**, podendo também fazer referência a muitos objetos dessa classe. Desta forma, cada instância da classe **Edição** vai relacionar-se única e exclusivamente a uma instância específica da classe **Revista Científica**, assim não vai poder relacionar-se com nenhuma outra.

Percebemos ainda na figura acima, que um objeto da classe **Edição** deve relacionar-se a, no mínimo, 6 objetos da classe **Artigo**, e pode ainda fazer relacionamento com até 10 objetos desta mesma classe, assim esta informação é de grande valia como documentação e vai servir como uma forma de validação, impedindo que uma revista seja publicada sem ter no mínimo 6 artigos ou mais do que 10. Mas um objeto da classe **Artigo** vai fazer referência unicamente a um objeto da classe **Edição**, gerando outra forma de documentação, já que a edição de uma revista científica só deve publicar trabalhos inéditos, desta forma, não é possível a um mesmo objeto da classe **Artigo** fazer relacionamento com mais de um objeto da classe **Edição**.

Modelagem de Herança

É importante salientar que a **UML** é uma linguagem diferente, distinta de sua linguagem de programação favorita, orientada a objetos. Portanto, para trabalhar com modelagem **UML**, precisamos conhecer várias linguagens orientadas a objetos, para que possamos implementar os desenhos feitos na **UML**. Na linguagem UML, herança é conhecida como generalização. Infelizmente, as relações de herança sofrem de uma infinidade de sinônimos. As palavras **pai e mãe** também são conhecidas como **superclasse**, **classe base**, **classe mãe**, **classe pai** e a palavra **filho** também **é conhecida** como **subclasse** ou **classe filha**.

Especialização/Generalização

Generalização refere-se a um tipo especial de relacionamento cujo objeto principal é a identificação de classes mãe, classes pai, superclasse, ou classe base, também chamadas de gerais e classes filhas ou subclasse, também chamadas especializadas.

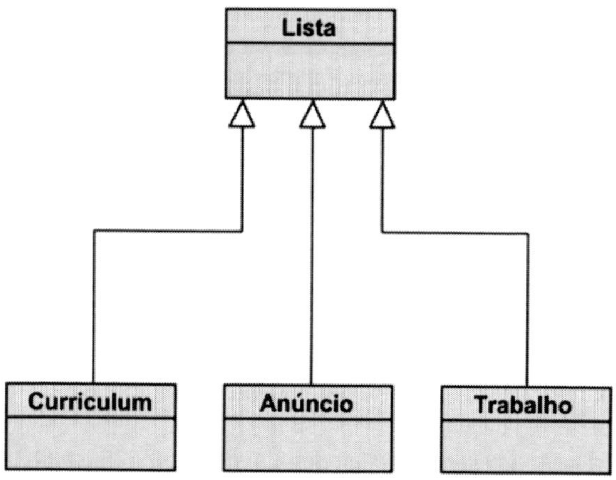

Figura 26

Em um relacionamento de herança, a classe **filha** recebe todas as características da classe **pai**, podendo possuir atributos e métodos próprios. O Polimorfismo funciona porque as classes filhas podem ser substituídas pelas classes pai. A possibilidade de ser substituído significa que, se é definida a utilização de uma operação ou método de um argumento de um tipo **pai**, então qualquer **classe filha** pode ser substituída por qualquer **classe pai**. Vejamos o exemplo da figura 26:

Se definirmos **Lista** como a **classe pai** e **Curriculum**, **Anúncio** e **Trabalho** como **classes filhas**, então em qualquer lugar que definirmos um argumento da classe **Lista** poderemos substituí-lo por um argumento das **classes filhas Curriculum**, **Anúncio** e **Trabalho**.

Qualquer membro público ou privado da classe **Lista** torna-se um membro das **classes filhas Curriculum**, **Anúncio** e **Trabalho**. Implicitamente, os membros privados fazem parte das **classes filhas Curriculum**, **Anúncio** e **Trabalho**, mas essas classes filhas – e qualquer classe filha – não pode acessar membros privados da classe pai, a não ser que haja suporte para herança múltipla. Este é um conceito muito difícil de entender, seria como se você tivesse duas mães biológicas, por esta razão, a herança múltipla est*á* sendo descontinuada.

Dependência

Neste relacionamento o próprio nome já diz, quando usado no **Diagrama de Classes**, pois este tipo de relacionamento não costuma ser encontrado com muita frequência nos diagramas de classes, vai identificar certo grau de dependência de uma classe em relação à outra. Por exemplo, entre uma classe, chamada **Cliente**, depende de uma segunda classe chamada **Fornecedor**, para fornecer um serviço.

Desta forma, quando ocorrer uma mudança na classe da qual uma outra classe depende, esta deverá também sofrer uma mudança. Este relacionamento é representado por uma reta tracejada entre duas classes contendo uma seta apontando a classe da qual a classe posicionada na outra extremidade do relacionamento é dependente de alguma forma. A figura abaixo apresenta um exemplo de **Dependência**:

Figura 27

No exemplo acima, temos um relacionamento de dependência entre as classes **ItemCarrinho** e **Carrinho_de_Compras,** que vão representar classes utilizadas em um sistema de vendas de um site na Internet. A classe **ItemCarrinho** possui dependência com a classe **Carrinho_de_Compras**, pois a maioria dos eventos ocorridos nas instâncias desta classe, porque não dizer que todos afetam de alguma forma as instâncias da classe **ItemCarrinho**.

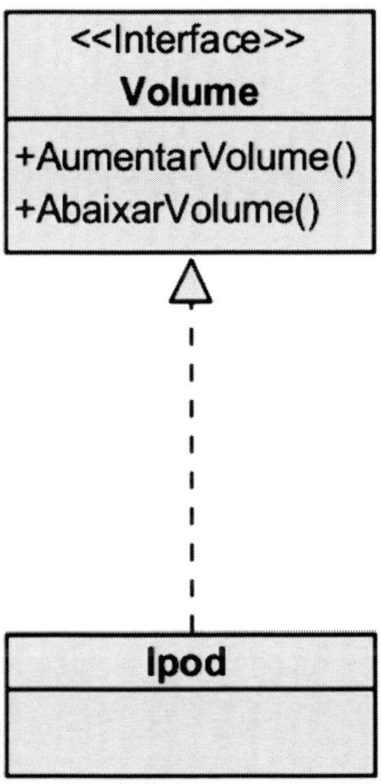

Figura 28

Realização

Os relacionamentos de realização utilizam características dos relacionamentos de **Dependência** e **Generalização**, identificando classes que contenham interfaces, e desta forma herdam os comportamentos destas interfaces, mas não sua estrutura. O conector é quase idêntico ao da generalização, exceto que a linha de ligação é pontilhada e dotada de um triângulo preenchido, dependendo da ferramenta, este triângulo pode ser vazio, do mesmo tipo. Quando uma classe tem uma interface, ou herda esta interface, basicamente a classe está aceitando fornecer a implementação para as características declaradas por esta interface. Veja na figura 28, a representação visual da interface:

Classe Associativa

Elas acontecem quando houver ocorrência de associações que possuem multiplicidade **muitos (*)** em todas as suas extremidades, desta forma vamos precisar desta classe porque não existe um repositório onde possamos armazenar as informações que estão nas associações, visto que todas as classes que estão envolvidas apresentem a multiplicidade **muitos,** obrigando que seu atributo-chave tenha que ser enviado às outras classes envolvidas, e como todas elas também possuem multiplicidade **muitos**, vai acarretar que nenhuma delas pode receber os atributos das outras, desta forma vai ser preciso criar uma classe associativa, que tem como função, o armazenamento dos atributos transmitidos pela associação. A classe associativa pode possuir atributos próprios, além dos recebidos. Uma classe associativa é representada por uma seta tracejada partindo do meio da associação e atingindo outra classe. Veja na figura abaixo um exemplo de classe associativa:

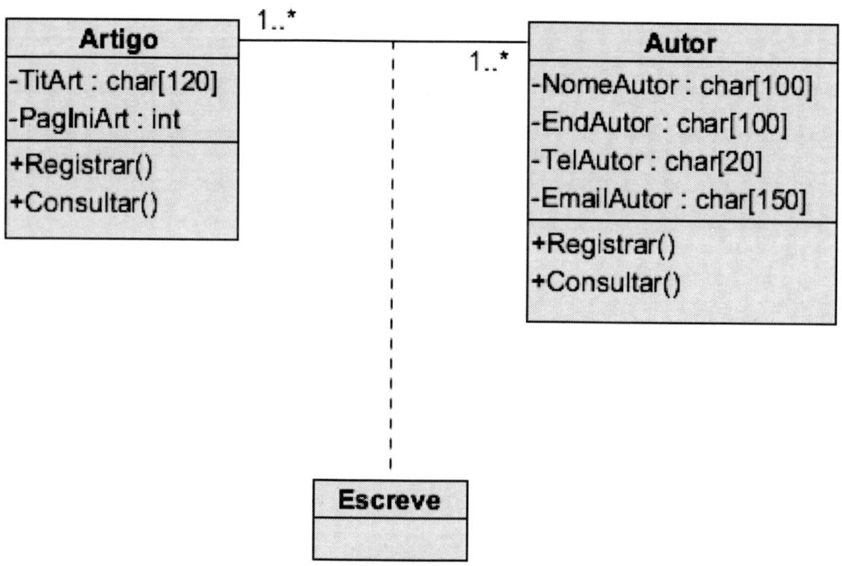

Figura 29

No exemplo acima, uma instância da classe **Autor** pode relacionar-se com muitas instâncias da classe **Artigo** e uma instância da classe **Artigo** pode relacionar-se com muitas instâncias da classe **Autor**, ou seja, um autor pode escrever muitos artigos e um artigo pode ser escrito por muitos autores. A pergunta que se faz é: onde vamos guardar todas estas informações? O primeiro problema é a existência da multiplicidade **muitos** em ambas as extremidades das classes da associação, assim não temos como reservar atributos para guardar estas informações decorrentes da associação, o que seria um desperdício de espaço fazê-lo, pois não temos como determinar um limite para a quantidade de autores que podem escrever um artigo e nem temos como saber quantos artigos um autor ainda vai escrever. Poder-se-ia reservar uma quantidade de atributos em uma das classes para guardar esta informação, o que vai ocorrer é que muitos deles seriam deixados em branco e poderia acontecer de, em alguns casos, eles não serem suficientes.

Sendo assim, vamos precisar criar uma classe para guardar essa informação, observe que a classe associativa chamada **Escreve**, não tem nenhum atributo, ela simplesmente vai receber os atributos-chave da classe **Autor** e da classe **Artigo** que são enviados de forma transparente pela associação, não havendo a necessidade de mostr***á***-los. Podemos perceber que a associação não tem uma descrição, pois esta informação já está contida na própria classe associativa.

As **Classes associativas** também podem ser substituídas por classes normais, que são conhecidas como **Classes Intermediárias**, que vão desempenhar exatamente a mesma função das **classes associativas**. O que temos aqui são duas formas de armazenar a mesma informação. Veja na figura abaixo um exemplo de classe **Intermediária**

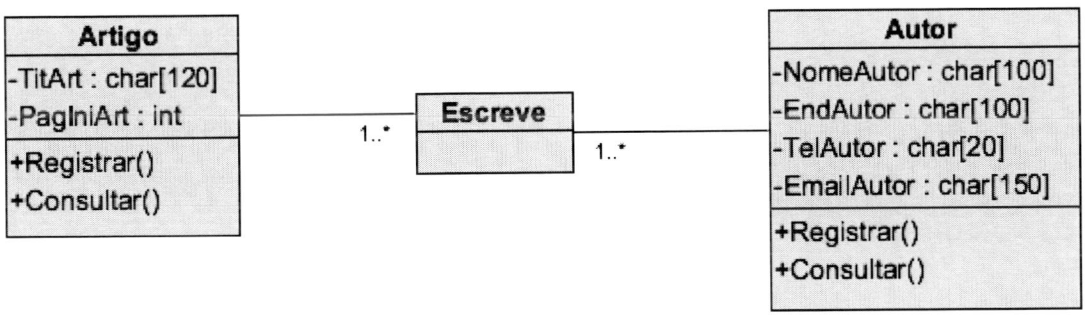

Figura 30

Usamos o mesmo exemplo anterior, só que desta vez, substituímos a **classe associativa** por uma **classe intermediária**, se observarmos bem, temos a mesma classe representada de uma forma um pouco diferente em cada um dos dois exemplos. Deixo bem claro que a utilização dos métodos são válidos, mas por uma questão de clareza e compreensão de suas funções, seja mais fácil a utilização de **classes intermediárias**. Quem deve tomar esta decisão é o Engenheiro de Software que for modelar o sistema.

Restrição

As restrições especificam condições anteriores – **pré** e posteriores – **pós**. Use restrições para indicar o estado em que um objeto deve ser validado, quando um método é introduzido e teremos outro método como saída. As restrições, no **Diagrama de Classes**, são geralmente representadas por uma nota com o texto limitado por chaves. Veja na figura abaixo um exemplo:

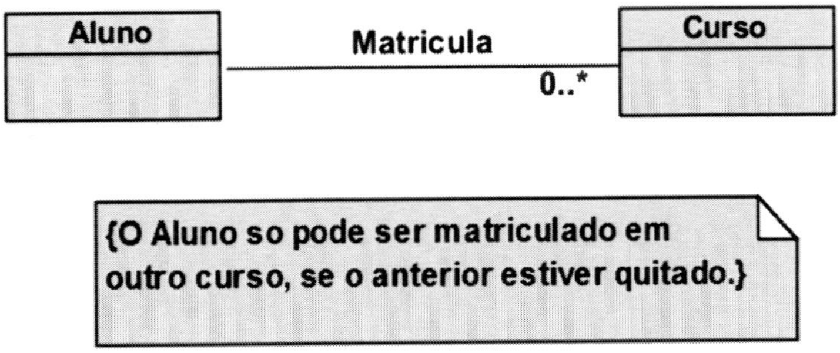

Figura 31

No exemplo acima, utilizamos uma restrição para determinar que um **Aluno** somente poderá fazer um **Curso**, se não possuir nenhum **Curso** anterior com pendência. Podemos usar Restrições para validar um atributo ou método de uma classe específica. Veja na figura abaixo um exemplo:

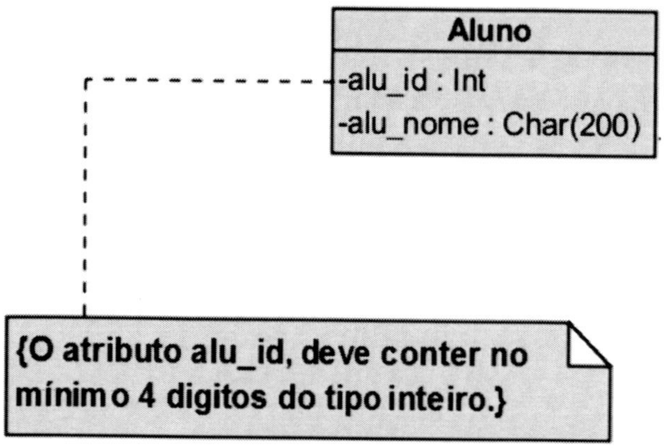

Figura 32

No exemplo da figura ao lado, foi criada uma restrição através do uso de nota, para informar a necessidade do atributo **alu_id** possuir no mínimo 4 dígitos do tipo inteiro. Podemos utilizar a restrição para inserir detalhes de implementação, tais como instruções escritas em uma linguagem de programação orientada a objetos ou em pseudocódigo ou algoritmo.

Podemos utilizá-la também, para representar o **ou exclusivo – xor**, isto ocorre quando instâncias de duas ou mais classes podem se relacionar com instâncias de uma outra classe específica, mas somente uma instância de uma das classes pode se relacionar com uma instância da classe específica, em detrimento das outras. Veja na figura abaixo um exemplo:

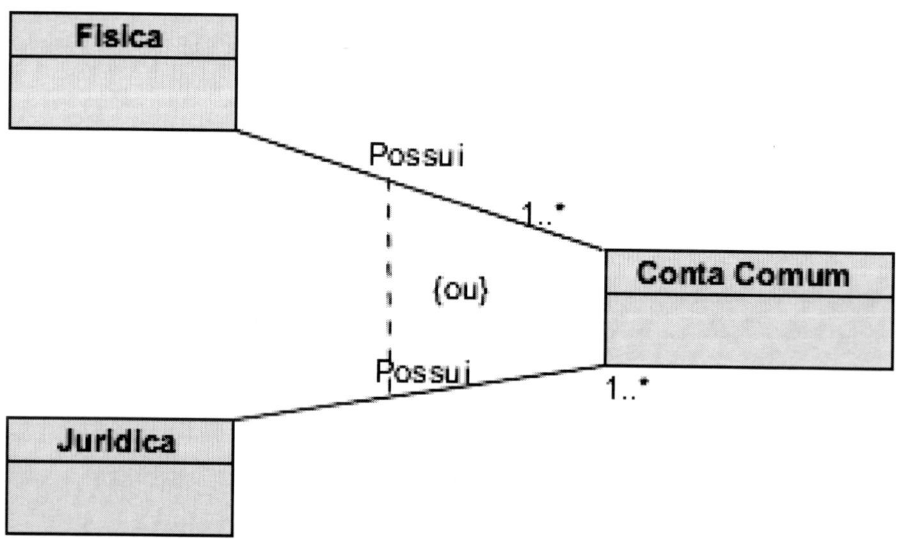

Figura 33

No exemplo acima, temos que uma conta comum pode ser de uma pessoa física como de uma pessoa jurídica, no entanto uma determinada conta comum só pode pertencer a uma única pessoa. Utilizamos restrições também, para definir melhor a semântica de classes especializadas derivadas de classes gerais. As restrições pré-definidas para classes especializadas são:

- **Completa** - quando todas as sub-classes possíveis foram derivadas da classe geral;
- **Incompleta** - quando ainda é possível derivar novas subclasses;
- **Separada ou disjunta** - quando as subclasses são mutuamente exclusivas, ou seja, no momento que uma instância pertence a uma subclasse, não poderá, de forma alguma, pertencer a qualquer das outras sub-classes derivadas.

Veja na figura abaixo um exemplo:

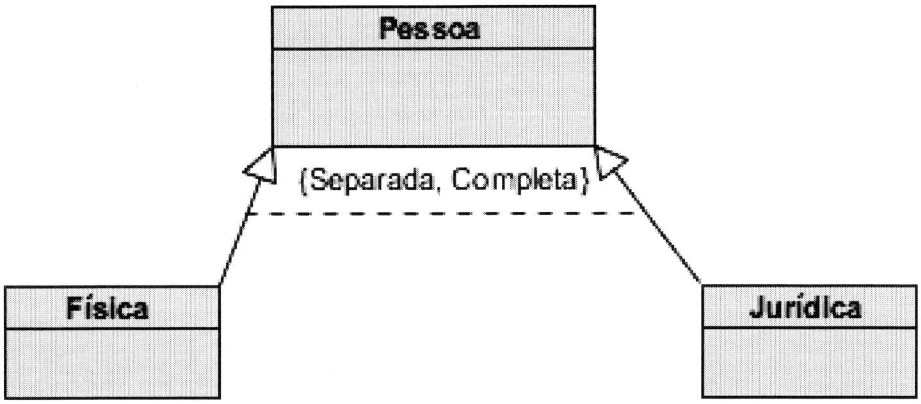

Figura 34

No exemplo acima, vimos que foram derivadas ou herdadas duas **subclasses** a partir da classe **Pessoa**, as classes **Física** e **Jurídica**. Veja que não temos como herdar mais nenhuma classe a partir da classe mãe, pai ou **superclasse Pessoa**, desta forma a restrição entre as classes herdadas é completa. Outro ponto a se destacar é que no momento que uma pessoa for física, ela não pode ser jurídica e vice-versa, assim a especialização é separada.

- **Sobreposta** - quando o fato de pertencer a uma subclasse não impede que pertença a outras, a figura abaixo apresenta um exemplo de restrição sobreposta e incompleta para classes especializadas:

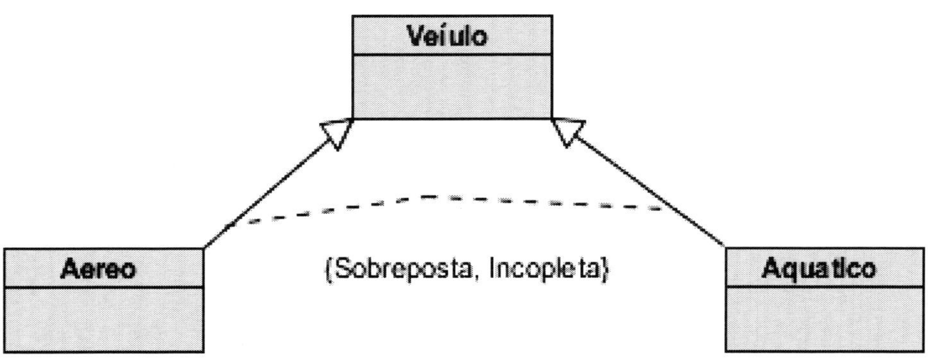

Figura 35

A figura acima, nos apresenta um exemplo em que, a partir da classe mãe **Veículo**, vamos herdar as subclasses ou classes filhas **Aereo** e **Aquatico**. Também poderíamos herdar uma classe para veículos terrestres, assim vamos inserir uma restrição **incompleta** e como pode ocorrer de um veículo ser tanto aéreo como aquático como é o caso de um hidroavião, vamos acrescentar a restrição **sobreposta** a especialização. Vimos que podemos combinar as restrições, basta que as separemos por vírgulas. Apesar de òbvia a sua utilidade, devemos evitar o uso de muitas restrições no **Diagrama de Classes**.

Estereótipos dos Diagramas de Classes

Utilizar estereótipos é uma maneira para destacarmos determinados componentes do diagrama, deixando explícito que esses componentes devem executar alguma função diferenciada dos outros componentes apresentados no diagrama. Têm vários estereótipos predefinidos na linguagem **UML**, mas ainda nos é permitido a criação de estereótipos exclusivo pelo Engenheiro de Software.

Existem três estereótipos predefinidos na linguagem **UML**, que são muito utilizados nos **Diagramas de Classes** e que vamos estudar com mais detalhes, são eles: **<<entity>>, <<boundary>>** e **<<control>>**.

Estereótipo <<entity>>

A finalidade deste estereótipo é deixar explícito que uma classe é uma entidade, ou seja, a classe vai conter informações recebidas ou geradas por meio de um sistema. As classes que têm este estereótipo devem fornecer a informação de que normalmente vão ter objetos e que esses objetos vão possuir um período de vida extenso, ou seja, pode ser que os objetos destas classes precisem ser preservados ou armazenados.

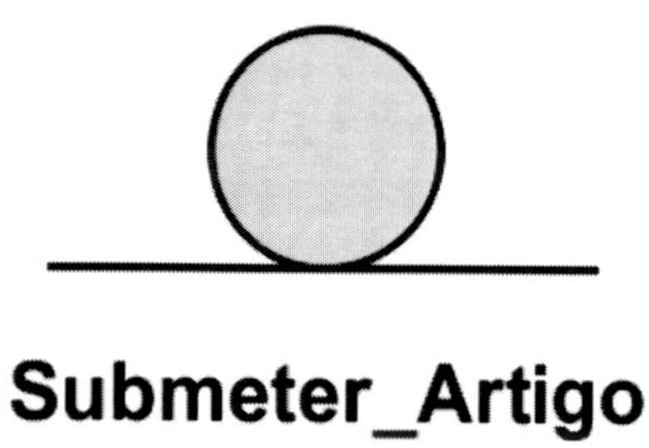

Figura 36

É muito comum, confundirmos classes com estereótipo **<<entity>>** com as classes persistentes. Isto não é uma regra, uma classe do tipo **<<entity>>** pode guardar suas informações somente na memória, neste caso não há a necessidade de preservá-las para sempre. Se for necessário dizer que uma classe é persistente, devemos utilizar um estereótipo exclusivo para isso ou utilizar uma restrição. Veja na figura 36 um exemplo:

Estereótipo <<boundary>> e <<control>>

O estereótipo **<<boundary>>** também conhecido como estereótipo de fronteira, serve para identificar classe que serve de comunicação entre os atores externos e o sistema. Este estereótipo é associado, em muitas vezes, a própria interface do sistema e comumente vai precisar interagir com outra classe do tipo **<<control>>**, na maioria das vezes, quando formos utilizar o padrão **MVC – Model View Control**.

O estereótipo **<<control>>** tem por finalidade identificar classes que servem de mediação entre as classes **<<boundary>>** e as outras classes do sistema. Os objetos **<<control>>** têm como responsabilidade decifrar os eventos ocorridos sobre os objetos **<<boundary>>**, como os movimentos do mouse ou o pressionamento de um botão e reenviar esses eventos para os objetos das classes de entidades que compõem o sistema. Veja na figura abaixo um exemplo:

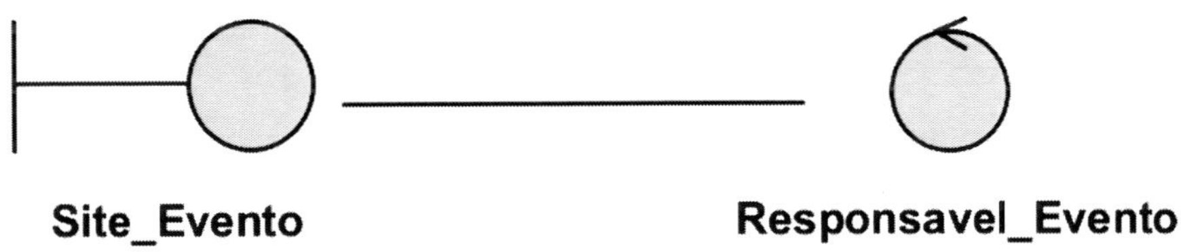

Figura 37

No exemplo acima, a classe **<<boundary>>** está representando a página de um evento, onde podemos enviar nossos trabalhos, artigos, etc. Já a classe **<<control>>**, está representando o responsável pelo congresso, neste caso os objetos são responsáveis por decifrar os eventos que vão ser gerados pelos usuários do site e reenviar aos outros objetos que participam do sistema. Notem que o formato dos estereótipos tem um formato gráfico diferente dos demais componentes.

Diagrama de Objetos

Este diagrama é apenas um complemento do **Diagrama de Classes**. E tem como finalidade fornecer uma **visão** dos conteúdos armazenados pelos objetos das classes definidas no **Diagrama de Classes** em um determinado momento da execução de um determinado processo do sistema. Um componente **Objeto** é muito idêntico a um componente **Classe**, porém os objetos não apresentam métodos, somente atributos e estes armazenam os conteúdos dos objetos em uma determinada situação. O nome dos objetos está contido, como nas classes, na primeira divisão do retângulo que representa os objetos e pode ser apresentado de três maneiras:

- O **nome do objeto**, com todas as letras minúsculas, seguido do símbolo de dois pontos **(:)** e o nome da classe a qual o objeto pertence, com as letras iniciais maiúsculas. Este é o formato mais comumente encontrado;
- O **nome do objeto omitido**, mas mantendo o símbolo de dois pontos e o nome da classe;
- Somente o **nome do objeto**, sem dois pontos. Na figura abaixo, pode-se observar um exemplo de objeto:

Figura 38

No exemplo acima, o objeto possui como nome **aluno1** e é uma instância da classe **Aluno**. Logo abaixo, na segunda divisão do retângulo são exibidos os atributos possuídos por ele com seus respectivos conteúdos, indicados por um símbolo de igual =. A leitura que podemos fazer é a seguinte: o aluno **Rafael Soares**, que tem o id **123456**. Os objetos deste diagrama possuem vínculos entre si, que são as instâncias das associações entre as classes representadas no **Diagrama de Classe**, assim como os objetos são instâncias das próprias classes.

Capítulo 6

Ambiente de Desenvolvimento Integrado (IDE) do Android

Antes de começar a desenvolver alguma coisa no **Android**, veremos como usar o **Xamarin.Android** para criar um aplicativo para Android. Veremos também o modelo de aplicativo padrão, bem como criar uma aplicação simples para exibir uma mensagem na tela ao clicar em um botão.

Bem-vindo ao Android

Android - O Principal Sistema Operacional Móvel do Mundo

As vendas de dispositivos **Android** estão crescendo rapidamente, criando enormes oportunidades para desenvolvedores de aplicativos para **Android**.

- Os dispositivos Android de primeira geração foram lançados em outubro de 2008. A partir de junho de 2015, o Android possuía 82,8% da participação global do mercado de smartphones, em comparação com 13,9% para a Apple e 2,6% para a Microsoft.

- Bilhões de aplicativos foram baixados do Google Play e mais de um bilhão de dispositivos Android foram vendidos em todo o mundo em 2014.

- De acordo com o PC World, cerca de 230 milhões de tablets foram vendidos em 2014, dos quais 67,3% com o SO para Android, em comparação com 27,6% para iOS e 5,1% para Microsoft Windows.

- Os dispositivos Android agora incluem smartphones, tablets, e-readers, robôs, motores a jato, satélites da NASA, consoles de jogos, refrigeradores, televisores, câmeras, dispositivos de cuidados para a saúde, smartwatches – relógios inteligentes, sistemas de "infotainment" em veículos automotores (para controlar o rádio, GPS, chamadas telefônicas, termostato, etc.) e muito mais.

- Um relatório recente diz que a receita estimada para aplicativos móveis (em todas as plataformas móveis) deverá alcançar a cifra de US$ 99 bilhões de dólares até 2019.

Características do Android

Um dos benefícios do desenvolvimento de aplicativos para Android é a abertura da plataforma. O sistema operacional é de código aberto e gratuito. Isso permite que visualizemos o código-fonte do Android e como seus recursos são implementados. Nós podemos colaborar com o Android, informando erros que por acaso viermos encontrar no SO, basta acessar o seguinte endereço: http://source.android.com/source/report-bugs.html, ou participando dos grupos de discussão Open Source Project, no seguinte endereço: http://source.android.com/community/index.html.

Numerosos aplicativos Android de código aberto do Google e outros estão disponíveis na Internet. A abertura da plataforma estimula a inovação rápida. Ao contrário do **iOS** sistema proprietário da Apple, que está disponível apenas em dispositivos Apple, o Android está disponível em dispositivos de dezenas de fabricantes de equipamentos originais (OEMs) e através de inúmeras operadoras de telecomunicações em todo o mundo. A intensa competição entre OEMs e operadoras beneficia os clientes.

Telas Touch Screen

Os smartphones Android envolvem a funcionalidade de um telefone celular, cliente de internet, MP3 player, console de jogos, câmera digital e mais um dispositivo portátil com telas multitouch coloridas. Com o toque de seus dedos, você pode navegar facilmente usando seu telefone, executando aplicativos, tocando música, navegação na web e muito mais. A tela pode exibir um teclado para digitar e-mails e mensagens de texto e inserir dados em aplicativos e alguns aparelhos Android também possuem teclados físicos.

Gestos

As telas multitouch permitem que você controle o dispositivo com gestos envolvendo um toque ou múltiplos toques simultâneos.

Aplicativos Embarcados

Os dispositivos Android vêm com vários aplicativos padrão, que podem variar, dependendo do dispositivo, do fabricante ou do suporte do serviço móvel. Alguns aplicativos geralmente incluídos são: Telefone, Contatos, Mensagens, Navegador, Calculadora, Calendário, Relógio e Fotos.

Web Services

Os Web Services ou serviços da Web, são componentes de software armazenados em um computador que pode ser acessado por um aplicativo (ou outro componente de software) em outro computador pela Internet.

Com os serviços da Web, podemos criar **mashups**, que permitem que você desenvolva rapidamente aplicativos, combinando rapidamente serviços web complementares, muitas vezes de diferentes organizações e possivelmente outras formas de alimentação de informações ou feeds.

O Sistema Operacional Android

O sistema operacional Android foi desenvolvido pela Android, Inc., que foi adquirida pela Google em 2005. Em 2007, a Open Handset Alliance foi criada para desenvolver, manter e evoluir o Android, gerando inovação em tecnologia móvel e melhorando a experiência do usuário, e com o objetivo de reduzir custos.

Na tabela abaixo, veremos a evolução do sistema operacional Android, mostrando suas versões e suas principais funcionalidades. O mercado do Android está fragmentado - muitos dispositivos ainda usam versões anteriores do Android - de modo que, como desenvolvedor, é útil que você esteja ciente dos recursos introduzidos em cada versão.

Versão de Nomeação das Versões do Android

Cada nova versão do Android é nomeada com um nome de sobremesa, em inglês, em ordem alfabética, conforme tabela abaixo:

Versão da Plataforma	Nome
Android 1.0	BASE
Android 1.1	BASE_1_1
Android 1.5	Cupcake
Android 1.6	Donut
Android 2.0	Eclair
Android 2.0.1	Eclair_0_1
Android 2.1.x	Eclair_MR1
Android 2.2.x	Froyo
Android 2.3, 2.3.1, 2.3.2	Gingerbread
Android 2.3.3, 2.3.4	Gingerbread_MR1
Android 3.0.x	Honeycomb
Android 3.1.x	Honeycomb_MR1
Android 3.2	Honeycomb_MR2
Android 4.0, 4.0.1, 4.0.2	Ice Cream Sandwich
Android 4.0.3, 4.0.4	Ice Cream Sandwich_MR1

Android 4.1, 4.1.1, 4.3	Jelly Bean
Android 4.4	KitKat
Android 5.0, 5.1	Lollipop
Android 6.0	Marshmallow
Android 7.0, 7.1	Nougat
Android 8.0, 8.1	Oreo
Android P	versão inicial, alfa

Capítulo 7

Instalando o Ambiente de Desenvolvimento do Microsoft Visual Studio Community 2017

Antes de instalar o aplicativo de desenvolvimento do **Microsoft Visual Studio Community 2017**, devemos lembrar que o emulador do Android e outros ambientes, devem ser instalados no **Windows 10 Pro**. Para verificar qual sua versão do **Windows**, digite na área de pesquisa **Sistema**, em seguida selecione o item de menu **Sistema**, conforme figura 39:

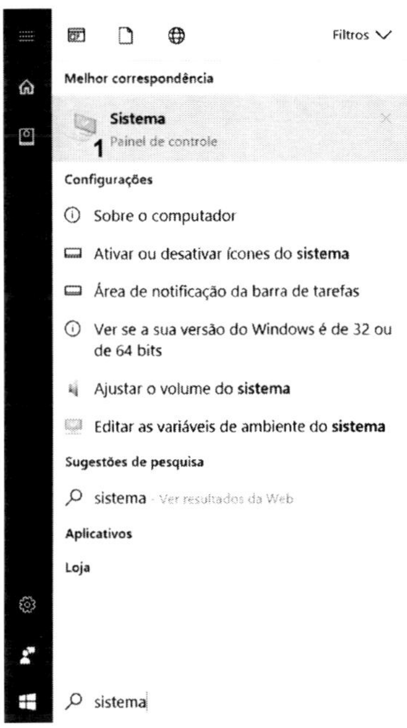

Figura 39

Vai abrir a janela com as informações básicas do computador, conforme figura abaixo:

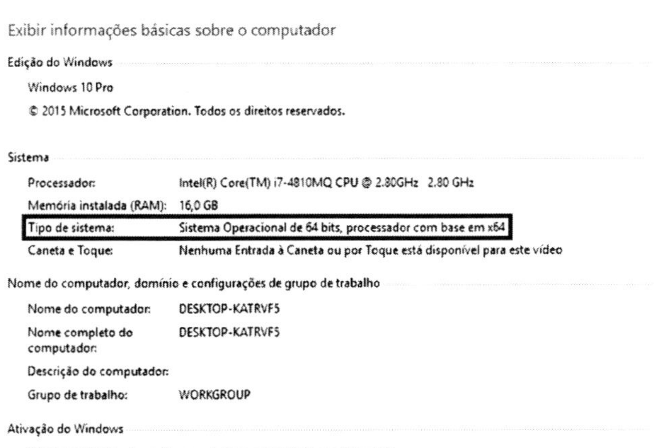

Figura 40

Observe os itens que estão marcados, são estes que lhe interessam para ter uma instalação bem sucedida do **Microsoft Visual Studio Community 2017**. Caso seu **Windows** não esteja com estas configurações, você deverá trocá-lo por uma versão Pro e de preferência de 64 bits. Quanto mais memória **RAM**, melhor, no mínimo **8 GB**. Feitas estas considerações, a partir deste momento vou considerar que você tem as configurações acima citadas.

Vamos agora instalar o **Microsoft Visual Studio Community 2017**, para isto digite o seguinte link em seu navegador web: **https://www.visualstudio.com/pt-br/?rr=https%3A%2F%2Fwww.microsoft.com%2Fen--us%2Fdownload%2Fdeveloper-tools.aspx**, eu estou usando o novo navegador da Microsoft, o **Edge**. Veja que vai abrir a janela de **Download Center**. No item **Ide do Visual Studio**, passe o mouse sobre o link **Baixar o Visual Studio**, e selecione o item **Community 2017**, conforme figura abaixo:

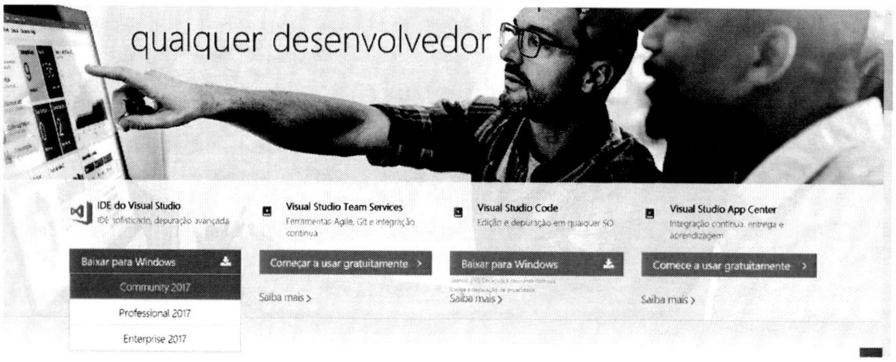

Figura 41

Deve aparecer no rodapé do **Microsoft Edge**, perguntando onde salvar os downloads, no botão **Salvar**, clique na setinha para cima e selecione **Salvar como**, conforme figura abaixo:

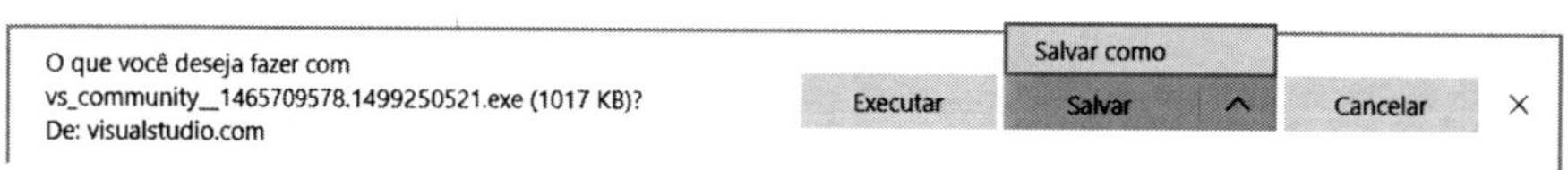

Figura 42

Vai abrir a janela **Salvar como**, conforme figura abaixo:

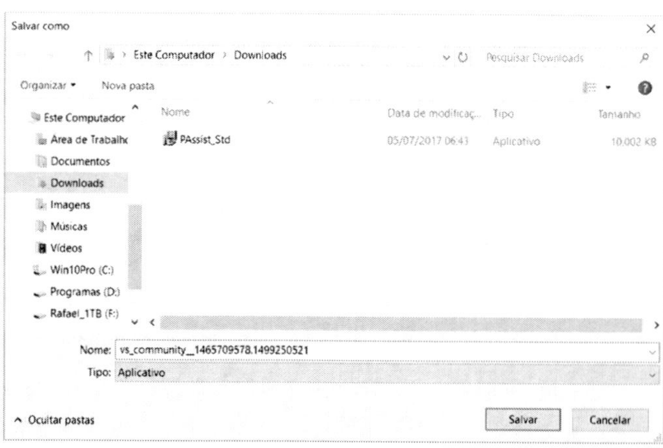

Figura 43

Por padrão, esta janela abre dentro da pasta **Downloads**, mas podemos mudar para a pasta que quisermos. Vou deixar na pasta padrão. Clique no botão **Salvar** e aguarde o término do download, que dependendo da configuração da sua máquina pode demorar um pouco. Após o término do download, abra a pasta **Downloads**, basta clicar no ícone da pasta **Explorador de Arquivos**, que fica fixa na barra de tarefas do **Windows**, conforme figura 44:

Figura 44

Vai abrir a janela **Explorador de Arquivos**, conforme figura abaixo:

Figura 45

Clique sobre a pasta **Downloads**, e veja que o nosso arquivo baixado está lá, conforme figura abaixo:

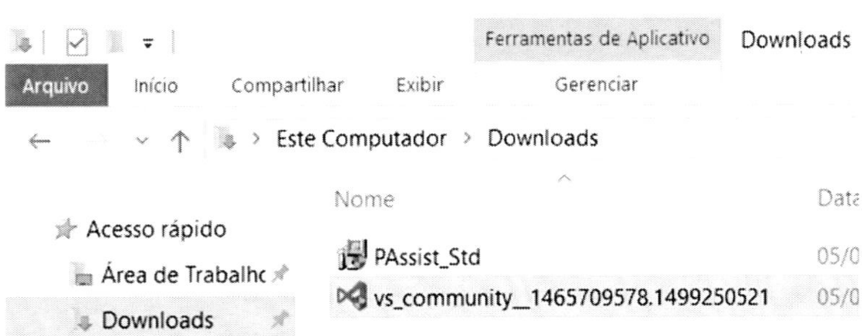

Figura 46

Vamos iniciar a instalação do aplicativo. Eu estou instalando a partir de uma instalação zerada do **Windows**, o único programa que tenho instalado é o **Office 2010**, portanto, vocês podem pular alguns passos, pois alguns aplicativos já devem estar instalados no seu computador. Outro detalhe, você deve estar conectado à Internet durante a instalação deste programa. Clique com o botão esquerdo do mouse sobre o arquivo **vs_community__1465709578.1499250521**, e selecionar o item **Executar como administrador**, conforme figura abaixo:

Figura 47

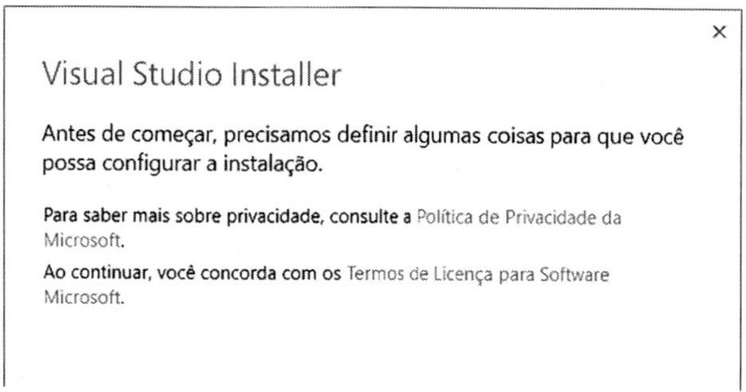

Figura 48

Em seguida, vai abrir uma janela perguntando se você quer permitir alterações no seu computador, **Deseja permitir que este aplicativo faça alterações no seu computador?**, clique no botão **Sim** e veja que dever aparecer uma janela para aceitar os **Termos de Licença**, conforme figura 48:

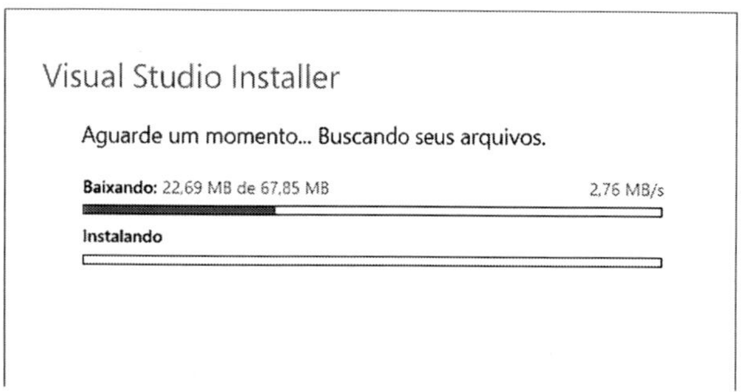

Figura 49

Clique no botão **Continuar**. Aguarde o carregamento, conforme figura 49:

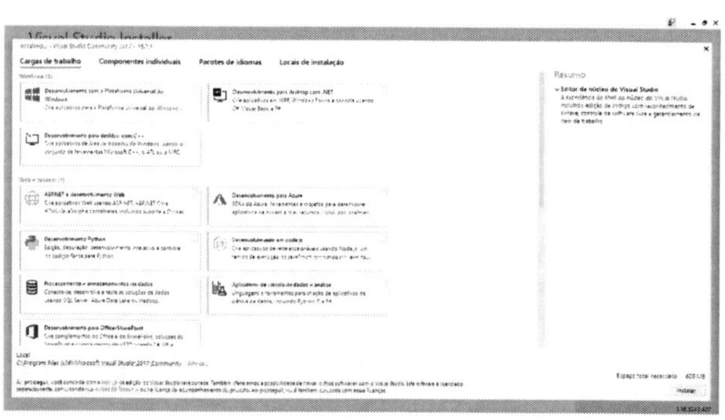

Figura 50

Após o carregamento, vai aparecer a nova tela de configurações do **Visual Studio 2017**, conforme figura 50:

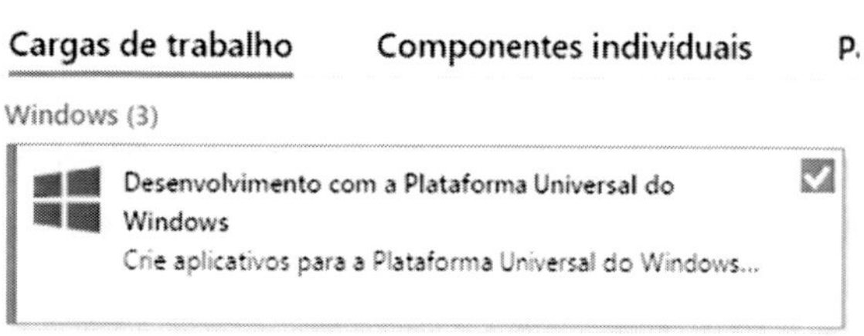

Figura 51

Nesta nova janela, podemos escolher nossas preferências e quais módulos devem ser instalados. No item **Cargas de trabalho**, vamos selecionar no item **Windows, Desenvolvimento com a Plataforma Universal do Windows**, conforme figura 51:

Observe que do lado direito, temos uma coluna chamada **Resumo**, nesta coluna, no item **Opcional**, selecione os itens, conforme figura 52:

Figura 52

Agora clique na barra de rolagem, e vamos para o item **Celular & Jogos**, e vamos selecionar os itens **Desenvolvimento móvel com .NET** e **Desenvolvimento mobile com JavaScript**, conforme figura 53:

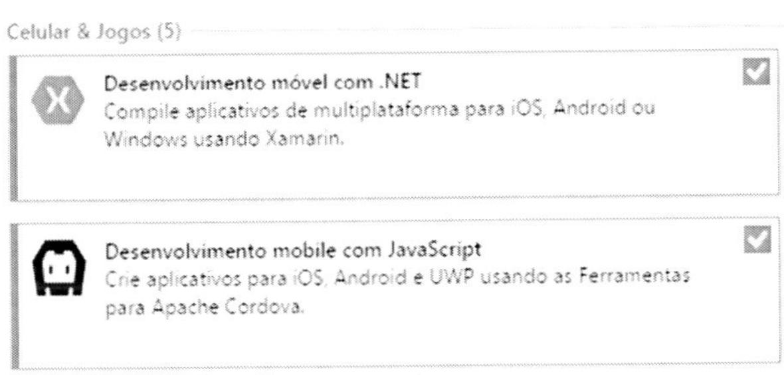

Figura 53

Observe que do lado direito, temos uma coluna chamada **Resumo**, nesta coluna, no item **Opcional**, selecione os itens, conforme figura 54:

Figura 54

Agora clique no item **Pacotes de Idiomas**, vamos selecionar o item Inglês, conforme figura 55:

Figura 55

Pronto, podemos começar a instalação, para isto clique no botão **Instalar**, que fica no canto inferior direito da janela de instalação, conforme figura 56:

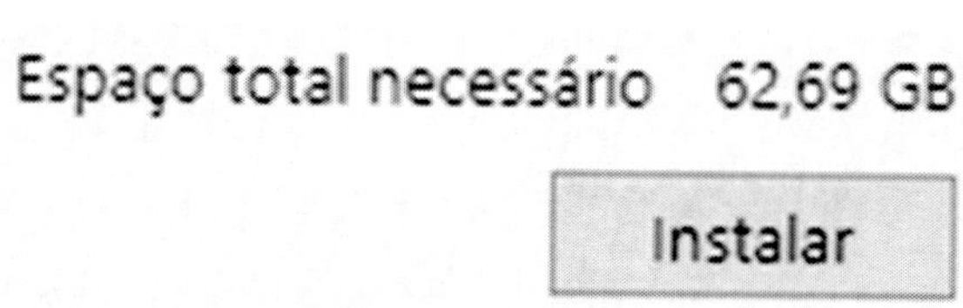

Figura 56

Vai abrir a janela de andamento da instalação, conforme figura 57:

Figura 57

Aguarde o término da instalação, conforme a configuração da sua maquina, pode demorar. Após o término, vai aparecer a janela **Reinicialização Necessária**, Clique no botão **Reiniciar**, e aguarde o seu computador retornar conforme figura 58:

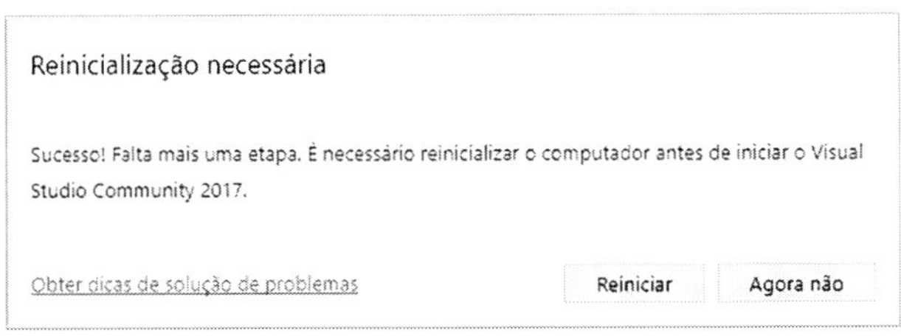

Figura 58

Clique no botão **Reiniciar**, e aguarde o seu computador retornar. Pronto o **Microsoft Visual Studio Community 2017** está instalado e sem nenhum erro.

Abrindo o Microsoft Visual Studio Community 2017

Vamos agora fazer o primeiro acesso ao **Visual Studio 2017 Community**, para isto digite na barra de pesquisa **Visual Studio 2017**, conforme figura abaixo:

Figura 59

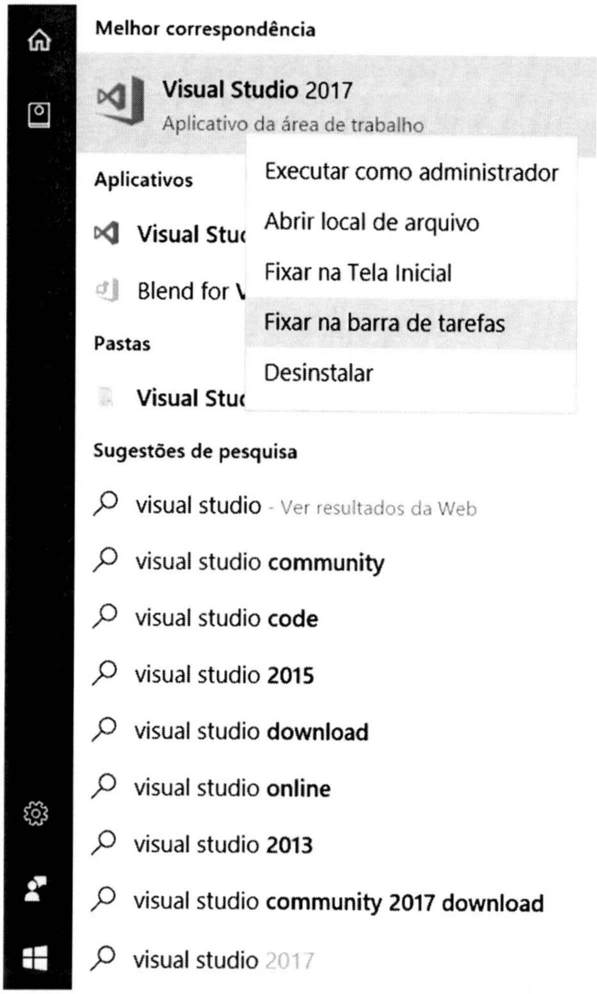

Figura 60

Veja que vão abrir várias opções no menu acima, clique com o botão esquerdo do mouse sobre o item **Visual Studio 2017**, e selecione o item **Fixar na barra de tarefas**, conforme figura 60:

Isto fará com que o nosso programa fique sempre acessível, uma vez que vamos utilizá-lo bastante. Veja que o mesmo está fixo na barra de tarefas conforme figura abaixo:

Figura 61

Para abri-lo, basta clicar sobre o ícone do programa, faça isto e veja que vai abrir a tela de configurações do **Visual Studio 2017 Community**, conforme figura 62:

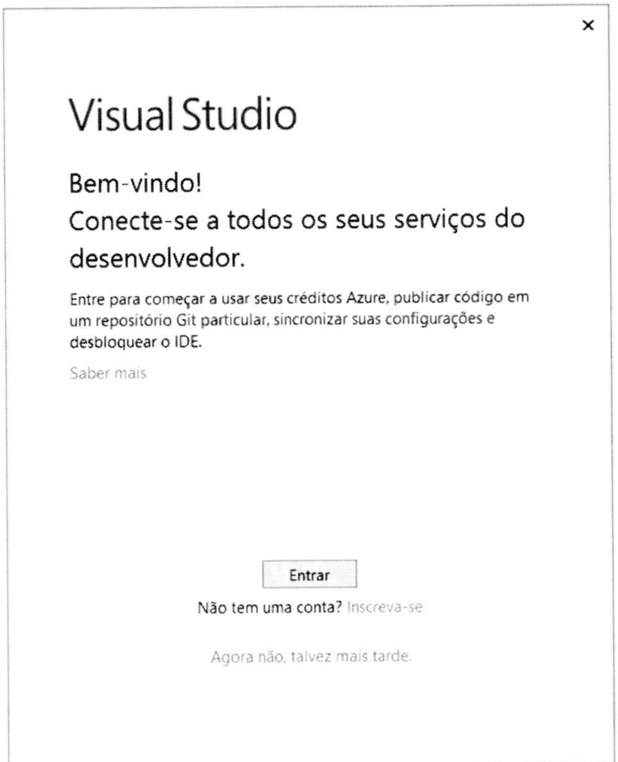

Figura 62

É muito importante você conectar com o **Visual Studio 2017 Community**, isto facilita e muito as várias configurações do sistema. Para isto, você precisa ter um e-mail da **Microsoft**, que pode ser **Hotmail**, **Life**, **Outlook**, digite o seu e-mail e clique no botão **Avançar,** conforme figura 63:

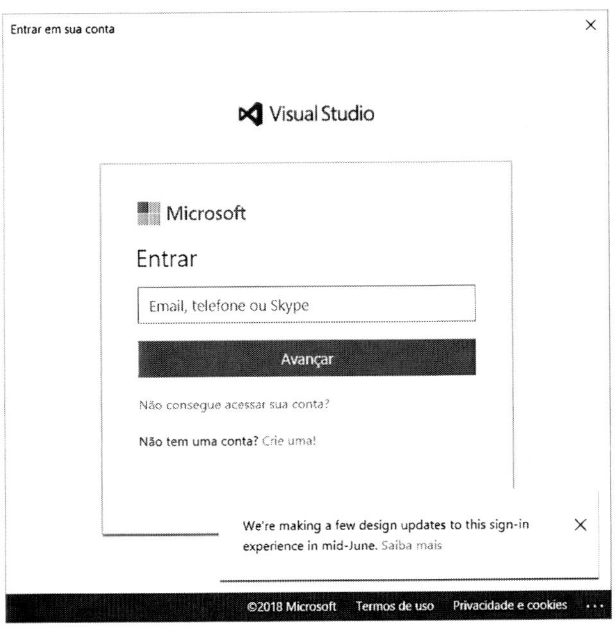

Figura 63

Digite sua senha e clique no botão **Entrar**, conforme figura 64:

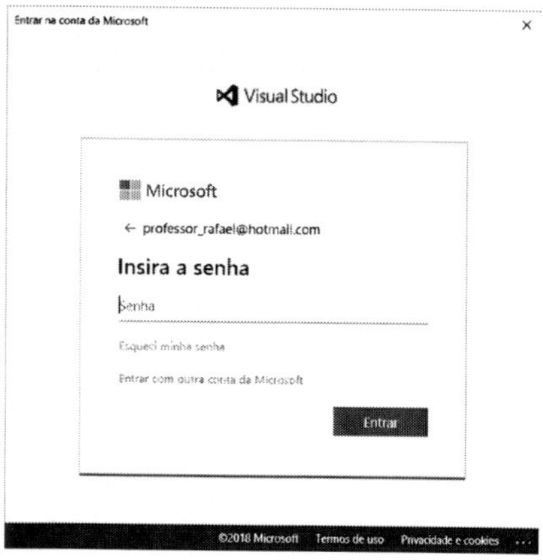

Figura 64

Na próxima janela vão aparecer os dados do usuário que foi logado, conforme figura 65:

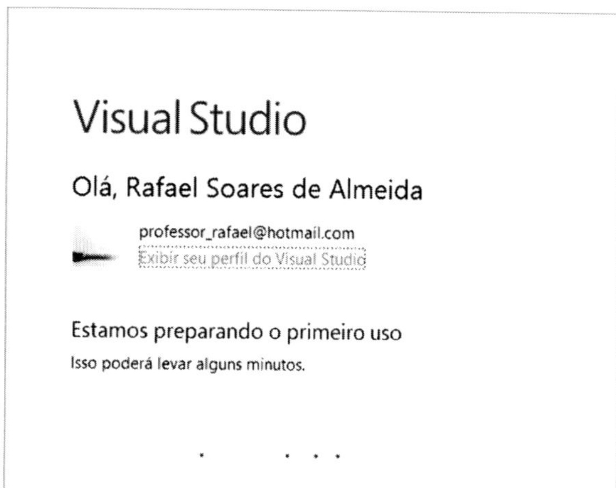

Figura 65

Aguarde e vai abrir a área do **IDE – Ambiente de Desenvolvimento Integrado do Visual Studio 2017 Community**, conforme figura 66:

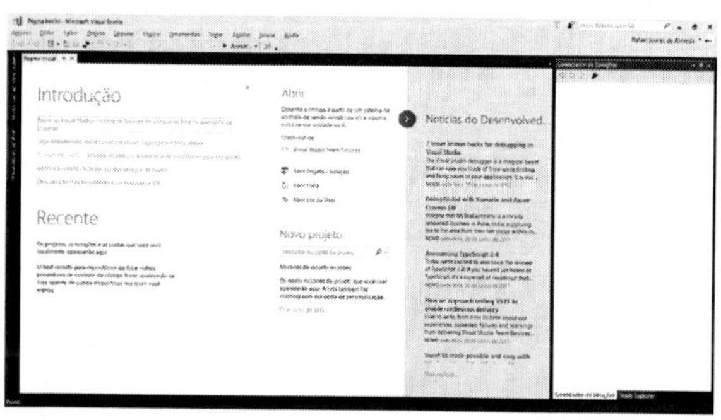

Figura 66

Observe que do lado superior direito da **IDE**, tem o nome do usuário que está logado neste momento, neste caso, meu nome, conforme figura 67

Figura 67

É nesta **IDE** que vamos desenvolver os códigos dos nossos aplicativos. O **Visual Studio 2017** é hoje a mais moderna **IDE** existente, sendo uma enorme vantagem à plataforma **Windows Phone**, **Android**, **IOS** dentre outras, poderem contar com esse poderoso ambiente de desenvolvimento.

1. **Menu de Opções:** a maioria dos comandos devem ser acessados por aqui, tais como abrir um novo projeto, salvar um novo projeto, adicionar classes, formuláros, compilar o projeto, configurar o ambiente de acordo com o seu modo de trabalho. Observe a figura abaixo:

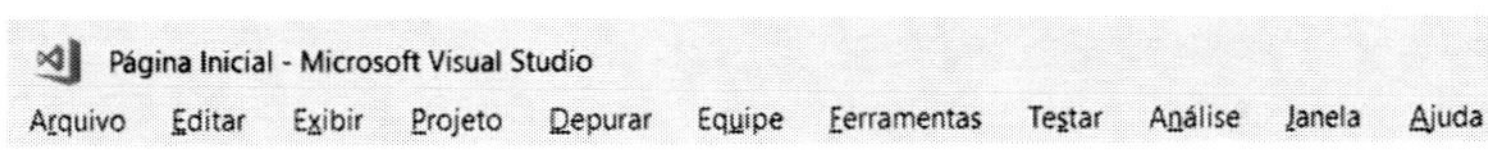

Figura 68

2. **Barra de Ferramentas:** atalho para a maioria dos comandos que encontramos no menu de opções, como Salvar projeto, Abrir projeto, dentre outros. Observe a figura abaixo:

Figura 69

Antes de começarmos, vamos fazer algumas configurações no que diz respeito aos nomes dos comandos, que estão em português, pois devemos trabalhar com os comandos em inglês, visto que não existe nenhuma linguagem de programação escrita na língua portuguesa. Além do mais, vamos praticar o inglês técnico, Para isto vá até o menu **Ferramentas**, e selecione o item de menu **Opções**, conforme figura 70:

Figura 70

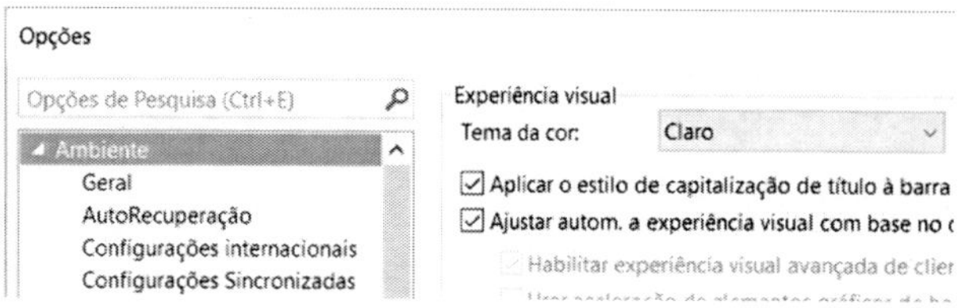

Figura 71

Vai abrir a janela **Opções**, selecione o item **Ambiente**, clicando na setinha que tem ao lado do nome deste item, em seguida, no item do lado direito, **Experiência visual**, na caixa combobox, selecione **Claro**, conforme figura 71:

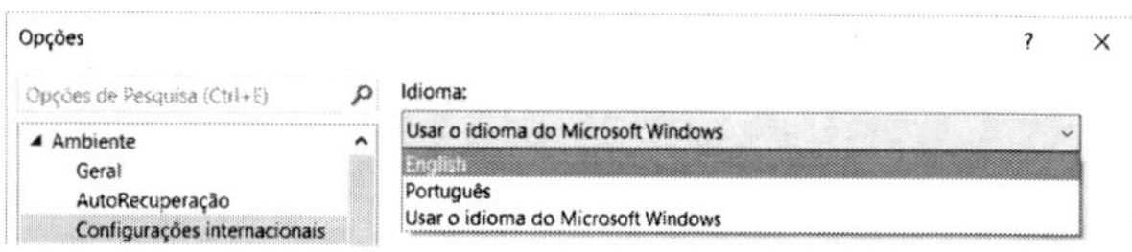

Figura 72

Retorne ao item **Ambiente**, que fica do lado esquerdo e selecione o item **Configurações internacionais**, em seguida, no item do lado direito, **Idioma**, na caixa combobox, selecione **English**, conforme figura 72:

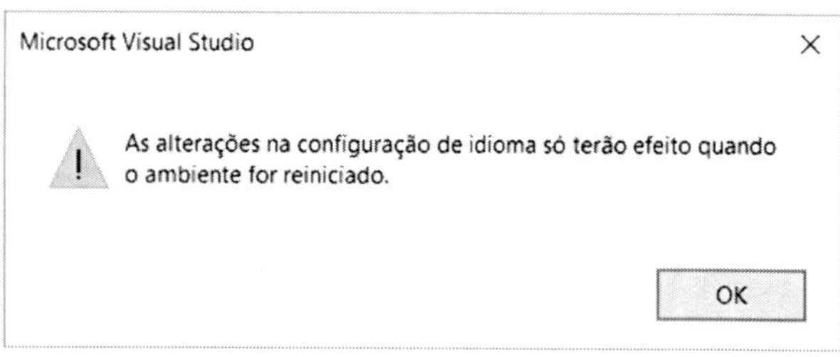

Figura 73

Clique no botão **Ok**, que fica no canto inferior direito da tela e vai aparecer uma janela dizendo que a troca de idioma só terá efeito após fechar e abrir novamente a **IDE**, conforme figura 73:

Figura 74

Clique no botão **OK**. Vamos fechar o **Visual Studio 2017**, para isto clique no botão do **X**, que fica no canto superior direito da janela, conforme figura 74:

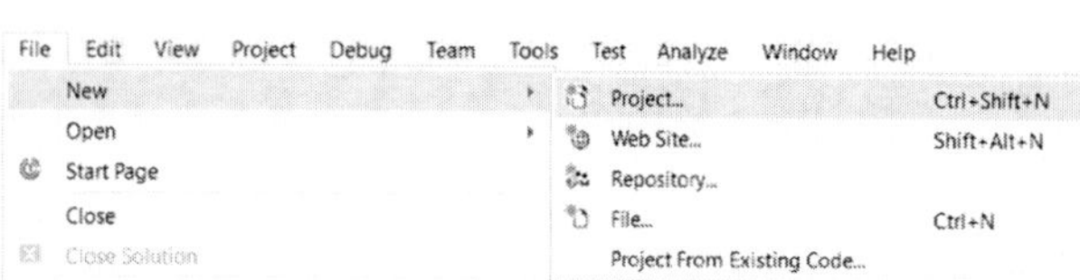

Figura 75

Para abrir novamente, basta clicar sobre o ícone do programa que se encontra na barra de tarefas, conforme vimos na **Figura 61**. De volta a nossa **IDE**, vamos criar um novo projeto, para isto temos três opções: usar o menu **File**, em seguida selecionar **New Project...**, ou pressionar ao mesmo tempo as teclas **Ctrl+Shift+N**, conforme figura 75:

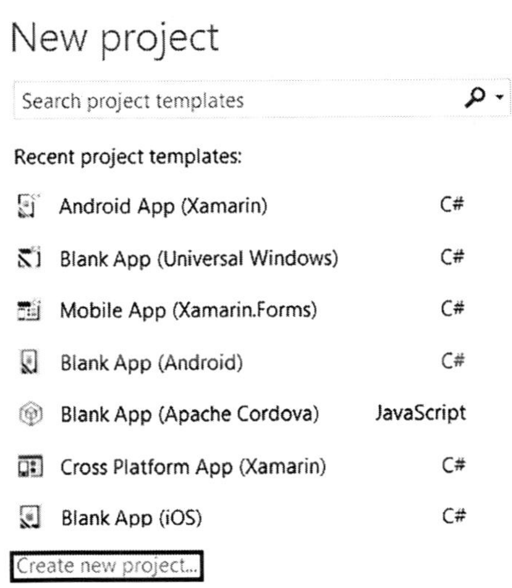

Figura 76

Ou clicar no link **New Project...**, na janela inicial da **IDE**, conforme figura 76:

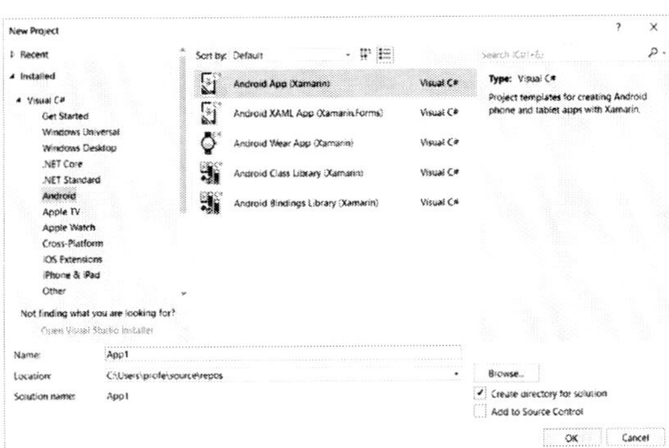

Figura 77

Independentemente da forma escolhida para criar um novo projeto, vai abrir a janela **New Project**, conforme figura 77:

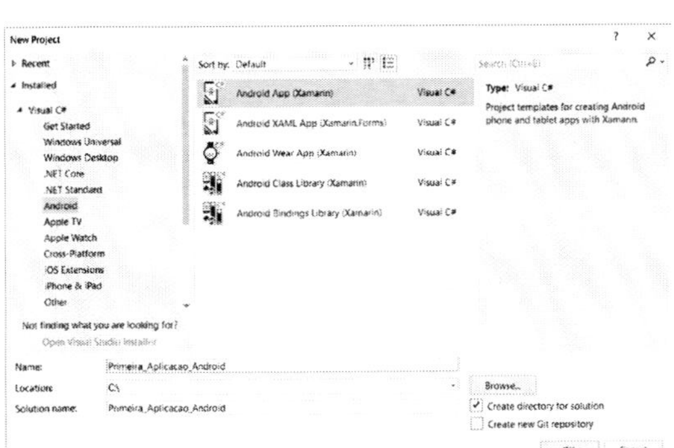

Figura 78

Observe que temos vários templates que podemos utilizar para criar uma aplicação. Com a janela **New Project** aberta, no menu do lado esquerdo, clique na setinha ao lado do item **Installed**, clique na setinha ao lado da opção **Visual C#**, selecione **Android**, na janela do lado direito, selecione **Android App (Xamarin)**, no item **Name**:, digite **Primeira_Aplicacao_Android**, no item **Location**:, clique no botão **Browse...**, e selecione o disco C:\, clique no botão **Selecionar pasta**, e deixe como caminho do projeto. Deixe marcado o item **Create directory for solution**, veja na figura 78 como deve ficar suas informações:

Em seguida clique no botão **OK**. Vai aparecer a janela **New Android App – Primeira_Aplicacao_Android**, selecione o item **Blank App**, e na caixa de texto **Minimum Android Version**, clique na setinha para baixo e selecione o item **Android 4.0.3 (Ice Cream Sandwich)**, conforme figura 79:

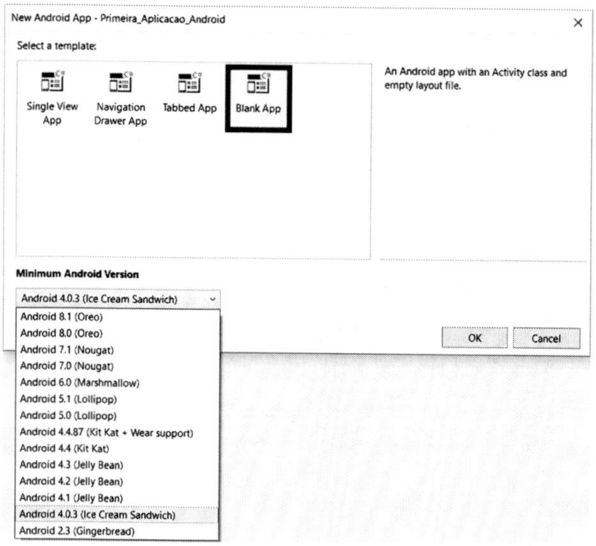

Figura 79

Clique no botão **OK**. Observe que vai abrir o código do arquivo **MainActivity.cs**, conforme figura 80:

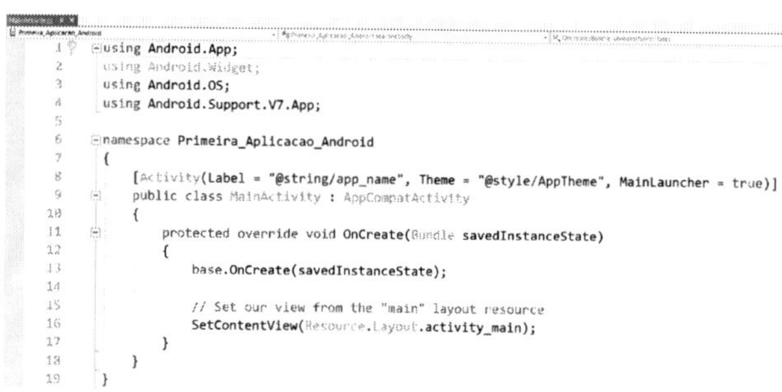

Figura 80

Feche estas janelas, basta clicar no ícone do **X**, que se encontra perto do nome das janelas, vejam que vai aparecer a nossa **IDE** ou área de desenvolvimento, conforme figura 81:

Figura 81

Esta é a área central, local onde vamos escrever nosso código. Observe que temos algumas janelas escondidas do lado direito e do lado esquerdo da área central de desenvolvimento, veremos mais adiante as janelas mais importantes.

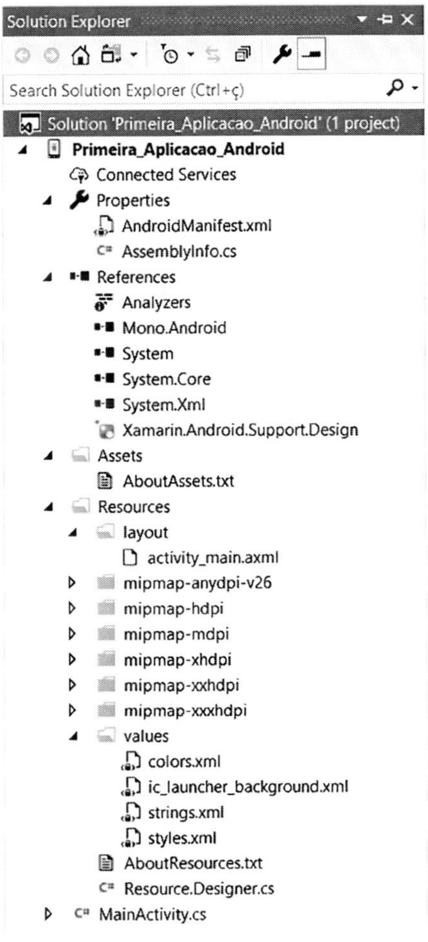

Figura 82

Componentes da Solução

Na seção anterior, criamos um projeto **Android** bem simples. Ao fazê-lo, o **Xamarin.Android** gerou uma variedade de elementos para nós. Vamos observar o que ele criou. Clique na janela **Solution Explorer** ou pressione ao mesmo tempo as teclas **Ctrl+Alt+L**, e deve abrir a janela conforme figura 82:

Observem que temos uma estrutura definida para nosso aplicativo. Vamos entender cada um destes elementos, conforme tabela abaixo:

Item	Descrição
Properties	Contém o arquivo AndroidManifest.xml que descreve todos os requisitos para a aplicação Xamarin.Android, incluindo nome, versão e permissões. Esta pasta também hospeda o assembly .NET AssemblyInfo.cs , que contém metadados cujo preenchimento é recomendado.
References	Esta pasta contém os assemblies requeridos para construir e executar a aplicação.
Assets	Contém os arquivos que a aplicação precisa para executar, incluindo fontes, arquivos de dados locais e arquivos de textos.
Resources	Contém pastas para a maioria dos recursos utilizados em uma aplicação Android, tais como, imagens, layout e strings. Dentro dessa pasta, existem ainda as pastas drawable, layout e values.

Resources **layout**	Esta pasta contém arquivos de desenho do Android que definem a interface de usuário para cada janela ou Activity. Se você for implementar uma aplicação puramente Android, são nestes arquivos que desenhará a interface com o usuário.
Resources **mipmap-anydpi-v26, mipmap-hdpi, mipmap--mdpi , mipmap-xhdpi, mipmap-xxhdpi e mipmap-xxxhdpi**	Estes diretórios contém arquivos que podem ser desenhados para diferentes densidades de ícone do Aplicativo.
Resources **values**	Esta pasta hospeda arquivos que armazenam valores simples, como strings, inteiros e cores.
Resource.Designer.cs	Também conhecido como a classe Resource . Este arquivo é um partial class que armazena os IDs únicos atribuídos para cada recurso. Ele é automaticamente criado pelas ferramentas Xamarin.Android e é regerado sempre que necessário. Não mexa neste arquivo, pois qualquer mudança que fizer será sobrescrita.
MainActivity.cs	Implementa a classe MainActivity, que é responsável por carregar a primeira View ou tela do sistema.

O modelo de projeto também criou uma classe chamada **MainActivity.cs**. Vamos conhecer melhor essa classe no próximo tópico.

Activity

Uma **Activity** é uma classe que modela um destino onde um usuário pode executar alguma ação enquanto estiver usando um aplicativo, geralmente por meio de uma interface de usuário chamada tela. Na minha opinião, esta é a classe mais importante do **Android.** Os controles que são inseridos são chamados de **Views**. Ela é herdada da classe **Android.App.Activity.** Toda **Activity** quando é iniciada, é inserida no topo de uma pilha que chamamos de **activity stack**, ou seja, pilha de atividades. Cada **Activity**, como todo componente de tela, tem um ciclo de vida associado a ela.

Uma **Activity** contém métodos ou estados que são chamados em certos pontos do ciclo de vida. Esses métodos também podem ser substituídos. Por exemplo, a subclasse **MainActivity** criada pelo modelo de projeto substitui o método **OnCreate**, que é chamado depois que uma **Activity** é iniciada. O ciclo de vida de uma **Activity Android** inclui um conjunto de métodos expostos dentro da classe **Activity**, que fornecem ao desenvolvedor uma estrutura de gerenciamento de recursos. Este framework permite a implementação e o gerenciamento do estado único de cada **Activity** dentro de um aplicativo. O ciclo de vida da **Activity** auxilia o desenvolvedor, fornecendo um quadro coerente para o gerenciamento de recursos dentro do aplicativo.

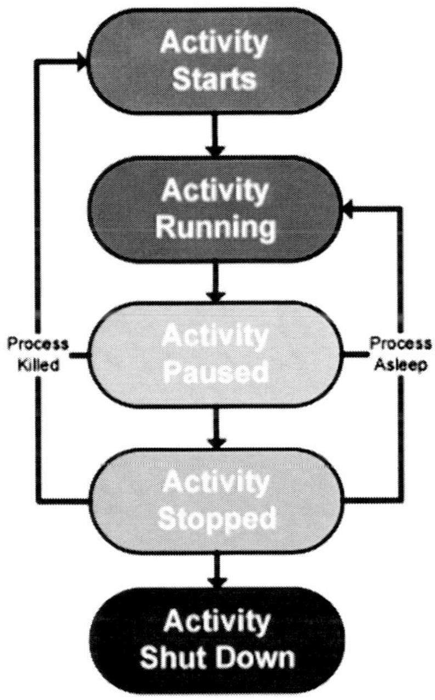

Figura 83

Estados da Activity

O sistema operacional **Android** usa uma fila de prioridade para ajudar no gerenciamento das **Activities** em execução no dispositivo. Com base no estado de uma **Activity Android** em particular, a ela será atribuída certa prioridade dentro do sistema operacional. Essa fila de prioridade ajuda o **Android** a identificar as **Activities** que não estão mais em uso, permitindo que o sistema operacional possa recuperar a memória e os recursos. O diagrama ao lado ilustra os estados que uma **Activity** pode percorrer durante seu ciclo de vida:

Esses estados podem ser divididos em três grupos principais, são eles:

- **Ativa ou Executando:** As **Activities** são consideradas ativas ou executando quando estão em primeiro plano, também conhecido como topo da pilha de **Activities**. Esta é considerada a atividade de mais alta prioridade na pilha da **Activity Android** e como tal, só será eliminada pelo sistema operacional em situações extremas, por exemplo, se a **Activity** tentar usar mais memória do que está disponível no dispositivo, pois isso pode fazer com que a interface do usuário, no caso, a tela do dispositivo, pare de responder.

- **Pausada:** Quando o dispositivo entra em hibernação ou uma **Activity** ainda é visível, mas parcialmente escondida por uma nova, a **Activity** não está totalmente ativa ou transparente, então, a **Activity** é considerada em pausa. As **Activities** pausadas ainda estão vivas, isto é, mantêm todas as informações e estados ligados ao gerenciador de janelas. Esta é considerada a segunda prioridade mais alta na pilha da **Activity Android** e como tal, só será eliminada pelo sistema operacional se a **Activity** atender as necessidades dos recursos necessários para manter a **Activity** ativa ou executando.

- **Parada ou Inativa:** As **Activities** que são completamente obscurecidas por outra **Activity** são consideradas paradas ou em segundo plano. As **Activities** encerradas ainda podem tentar manter seu estado e informações do membro por um maior tempo possível, mas as **Activities** paradas são consideradas a prioridade mais baixa dos três estados e como tais, o sistema operacional eliminará as atividades neste primeiro estado para satisfazer os requisitos de recursos mais prioritários.

Multitarefa e o Ciclo de Vida das Activities

As interfaces com o usuário e a funcionalidade multitarefa se comportam de forma diferente no **Android** do que em outras plataformas móveis. No **Android**, se um usuário navega para trás usando o botão **Voltar** em um dispositivo, isso significa que uma **Activity** teve uma navegação longa e o sistema operacional irá destruir essa **Activity** e recuperar os recursos.

Para utilizar as capacidades de multitarefa do sistema operacional, por exemplo, mudar de aplicação em primeiro plano, o usuário deve pressionar a tecla **home** para colocar sua **Activity** atualmente em execução em segundo plano. Quando isso ocorre, a **Activity** e seus recursos são recuperados com base em um algoritmo heurístico de gestão de recursos do sistema operacional provocado pela condição do estado da **Activity.**

Métodos do Ciclo de Vida de uma Activity

O **SDK** do **Android** e, por extensão, o **Xamarin.Android** fornecem um modelo poderoso para gerir o estado de uma **Activity** dentro de uma aplicação. Quando o estado de uma **Activity** está mudando, ela é notificada pelo sistema operacional, que exige métodos específicos para a mesma.

Estados da Activity

Vamos imaginar a seguinte situação: Você está usando um aplicativo no celular ou no tablet, e recebe uma ligação. Como o seu aplicativo voltará ao estado anterior? Esta situação é controlada pelos métodos ou estados. Veja o ciclo de vida de uma **Activity**, conforme figura 84:

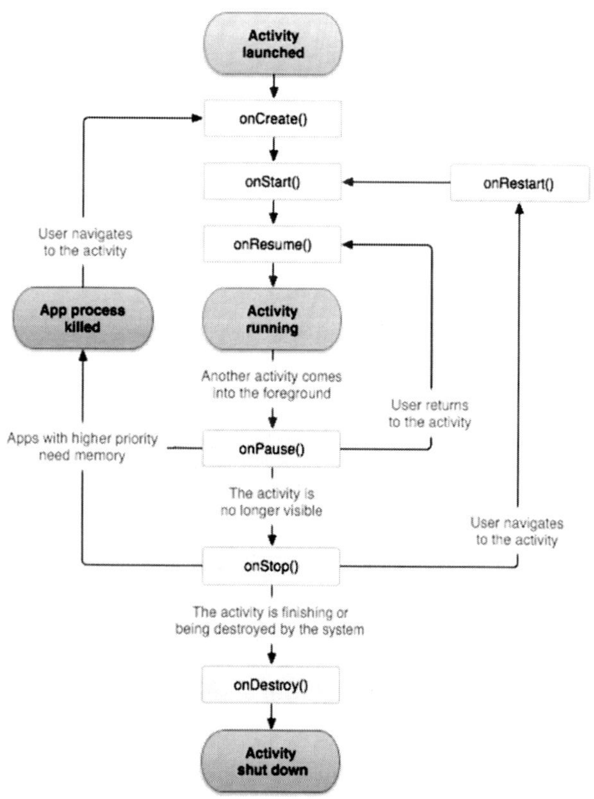

Figura 84

Veremos a seguir o significado de cada ciclo representado pelos métodos:

- ✓ **OnCreate (Bundle bundle)**: este método é o primeiro a ser executado e é chamado somente uma vez. Nele, é criada a **View** para a interface do usuário.
- ✓ **OnStart()**: este método é chamado quando a **Activity** começa sua visibilidade para o usuário; ela já possui uma **View** e pode ser chamada após **OnCreate()** ou **OnRestart().**
- ✓ **OnRestart()**: este método é chamado quando a **Activity** foi parada temporariamente e está sendo iniciada novamente; ela chama o método OnStart() automaticamente.
- ✓ **OnResume():** este método é chamado quando a **Activity** está em execução, ou seja, no topo da pilha.
- ✓ **OnPause()**: este método é chamado por algum evento que faz a **Activity** sair do modo execução, por exemplo, ao receber uma ligação ou quando o celular entra no modo hibernação. Neste momento, existe a chance de tratar esses eventos. Quando a Activity volta à sua execução, o método **onResume()** é chamado.
- ✓ **OnStop():** este método é chamado quando uma **Activity** "**X**" está sendo encerrada por uma **Activity** "**Y**". Essa **Activity** "**X**"' não está mais visível para o usuário e ao ser iniciada automaticamente, chama o método **OnRestart()**.
- ✓ **OnDestroy():** este método finaliza a **Activity**, encerra sua execução eliminando-a da memória. Ela pode ser chamada explicitamente pelo método **finish()**. Após sua execução, a **Activity** terá seu ciclo iniciado chamando o método **OnCreate**().

Em outras linguagens de programação, como **C#**, **Java**, entre outras, para iniciar uma **Activity** é necessário declará-la no arquivo **AndroidManifest.xml** - no nosso caso, como estamos usando o **Visual Studio**, o próprio compilador se encarrega de declará-la baseando-se nos atributos **Activity** de uma classe.

Cada **Activity** deverá sobrescrever o método **OnCreate()**. Esse método inicia a aplicação como se fosse um método **main**. Vamos analisar o código da classe **MainActivity.cs** do nosso exemplo, abra a janela **Solution Explorer** ou pressione ao mesmo tempo as teclas **Ctrl+Alt+L**, e deve abrir a janela **Solution Explorer** conforme vimos na **Figura 82**. Clique duas vezes com o mouse sobre o arquivo **MainActivity.cs**, vai abrir a janela com o código do mesmo, conforme figura abaixo:

```
using Android.App;
using Android.Widget;
using Android.OS;
using Android.Support.V7.App;

namespace Primeira_Aplicacao_Android
{
    [Activity(Label = "@string/app_name", Theme = "@style/AppTheme", MainLauncher = true)]
    public class MainActivity : AppCompatActivity
    {
        protected override void OnCreate(Bundle savedInstanceState)
        {
            base.OnCreate(savedInstanceState);

            // Set our view from the "main" layout resource
            SetContentView(Resource.Layout.activity_main);
        }
    }
}
```

Figura 85

Observe que a classe **MainActivity** possui alguns atributos na **linha 8**, os principais são o **Label**, que representa um título para a tela ou **Activity** e o **MainLauncher**, que informa que essa **Activity** iniciará primeiro. Ela também herda da classe **AppCompatActivity,** na linha **9**, e sobrescreve o método **OnCreate**. Esse método recebe um **Bundle**, na linha **11**, que são os argumentos que essa classe pode receber. Na linha **16**, será iniciado o layout da aplicação para a classe **activity_main**.

Na grande maioria das vezes, vamos utilizar uma **Activity** para representar uma tela, mas em alguns casos, precisamos inserir na tela algumas informações mais complexas, por exemplo, uma **TabActivity** ou **MapActivity** - elas herdam da classe **Activity**.

Uma **TabActivity** é utilizada para criar um **TabHost**, tendo vários métodos para o uso do mesmo. O **TabHost** é uma **View** que é utilizada na tela para a criação de abas. O **MapActivity** é uma **Activity** para a criação e uso de mapas, sem ela, o desenvolvedor precisaria escrever várias linhas de código, mas com o uso da api **com.google.android.maps.MapView**, acaba sendo um poderoso recurso para a utilização de mapas.

Criando a Interface do Usuário no Código

No tópico anterior, falamos sobre a **Activity** e mencionamos que as **Activities** têm um ciclo de vida. Depois que uma **Activity** é iniciada, seu método **OnCreate** é chamado. Este é o local apropriado para executar a inicialização do aplicativo, como,carregar a interface do usuário para a **Activity**.

Para a nossa aplicação, vamos criar um objeto **Button (botão)** e um objeto **TextView (visualizador de texto)**. Essa aplicação fará o seguinte: quando o usuário clicar no botão, ele mudará o texto que está no objeto **TextView** e vai exibir a seguinte mensagem **"Bem-vindo Desenvolvedor Android"**. Talvez, você possa estar sem a numeração das linhas no seu editor de código do **Visual Studio**. Não se preocupe, basta abrir o menu **Tools**, em seguida, selecionar o item **Options...**, conforme figura 86:

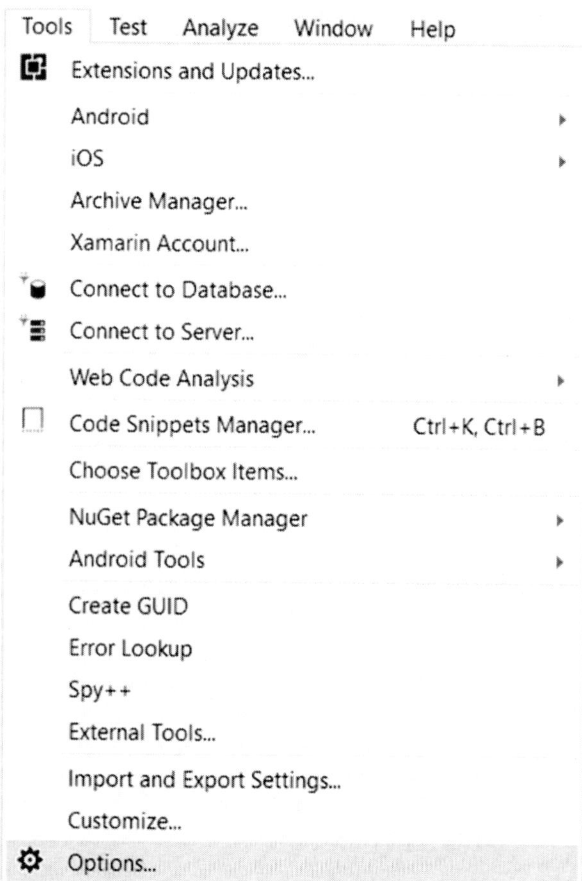

Figura 86

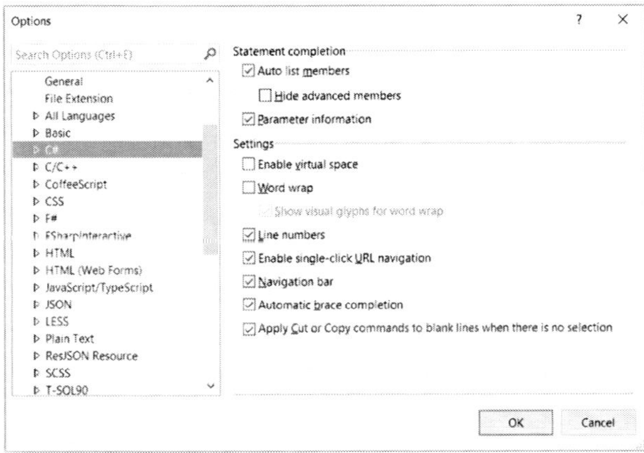

Figura 87

Será aberta a janela **Options**. Nessa janela, procure o item **Text Editor**, clique na setinha preta que tem ao lado, em seguida, selecione o item **C#** na janela do lado direito, no item **Settings,** e selecione a caixinha em frente ao item **Line number**, conforme figura 87:

Figura 88

Se a configuração estiver correta, clique no botão **OK**. Vamos retornar ao nosso arquivo **MainActivity.cs**, para isto repita o procedimento que vimos na **figura 82**, ou clique na aba do arquivo, conforme figura 88:

Vai abrir a janela **MainActivity.cs**, conforme vimos na **figura 80**. Vamos alterar o texto do título do nosso Aplicativo, para isto abra a janela **Solution Explorer** ou pressione ao mesmo tempo as teclas **Ctrl+Alt+L**, e deve abrir a janela **Solution Explorer** conforme vimos na **figura 82**. Clique na setinha que tem ao lado da pasta **Resources**, em seguida clique na setinha que tem ao lado da pasta **values**, clique duas vezes com o mouse sobre o arquivo **strings.xml**, vai abrir a janela com o código do mesmo, na **linha 2**, altere o texto para: **Primeira Aplicação Android**, deve ficar conforme figura 89:

```
1 <resources>
2     <string name="app_name">Primeira Aplicação Android</string>
3     <string name="action_settings">Settings</string>
4 </resources>
```

Figura 89

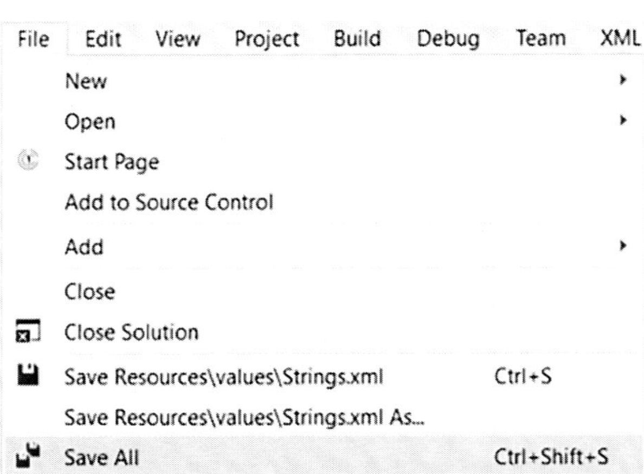

Figura 90

Observem que tem um asterisco na frente do nome do arquivo, **strings.xaml***, isto significa que temos que salvar nossa aplicação. Outra dica de que o nosso projeto não está salvo, é o traço amarelo ao lado da linha que alteramos, para isto vá até o menu **File**, e selecione o item **Save All**, ou pressione ao mesmo tempo as teclas **Ctrl+Shift+S**, conforme figura 90:

Ou clique na barra de ferramentas no ícone dos disquetes duplos, ou pressione ao mesmo tempo as teclas **Ctrl+Shift+S**, conforme figura 91:

Figura 91

Observem que o asterisco sumiu e o traço ficou na cor verde. Fica aqui a dica: sempre que fizer alguma alteração no seu projeto, salve-o imediatamente. Vamos retornar ao nosso arquivo **MainActivity.cs**, para isto abra a janela **Solution Explorer**, pressione ao mesmo tempo as teclas **Ctrl+Alt+L**, e deve abrir a janela **Solution Explorer** conforme vimos na **figura 82**, ou clique na aba do arquivo, conforme vimos na **figura 88**. Retorne para o arquivo **MainActivity.cs**, posicione o cursor do mouse no final da **linha 13**, em seguida segure a tecla **Shift+Setinha para direita** e selecione as **linhas 14** a **16**, conforme figura 92:

Figura 92

Pressione a tecla **Delete** do teclado, e veja que o cursor do mouse vai ficar piscando na **linha 14**, conforme figura abaixo:

Figura 93

Salve seu projeto, conforme vimos nas **Figuras 90** e **91**. No local onde o cursor do mouse está piscando, digite o código abaixo:

```
//Criando a interface do usuário no código
var novo_layout = new LinearLayout(this);
novo_layout.Orientation = Orientation.Vertical;
var novo_Label = new TextView(this);
```

```
novo_Label.Text = "Primeira Aplicação Android";
var novo_Button = new Button(this);
novo_Button.Text = "Clique Aqui !!!!";
novo_Button.Click += (sender, e) =>
{
novo_Label.Text = "Bem Vindo Desenvolvedor Android";
};
novo_layout.AddView(novo_Label);
novo_layout.AddView(novo_Button);
SetContentView(novo_layout);
```

Veja como ficou, conforme figura abaixo:

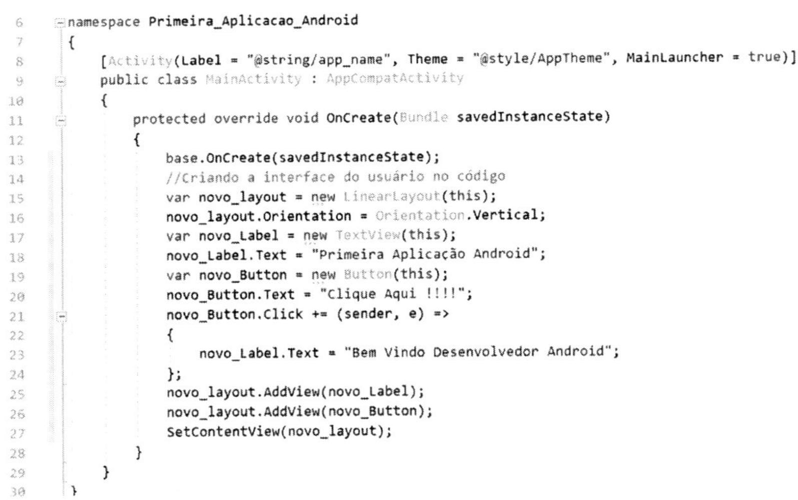

```
namespace Primeira_Aplicacao_Android
{
    [Activity(Label = "@string/app_name", Theme = "@style/AppTheme", MainLauncher = true)]
    public class MainActivity : AppCompatActivity
    {
        protected override void OnCreate(Bundle savedInstanceState)
        {
            base.OnCreate(savedInstanceState);
            //Criando a interface do usuário no código
            var novo_layout = new LinearLayout(this);
            novo_layout.Orientation = Orientation.Vertical;
            var novo_Label = new TextView(this);
            novo_Label.Text = "Primeira Aplicação Android";
            var novo_Button = new Button(this);
            novo_Button.Text = "Clique Aqui !!!!";
            novo_Button.Click += (sender, e) =>
            {
                novo_Label.Text = "Bem Vindo Desenvolvedor Android";
            };
            novo_layout.AddView(novo_Label);
            novo_layout.AddView(novo_Button);
            SetContentView(novo_layout);
        }
    }
}
```

Figura 94

Veja como ficou o código completo:

```
using Android.App;
using Android.Widget;
using Android.OS;
using Android.Support.V7.App;

namespace Primeira_Aplicacao_Android
{
    [Activity(Label = "@string/app_name", Theme = "@style/AppTheme", MainLaunch-
er = true)]
    public class MainActivity : AppCompatActivity
    {
        protected override void OnCreate(Bundle savedInstanceState)
        {
            base.OnCreate(savedInstanceState);
```

```
            //Criando a interface do usuário no código
            var novo_layout = new LinearLayout(this);
            novo_layout.Orientation = Orientation.Vertical;
            var novo_Label = new TextView(this);
            novo_Label.Text = “Primeira Aplicação Android”;
            var novo_Button = new Button(this);
            novo_Button.Text = “Clique Aqui !!!!”;
            novo_Button.Click += (sender, e) =>
            {
                novo_Label.Text = “Bem Vindo Desenvolvedor Android”;
            };
            novo_layout.AddView(novo_Label);
            novo_layout.AddView(novo_Button);
            SetContentView(novo_layout);
        }
    }
}
```

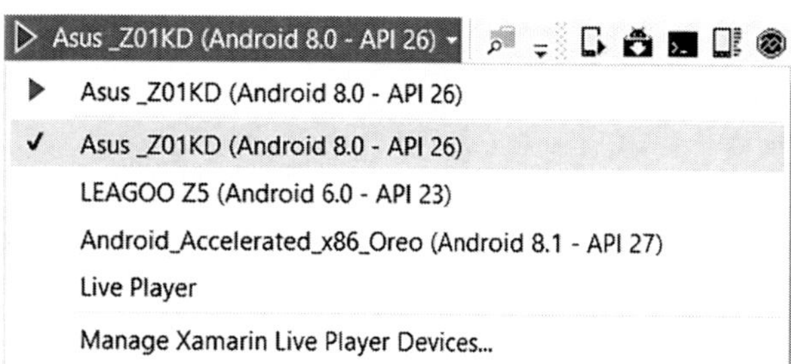

Figura 95

Salve seu projeto, como vimos nas **Figuras 90** e **91**. Vamos compilar o nosso projeto, para isto, na janela **Select Device**, clique na setinha para baixo no **ComboBox**, e verifique se tem os itens, conforme a figura 95.

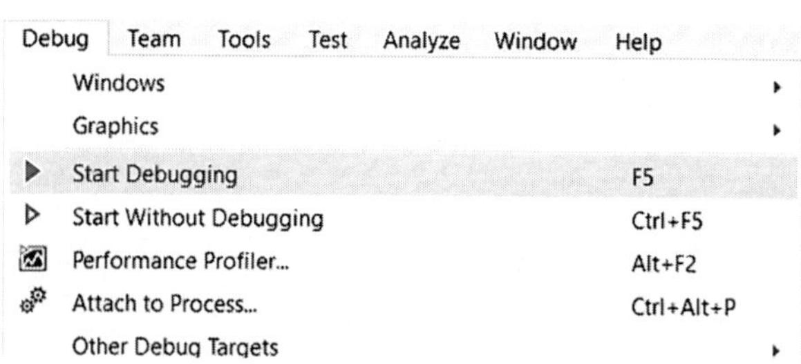

Figura 96

Dependendo da versão do Android que foi lançada, deve ter apenas o iten **Android_Accelerated_x86_ Oreo(Android 8.1 – API 27)**, úlitma versão estável do **Android**, no momento que escrevia este livro. Antes de usar este emulador, temos que startar o mesmo, ou seja, liga-lo, para isto vá até o **Anexo I**.

O ideal é que possamos usar nosso celular para testar nossos aplicativos, pois ai estaremos trabalhando no ambiente real e não no emulador, o que demandaria menos consumo de memória do computador. No meu caso, estou usando um smaprtphone chinês chamado **LEAGOO Z5**, com **Android 6** e um smartphone **Asus Zenfone 4**, com **Android 8**. Para saber como disponibilizar seu smartphone para modo desenvolvedor, vamos até o **Anexo II**. No meu caso, estou usando um smaprtphone chamado **ASUS Zenfone 4**, com **Android 8**. Feitas as devidas configurações, se você for utilizar o emulador, selecione o item **Android_Accelerated_x86_Oreo(Android 8.1 – API 27)**, no meu caso vou usar o meu aparelho celular, então vou selecionar o item **Asus_Z01KD (Android 8.0 API 26)**, conforme vimos na **figura 95**. Em seguida vá para o menu **Debug**, em seguida, selecione o item **Start Debugging** ou pressione a tecla **F5**, conforme figura 96, ou simplesmente clique na setinha verde que fica na janela Select Device, conforme figura 97:

Figura 97

Observe que, no canto inferior esquerdo, aparecerão algumas mensagens de inicialização do emulador, conforme figura 98:

Figura 98

Figura 99

Este processo pode demorar um pouco. Quando o emulador estiver ativo, aparecerá a seguinte mensagem **Ready** no canto inferior esquerdo, conforme figura 99:

Figura 100

Vamos abrir o emulador, o mesmo encontra-se minimizado na barra de tarefas do **Windows**. Clique no ícone do emulador **Android**, conforme figura 100.

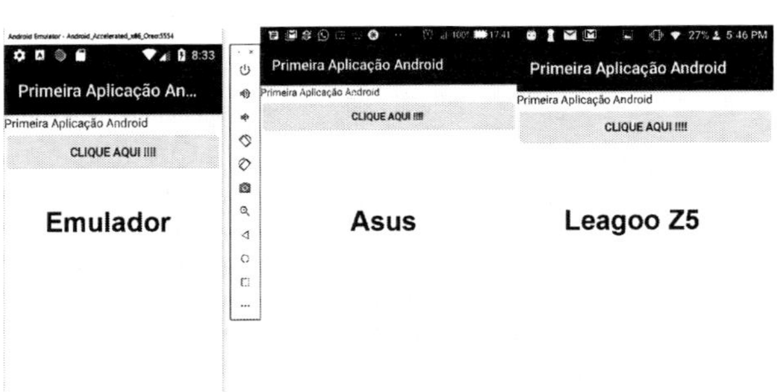

Figura 101

Será aberta a janela do nosso **emulador**, do smartphone **Asus** e do smartphone **Leagoo Z5**, conforme **figura 101**:

Clique no botão **Clique Aqui !!!!** e veja como ficou, conforme **figura 102**:

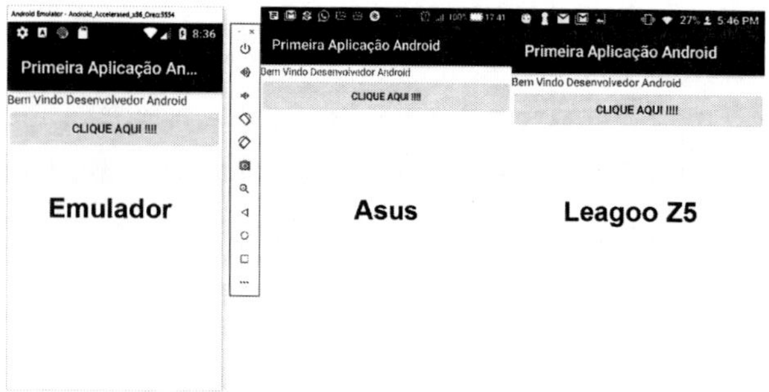

Figura 102

Pronto! É isto que a nossa aplicação faz. Vamos retornar ao **Visual Studio** e como disse anteriormente, não feche o emulador. Para isto, clique no ícone do **Visual Studio** na barra de tarefas do **Windows**, conforme vimos na **figura 61**. Ao abrir o **Visual Studio**, vá para o menu **Debug**, em seguida, selecione o item **Stop Debugging** ou pressione simultaneamente as teclas **Shift+F5**, conforme **figura 103**.

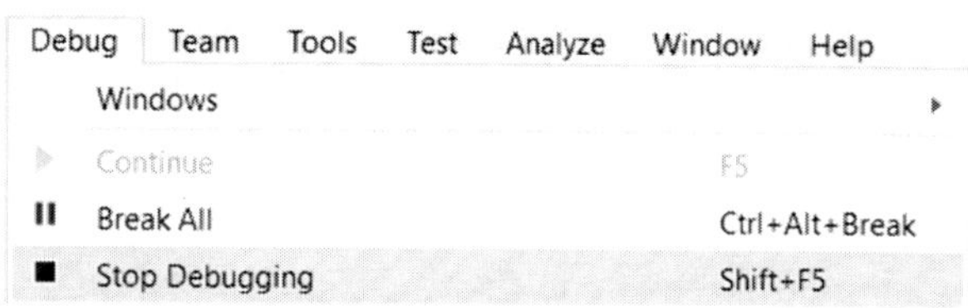

Figura 103

Ou ainda, você pode utilizar o menu que aparece na barra de ferramentas do **Visual Studio**, conforme **figura 104**.

Figura 104

Vamos analisar esse código, linha por linha. Na linha **14**, estamos usando um comentário. Nas linhas **15** e **16**, criamos um **LinearLayout** e definimos sua orientação para **Vertical**, conforme figura 105:

```
14            //Criando a interface do usuário no código
15            var novo_layout = new LinearLayout(this);
16            novo_layout.Orientation = Orientation.Vertical;
```

Figura 105

O **Android** usa classes de layout para o grupo e os controles de posição na tela. Os controles que adicionamos, tais como, **Button** e **TextView**, são filhos da classe layout. A classe **LinearLayout** é usada para alinhar os controles um após o outro, horizontal ou verticalmente, como fizemos no nosso aplicativo, o **this** representa a instância de uma classe. Nas **linhas 17** a **20**, criamos um controle **TextView** e um **Button** definindo a propriedade **Text** de cada um deles, conforme figura 106:

```
var novo_Label = new TextView(this);
novo_Label.Text = "Primeira Aplicação Android";
var novo_Button = new Button(this);
novo_Button.Text = "Clique Aqui !!!!";
```

Figura 106

Desta forma, quando o usuário clicar no botão, será mudado o texto do **TextView**. Com o **Xamarin.Android**, podemos fazer isso usando um evento típico do .**NET**. Para lidar com um evento como esse, podemos usar um manipulador de eventos, um método anônimo ou mesmo uma expressão lambda, como fizemos nas **linhas 21** a **24**, conforme figura 107:

```
21  novo_Button.Click += (sender, e) =>
22  {
23      novo_Label.Text = "Bem Vindo Desenvolvedor Android";
24  };
```

Figura 107

Em vez disso, poderíamos usar um método anônimo **delegate** do **C#** com a sintaxe, conforme o código abaixo:

```
novo_Button.Click += delegate (object sender, EventArgs e)
{
    novo_Label.Text = "Bem Vindo Desenvolvedor Android";
};
```

Com os controles, são criados os manipuladores de eventos, assim, precisamos adicioná-los à instância **LinearLayout,** onde **LinearLayout** é uma subclasse de **ViewGroup**. **ViewGroup** é basicamente uma **View** que contém outras **Views** e determina como elas serão exibidas. A classe **ViewGroup** contém um método **AddView** que nos permite chamar nossos controles, como fizemos nas **linhas 25** e **26**, conforme figura 108:

```
25  novo_layout.AddView(novo_Label);
26  novo_layout.AddView(novo_Button);
```

Figura 108

O último passo no desenvolvimento de nossa aplicação é adicionar o **layout** para a tela. Para fazer isto, basta chamar o método **setContentView** da **Activity**, passando para ele o **layout,** como fizemos na **linha 27**, conforme figura 109:

```
27  SetContentView(novo_layout);
```

Figura 109

Observem que a criação deste código simples mostra como as aplicações de programação no **Xamarin.Android** podem ser familiares para um desenvolvedor **.NET**. No entanto, algo único para o **Android** é como ele gerencia os recursos. No nosso exemplo, todas as strings foram codificadas. Mudaremos isso para usar o sistema de recursos do **Android** e mostrar como o nosso processo de programação pode ficar ainda mais simples e infalível.

Criando Recursos (Resources) Strings

Como mencionamos anteriormente, o **Android** acessa os recursos, ou **resources**, de uma maneira incomum. Os recursos no **Android** são geridos na pasta **Resources,** que fica dentro da janela **Solution Explorer**, conforme figura 110:

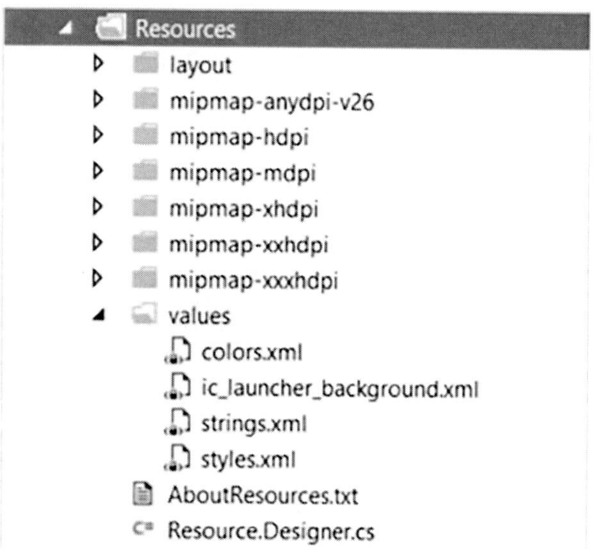

Figura 110

Para torná-las acessíveis a partir do código, as classes **Resources** geradas são atualizadas a partir dos recursos que estão incluídos nas subpastas **layout** e **values**, conforme figura ao lado. Vamos alterar nosso exemplo, onde vamos utilizar a **Resource String**. Para isto, vá para a janela **Solution Explorer**, pressione ao mesmo tempo as teclas **Ctrl+Alt+L**, e deve abrir a janela **Solution Explorer** conforme vimos na **figura 82**. Abra a pasta **Resource**, para isto clique na setinha que tem ao lado da pasta **Resources**, em seguida clique na setinha que tem ao lado da pasta **values**, clique duas vezes com o mouse sobre o arquivo **strings.xml**, conforme vimos na **figura 89**, vai aparecer a janela de código. Posicione o cursor do mouse no final da **linha 3**, conforme figura 111:

```
1 <resources>
2     <string name="app_name">Primeira Aplicação Android</string>
3     <string name="action_settings">Settings</string>
4 </resources>
```

Figura 111

Em seguida pressione a tecla **Enter** do teclado, e veja que o cursor do mouse vai ficar piscando na **linha 4**, conforme figura 112:

```
1 <resources>
2     <string name="app_name">Primeira Aplicação Android</string>
3     <string name="action_settings">Settings</string>
4     
5 </resources>
```

Figura 112

No local onde o cursor do mouse está piscando, na **linha 4**, digite o código abaixo:

```
<string name="texto_do_botao">Clique Aqui !!!!</string>
<string name="texto_do_label">Primeira Aplicação Android</string>
```

Veja como ficou, conforme figura 113:

```
1 <resources>
2     <string name="app_name">Primeira Aplicação Android</string>
3     <string name="action_settings">Settings</string>
4     <string name="texto_do_botao">Clique Aqui !!!!</string>
5     <string name="texto_do_label">Primeira Aplicação Android</string>
6 </resources>
```

Figura 113

Salve seu projeto, conforme vimos nas **figuras 90** e **91**. Definimos dois recursos de **string** no **XML** acima: um deles chamado **texto_do_botao** e outro chamado **texto_do_Label**. Cada um deles contém um valor de **string**. Quando incluímos valores como estes no arquivo **Strings.xml**, a classe **Resources** gerada será atualizada quando fizermos o **rebuild** no aplicativo. Veremos mais adiante como fazê-lo.

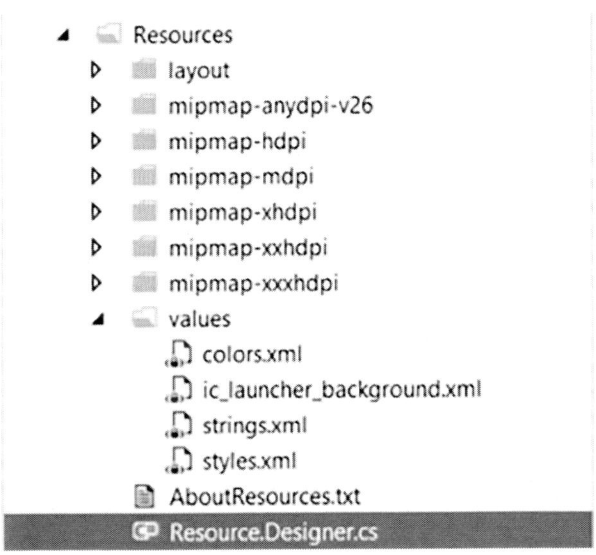

Figura 114

Desta forma, teremos um mecanismo para acessar os recursos do código. A classe **Resource** está no arquivo **Resource.designer.cs**, que é gerado de forma automática - ele nunca deve ser alterado manualmente. Para as **strings** que acabamos de adicionar, uma classe aninhada, chamada **Strings**, será criada na classe **Resource**. Os campos de números inteiros nessa classe identificam cada **string.** Vamos analisar o arquivo **Resource.designer.cs**, para isto, abra a janela **Solution Explorer**, pressione ao mesmo tempo as teclas **Ctrl+Alt+L**, e deve abrir a janela **Solution Explorer** conforme vimos na **figura 82**. Em seguida, abra a pasta **Resources**, para isto clique na setinha que tem ao lado da pasta **Resources** e clique duas vezes com o mouse sobre o arquivo **Resource.Designer.cs**, conforme figura 114:

Vai abrir a janela do código do arquivo. Desça a página e procure a classe **String** que deve estar com o seguinte nome, `public partial class String`, mais ou menos na **linha 3249**, conforme figura 115:

```
3249            // aapt resource value: 0x7f090029
3250            public const int texto_do_botao = 2131296297;
3251
3252            // aapt resource value: 0x7f09002a
3253            public const int texto_do_label = 2131296298;
3254
3255            static String()
3256            {
3257                global::Android.Runtime.ResourceIdManager.UpdateIdValues();
3258            }
3259
3260            private String()
3261            {
3262            }
3263        }
```

Figura 115

Observem que foram adicionadas as **strings** que criamos. Para acessar as **Strings** do código, chamamos o método **SetText** dos controles **TextView** e **Button**, respectivamente, passando o **Resource ID** apropriado. Por exemplo, para definir o texto de **TextView**, vamos substituir a linha, onde definimos a propriedade **novo_Label.Text**, com uma chamada para o método **SetText**. Da mesma forma, para definir o texto do botão, chamamos seu método **SetText**, para isto vamos retornar ao nosso arquivo **MainActivity.cs**, se o mesmo estiver fechado, abra a janela **Solution Explorer**, pressione ao mesmo tempo as teclas **Ctrl+Alt+L**, conforme vimos na **figura 82**, em seguida clique duas vezes com o mouse sobre o arquivo **MainActivity.cs**, e vai abrir a janela de código do mesmo, conforme vimos na **figura 80**. Caso ele esteja aberto, se você percebeu, a medida que vamos abrindo as janelas, as mesmas ficam disponibilizadas em abas, conforme figura 116:

Resource.Designer.cs   Strings.xml   MainActivity.cs ✕

Figura 116

Clique na aba com o nome do arquivo **MainActivity.cs**, e vai abrir a janela de código do mesmo, conforme vimos na **figura 80**, em seguida segure a tecla **Shift+Setinha para direita** e selecione a **linha 18**, até o final, conforme figura 117:

```
18              novo_Label.Text = "Primeira Aplicação Android";
```

Figura 117

Pressione a tecla **Delete** do teclado, no local onde o cursor do mouse está piscando, na **linha 18**, digite o código abaixo:

```
novo_Label.SetText(Resource.String.texto_do_label);
```

Veja como ficou, conforme figura 118:

```
18          novo_Label.SetText(Resource.String.texto_do_label);
```

Figura 118

Salve seu projeto, conforme vimos nas **figuras 90** e **91**. Agora vamos alterar a **linha 20**, para isto segure a tecla **Shift+Setinha para direita** e selecione a **linha 20** até o final, conforme figura 119:

```
20          novo_Button.Text = "Clique Aqui !!!!";
```

Figura 119

Pressione a tecla **Delete** do teclado, no local onde o cursor do mouse está piscando, na **linha 20**, digite o código abaixo:

```
novo_Button.SetText(Resource.String.texto_do_botao);
```

Veja como ficou, conforme figura 120:

```
20          novo_Button.SetText(Resource.String.texto_do_botao);
```

Figura 120

Salve seu projeto, conforme vimos nas **figuras 90** e **91**. Veja como ficou o código completo:

```
using Android.App;
using Android.Widget;
using Android.OS;
using Android.Support.V7.App;

namespace Primeira_Aplicacao_Android
{
    [Activity(Label = "@string/app_name", Theme = "@style/AppTheme", MainLaunch-
er = true)]
    public class MainActivity : AppCompatActivity
    {
        protected override void OnCreate(Bundle savedInstanceState)
        {
            base.OnCreate(savedInstanceState);
            //Criando a interface do usuário no código
            var novo_layout = new LinearLayout(this);
```

```
            novo_layout.Orientation = Orientation.Vertical;
            var novo_Label = new TextView(this);
            novo_Label.SetText(Resource.String.texto_do_label);
            var novo_Button = new Button(this);
            novo_Button.SetText(Resource.String.texto_do_botao);
            novo_Button.Click += (sender, e) =>
            {
                novo_Label.Text = "Bem Vindo Desenvolvedor Android";
            };
            novo_layout.AddView(novo_Label);
            novo_layout.AddView(novo_Button);
            SetContentView(novo_layout);
        }
    }
}
```

Agora, faremos o **Rebuild** da nossa aplicação para que possamos compilar, para isto, vá para o menu **Build**, em seguida, selecione o item **Rebuild Solution**, conforme figura 121:

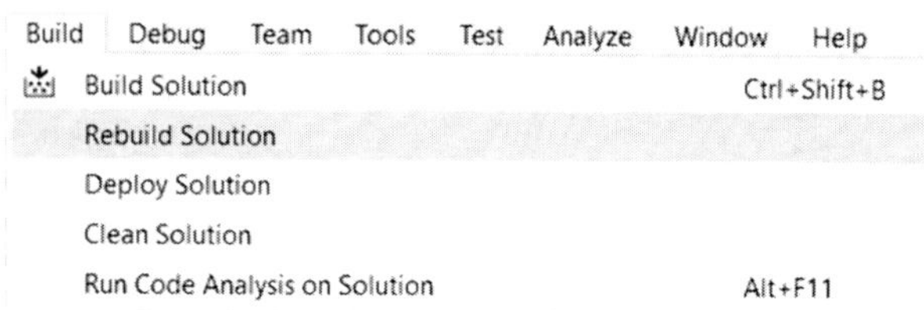

Figura 121

Este processo pode demorar um pouco. Observe que no canto inferior esquerdo, vai aparecer uma mensagem dizendo que o **Rebuild** foi iniciado, conforme figura 122:

Figura 122

Ao finalizar, a janela Output vai informar as seguintes mensagens, conforme figura 123:

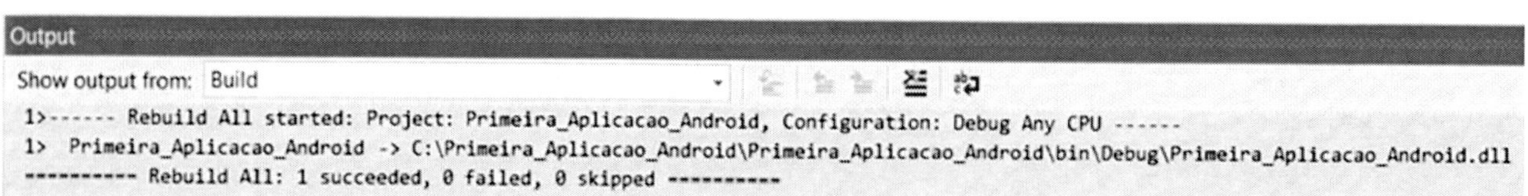

Figura 123

E no canto inferior esquerdo, vai aparecer uma mensagem dizendo que o **Rebuild** foi terminado com sucesso, conforme figura 124:

Figura 124

Vamos compilar novamente nossa aplicação, para isto vá para o menu **Debug**, em seguida, selecione o item **Start Debugging** ou pressione a tecla **F5**, conforme vimos na **figura 96**. Ou simplesmente clique na setinha verde que fica na janela **Select Device**, conforme vimos na **figura 97**. Aguarde até o emulador ficar ativo, aparecerá a seguinte mensagem **Ready** no canto inferior esquerdo, conforme vimos na **figura 99**. Vamos abrir o emulador, o mesmo encontra-se minimizado na barra de tarefas do **Windows**. Clique no ícone do emulador **Android**, conforme vimos na **figura 100**. Será aberta a janela do nosso emulador, conforme vimos na **figura 101**. Clique no botão **Clique Aqui !!!!** e veja como ficou, conforme vimos na **figura 102**.

Vamos retornar ao **Visual Studio** e como disse anteriormente, não feche o emulador. Para isto, clique no ícone do **Visual Studio** na barra de tarefas do **Windows**, conforme vimos na **figura 61**. Ao abrir o **Visual Studio**, vá para o menu **Debug**, em seguida, selecione o item **Stop Debugging** ou pressione simultaneamente as teclas **Shift+F5**, conforme vimos na **figura 103**, ou ainda, você pode utilizar o menu que aparece na barra de ferramentas do **Visual Studio**, conforme vimos na **figura 104**.

Quando executamos o aplicativo, o comportamento é o mesmo do aplicativo anterior, só que estamos usando uma nova técnica, o que nos permite gerenciar facilmente os valores das **strings** sem a necessidade de alterá-las no código. As **Resources** também entram em jogo quando usamos o **XAML** para declarar a nossa interface com o usuário, como veremos no próximo tópico.

Criando a Interface do Usuário com XAML

Além de criar a interface do usuário no código, o **Android** suporta uma declarativa, chamada **XAML**, baseada no sistema de interface do usuário, semelhante ao de tecnologias como **XML** e **HTML**. Desta forma, vamos modificar nosso exemplo para criar a interface do usuário com o **XAML**. Para isto, abra a janela **Solution Explorer**, pressione ao mesmo tempo as teclas **Ctrl+Alt+L**, conforme vimos na **figura 82**, em seguida, abra a pasta **Resource**, para isto clique na setinha que tem ao lado da pasta **Resources**, em seguida clique na setinha que tem ao lado da pasta **layout**, clique com o botão do mouse sobre o arquivo **activity_main.axml**, selecione o item **View Code** ou pressione a tecla **F7,** conforme figura 125:

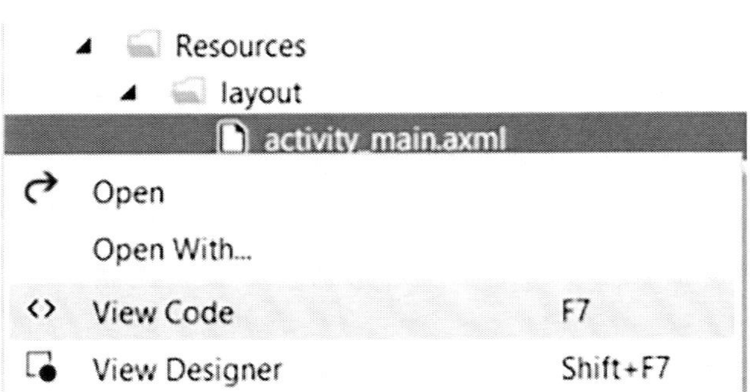

Figura 125

Se o mesmo estiver aberto, basta clicar na aba com o nome do arquivo. Vai abrir a janela de código do arquivo **activity_main.axml**, conforme figura 126:

```
1  <?xml version="1.0" encoding="utf-8"?>
2  <RelativeLayout xmlns:android="http://schemas.android.com/apk/res/android"
3      xmlns:app="http://schemas.android.com/apk/res-auto"
4      xmlns:tools="http://schemas.android.com/tools"
5      android:layout_width="match_parent"
6      android:layout_height="match_parent">
7  </RelativeLayout>
```

Figura 126

Vamos alterar o código para que ele contenha um item **LinearLayout**, um controle **TextView** e um **Button**. Selecione as **linhas 2** a 7, para isto posicione o cursor do mouse no início da **linha 2** e pressione a tecla **Shift+Setinha Direita** até o final da **linha 7**, conforme figura 127:

```
1  <?xml version="1.0" encoding="utf-8"?>
2  <RelativeLayout xmlns:android="http://schemas.android.com/apk/res/android"
3      xmlns:app="http://schemas.android.com/apk/res-auto"
4      xmlns:tools="http://schemas.android.com/tools"
5      android:layout_width="match_parent"
6      android:layout_height="match_parent">
7  </RelativeLayout>
```

Figura 127

Pressione a tecla **Delete** do teclado, no local onde o cursor do mouse está piscando, na **linha 2**, digite o código abaixo:

```
<LinearLayout xmlns:android="http://schemas.android.com/apk/res/android"
    xmlns:app="http://schemas.android.com/apk/res-auto"
    xmlns:tools="http://schemas.android.com/tools"
    android:layout_width="match_parent"
    android:layout_height="match_parent"
    android:minWidth="25px"
    android:minHeight="25px"
    android:orientation="vertical">
<TextView
    android:id="@+id/novo_Label"
    android:layout_width="fill_parent"
    android:layout_height="wrap_content"
    android:text="@string/texto_do_label"
    android:gravity="center"
    android:textColor="#0000FF"
    android:textStyle="bold" />
<Button
```

```
    android:id="@+id/novo_Button"
    android:layout_width="fill_parent"
    android:layout_height="wrap_content"
    android:text="@string/texto_do_botao" />
</LinearLayout>
```

Veja como ficou, conforme figura 128:

```
1  <?xml version="1.0" encoding="utf-8"?>
2  <LinearLayout xmlns:android="http://schemas.android.com/apk/res/android"
3      xmlns:app="http://schemas.android.com/apk/res-auto"
4      xmlns:tools="http://schemas.android.com/tools"
5      android:layout_width="match_parent"
6      android:layout_height="match_parent"
7      android:minWidth="25px"
8      android:minHeight="25px"
9      android:orientation="vertical">
10   <TextView
11       android:id="@+id/novo_Label"
12       android:layout_width="fill_parent"
13       android:layout_height="wrap_content"
14       android:text="@string/texto_do_label"
15       android:gravity="center"
16       android:textColor="#0000FF"
17       android:textStyle="bold" />
18   <Button
19       android:id="@+id/novo_Button"
20       android:layout_width="fill_parent"
21       android:layout_height="wrap_content"
22       android:text="@string/texto_do_botao" />
23 </LinearLayout>
```

Figura 128

Salve seu projeto, conforme vimos nas **figuras 90** e **91**. Se incluirmos elementos **XAML** como estes no **LinearLayout** e nas classes **TextView** e **Button**, isso fará com que as instâncias destas sejam criadas em tempo de execução. Para acessar essas instâncias a partir do código, usaremos **Resource IDs**.

A sintaxe **@+id/nome** informa ao compilador **Android** para gerar um **Resource ID** para o elemento com o nome fornecido. Por exemplo, quando damos à classe **TextView** um **id** com a seguinte sintaxe, **@+id/novo_Label**, conforme **linha 11**, a classe **Resource** tem uma classe **Id** aninhada com o campo inteiro do elemento **novo_Label**. Do mesmo modo, a classe **Id** conterá também um campo chamado **novo_Button**, conforme **linha 19**, como mostrado no código do arquivo **Resource.designer.cs**. Faça o **Rebuild**, conforme vimos nas **figuras 121** a **124** e vamos analisar o arquivo **Resource.designer.cs**, para isto, abra a janela **Solution Explorer**, pressione ao mesmo tempo as teclas **Ctrl+Alt+L**, e deve abrir a janela **Solution Explorer** conforme vimos na **figura 82**. Em seguida, abra a pasta **Resources**, para isto clique na setinha que tem ao lado da pasta **Resources** e clique duas vezes com o mouse sobre o arquivo **Resource.Designer.cs**, conforme vimos na **figura 114**. Caso esteja aberto, basta clicar na aba com o nome do mesmo, conforme vimos na **figura 116**. Procure a classe **Id** que deve estar com o seguinte nome, `public partial class Id`, mais ou menos na **linha 2627**, conforme a figura 129:

```
2627            // aapt resource value: 0x7f08008c
2628            public const int novo_Button = 2131230860;
2629
2630            // aapt resource value: 0x7f08008b
2631            public const int novo_Label = 2131230859;
```

Figura 129

Além disso, a sintaxe **@string/nome** nos permite acessar os recursos de **string** que criamos anteriormente no arquivo **strings.xml**. Assim como as **string resources** que vimos anteriormente, podemos acessar esses controles usando a classe **resources** gerada, só que desta vez, por meio da subclasse **Id**. Vamos examinar o código do nosso exemplo, para isto vamos retornar ao arquivo **MainActivity.cs**, se o mesmo estiver fechado, abra a janela **Solution Explorer**, pressione ao mesmo tempo as teclas **Ctrl+Alt+L**, e deve abrir a janela **Solution Explorer** conforme vimos na **figura 82**, e clique duas vezes com o mouse no arquivo **MainActivity.cs**, conforme vimos na **figura 80**. Caso esteja aberto, basta clicar na aba com o nome do mesmo, conforme vimos na **figura 116**. Será aberta a janela de código do arquivo **MainActivity.cs**. Selecione o código das **linhas 14** a **27**, conforme figura 130:

```
6   namespace Primeira_Aplicacao_Android
7   {
8       [Activity(Label = "@string/app_name", Theme = "@style/AppTheme", MainLauncher = true)]
9       public class MainActivity : AppCompatActivity
10      {
11          protected override void OnCreate(Bundle savedInstanceState)
12          {
13              base.OnCreate(savedInstanceState);
14              //Criando a interface do usuário no código
15              var novo_layout = new LinearLayout(this);
16              novo_layout.Orientation = Orientation.Vertical;
17              var novo_Label = new TextView(this);
18              novo_Label.SetText(Resource.String.texto_do_label);
19              var novo_Button = new Button(this);
20              novo_Button.SetText(Resource.String.texto_do_botao);
21              novo_Button.Click += (sender, e) =>
22              {
23                  novo_Label.Text = "Bem Vindo Desenvolvedor Android";
24              };
25              novo_layout.AddView(novo_Label);
26              novo_layout.AddView(novo_Button);
27              SetContentView(novo_layout);
28          }
29      }
30  }
```

Figura 130

Pressione a tecla **Delete** do teclado, no local onde o cursor do mouse está piscando, na **linha 14**, digite o código abaixo:

```
//Criando a interface do usuário no arquivo activity.axml
SetContentView(Resource.Layout.activity_main);
var novo_Label = FindViewById<TextView>(Resource.Id.novo_Label);
var novo_Button = FindViewById<Button>(Resource.Id.novo_Button);
novo_Button.SetText(Resource.String.texto_do_botao);
novo_Button.Click += (sender, e) =>
{
    novo_Label.Text = "Bem Vindo Desenvolvedor Android";
};
```

Veja como ficou, conforme figura 131:

```
6  namespace Primeira_Aplicacao_Android
7  {
8      [Activity(Label = "@string/app_name", Theme = "@style/AppTheme", MainLauncher = true)]
9      public class MainActivity : AppCompatActivity
10     {
11         protected override void OnCreate(Bundle savedInstanceState)
12         {
13             base.OnCreate(savedInstanceState);
14             //Criando a interface do usuário no arquivo activity_main.axml
15             SetContentView(Resource.Layout.activity_main);
16             var novo_Label = FindViewById<TextView>(Resource.Id.novo_Label);
17             var novo_Button = FindViewById<Button>(Resource.Id.novo_Button);
18             novo_Button.SetText(Resource.String.texto_do_botao);
19             novo_Button.Click += (sender, e) =>
20             {
21                 novo_Label.Text = "Bem Vindo Desenvolvedor Android";
22             };
23         }
24     }
25 }
```

Figura 131

Salve seu projeto, conforme vimos nas **figuras 90** e **91**. Veja como ficou o código completo:

```
using Android.App;
using Android.Widget;
using Android.OS;
using Android.Support.V7.App;

namespace Primeira_Aplicacao_Android
{
    [Activity(Label = "@string/app_name", Theme = "@style/AppTheme", MainLaunch-
er = true)]
    public class MainActivity : AppCompatActivity
    {
        protected override void OnCreate(Bundle savedInstanceState)
```

```
        {
            base.OnCreate(savedInstanceState);
            //Criando a interface do usuário no arquivo activity_main.axml
            SetContentView(Resource.Layout.activity_main);
            var novo_Label = FindViewById<TextView>(Resource.Id.novo_Label);
            var novo_Button = FindViewById<Button>(Resource.Id.novo_Button);
            novo_Button.SetText(Resource.String.texto_do_botao);
            novo_Button.Click += (sender, e) =>
            {
                novo_Label.Text = "Bem Vindo Desenvolvedor Android";
            };
        }
    }
}
```

Observe que o método **OnCreate**, na **linha 13**, agora, só precisa de código para definir a exibição de conteúdo, na **linha 15**, e criar o manipulador de eventos, na **linha 19**, a partir do **LinearLayout**, e as classes **TextView** e **Button** são criadas a partir do **XAML** que acabamos de definir. Chamamos o evento **setContentView**, na **linha 15**, como fizemos em nosso exemplo anterior, só que desta vez, passamos o **Resource Id** para o **layout**, ou seja, **Resource.Layout.activity_main** que definimos no arquivo **activity_main.axml**. Em seguida, simplesmente instanciamos os objetos **TextView**, **linha 16**, e **Button**, **linha 17**, respectivamente, usando o método **FindViewById** e passando os **Resource Ids** apropriados. Finalmente, definimos o manipulador de eventos, na **linha 19**, criando a interface do usuário no código.

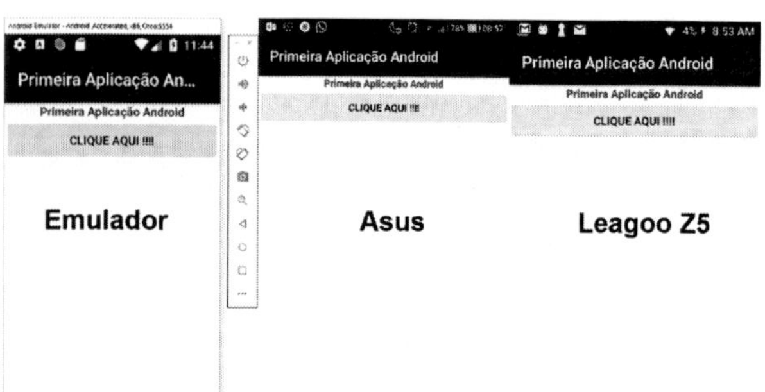

Figura 132

Vamos compilar novamente nossa aplicação, para isto vá para o menu **Debug**, em seguida, selecione o item **Start Debugging** ou pressione a tecla **F5**, conforme vimos na **figura 96**. Ou simplesmente clique na setinha verde que fica na janela **Select Device**, conforme vimos na **figura 97**.

Aguarde até o emulador ficar ativo, aparecerá a seguinte mensagem **Ready** no canto inferior esquerdo, conforme vimos na **figura 99**. Vamos abrir o emulador, o mesmo encontra-se minimizado na barra de tarefas do **Windows**. Clique no ícone do emulador **Android**, conforme vimos na **figura 100**. Será aberta a janela do nosso emulador, conforme figura 132:

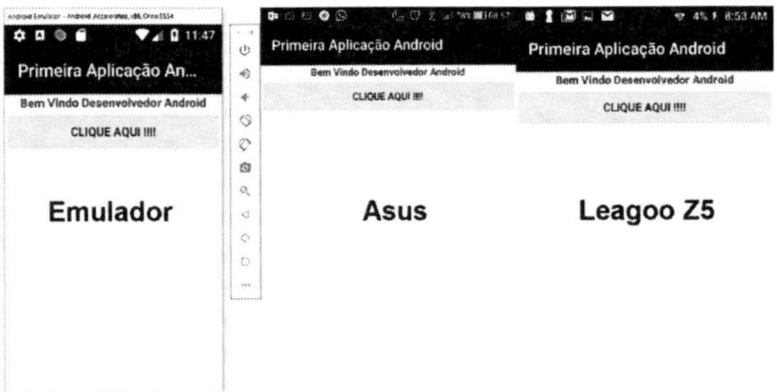

Observem que agora, o texto está na cor azul e centralizado. Clique no botão **Clique Aqui !!!!** e veja como ficou, conforme figura 133:

Figura 133

Observem que o novo texto vai aparecer centralizado e também na cor azul. Vamos retornar ao **Visual Studio** e como disse anteriormente, não feche o emulador. Para isto, clique no ícone do **Visual Studio** na barra de tarefas do **Windows**, conforme vimos na **figura 61**. Ao abrir o **Visual Studio**, vá para o menu **Debug**, em seguida, selecione o item **Stop Debugging** ou pressione simultaneamente as teclas **Shift+F5**, conforme vimos na **figura 103**, ou ainda, você pode utilizar o menu que aparece na barra de ferramentas do **Visual Studio**, conforme vimos na **figura 104**.

Trabalhando com Imagem de Fundo e Ícone

Para que nossa aplicação fique mais profissional, vamos alterar o ícone e a imagem de fundo do aplicativo. Primeiro temos que achar as imagens que correspondam ao aplicativo que estamos desenvolvendo, basta procurar na internet que existem vários sites de imagem gratuita. Para mais informações acesse o seguinte endereço: http://marketingdeconteudo.com/melhores-bancos-de-imagens-gratuitos.

Antes de usar qualquer imagem em nosso aplicativo, devemos nos certificar se a imagem é licenciada, ou seja, se temos o direito de usá-la. Muitas imagens necessitam que nós paguemos o direito de usá-la e outras oferecem licenças livres de código aberto ou **Creative Commons (creativecommons.org)**. Além disso, vamos padronizar os nomes das imagens todas digitadas em minúsculo e sem acentuação e do tipo **png**. Vamos criar uma pasta no nosso computador para usar as imagens, para isto, clique no item **Explorador de Arquivo**, que se encontra na **barra de tarefas**, conforme figura 134:

Figura 134

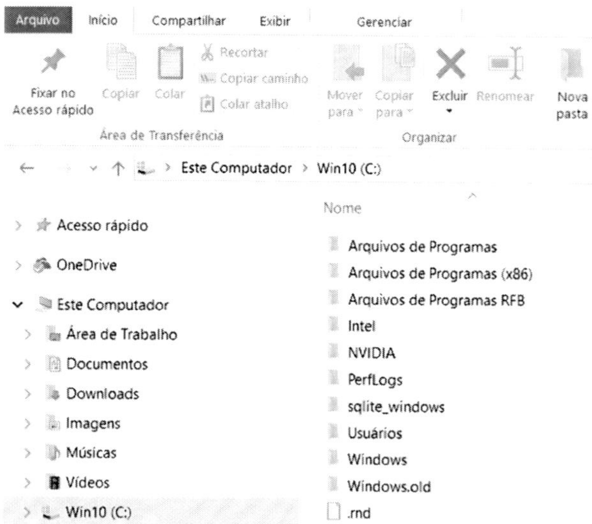

Figura 135

Vai abrir a janela **Explorador de Arquivo**, conforme figura 135:

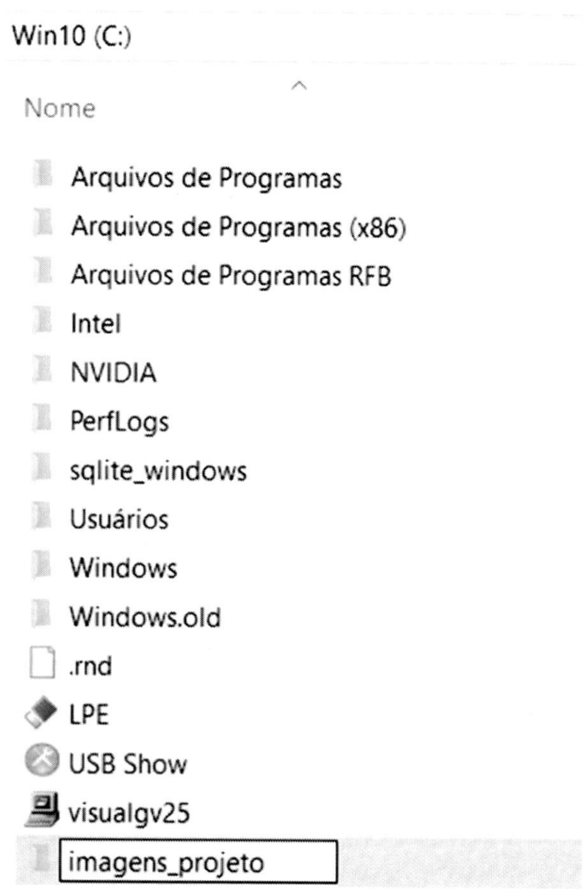

Figura 136

Em seguida, clique com o mouse na unidade de sua preferência, no meu caso estou usando **Win10(C:)**, clique no item **Nova pasta**, no menu de ferramentas, em seguida digite **imagens_projeto**, conforme figura 136:

Pressione a tecla **Enter**. Pronto, acabamos de criar nossa pasta. Antes de baixar qualquer imagem, vamos entender um pouco sobre a resolução das imagens.

Resolução de Imagens

Os dispositivos **Android** têm vários tamanhos de tela, resoluções e densidades de pixels (ou seja, pontos por polegada ou DPI), então normalmente para imagens de fundo, vamos baixar imagens do tipo png e com alta resolução, pois o sistema operacional Android, escolhe com base na densidade de pixels de um dispositivo.

Densidade	Descrição
drawable-ldpi	Baixa densidade - aproximadamente 120 pontos por polegada.
drawable-mdpi	Densidade média - aproximadamente 160 pontos por polegada.
drawable-hdpi	Alta densidade - aproximadamente 240 pontos por polegada.
drawable-xhdpi	Densidade extra alta - aproximadamente 320 pontos por polegada.
drawable-xxhdpi	Densidade Extra-Extra-alta densidade - aproximadamente 480 pontos por polegada.
drawable-xxxhdpi	Densidade Extra-Extra-Extra-alta densidade - aproximadamente 640 pontos por polegada.

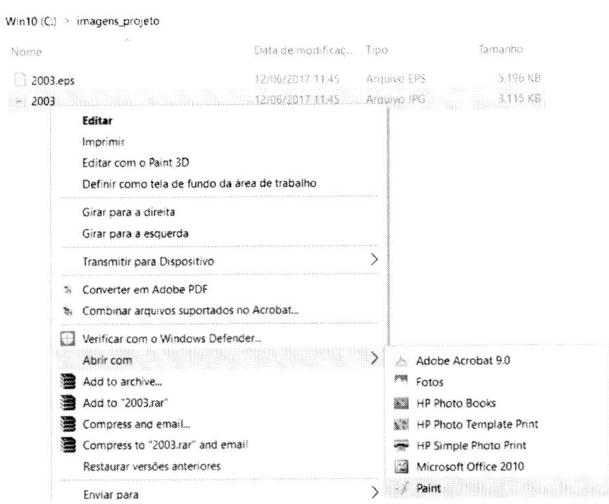

Figura 137

Baixe os arquivos. Após baixar os arquivos vá até a pasta **imagens_projeto**, que está na unidade **Win10(C:)**, no meu caso e vamos abrir o arquivo **2003.jpg**, para isto clique com o botão do mouse sobre o arquivo e selecione o item **Abrir com**, em seguida selecione **Paint**, conforme figura 137:

Figura 138

Você pode utilizar outro editor de imagem. Vai abrir o programa, conforme figura 138:

Figura 139

Como a imagem é do tipo **png**, basta ir no menu **Arquivo** e selecione o item **Salvar como**, em seguida selecione o item **Imagem PNG**, conforme figura 139:

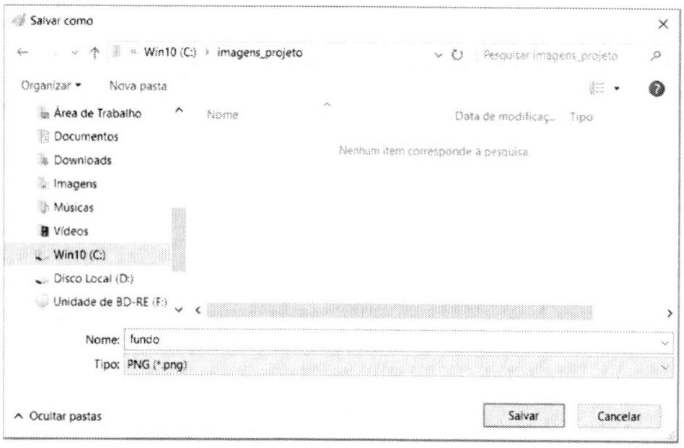

Figura 140

Vai abrir a janela **Salvar como**, selecione a unidade **Win10(C:)**, em seguida clique na pasta **imagens_projeto**, conforme figura 140:

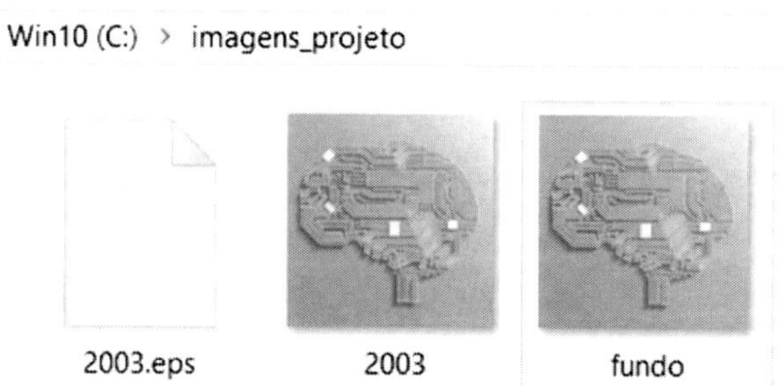

Figura 141

No item **Nome:**, digite **fundo**. Em seguida clique no botão **Salvar**. Veja como ficou, conforme figura 141:

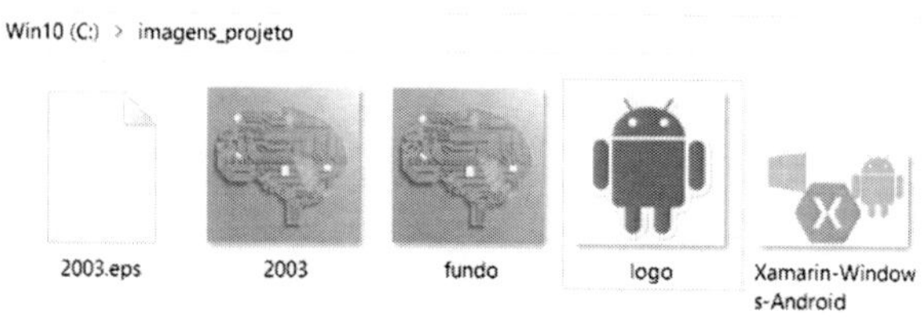

Figura 142

Para este aplicativo, vamos utilizar uma imagem que traz a união do **Xamarin**, com **Android** e **Windows Phone**, para o ícone, a imagem do robozinho do **Android**, na cor azul, para isto procure na internet as imagens para adicionar ao projeto. Após baixar as imagens vá até a pasta onde você salvou as mesmas, no meu caso, na unidade **Win10(C:)**, e clique na pasta **imagens_projeto**, conforme figura 142:

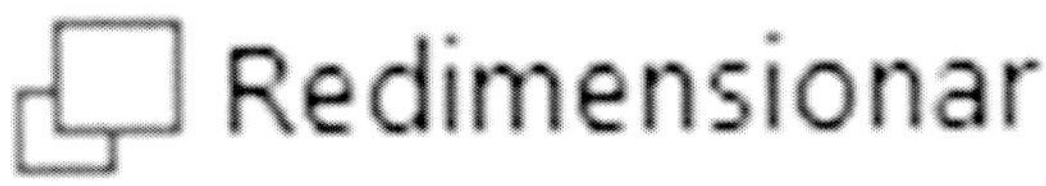

Figura 143

Dentro desta pasta vamos abrir o arquivo do ícone, para isto clique com o botão do mouse sobre o arquivo **logo.png** e selecione o item **Abrir com**, em seguida selecione **Paint**, conforme vimos na **figura 137**.

Você pode utilizar outro editor de imagem de sua preferência. Vai abrir o programa, conforme vimos na **figura 138**. Clique no menu **Redimensionar**, conforme figura 143:

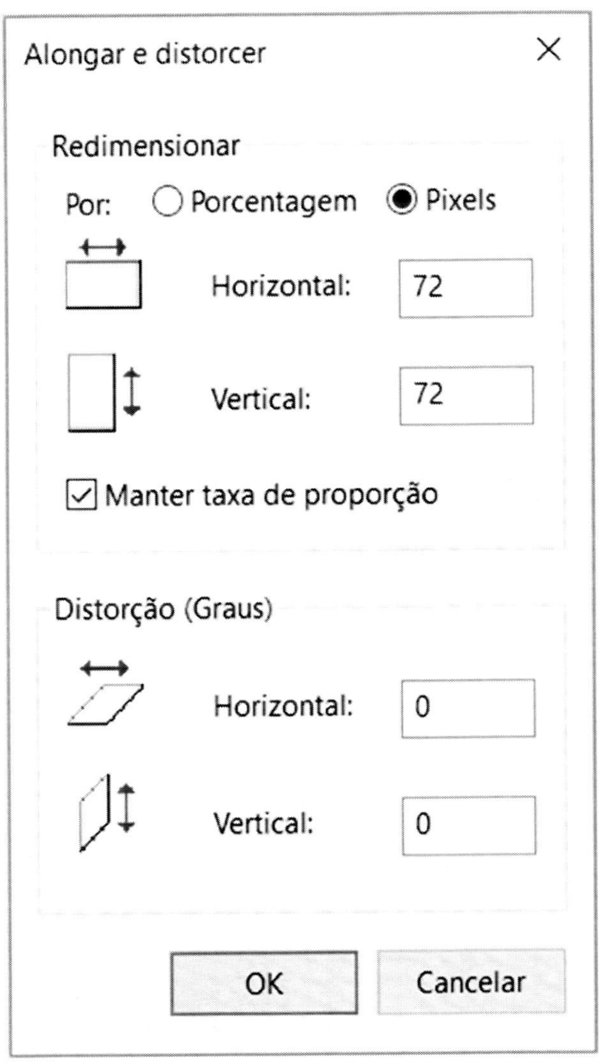

Figura 144

Vai abrir a janela **Alongar e distorcer**, selecione o item **Pixels**, e na caixinha de texto **Horizontal**, digite 72, conforme figura 144:

Clique no botão **OK**. Em seguida vamos salvar o arquivo. Basta ir no menu **Arquivo** e selecione o item **Salvar como**, em seguida selecione o item **Imagem PNG**, conforme vimos na **figura 139**. Vai abrir a janela **Salvar como**, no item **Nome:**, digite **Icon**, conforme figura 145:

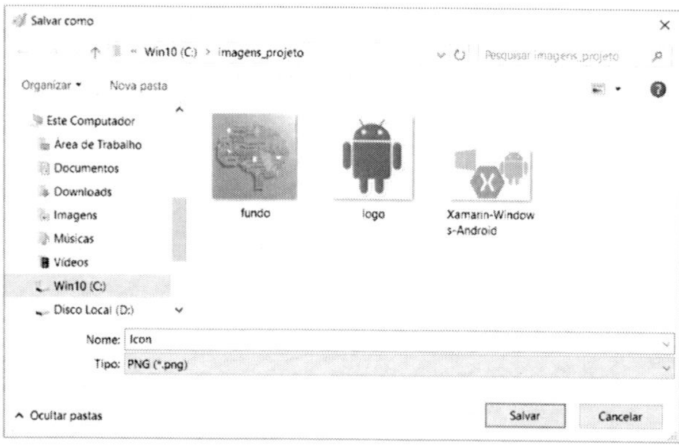

Figura 145

Este é o nome padrão para o ícone principal de uma aplicação **Android**, em seguida clique no botão **Salvar**. Deve aparecer uma mensagem, conforme figura 146:

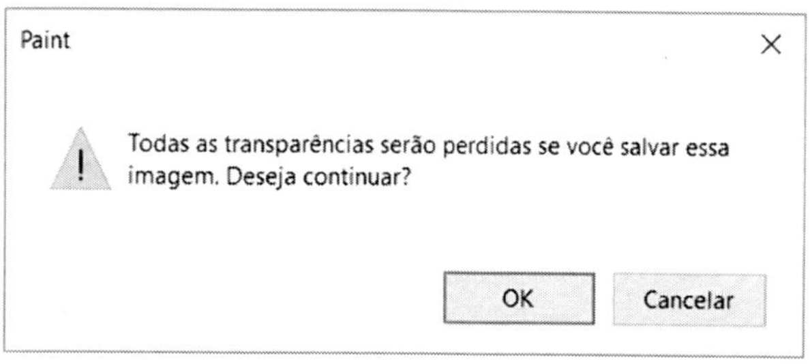

Figura 146

Clique no botão **OK**. Feche o programa **Paint**. Agora vamos renomear o arquivo **Xamarin-Windows-Android.png**, isto deve ser feito, pois o **Android** tem problemas em reconhecer tracinho e espaço em branco, quando usamos nomes duplos, devemos utilizar **urndeline**. Clique com o botão do mouse sobre o arquivo **Xamarin-Windows-Android.png**, em seguida selecione o item de menu **Renomear**, conforme figura 147:

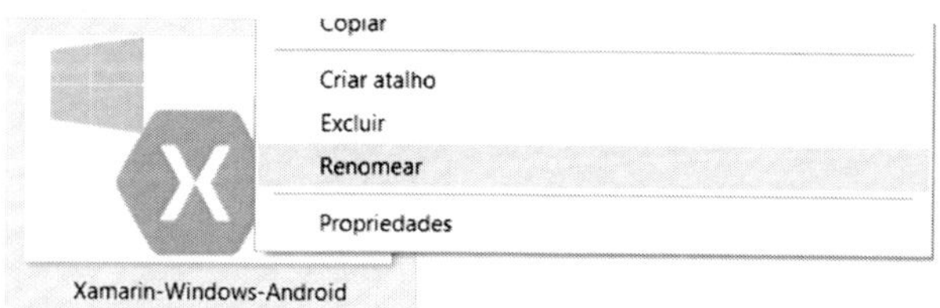

Figura 147

Em seguida, retire os tracinhos e vamos usar underline, digite **Xamarin_Windows_Android**, conforme figura 148:

Figura 148

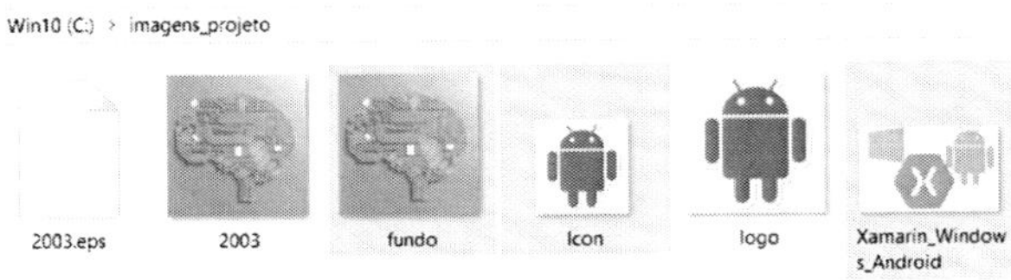

Figura 149

Pressione a tecla **Enter**. Agora vamos copiar as três imagens para a pasta **drawable**, que temos que criar em nosso projeto **Android**, dentro da pasta **Resources**, dentro da janela **Solution Explorer**, selecione as imagens **fundo**, **Icon** e **Xamarin_Windows_Android**, para isto, segure a tecla **Ctrl** e vá clicando nas imagens com o mouse, de forma que fique conforme a figura 149:

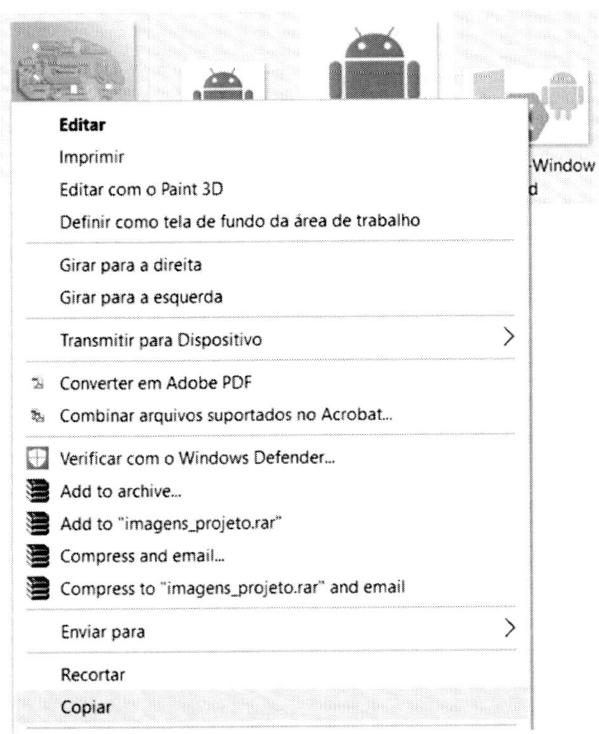

Figura 150

Com as três imagens selecionadas, pressione as teclas **Ctrl+C**, ou clique com o botão esquerdo do mouse sobre as imagens selecionadas e selecione o item **Copiar** do menu, conforme figura 150:

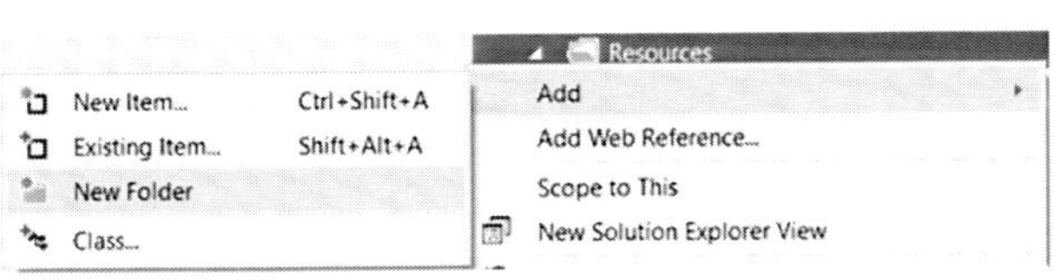

Figura 151

Em seguida, retorne para o nosso projeto **Primeira_Aplicacao_Android**, abra a janela **Solution Explorer**, pressione ao mesmo tempo as teclas **Ctrl+Alt+L**, e deve abrir a janela **Solution Explorer** conforme vimos na **figura 82**. Em seguida, clique com o botão do mouse sobre a pasta **Resources**, selecione o item **Add**, em seguida selecione o item **New Folder,** conforme figura 151:

Ou vá até o menu **Project** e selecione o item **New Folder**, conforme figura 152:

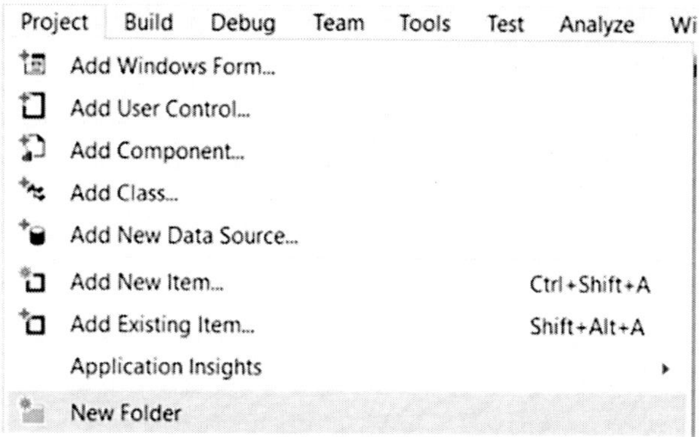

Figura 152

No nome da pasta digite **drawable**, conforme figura 153:

Figura 153

Em seguida clique com o botão do mouse sobre a pasta **drawable** e selecione o item **Paste** do menu, ou pressione ao mesmo tempo as teclas **Ctrl+V**, conforme figura 154:

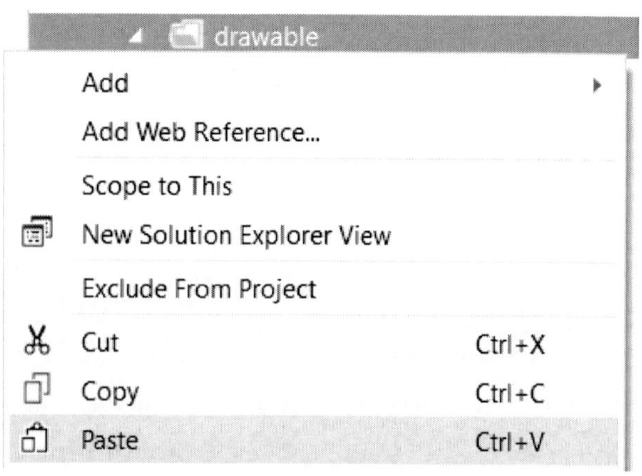

Figura 154

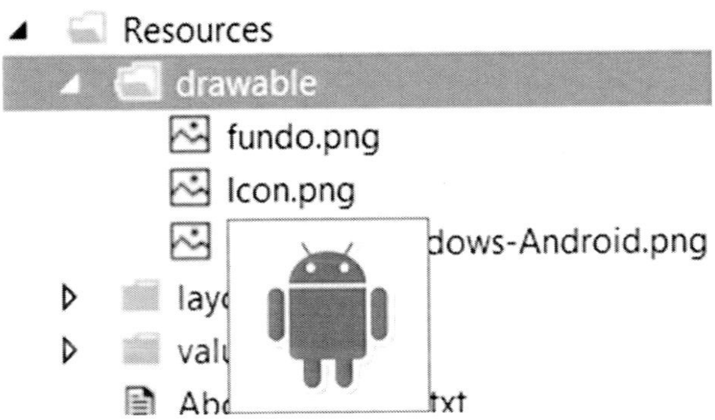

Figura 155

Como saber se as imagens foram copiadas? Basta passar o mouse sobre o nome das imagens que vai ser mostrado um **preview** da mesma, conforme figura 155:

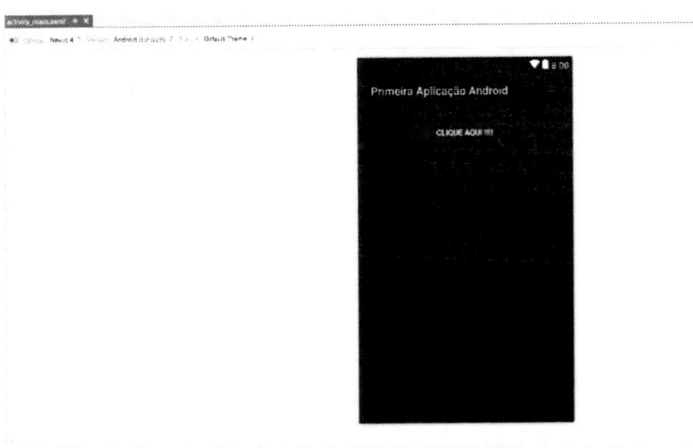

Figura 156

Salve seu projeto, conforme vimos nas **figuras 90** e **91**. O ícone vai ser inserido automaticamente após a compilação, a imagem de fundo vamos ter que inserir manualmente, abra a janela **Solution Explorer**, pressione ao mesmo tempo as teclas **Ctrl+Alt+L**, e deve abrir a janela **Solution Explorer** conforme vimos na **figura 82**. Em seguida, abra a pasta **Resources**, para isto clique na setinha que tem ao lado da pasta **Resources,** em seguida clique na setinha que tem ao lado da pasta **layout**, e clique duas vezes sobre o arquivo **activity_main.axml**, aguarde até carregar nossa **view** ou **layout**, conforme figura 156:

Observem que temos dois botões no canto inferior esquerdo, **Design** e **Source**. Clique no botão **Source** e veja que vai abrir a janela de código, toda vez que acrescentarmos algum item ou mudar uma propriedade, para visualizar como ficou na tela, basta clicar no botão **Design**. Na janela de código, vamos inserir a imagem de fundo, para isto posicione o cursor do mouse no final da **linha 9**, antes da chave de fechamento, conforme figura 157:

```
9      android:orientation="vertical">
```

Figura 157

Pressione a tecla **Enter** do teclado, e veja que o cursor do mouse vai ficar posicionado na **linha 10**, conforme figura 158:

```
9      android:orientation="vertical"
10             >
```

Figura 158

No local onde o cursor do mouse está piscando, na **linha 10**, digite o código abaixo:

```
android:background="@drawable/fundo"
```

Observe que à medida que você vai digitando, a **IDE** do **Visual Studio**, vai apresentando as opções que você pode selecionar, conforme figura 159:

Figura 159

Veja como ficou, conforme figura 160:

```
9     android:orientation="vertical"
10    android:background="@drawable/fundo">
```

Figura 160

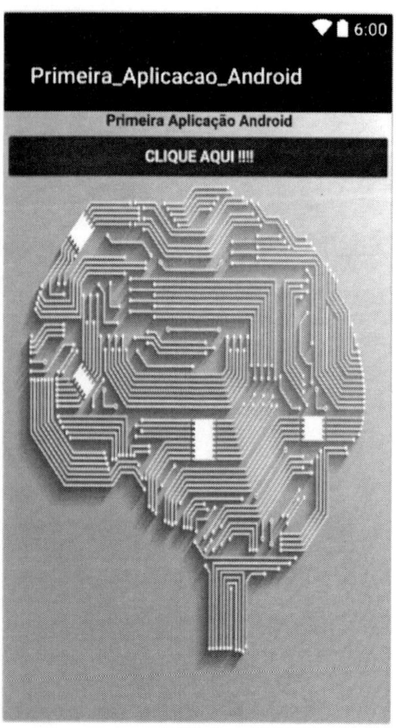

Figura 161

Salve seu projeto, conforme vimos nas **figuras 90** e **91**. Para visualizar se a imagem de fundo foi mesmo inserida, clique no botão **Design**, e nosso layout deve ficar conforme figura 161:

Vamos compilar novamente nossa aplicação, para isto vá para o menu **Debug**, em seguida, selecione o item **Start Debugging** ou pressione a tecla **F5**, conforme vimos na **figura 96**. Ou simplesmente clique na setinha verde que fica na janela **Select Device**, conforme vimos na **figura 97**. Aguarde até o emulador ficar ativo, aparecerá a seguinte mensagem **Ready** no canto inferior esquerdo, conforme vimos na **figura 99**. Vamos abrir o emulador, o mesmo encontra-se minimizado na barra de tarefas do **Windows**.

Clique no ícone do emulador **Android**, conforme vimos na **figura 100**. Será aberta a janela do nosso emulador, mas observem que ocorreu um erro e voltamos para nossa área de desenvolvimento. Clique no botão **Design** e pode ser que apareça uma mensagem dizendo que o projeto não foi compilado com sucesso, conforme figura 162:

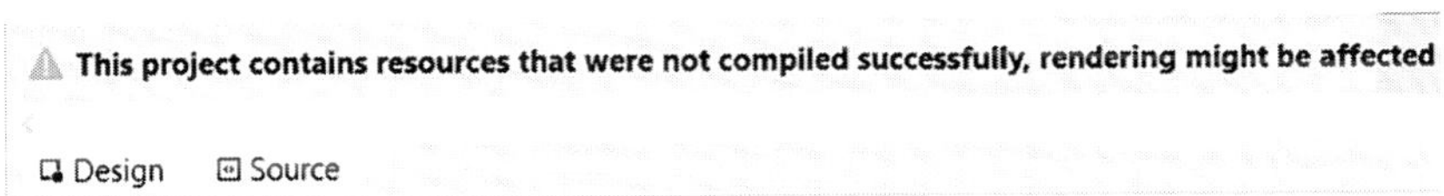

Figura 162

Figura 163

O que está acontecendo é que a imagem é muito grande e o **Android** não consegue abrir o layout principal. Fiz isto de propósito para que tenhamos em mente que não podemos inserir imagens, nem muito pequenas, nem muito grandes. Vamos abrir a janela **Solution Explorer**, pressione ao mesmo tempo as teclas **Ctrl+Alt+L**, e deve abrir a janela **Solution Explorer** conforme vimos na **figura 82**.

Em seguida, abra a pasta **Resources**, para isto clique na setinha que tem ao lado da pasta **Resources**, em seguida clique na setinha que tem ao lado da pasta **drawable**, dentro desta pasta vamos abrir o arquivo **fundo.png**, para isto clique com o botão direito do mouse sobre o arquivo **fundo.png** e selecione o item do menu **Open With...**, conforme figura 163:

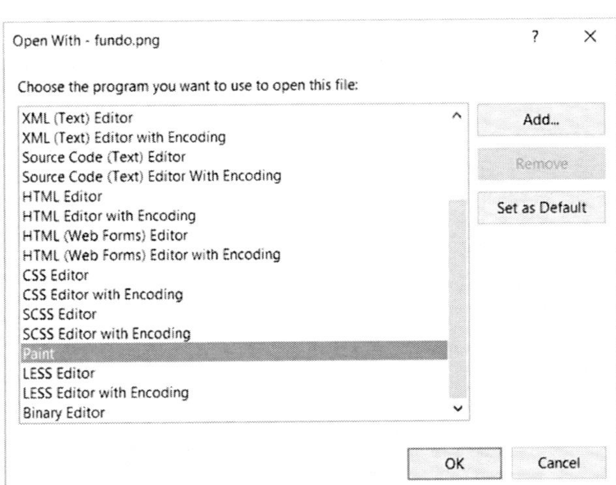

Figura 164

Vai abrir a janela **Open With – fundo.png**, na caixa de listagem, selecione o item **Paint**, conforme figura 164:

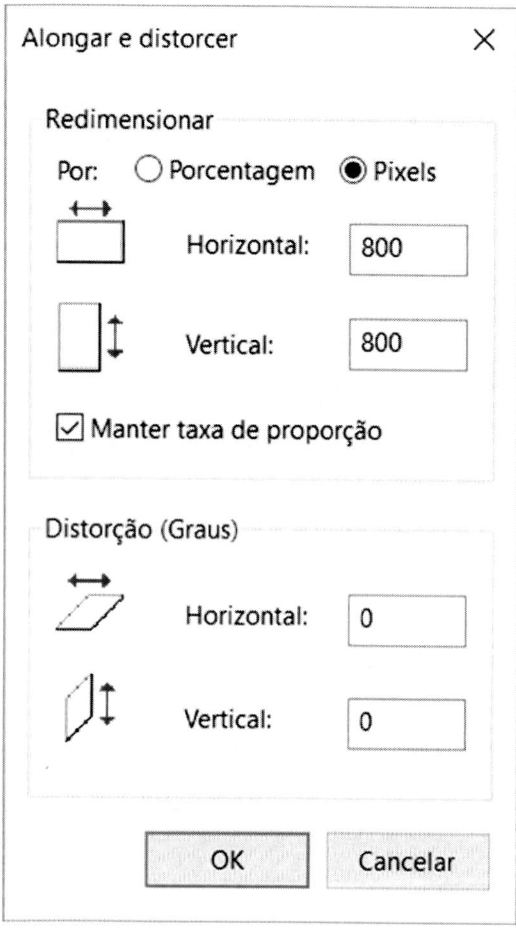

Figura 165

Clique no botão **OK**. Vai abrir o programa **Paint**, clique no menu **Redimensionar**, conforme vimos na **figura 144**. Vai abrir a janela **Alongar e distorcer**, selecione o item **Pixels**, e na caixinha de texto **Horizontal**, digite 800, conforme figura 165:

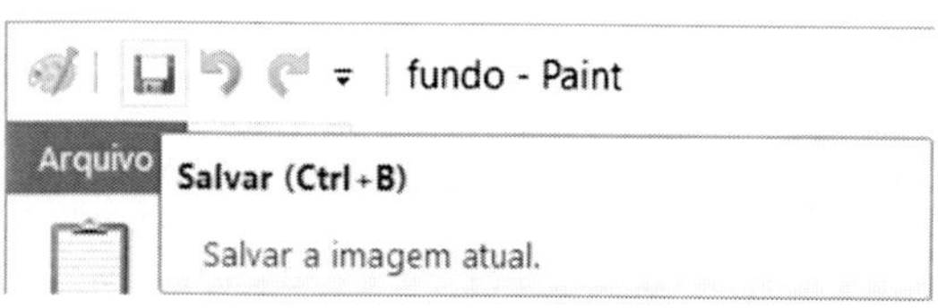

Figura 166

Clique no botão **OK**. Em seguida vamos salvar o arquivo. Basta ir no menu **Arquivo** e selecione o item **Salvar**, no menu ou pressione ao mesmo tempo as teclas **Ctrl+B**, conforme figura 166:

Feche o programa **Paint** e retorne para nosso projeto **Android**. Salve seu projeto, conforme vimos nas **figuras 90** e **91**. Vamos compilar novamente nossa aplicação, para isto vá para o menu **Debug**, em seguida, selecione o item **Start Debugging** ou pressione a tecla **F5**, conforme vimos na **figura 96**. Ou simplesmente clique na setinha verde que fica na janela **Select Device**, conforme vimos na **figura 97**. Aguarde até o emulador ficar ativo, aparecerá a seguinte mensagem **Ready** no canto inferior esquerdo, conforme vimos na **figura 99**. Vamos abrir o emulador, o mesmo encontra-se minimizado na barra de tarefas do **Windows**. Clique no ícone do emulador **Android**, conforme vimos na **figura 100**. Será aberta a janela do nosso emulador, conforme figura 167:

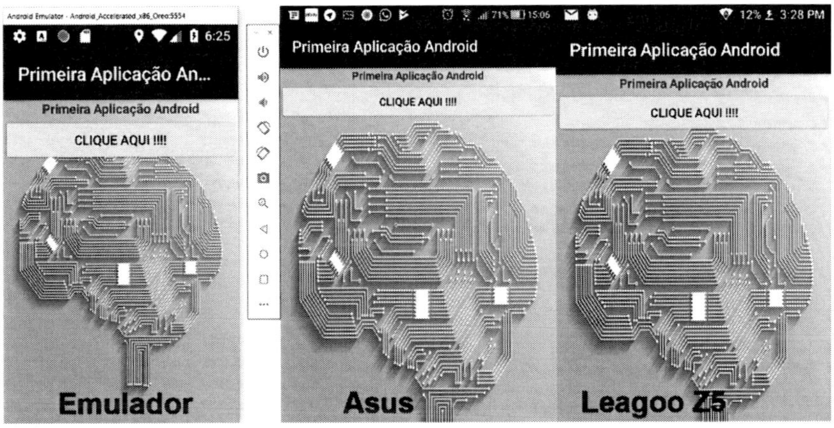

Figura 167

Vejam que agora, a imagem de fundo se ajustou perfeitamente ao nosso aplicativo. Vamos retornar ao **Visual Studio** e como disse anteriormente, não feche o emulador. Para isto, clique no ícone do **Visual Studio** na barra de tarefas do **Windows**, conforme vimos na **figura 61**. Ao abrir o **Visual Studio**, vá para o menu **Debug**, em seguida, selecione o item **Stop Debugging** ou pressione simultaneamente as teclas **Shift+F5**, conforme vimos na **figura 103**, ou ainda, você pode utilizar o menu que aparece na barra de ferramentas do **Visual Studio**, conforme vimos na **figura 104**.

Configurando as Propriedades id e text do Elemento TextView

A **GUI** padrão do nosso aplicativo já contém um objeto **TextView**, então vamos simplesmente modificar suas propriedades. Os tamanhos dos textos podem ser especificados em várias unidades de medição, conforme tabela abaixo:

Unidade	**Descrição**
px	pixel
dp	pixel independente de densidade
sp	pixel independente de escala
in	polegadas
mm	milímetros

A documentação para definir os vários tamanhos usados na tabela acima, e a recomendação que usemos **pixels independentes de densidade dp** ou **dip**, para dimensões de **views ou visualizações** e outros elementos de tela e **pixels independentes de escala sp,** para tamanhos de fonte, encontra-se no seguinte endereço: **http://developer.android.com/guide/practices/screens_support.html**. Definir suas **GUIs** com **pixels independentes de densidade dp** ou **dip**, permite que a plataforma **Android** dimensione a **GUI**, com base na densidade de pixels da tela de um determinado dispositivo. Um pixel **pixels independentes de densidade dp** ou **dip**, é equivalente a um pixel em uma tela de 160 dpi. Em uma tela de 240 dpi, cada **pixel independente da densidade** será dimensionado por um fator de 240/160 (isto é, 1.5).

Então, um componente com 100 **pixels independentes de densidade** de largura será dimensionado para 150 pixels reais de largura. Em uma tela com 120 dpi, cada **pixel independente de densidade** é dimensionado por um fator de 120/160 (isto é, 0,75). Então, o mesmo componente que tem 100 **pixels independentes de densidade** de largura terá 75 pixels reais de largura. Os **pixels independentes da escala sp**, são dimensionados como os **pixels independentes de densidade dp** ou **dip**, mas também são dimensionados pelo tamanho de fonte preferido do usuário, de acordo com as configurações do dispositivo.

Vamos alterar o tamanho da fonte para **25sp**, para isto abra a janela **Solution Explorer**, pressione ao mesmo tempo as teclas **Ctrl+Alt+L**, e deve abrir a janela **Solution Explorer** conforme vimos na **figura 82**. Em seguida, abra a pasta **Resources**, para isto clique na setinha que tem ao lado da pasta **Resources**, em seguida clique na setinha que tem ao lado da pasta **layout**, e clique duas vezes sobre o arquivo **activity_main.axml**, aguarde até carregar nossa **view** ou **layout**, conforme vimos na **figura 156**. Observem que temos dois botões no canto inferior esquerdo, **Design** e **Source**. Clique no botão **Source** e veja que vai abrir a janela de código, toda vez que acrescentarmos algum item ou mudar uma propriedade, para visualizar como ficou na tela, basta clicar no botão **Design**. Na janela de código, vamos alterar o tamanho da fonte para **25sp**, para isto posicione o cursor do mouse no final da **linha 18**, antes da barra dentro da chave de fechamento, conforme figura 168:

```
18          android:textStyle="bold" />
```

Figura 168

Pressione a tecla **Enter** do teclado, e veja que o cursor do mouse vai ficar posicionado na **linha 19**, conforme figura 169:

```
18          android:textStyle="bold"
19          />
```

Figura 169

No local onde o cursor do mouse está piscando, na **linha 19**, digite o código abaixo:

```
android:textSize="25sp"
```

Observe que à medida que você vai digitando, a **IDE** do **Visual Studio** vai apresentando as opções que você pode selecionar, conforme vimos na **figura 159**. Veja como ficou, conforme figura 170:

```
18          android:textStyle="bold"
19          android:textSize="25sp" />
```

Figura 170

Figura 171

Salve seu projeto, conforme vimos nas **figuras 90** e **91**. Para visualizar a alteração, clique no botão **Design**, e nosso layout deve ficar conforme a figura 171:

Configurando a Propriedade textColor do Elemento TextView

Quando precisarmos utilizar cores personalizadas em nossos aplicativos, as diretrizes do Material Design do Google recomendam usar cores da paleta de cores do Material Design, que pode ser encontrada no seguinte endereço: **https://material.io/color/#!/?view.left=0&view.right=0&primary.color=FFEBEE&primary.text.color=FF5722**. Vamos alterar a cor da fonte de azul para laranja, para isto abra a janela **Solution Explorer**, pressione ao mesmo tempo as teclas **Ctrl+Alt+L**, e deve abrir a janela **Solution Explorer** conforme vimos na **figura 82**. Em seguida, abra a pasta **Resources**, para isto clique na setinha que tem ao lado da pasta **Resources**, em seguida clique na setinha que tem ao lado da pasta **layout**, e clique duas vezes sobre o arquivo **activity_main.axml**, aguarde até carregar nossa **view** ou **layout**, conforme vimos na **figura 156**. Observem que temos dois botões no canto inferior esquerdo, **Design** e **Source**. Clique no botão **Source** e veja que vai abrir a janela de código, toda vez que acrescentarmos algum item ou mudar uma propriedade, para visualizar como ficou na tela, basta clicar no botão **Design**. Na janela de código, vamos alterar o código hexadecimal da **linha 17**, onde tem **"#0000FF"**, vamos alterar para **"#FF5722"**, veja como ficou, conforme figura 172:

```
android:textColor="#FF5722"
```

Figura 172

Figura 173

Salve seu projeto, conforme vimos nas **figuras 90** e **91**. Para visualizar a alteração, clique no botão **Design**, conforme figura 173:

Configurando a Propriedade gravity do Elemento TextView

Para centralizar o texto no elemento **TextView**, se o mesmo estiver utilizando várias linhas, basta definirmos a propriedade **gravity** como **center**, conforme fizemos na **linha 16**, conforme figura 174:

```
16            android:gravity="center"
```

Figura 174

Salve seu projeto, conforme vimos nas **figuras 90** e **91**.

Adicionando um Elemento ImageView para Exibir Imagem

Agora vamos inserir uma imagem, que vai aparecer quando o usuário clicar no botão **CLIQUE AQUI !!!!**. Para isto abra a janela **Solution Explorer**, pressione ao mesmo tempo as teclas **Ctrl+Alt+L**, e deve abrir a janela **Solution Explorer** conforme vimos na **figura 82**. Em seguida, abra a pasta **Resources**, para isto clique na setinha que tem ao lado da pasta **Resources**, em seguida clique na setinha que tem ao lado da pasta **layout**, e clique duas vezes sobre o arquivo **activity_main.axml**, aguarde até carregar nossa **view** ou **layout**, conforme vimos na **figura 156**. Observem que temos dois botões no canto inferior esquerdo, **Design** e **Source**. Clique no botão **Source** e veja que vai abrir a janela de código, toda vez que acrescentarmos algum item ou mudar uma propriedade, para visualizar como ficou na tela, basta clicar no botão **Design**. Na janela de código, vamos inserir o elemento **ImageView**, para isto posicione o cursor do mouse no final da **linha 24**, e pressione a tecla **Enter**, e veja que o cursor do mouse vai ficar posicionado na **linha 25**, conforme figura 175:

```
24            android:text="@string/texto_do_botao" />
25    |
```

Figura 175

No local onde o cursor do mouse está piscando, na **linha 25**, digite o código abaixo:

```
<ImageView
    android:src="@drawable/xamarin_windows_android"
    android:layout_width="match_parent"
    android:layout_height="wrap_content"
    android:id="@+id/imageView1"
    android:visibility="invisible" />
```

Veja como ficou, conforme figura 176:

```
23      <ImageView
24          android:src="@drawable/xamarin_windows_android"
25          android:layout_width="match_parent"
26          android:layout_height="wrap_content"
27          android:id="@+id/imageView1"
28          android:visibility="invisible" />
```

Figura 176

Salve seu projeto, conforme vimos nas **figuras 90** e **91**. Lembrando que este componente só vai aparecer quando executarmos o aplicativo, ou seja, em tempo de execução. Na **linha 26**, estamos indicando o caminho da imagem. Nas **linhas 27** e **28**, estão as configurações de margens. Na **linha 29**, o nome do arquivo com seu **ID**, pra ser identificado no **MainActivity**. Na **linha 30**, estamos deixando a imagem invisível, ela vai aparecer quando o usuário clicar no botão **CLIQUE AQUI !!!!**. Temos que fazer a chamada da imagem na nossa tela. Para isto vamos retornar ao nosso arquivo **MainActivity.cs**, se o mesmo estiver fechado, abra a janela **Solution Explorer**, em seguida pressione ao mesmo tempo as teclas **Ctrl+Alt+L**, em seguida clique duas vezes com o mouse sobre o arquivo **MainActivity.cs**, conforme vimos na **figura 80**. Caso ele esteja aberto, se você percebeu, a medida que vamos abrindo as janelas, as mesmas ficam disponibilizadas em abas, conforme vimos na **figura 116**. Clique na aba com o nome do arquivo **MainActivity.cs**, e vai abrir a janela de código do mesmo, conforme vimos na **figura 80**. Posicione o cursor do mouse no final da **linha 17**, e pressione a tecla **Enter**, e veja que o cursor do mouse vai ficar posicionado na **linha 18**, conforme figura 177:

```
17              var novo_Button = FindViewById<Button>(Resource.Id.novo_Button);
18              |
```

Figura 177

No local onde o cursor do mouse está piscando, na **linha 18**, digite o código abaixo:

```
var imagem = FindViewById<ImageView>(Resource.Id.imageView1);
```

Veja como ficou, conforme figura 178:

```
18              var imagem = FindViewById<ImageView>(Resource.Id.imageView1);
```

Figura 178

Salve seu projeto, conforme vimos nas **figuras 90** e **91**. Posicione o cursor do mouse no final da **linha 22**, e pressione a tecla **Enter**, e veja que o cursor do mouse vai ficar posicionado na **linha 23**, conforme figura 179:

```
20              novo_Button.Click += (sender, e) =>
21              {
22                  novo_Label.Text = "Bem Vindo Desenvolvedor Android";
23                  |
24              };
```

Figura 179

No local onde o cursor do mouse está piscando, na **linha 23**, digite o código abaixo:

```
imagem.Visibility = Android.Views.ViewStates.Visible;
```

Veja como ficou, conforme figura 180:

```
20              novo_Button.Click += (sender, e) =>
21              {
22                  novo_Label.Text = "Bem Vindo Desenvolvedor Android";
23                  imagem.Visibility = Android.Views.ViewStates.Visible;
24              };
```

Figura 180

Salve seu projeto, conforme vimos nas **figuras 90** e **91**. Veja como ficou o código completo:

```
using Android.App;
using Android.Widget;
using Android.OS;
using Android.Support.V7.App;

namespace Primeira_Aplicacao_Android
{
    [Activity(Label = "@string/app_name", Theme = "@style/AppTheme", MainLaunch-
er = true)]
    public class MainActivity : AppCompatActivity
    {
        protected override void OnCreate(Bundle savedInstanceState)
        {
            base.OnCreate(savedInstanceState);
            //Criando a interface do usuário no arquivo Main.axml
            SetContentView(Resource.Layout.activity_main);
            var novo_Label = FindViewById<TextView>(Resource.Id.novo_Label);
```

```
            var novo_Button = FindViewById<Button>(Resource.Id.novo_Button);
            var imagem = FindViewById<ImageView>(Resource.Id.imageView1);
            novo_Button.SetText(Resource.String.texto_do_botao);
            novo_Button.Click += (sender, e) =>
            {
                novo_Label.Text = "Bem Vindo Desenvolvedor Android";
                imagem.Visibility = Android.Views.ViewStates.Visible;
            };
        }
    }
}
```

Vamos compilar novamente nossa aplicação, para isto vá para o menu **Debug**, em seguida, selecione o item **Start Debugging** ou pressione a tecla **F5**, conforme vimos na **figura 96**. Ou simplesmente clique na setinha verde que fica na janela **Select Device**, conforme vimos na **figura 97**. Aguarde até o emulador ficar ativo, aparecerá a seguinte mensagem **Ready** no canto inferior esquerdo, conforme vimos na **figura 99**. Vamos abrir o emulador, o mesmo encontra-se minimizado na barra de tarefas do **Windows**. Clique no ícone do emulador **Android**, conforme vimos na **figura 100**. Será aberta a janela do nosso emulador, conforme figura 181:

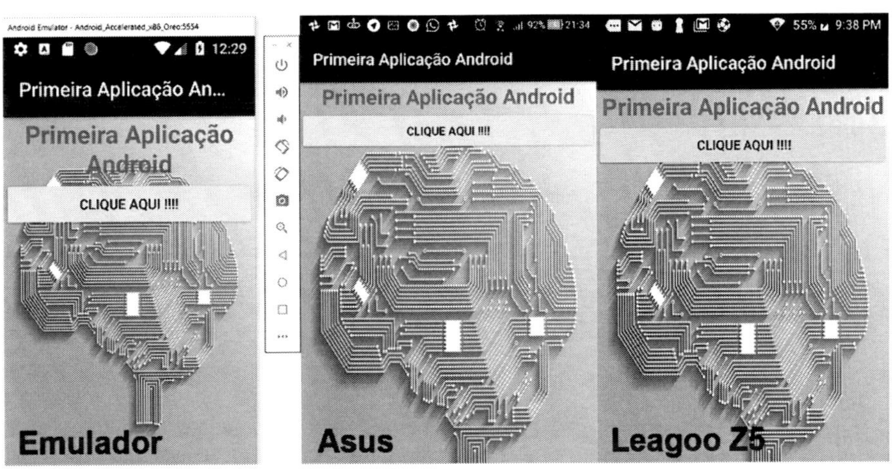

Figura 181

Clique no botão **CLIQUE AQUI !!!!**, e vejam que a imagem vai aparecer logo abaixo do botão, conforme figura 182:

Figura 182

Vamos retornar ao **Visual Studio** e como disse anteriormente, não feche o emulador. Para isto, clique no ícone do **Visual Studio** na barra de tarefas do **Windows**, conforme vimos na **figura 61**. Ao abrir o **Visual Studio**, vá para o menu **Debug**, em seguida, selecione o item **Stop Debugging** ou pressione simultaneamente as teclas **Shift+F5**, conforme vimos na **figura 103**, ou ainda, você pode utilizar o menu que aparece na barra de ferramentas do **Visual Studio**, conforme vimos na **figura 104**. Estas foram as configurações básicas para podermos iniciar o desenvolvimento de aplicativos **Android**, utilizando o **Visual Studio 2017**. Outras configurações que se fizerem necessárias, veremos no decorrer deste livro.

Capítulo 8

Paradigma Orientado a Objeto Usando Programação Orientada a Objetos com Android

O que é um objeto?

Dentro do paradigma Orientado a Objetos, um objeto nada mais é que uma abstração de todos os objetos reais que existem em nosso cotidiano. Vivemos cercados por objetos de diversas formas e tipos, assim adquirimos a capacidade de identificação das características físicas destes objetos, por exemplo, ao vermos uma propaganda de um veículo, que é um objeto qualquer, podemos identificar sua forma, modelo, cor, ou seja, as diversas propriedades que o caracterizam. Além disso, existe outro fator que está ligado as propriedades do objeto, que chamamos de ações que podemos realizar com estes objetos. No caso do veículo, podemos andar ou parar o mesmo. Também podemos aumentar a velocidade, ou seja, acelerar e podemos diminuir a velocidade, ou seja, frear. Chamamos isto de procedimentos.

Buscamos com a Programação Orientada a Objetos, fazer a modelagem no computador, da realidade dos objetos, ou seja, suas propriedades e procedimentos.

Sabemos que existem diferentes tipos de objetos, mas apesar disso, esses objetos vão compartilhar duas características consideradas de suma importância: estado e comportamento.

- **Estado:** É o conjunto de propriedades de um objeto;
- **Comportamento:** São as ações possíveis que podemos executar sobre o objeto.

No nosso exemplo veículo, podemos dizer que o estado é o conjunto de propriedades, cor, modelo, ano, etc., e o comportamento seria acelerar, frear, etc. Em relação ao estado, nosso objeto veículo pode ter um atributo que vamos chamar de **status**, que pode assumir os seguintes valores: pedido, em fabricação, disponível no pátio, reservado ou vendido, entre outros valores. Devemos ter em mente que em cada ciclo de vida de um objeto, ele poderá assumir um estado diferente. Vamos representar o estado e o comportamento do objeto veiculo através do **Diagrama de Classes**, conforme figura 183:

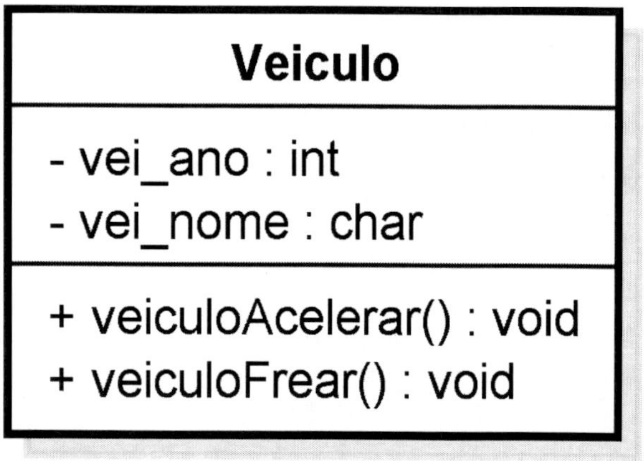

Figura 183

Na representação do objeto veículo da figura ao lado, temos o **estado** formado pelos **atributos** ou **variáveis vei_ano** e **vei_nome**. Você deve estar se perguntando, poderia inserir outro nome? Claro que sim. Mas devemos lembrar que os nomes dos atributos devem estar de acordo com o objeto que estamos representando. Como técnica de programação, podemos colocar as três primeiras letras do nome da classe antes dos nomes dos atributos, para sabermos de onde esses atributos estão vindo.

Isto não é uma regra, é uma técnica de programação. Temos o **comportamento** representado pelos **métodos veiculoAcelerar()** e **veiculoFrear()**. Aqui os nomes seguem o mesmo padrão dos atributos, ou seja, é uma técnica de programação.

Observem também, que temos um sinal de menos antes dos nomes dos atributos e um sinal de mais antes dos métodos. Isto é o que chamamos de qualificador, que podem ser privados, sinal de menos ou públicos, sinal de mais. Veremos sobre eles mais adiante.

O que é uma Classe?

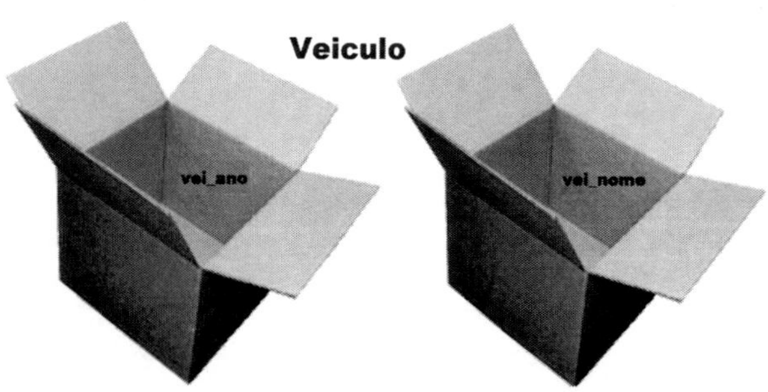

Figura 184

Classe é um molde, matriz, onde podemos inserir métodos, atributos ou variáveis. Vamos criar uma aplicação contendo uma classe chamada **Veiculo**, que vai ser o nosso molde, e criaremos dois atributos ou variáveis chamadas, **vei_ano** e **vei_nome**, conforme figura 184:

Vamos criar uma aplicação com o paradigma orientado a objeto. Se o **Visual Studio 2017 Community** estiver fechado, basta clicar sobre o ícone do programa que se encontra na barra de tarefas, conforme vimos na **figura 61**. Caso esteja aberto, vamos criar um novo projeto, para isto temos três opções: usar o menu **File**, em seguida selecionar **New Project...**, ou pressionar ao mesmo tempo as teclas **Ctrl+Shift+N**, conforme vimos na **figura 75**, ou clicar no link **New Project...**, na janela inicial da **IDE**, conforme vimos na **figura 76**. Independentemente da forma escolhida para criar um novo projeto, vai abrir a janela **New Project**, conforme vimos na **figura 77**.

Observe que temos vários templates que podemos utilizar para criar uma aplicação. Com a janela **New Project** aberta, no menu do lado esquerdo, clique na setinha ao lado do item **Installed**, clique na setinha ao lado da opção **Visual C#**, selecione **Android**, na janela do lado direito, selecione **Android App (Xamarin)**, no item **Name:**, digite **Entenda_Objetos_OO**, no item **Location:**, clique no botão **Browse...**, e selecione o disco **C:**, clique no botão **Selecionar pasta**, e deixe como caminho do projeto. Deixe marcado o item **Create directory for solution**, veja como ficou, conforme vimos na **figura 78**.

Em seguida clique no botão **OK**. Vai aparecer a janela **New Android App – Entenda_Objetos_OO**, selecione o item **Blank App**, e na caixa de texto **Minimum Android Version**, clique na setinha para baixo e slecione o item **Android 4.0.3 (Ice Cream Sandwich)**, conforme vimos na **figura 79**. Clique no botão **OK**. Observe que vai abrir o código do arquivo **MainActivity.cs**, conforme vimos na **figura 80**. Feche esta janela, basta clicar no ícone do **X**, que se encontra perto do nome da janela, vejam que vai aparecer a nossa **IDE** ou área de desenvolvimento, conforme vimos na **figura 81**. Esta é a área central, local onde vamos escrever nosso código. Observe que temos algumas janelas escondidas no lado direito e do lado esquerdo da área central de desenvolvimento, veremos mais adiante as janelas mais importantes.

Vamos criar dois botões, um para exibir os dados da classe **Veiculo** e outro para sair do aplicativo, e um item **LinearLayout**. Para isto abra a janela **Solution Explorer**, pressione ao mesmo tempo as teclas **Ctrl+Alt+L**, e deve abrir a janela **Solution Explorer** conforme vimos na **figura 82**. Em seguida, abra a pasta **Resources**, para isto clique na setinha que tem ao lado da pasta **Resources**, em seguida clique na setinha que tem ao lado da pasta **layout**, e clique duas vezes sobre o arquivo **activity_main.axml**, aguarde até carregar nossa **view** ou **layout**, conforme vimos na **figura 156**. Observem que temos dois botões no canto inferior esquerdo, **Design** e **Source**. Clique no botão **Source** e veja que vai abrir a janela de código, toda vez que acrescentarmos algum item ou mudar uma propriedade, para visualizar como ficou na tela, basta clicar no botão **Design**. Selecione as linhas **2** a **7**, para isto posicione o cursor do mouse no início da **linha 2** e pressione a tecla **Shift+Setinha Direita** até o final da **linha 7**, conforme vimos na **figura 127**. Pressione a tecla **Delete** do teclado, no local onde o cursor do mouse está piscando, na **linha 2**, digite o código abaixo:

```
<LinearLayout xmlns:android="http://schemas.android.com/apk/res/android"
    xmlns:app="http://schemas.android.com/apk/res-auto"
    xmlns:tools="http://schemas.android.com/tools"
    android:layout_width="match_parent"
    android:layout_height="match_parent"
    android:minWidth="25px"
    android:minHeight="25px"
    android:orientation="vertical">
    <Button
        android:text="Dados da Classe Veículo"
        android:gravity="center"
        android:layout_width="231.5dp"
        android:layout_height="wrap_content"
```

```
        android:id="@+id/btnExibir" />
    <Button
        android:text="Sair"
        android:gravity="center"
        android:layout_width="87.0dp"
        android:layout_height="wrap_content"
        android:id="@+id/btnSair"
        android:layout_marginLeft="229.0dp"
        android:layout_marginBottom="0.0dp"
        android:layout_marginTop="-48dp" />
</LinearLayout>
```

Salve seu projeto, conforme vimos nas **figuras 90** e **91**. Veja como ficou o código completo:

```
<?xml version="1.0" encoding="utf-8"?>
<LinearLayout xmlns:android="http://schemas.android.com/apk/res/android"
    xmlns:app="http://schemas.android.com/apk/res-auto"
    xmlns:tools="http://schemas.android.com/tools"
    android:layout_width="match_parent"
    android:layout_height="match_parent"
    android:minWidth="25px"
    android:minHeight="25px"
    android:orientation="vertical">
    <Button
        android:text="Dados da Classe Veículo"
        android:gravity="center"
        android:layout_width="231.5dp"
        android:layout_height="wrap_content"
        android:id="@+id/btnExibir" />
    <Button
        android:text="Sair"
        android:gravity="center"
        android:layout_width="87.0dp"
        android:layout_height="wrap_content"
        android:id="@+id/btnSair"
        android:layout_marginLeft="229.0dp"
        android:layout_marginBottom="0.0dp"
        android:layout_marginTop="-48dp" />
</LinearLayout>
```

Vamos agora codificar os botões, para isto vamos abrir nosso arquivo **MainActivity.cs**, se o mesmo estiver fechado, abra a janela **Solution Explorer**, pressione ao mesmo tempo as teclas **Ctrl+Alt+L**, e deve abrir a janela **Solution Explorer** conforme vimos na **figura 82**. Clique duas vezes com o mouse sobre o arquivo **MainAc-**

tivity.cs, vai abrir a janela com o código do mesmo, conforme vimos na **figura 80**. Caso esteja aberto, basta clicar na aba com o nome do mesmo, conforme vimos na **figura 88**. Vai abrir a janela com o código do mesmo, conforme vimos na **figura 80**. Posicione o cursor do mouse logo após a chave de abertura do **namespace**, na **linha 7**, em seguida pressione a tecla **Enter**, o cursor vai ser deslocado para a **linha 8**, conforme figura 185:

```
6  namespace Entenda_Objetos_OO
7  {
8      |
```

Figura 185

Na **linha 8**, no local onde o cursor do mouse está piscando, digite o código abaixo:

```
//Nosso molde, classe principal (mãe, pai, superclasse)
class Veiculo
{
    public int vei_ano;
    public string vei_nome;
}
```

Veja como ficou, conforme figura 186:

```
6  namespace Entenda_Objetos_OO
7  {
8      //Nosso molde, classe principal (mãe, pai, superclasse)
9      class Veiculo
10     {
11         public int vei_ano;
12         public string vei_nome;
13     }
```

Figura 186

Salve seu projeto, conforme vimos nas **figuras 90** e **91**. Vamos alterar o texto do título do nosso Aplicativo, para isto abra a janela **Solution Explorer** ou pressione ao mesmo tempo as teclas **Ctrl+Alt+L**, e deve abrir a janela **Solution Explorer** conforme vimos na **figura 82**. Clique na setinha que tem ao lado da pasta **Resources**, em seguida clique na setinha que tem ao lado da pasta **values**, clique duas vezes com o mouse sobre o arquivo **strings.xml**, vai abrir a janela com o código do mesmo, na **linha 2**, altere o texto para: **Entenda Objetos OO**, deve ficar conforme vimos na **figura 89**.

Salve seu projeto, conforme vimos nas **figuras 90** e **91**. Vamos colocar um valor na variável **vei_ano**, e outro valor na variável **vei_nome**, e mostrar o resultado em uma caixa de texto padronizada. Vamos retornar ao nosso arquivo **MainActivity.cs**, se o mesmo estiver fechado, abra a janela **Solution Explorer**, pressione ao mesmo tempo as teclas **Ctrl+Alt+L**, e deve abrir a janela **Solution Explorer** conforme vimos na **figura 82**. Clique duas vezes com o mouse sobre o arquivo **MainActivity.cs**, vai abrir a janela com o código do mesmo, conforme vimos na **figura 80**. Caso esteja aberto, basta clicar na aba com o nome do mesmo, conforme vimos na **figura 88**. Vai abrir a janela com o código do mesmo, conforme vimos na **figura 80**. Agora, posicione o cursor do mouse no final da **linha 20**, em seguida segure a tecla **Shift+Setinha para Direita** e selecione as **linhas 21** a **23**, conforme figura 187:

```
15      [Activity(Label = "@string/app_name", Theme = "@style/AppTheme", MainLauncher = true)]
16      public class MainActivity : AppCompatActivity
17      {
18          protected override void OnCreate(Bundle savedInstanceState)
19          {
20              base.OnCreate(savedInstanceState);
21
22              // Set our view from the "main" layout resource
23              SetContentView(Resource.Layout.activity_main);
24          }
25      }
26  }
```

Figura 187

Pressione a tecla **Delete** do teclado, e veja que o cursor do mouse vai ficar piscando na **linha 21**, conforme figura 188:

```
15      [Activity(Label = "@string/app_name", Theme = "@style/AppTheme", MainLauncher = true)]
16      public class MainActivity : AppCompatActivity
17      {
18          protected override void OnCreate(Bundle savedInstanceState)
19          {
20              base.OnCreate(savedInstanceState);
21              |
22          }
23      }
24  }
```

Figura 188

No local onde o cursor do mouse está piscando, na **linha 21**, digite o código abaixo:

```
            // Set our view from the "main" layout resource
            SetContentView(Resource.Layout.activity_main);
            //Busca o botão Sair que criamos no Main.axml
            var botao_sair = FindViewById<Button>(Resource.Id.btnSair);
            //O botão Sair vai receber um método, que temos que criar, por este motivo
            //está dando erro
            botao_sair.Click += SaindoClick;
            //Busca o botão Exibir Dados da Classe Véiculo que criamos no Main.axml
```

```
            var botao = FindViewById<Button>(Resource.Id.btnExibir);
            //O Botão Exibir recebe o método abaixo
            botao.Click += (sender, e) =>
            {
                Veiculo v1 = new Veiculo();
                v1.vei_ano = 1965;
                v1.vei_nome = "Brasília";
                //define o alerta para exibir os dados em uma caixa de Alerta
                Android.App.AlertDialog.Builder builder = new Android.App.Alert-
Dialog.Builder(this);
                Android.App.AlertDialog alerta = builder.Create();
                //Define o Titulo
                alerta.SetTitle("Dados da Classe Veículo");
                alerta.SetIcon(Android.Resource.Drawable.IcDialogInfo);
                alerta.SetMessage("Ano do Veículo: " + v1.vei_ano + "\n" + "Nome
: " + v1.vei_nome.ToUpper());
                alerta.SetButton("OK", (s, ev) =>
                {
                    //Exibir os dados em uma caixa de Diálogo
                    Toast.MakeText(this, "Ano do Veículo: " + v1.vei_ano + "\n"
+ "Nome : " + v1.vei_nome.ToUpper(), ToastLength.Long).Show();
                });
                alerta.Show();
            };
```

Veja como ficou, conforme figura 189:

```
15      [Activity(Label = "@string/app_name", Theme = "@style/AppTheme", MainLauncher = true)]
16      public class MainActivity : AppCompatActivity
17      {
18          protected override void OnCreate(Bundle savedInstanceState)
19          {
20              base.OnCreate(savedInstanceState);
21              // Set our view from the "main" layout resource
22              SetContentView(Resource.Layout.activity_main);
23              //Busca o botão Sair que criamos no Main.axml
24              var botao_sair = FindViewById<Button>(Resource.Id.btnSair);
25              //O botão Sair vai receber um método, que temos que criar, por este motivo
26              //está dando erro
27              botao_sair.Click += SaindoClick;
28              //Busca o botão Exibir Dados da Classe Véiculo que criamos no Main.axml
29              var botao = FindViewById<Button>(Resource.Id.btnExibir);
30              //O Botão Exibir recebe o método abaixo
31              botao.Click += (sender, e) =>
32              {
33                  Veiculo v1 = new Veiculo();
34                  v1.vei_ano = 1965;
35                  v1.vei_nome = "Brasília";
36                  //define o alerta para exibir os dados em uma caixa de Alerta
37                  Android.App.AlertDialog.Builder builder = new Android.App.AlertDialog.Builder(this);
38                  Android.App.AlertDialog alerta = builder.Create();
39                  //Define o Titulo
40                  alerta.SetTitle("Dados da Classe Veículo");
41                  alerta.SetIcon(Android.Resource.Drawable.IcDialogInfo);
42                  alerta.SetMessage("Ano do Veículo: " + v1.vei_ano + "\n" + "Nome : " + v1.vei_nome.ToUpper());
43                  alerta.SetButton("OK", (s, ev) =>
44                  {
45                      //Exibir os dados em uma caixa de Diálogo
46                      Toast.MakeText(this, "Ano do Veículo: " + v1.vei_ano + "\n" + "Nome : " +
47                          v1.vei_nome.ToUpper(), ToastLength.Long).Show();
48                  });
49                  alerta.Show();
50              };
51          }
52      }
53  }
```

Figura 189

Veja que na **linha 27** temos um erro, pois estamos tentando usar um método que não foi criado. Para sanar este erro, posicione o cursor do mouse sobre o item que está sublinhado em vermelho, em seguida observe que vai aparecer o símbolo de uma lâmpada amarela com uma setinha para baixo. Clique nesta setinha e selecione o item **Generate method 'MainActivity.SaindoClick'**, conforme figura 190:

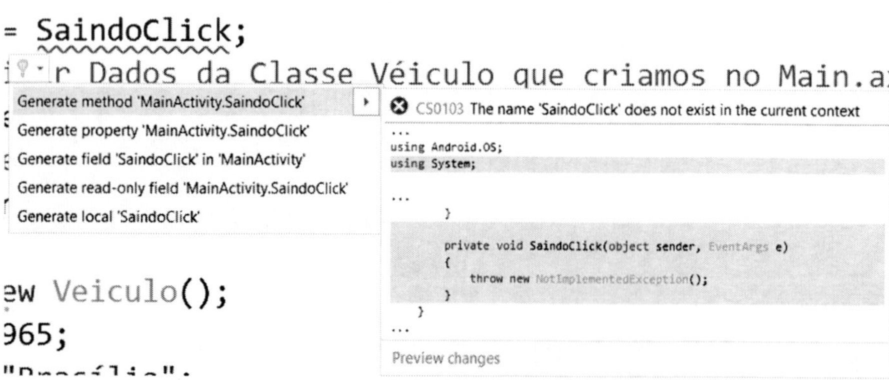

Figura 190

Observe que na linha 53, foi acrescentado o método **SaindoClick**, conforme figura 191:

```
53    private void SaindoClick(object sender, EventArgs e)
54    {
55        throw new NotImplementedException();
56    }
```

Figura 191

Agora, vamos selecionar a **linha 55**, para isto posicione o cursor do mouse no início da **linha 55** e pressione a tecla **Shift+Setinha Direita** até o final da **linha 55**, conforme figura 192:

```
53    private void SaindoClick(object sender, EventArgs e)
54    {
55        throw new NotImplementedException();
56    }
```

Figura 192

Pressione a tecla **Delete** do teclado, e veja que o cursor do mouse vai ficar piscando na **linha 55**, conforme figura 193:

```
53    private void SaindoClick(object sender, EventArgs e)
54    {
55        |
56    }
```

Figura 193

No local onde o cursor do mouse está piscando, na **linha 55**, digite o código abaixo:

```
//Fechar a aplicação
this.FinishAffinity();
```

Veja como ficou, conforme figura 194:

```
53    private void SaindoClick(object sender, EventArgs e)
54    {
55        //Fechar a aplicação
56        this.FinishAffinity();
57    }
```

Figura 194

Salve seu projeto, conforme vimos nas **figuras 90** e **91**. Veja como ficou o código completo:

```
using Android.App;
```

```
using Android.Widget;
using Android.OS;
using Android.Support.V7.App;
using System;

namespace Entenda_Objetos_OO
{
    //Nosso molde, classe principal (mãe, pai, superclasse)
    class Veiculo
    {
        public int vei_ano;
        public string vei_nome;
    }

    [Activity(Label = "@string/app_name", Theme = "@style/AppTheme", MainLauncher = true)]
    public class MainActivity : AppCompatActivity
    {
        protected override void OnCreate(Bundle savedInstanceState)
        {
            base.OnCreate(savedInstanceState);
            // Set our view from the "main" layout resource
            SetContentView(Resource.Layout.activity_main);
            //Busca o botão Sair que criamos no Main.axml
            var botao_sair = FindViewById<Button>(Resource.Id.btnSair);
            //O botão Sair vai receber um método, que temos que criar, por este motivo
            //está dando erro
            botao_sair.Click += SaindoClick;
            //Busca o botão Exibir Dados da Classe Véiculo que criamos no Main.axml
            var botao = FindViewById<Button>(Resource.Id.btnExibir);
            //O Botão Exibir recebe o método abaixo
            botao.Click += (sender, e) =>
            {
                Veiculo v1 = new Veiculo();
                v1.vei_ano = 1965;
                v1.vei_nome = "Brasília";
                //define o alerta para exibir os dados em uma caixa de Alerta
                Android.App.AlertDialog.Builder builder = new Android.App.AlertDialog.Builder(this);
                Android.App.AlertDialog alerta = builder.Create();
                //Define o Titulo
                alerta.SetTitle("Dados da Classe Veículo");
                alerta.SetIcon(Android.Resource.Drawable.IcDialogInfo);
```

```
                alerta.SetMessage("Ano do Veículo: " + v1.vei_ano + "\n" + "Nome
: " + v1.vei_nome.ToUpper());
                alerta.SetButton("OK", (s, ev) =>
                {
                    //Exibir os dados em uma caixa de Diálogo
                    Toast.MakeText(this, "Ano do Veículo: " + v1.vei_ano + "\n"
+ "Nome : " + v1.vei_nome.ToUpper(), ToastLength.Long).Show();
                });
                alerta.Show();
            };
        }

        private void SaindoClick(object sender, EventArgs e)
        {
            //Fechar a aplicação
            this.FinishAffinity();
        }
    }
}
```

Vamos compilar nossa aplicação, para isto vá para o menu **Debug**, em seguida, selecione o item **Start Debugging** ou pressione a tecla **F5**, conforme vimos na **figura 96**. Ou simplesmente clique na setinha verde que fica na janela **Select Device**, conforme vimos na **figura 97**. Aguarde até o emulador ficar ativo, aparecerá a seguinte mensagem **Ready** no canto inferior esquerdo, conforme vimos na **figura 99**. Vamos abrir o emulador, o mesmo encontra-se minimizado na barra de tarefas do **Windows**. Clique no ícone do emulador **Android**, conforme vimos na **figura 100**. Será aberta a janela do nosso emulador, conforme figura 195:

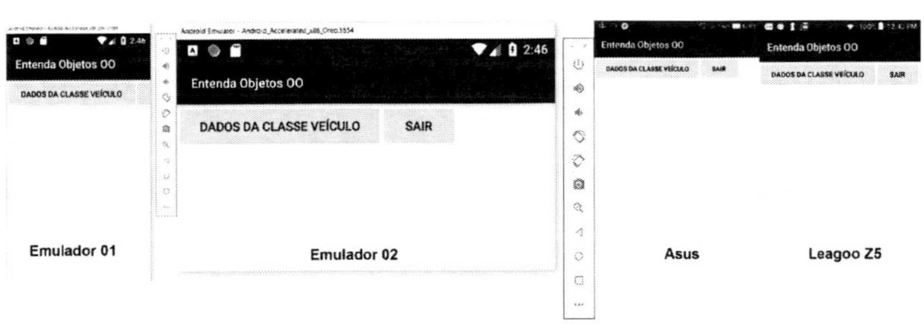

Figura 195

Observem que na 1ª imagem, o aplicativo está rodando no emulador, veja que o mesmo não mostra o botão **SAIR**, por este motivo tenho que rotacionar a tela do emulador, que vai ficar conforme a 2ª imagem, na 3ª imagem o aplicativo está rodando no celular da **Asus Zenfone 4**, na 4ª imagem imagem o aplicativo está rodando no celular da **Leagoo Z5**, por isto é importante fazer o teste em um equipamento real, para ver o comportamento do aplicativo. Clique no botão **DADOS DA CLASSE VEÍCULO**, e vejam que vai abrir a caixa de alerta com os dados da classe **Veiculo**, conforme figura 196:

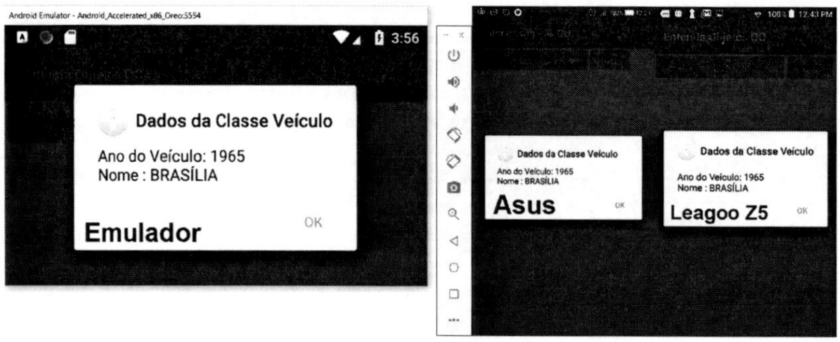

Figura 196

Clique no botão **OK**, e vejam que vai abrir a caixa de diálogo, por um determinado tempo, com os dados da classe **Veiculo**, conforme figura 197:

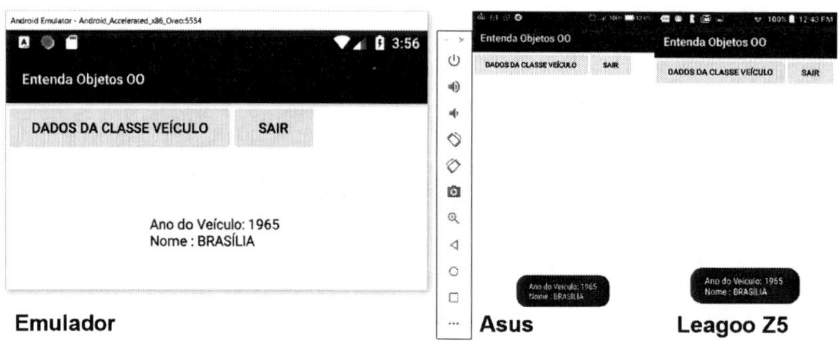

Figura 197

Clique no botão **SAIR**, e vejam que o aplicativo vai ser jogado em segundo plano, o mesmo não vai ser encerrado, mas ficará em segundo plano. Devemos ter em mente o modo de funcionamento do **Android** e as recomendações do Google sobre design de aplicativos. O **Android** é desenvolvido para que o usuário não se preocupe se um aplicativo está aberto ou fechado. O próprio sistema operacional decide quando encerrar um aplicativo baseado nos recursos de memória e processamento que o sistema possui no momento. Neste sentido, a partir do momento que o usuário para de usar o aplicativo, o mesmo entra numa fila para ser encerrado, em caso de necessidade. O **Android** funciona assim para que um usuário possa alternar rapidamente entre aplicativos, ou seja, aplicações para **Android** não têm e não devem ter um botão **SAIR**. Como exemplo, temos as aplicações do Google: hangout, play music, gplus, calendar, etc nenhum deles tem um botão sair.

A partir dos próximos exemplos, vou compilar somente no smartphone **Asus Zenfone 4**. Em algumas versões do **Android**, além do **Rebuild**, temos que desinstalar o **App** do **smartphone**, veja como proceder no **Anexo III**. Vamos retornar ao **Visual Studio** e como disse anteriormente, não feche o emulador. Para isto, clique no ícone do **Visual Studio** na barra de tarefas do **Windows**, conforme vimos na **figura 61**. Ao abrir o **Visual Studio**, vá para o menu **Debug**, em seguida, selecione o item **Stop Debugging** ou pressione simultaneamente as teclas **Shift+F5**, conforme vimos na **figura 103**, ou ainda, você pode utilizar o menu que aparece na barra de ferramentas do **Visual Studio**, conforme vimos na **figura 104**.

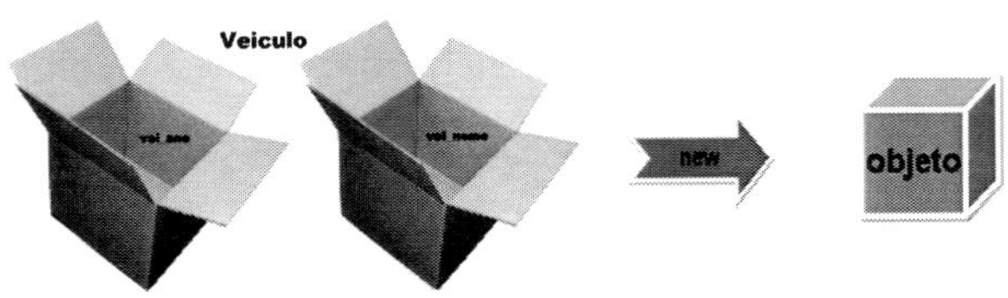

Figura 198

Neste momento qual o valor da variável **vei_ano**? Eu não sei, pois **vei_ano** é somente uma variável e não tem valor, o que teremos é a variável **v1.vei_ano** que vai conter o valor que você atribuiu, neste caso a variável **vei_ano** é somente um molde.

Então quando instanciamos alguma coisa, através do comando **new**, na realidade estamos criando um **objeto**, conforme figura 198.

Desta forma um **objeto** é criado por uma classe, e **v1** é uma variável de referência, ou seja, ela não é o **objeto**, então onde está o **objeto**?

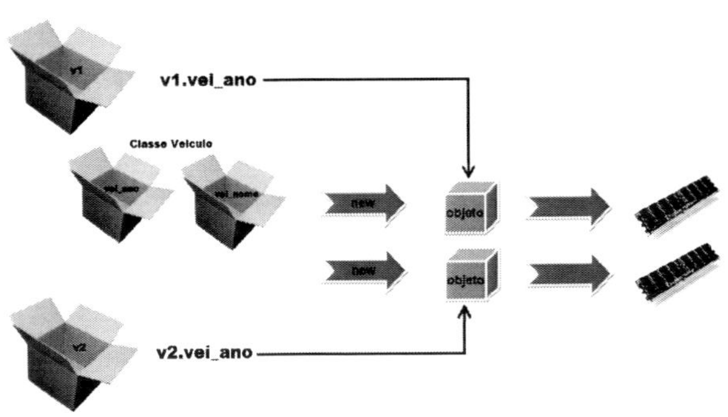

Figura 199

O objeto está na memória **ram**, neste caso **objeto** é um conjunto de informações que possui um local para cada valor das variáveis, mas o valor não fica nas variáveis e sim no **objeto**. A variável de referência serve pra que possamos recuperar os valores que estão no objeto, ou seja, eu posso atribuir valores, imprimir valores. Cada instância que eu crio é um novo **objeto** que vai ser criado também, vai ficar como na figura 199:

Atributos e Métodos de uma Classe

Figura 200

Vimos no tópico anterior que classe é um molde, matriz, onde podemos inserir métodos, atributos ou variáveis. Vamos retornar para o nosso aplicativo **Entenda_Objetos_OO**, se o mesmo estiver aberto, basta clicar no ícone do **Visual Studio,** na barra de ferramentas, vai aparecer uma miniatura do projeto, conforme figura 200:

Figura 201

Clique sobre esta miniatura e vamos retornorar a nossa **IDE**. Caso o **Visual Studio** esteja fechado, para abrir novamente, basta clicar sobre o ícone do programa que se encontra na barra de tarefas, conforme vimos na **figura 61**. Vai abrir a tela inicial da **IDE**, conforme vimos na **figura 66**. A forma mais rápida de abrir um projeto, é clicando no nome do projeto no item **Recent**, na janela inicial da **IDE**, conforme figura 201:

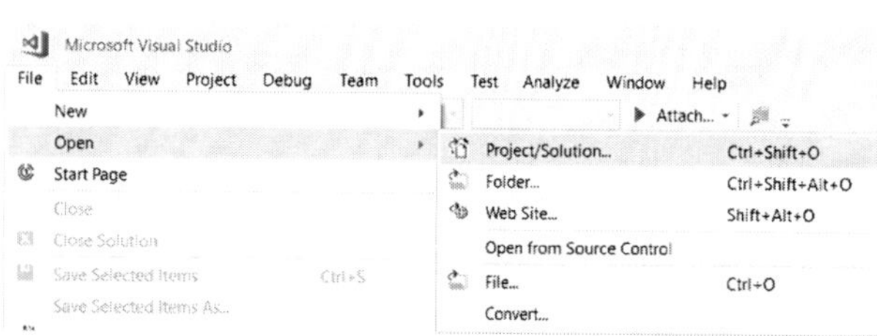

Figura 202

Outra forma de abrir um projeto existente, é indo até o menu **File**, em seguida selecione o item **Open**, em seguida selecione o item **Project/Soluction...**, ou pressionar ao mesmo tempo as teclas **Ctrl+Shift+O**, conforme figura 202:

Ou clicar no link **Open Project...**, na janela inicial da **IDE**, conforme figura 203:

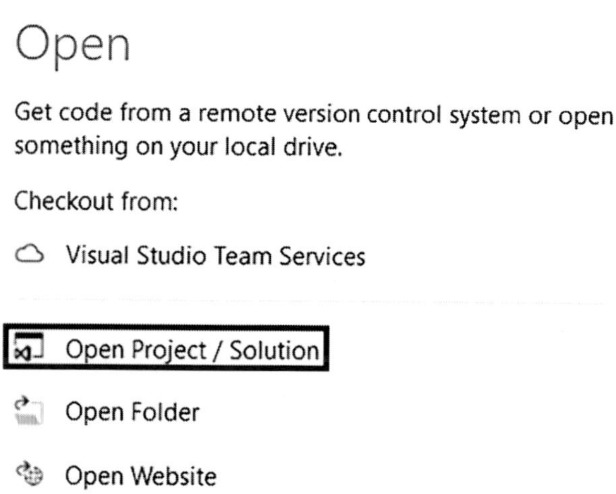

Figura 203

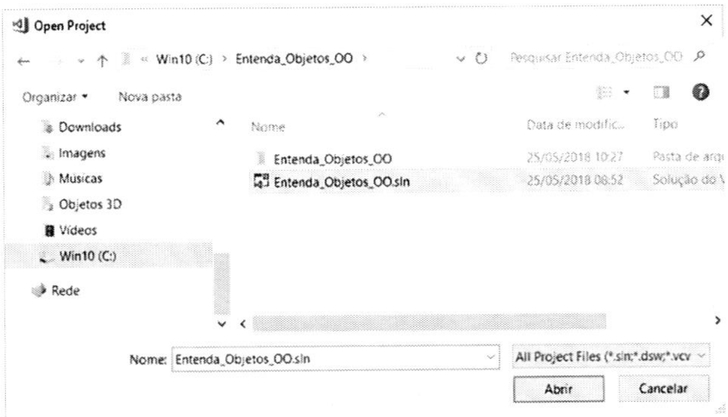

Figura 204

Vai abrir a janela **Open Project**, procure na lista o nosso projeto **Entenda_Objetos_OO**, clique duas vezes sobre a pasta **Win10(C:)**, em seguida duas vezes sobre a pasta do projeto **Entenda_Objetos_OO**, em seguida selecione o item **Entenda_Objetos_OO.sln**, conforme figura 204:

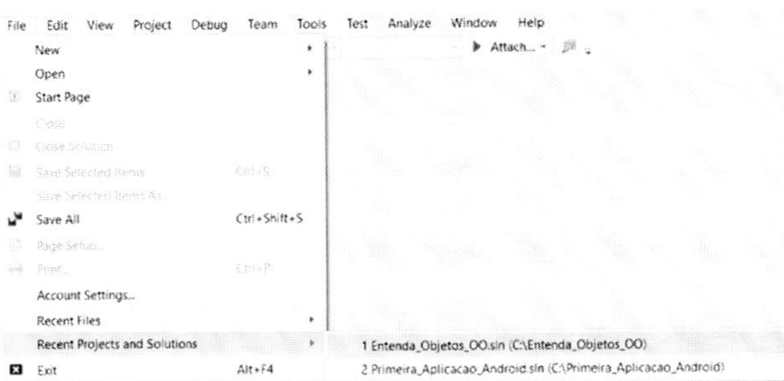

Figura 205

Clique sobre o botão **Abrir**. Clicar duas vezes sobre o arquivo **Entenda_Objetos_OO.sln**, também vai abri-lo. Outra forma de abrir rapidamente um projeto, vá até o menu **File**, em seguida selecione o item **Recent Project and Soluction**, em seguida clique com o mouse sobre o item **1 Entenda_Objetos_OO.sln (C:\Entenda_Objetos_OO)**, conforme figura 205:

Independentemente da forma escolhida para abrir um projeto, vamos retornar para nossa **IDE**. Vamos alterar nossa **Classe Veiculo**, acrescentando dois métodos ou operação, chamados **veiculoAcelerar()** e **veiculoFrear()**, conforme representação do diagrama de classes, conforme vimos na **figura 183**. Para isto, vamos abrir nosso arquivo **MainActivity.cs**, se o mesmo estiver fechado, abra a janela **Solution Explorer**, em seguida pressione ao mesmo tempo as teclas **Ctrl+Alt+L**, em seguida clique duas vezes com o mouse sobre o arquivo **MainActivity.cs**, conforme vimos na **figura 80**. Caso ele esteja aberto, se você percebeu, a medida que vamos abrindo as janelas, as mesmas ficam disponibilizadas em abas, conforme vimos na **figura 116**. Clique na aba com o nome do arquivo **MainActivity.cs**, e vai abrir a janela de código do mesmo, conforme vimos na **figura 80**. Selecione as **linhas 9** a **14**, para isto posicione o cursor do mouse no início da **linha 9** e pressione a tecla **Shift+Setinha Direita** até o final da **linha 14**, conforme figura 206:

```
9       //Nosso molde, classe principal (mãe, pai, superclasse)
10      class Veiculo
11      {
12          public int vei_ano;
13          public string vei_nome;
14      }
```

Figura 206

Pressione a tecla **Delete** do teclado três vezes, e veja como ficou, conforme figura 207:

```
9      [Activity(Label = "@string/app_name", Theme = "@style/AppTheme", MainLauncher = true)]
10     public class MainActivity : AppCompatActivity
```

Figura 207

Selecione as **linhas 14** a **49**, para isto, posicione o cursor do mouse no início da **linha 14** e pressione a tecla **Shift+Setinha Direita** até o final da **linha 49**, conforme figura 208:

```
7   namespace Entenda_Objetos_OO
8   {
9       [Activity(Label = "@string/app_name", Theme = "@style/AppTheme", MainLauncher = true)]
10      public class MainActivity : AppCompatActivity
11      {
12          protected override void OnCreate(Bundle savedInstanceState)
13          {
14              base.OnCreate(savedInstanceState);
15              // Set our view from the "main" layout resource
16              SetContentView(Resource.Layout.activity_main);
17              //Busca o botão Sair que criamos no Main.axml
18              var botao_sair = FindViewById<Button>(Resource.Id.btnSair);
19              //O botão Sair vai receber um método, que temos que criar, por este motivo
20              //está dando erro
21              botao_sair.Click += SaindoClick;
22              //Busca o botão Exibir Dados da Classe Veículo que criamos no Main.axml
23              var botao = FindViewById<Button>(Resource.Id.btnExibir);
24              //O Botão Exibir recebe o método abaixo
25              botao.Click += (sender, e) =>
26              {
27                  Veiculo v1 = new Veiculo();
28                  v1.vei_ano = 1965;
29                  v1.vei_nome = "Brasília";
30                  //define o alerta para exibir os dados em uma caixa de Alerta
31                  Android.App.AlertDialog.Builder builder = new Android.App.AlertDialog.Builde
32                  Android.App.AlertDialog alerta = builder.Create();
33                  //Define o Titulo
34                  alerta.SetTitle("Dados da Classe Veículo");
35                  alerta.SetIcon(Android.Resource.Drawable.IcDialogInfo);
36                  alerta.SetMessage("Ano do Veículo: " + v1.vei_ano + "\n" + "Nome : " + v1.ve
37                  alerta.SetButton("OK", (s, ev) =>
38                  {
39                      //Exibir os dados em uma caixa de Diálogo
40                      Toast.MakeText(this, "Ano do Veículo: " + v1.vei_ano + "\n" + "Nome : " .
41                  });
42                  alerta.Show();
43              };
44          }
45
46          private void SaindoClick(object sender, EventArgs e)
47          {
48              //Fechar a aplicação
49              this.FinishAffinity();
50          }
51      }
52  }
```

Figura 208

Pressione a tecla **Delete** do teclado e veja que o mouse vai ficar piscando na **linha 14**, conforme figura 209:

```
namespace Entenda_Objetos_OO
{
    [Activity(Label = "@string/app_name", Theme = "@style/AppTheme", MainLauncher = true)]
    public class MainActivity : AppCompatActivity
    {
        protected override void OnCreate(Bundle savedInstanceState)
        {
            |
        }
    }
}
```

Figura 209

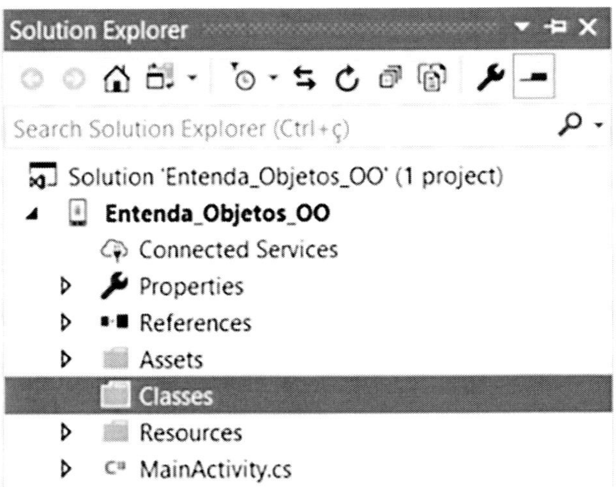

Figura 210

Salve seu projeto, conforme vimos nas **figuras 90** e **91**. O que fizemos foi deletar os dados da **Classe Veiculo** de dentro da aplicação principal e agora vamos criar a **Classe Veiculo** separada da aplicação, que é o correto a fazer. Abra a janela **Solution Explorer** ou pressione ao mesmo tempo as teclas **Ctrl+Alt+L**, e deve abrir a janela **Solution Explorer** conforme vimos na **figura 82**, e clique com o botão do mouse sobre o nome do projeto **Entenda_Objetos_OO**, selecione o item **Add**, em seguida selecione o item **New Folder**, conforme vimos na **figura 151**.

Ou vá até o menu **Project** e selecione o item **New Folder**, conforme vimos na **figura 152**. No nome da pasta digite **Classes**, conforme vimos na **figura 153**. Pressione a tecla **Enter** do teclado, veja como ficou, conforme figura 210.

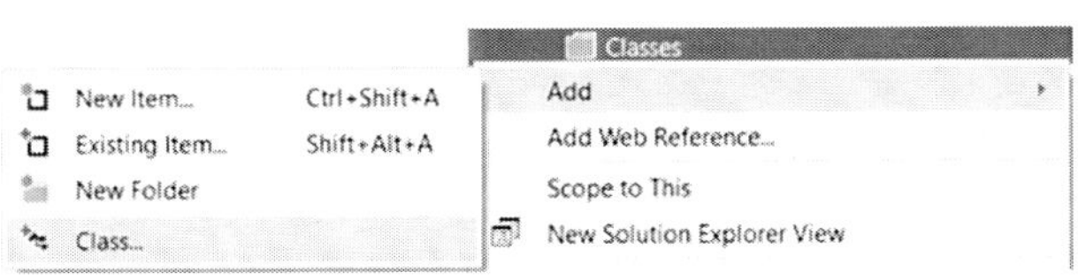

Figura 211

Agora vamos criar nossa **Classe Veiculo** dentro da pasta **Classes**, para isto selecione com o mouse a pasta **Classes** dentro da janela **Solution Explorer**, em seguida selecione o item **Add**, em seguida selecione o item **Class...**, conforme figura 211:

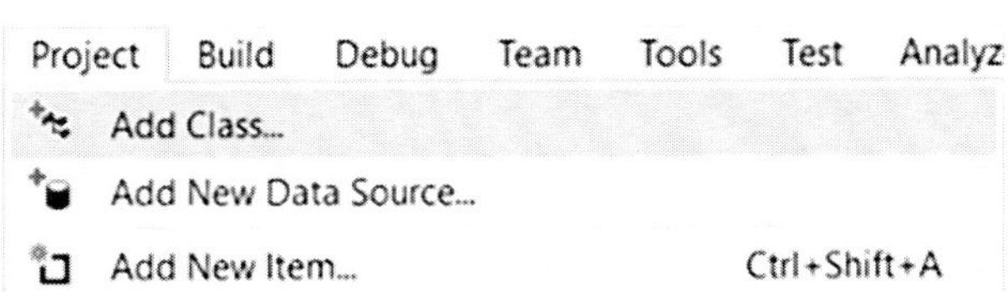

Figura 212

Ou vá até o menu **Project** e selecione o item **Add Class...**, conforme figura 212:

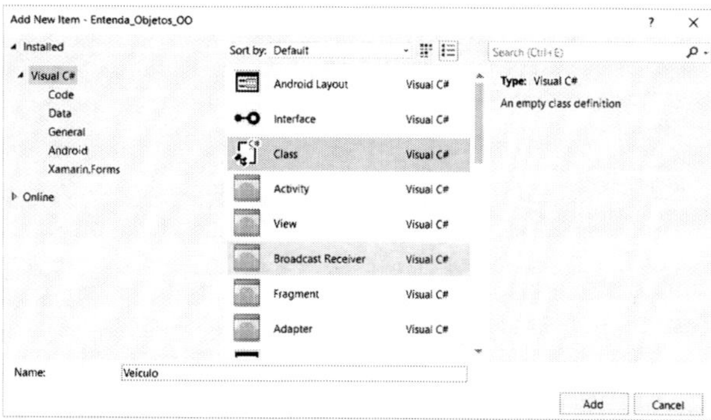

Figura 213

Independentemente da forma escolhida para inserir a classe, vai abrir a janela **Add New Item – Entenda_Objetos_OO**, o tipo **Class** vai estar selecionado, no item **Name:**, digite **Veiculo**, conforme figura 213:

Clique no botão **Add**, vai aparecer a área de código da classe **Veiculo**, conforme figura 214:

```
using System;
using System.Collections.Generic;
using System.Linq;
using System.Text;

using Android.App;
using Android.Content;
using Android.OS;
using Android.Runtime;
using Android.Views;
using Android.Widget;

namespace Entenda_Objetos_OO.Classes
{
    class Veiculo
    {
    }
}
```

Figura 214

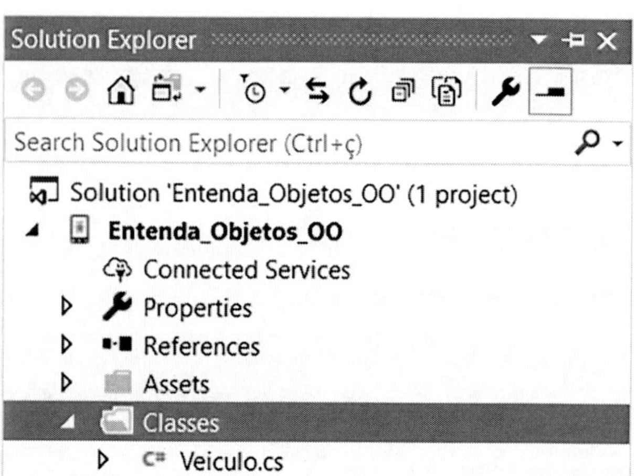

Figura 215

Veja que a **Classe Veiculo**, foi criada dentro da pasta **Classes**, na janela **Solution Explorer**, conforme figura 215:

Vamos retornar para a classe **Veiculo**. Se a mesma estiver aberta, basta clicar na aba com o nome da classe, conforme vimos na **figura 116**. Caso esteja fechada, para abri-la, abra a janela **Solution Explorer** pressione ao mesmo tempo as teclas **Ctrl+Alt+L**, e deve abrir a janela **Solution Explorer** conforme vimos na **figura 82**. Clique na setinha que tem ao lado da pasta **Classes**, clique duas vezes sobre o nome da classe **Veiculo.cs**. Com a classe **Veiculo.cs** aberta, posicione o cursor do mouse em frente a **linha 15**, e digite o código abaixo:

```
public
```

Veja como ficou, conforme figura 216:

```
13  namespace Entenda_Objetos_OO.Classes
14  {
15      public class Veiculo
16      {
17      }
18  }
```

Figura 216

Salve seu projeto, conforme vimos nas **figuras 90** e **91**. Agora posicione o cursor do mouse na **linha 16**, dentro da chave de abertura e pressione a tecla **Enter**, observe que o cursor do mouse vai ficar posicionado na **linha 17**, conforme figura 217:

```
13  namespace Entenda_Objetos_OO.Classes
14  {
15      public class Veiculo
16      {
17          |
18      }
19  }
```

Figura 217

Na **linha 17**, onde o cursor do mouse está piscando, digite o código abaixo:

```
public int vei_ano;
public string vei_nome;

public void ExibirAtributos(Context context)
{
    //define o alerta para exibir os dados em uma caixa de Alerta
    AlertDialog.Builder builder = new AlertDialog.Builder(context);
```

```
            AlertDialog exibirAtributos = builder.Create();
            //Define o Titulo
            exibirAtributos.SetTitle("Dados da Classe Veículo");
            exibirAtributos.SetIcon(Android.Resource.Drawable.IcDialogInfo);
            exibirAtributos.SetMessage("Ano do Veículo: " + vei_ano + "\n" +
"Nome : " + vei_nome.ToUpper());
            exibirAtributos.SetButton("OK", (s, ev) =>
            {
                Toast.MakeText(context, "Dados da Classe Veículo Exibidos com
Sucesso !!!!", ToastLength.Long).Show();
            });
            exibirAtributos.Show();
        }
        public void VeiculoAcelerar(Context context)
        {
            //define o alerta para exibir o método acelerar Veículo
            AlertDialog.Builder builder = new AlertDialog.Builder(context);
            AlertDialog acelararVeiculo = builder.Create();
            //Define o Titulo
            acelararVeiculo.SetTitle("Acelerar Veículo");
            acelararVeiculo.SetIcon(Android.Resource.Drawable.IcDialogInfo);
            acelararVeiculo.SetMessage("Acelerando o Veículo " + vei_nome + "
!!!!");
            acelararVeiculo.SetButton("OK", (s, ev) =>
            {
                Toast.MakeText(context, "O Veículo " + vei_nome + " Foi Acelera-
do com Sucesso !!!!", ToastLength.Long).Show();
            });
            acelararVeiculo.Show();
        }
        public void VeiculoFrear(Context context)
        {
            //define o alerta para exibir o método frear Veículo
            AlertDialog.Builder builder = new AlertDialog.Builder(context);
            AlertDialog frearVeiculo = builder.Create();
            //Define o Titulo
            frearVeiculo.SetTitle("Frear Veículo");
            frearVeiculo.SetIcon(Android.Resource.Drawable.IcDialogInfo);
            frearVeiculo.SetMessage("Freando o Veículo " + vei_nome + " !!!!");
            frearVeiculo.SetButton("OK", (s, ev) =>
            {
                Toast.MakeText(context, "O Veículo " + vei_nome + " Foi Freado
com Sucesso !!!!", ToastLength.Long).Show();
            });
            frearVeiculo.Show();
```

```
    }
```

Veja como ficou, conforme figura 218:

```
namespace Entenda_Objetos_OO.Classes
{
    public class Veiculo
    {
        public int vei_ano;
        public string vei_nome;

        public void ExibirAtributos(Context context)
        {
            //define o alerta para exibir os dados em uma caixa de Alerta
            AlertDialog.Builder builder = new AlertDialog.Builder(context);
            AlertDialog exibirAtributos = builder.Create();
            //Define o Titulo
            exibirAtributos.SetTitle("Dados da Classe Veículo");
            exibirAtributos.SetIcon(Android.Resource.Drawable.IcDialogInfo);
            exibirAtributos.SetMessage("Ano do Veículo: " + vei_ano + "\n" + "Nome : " + vei_nome.ToUpper());
            exibirAtributos.SetButton("OK", (s, ev) =>
            {
                Toast.MakeText(context, "Dados da Classe Veículo Exibidos com Sucesso !!!!", ToastLength.Long).Show();
            });
            exibirAtributos.Show();
        }
        public void VeiculoAcelerar(Context context)
        {
            //define o alerta para exibir o método acelerar Veiculo
            AlertDialog.Builder builder = new AlertDialog.Builder(context);
            AlertDialog acelararVeiculo = builder.Create();
            //Define o Titulo
            acelararVeiculo.SetTitle("Acelerar Veículo");
            acelararVeiculo.SetIcon(Android.Resource.Drawable.IcDialogInfo);
            acelararVeiculo.SetMessage("Acelerando o Veículo " + vei_nome + " !!!!");
            acelararVeiculo.SetButton("OK", (s, ev) =>
            {
                Toast.MakeText(context, "O Veículo " + vei_nome + " Foi Acelerado com Sucesso !!!!", ToastLength.Long).Show();
            });
            acelararVeiculo.Show();
        }
        public void VeiculoFrear(Context context)
        {
            //define o alerta para exibir o método frear Veiculo
            AlertDialog.Builder builder = new AlertDialog.Builder(context);
            AlertDialog frearVeiculo = builder.Create();
            //Define o Titulo
            frearVeiculo.SetTitle("Frear Veículo");
            frearVeiculo.SetIcon(Android.Resource.Drawable.IcDialogInfo);
            frearVeiculo.SetMessage("Freando o Veículo " + vei_nome + " !!!!");
            frearVeiculo.SetButton("OK", (s, ev) =>
            {
                Toast.MakeText(context, "O Veículo " + vei_nome + " Foi Freado com Sucesso !!!!", ToastLength.Long).Show();
            });
            frearVeiculo.Show();
        }
    }
}
```

Figura 218

Salve seu projeto, conforme vimos nas **figuras 90** e **91**. Veja como ficou o código completo:

```
using System;
using System.Collections.Generic;
using System.Linq;
using System.Text;
```

```
using Android.App;
using Android.Content;
using Android.OS;
using Android.Runtime;
using Android.Views;
using Android.Widget;

namespace Entenda_Objetos_OO.Classes
{
    public class Veiculo
    {
        public int vei_ano;
        public string vei_nome;

        public void ExibirAtributos(Context context)
        {
            //define o alerta para exibir os dados em uma caixa de Alerta
            AlertDialog.Builder builder = new AlertDialog.Builder(context);
            AlertDialog exibirAtributos = builder.Create();
            //Define o Titulo
            exibirAtributos.SetTitle("Dados da Classe Veículo");
            exibirAtributos.SetIcon(Android.Resource.Drawable.IcDialogInfo);
            exibirAtributos.SetMessage("Ano do Veículo: " + vei_ano + "\n" +
"Nome : " + vei_nome.ToUpper());
            exibirAtributos.SetButton("OK", (s, ev) =>
            {
                Toast.MakeText(context, "Dados da Classe Veículo Exibidos com
Sucesso !!!!", ToastLength.Long).Show();
            });
            exibirAtributos.Show();
        }
        public void VeiculoAcelerar(Context context)
        {
            //define o alerta para exibir o método acelerar Veículo
            AlertDialog.Builder builder = new AlertDialog.Builder(context);
            AlertDialog acelararVeiculo = builder.Create();
            //Define o Titulo
            acelararVeiculo.SetTitle("Acelerar Veículo");
            acelararVeiculo.SetIcon(Android.Resource.Drawable.IcDialogInfo);
            acelararVeiculo.SetMessage("Acelerando o Veículo " + vei_nome + "
!!!!");
            acelararVeiculo.SetButton("OK", (s, ev) =>
            {
                Toast.MakeText(context, "O Veículo " + vei_nome + " Foi Acelera-
```

```
do com Sucesso !!!!", ToastLength.Long).Show();
            });
            acelararVeiculo.Show();
        }
        public void VeiculoFrear(Context context)
        {
            //define o alerta para exibir o método frear Veículo
            AlertDialog.Builder builder = new AlertDialog.Builder(context);
            AlertDialog frearVeiculo = builder.Create();
            //Define o Titulo
            frearVeiculo.SetTitle("Frear Veículo");
            frearVeiculo.SetIcon(Android.Resource.Drawable.IcDialogInfo);
            frearVeiculo.SetMessage("Freando o Veículo " + vei_nome + " !!!!");
            frearVeiculo.SetButton("OK", (s, ev) =>
            {
                Toast.MakeText(context, "O Veículo " + vei_nome + " Foi Freado
com Sucesso !!!!", ToastLength.Long).Show();
            });
            frearVeiculo.Show();
        }
    }
}
```

Vamos analisar estes comandos. Na **linha 15**, declaramos que a classe **Veiculo** é pública – **public**, ou seja, ela vai ficar visível para qualquer classe, independente do **namespace** a qual pertence. Nas **linhas 17** e **18**, declaramos os atributos **vei_ano** do tipo **int**, ou seja inteiro e **vei_nome** do tipo **string**, ou seja, caracter como públicos – **public**, desta forma estamos dizendo que o conteúdo deles será visível para qualquer classe. Nas **linhas 20**, **35** e **50**, estamos declarando os métodos **ExibirAtributos()**, **VeiculoAcelara()** e **VeiculoFrear()**, como públicos – **public**, desta forma vão ficar visíveis para qualquer classe, além de `Context context`, que é responsável pelos recursos da aplicação, ou seja, quando fazemos referência a nossa classe, que é uma activity, que por sua natureza é um **context**. **Context** é uma classe abstrata, onde a activity é filha dela, logo, por herança, uma activity é um contexto. Além de que, quando usamos o **this**, que pode ser a nossa classe, nossa **activity** e o **context**, por este motivo, quando usamos em um método que recebe **context**, ele entende o **this** como **context** e não como **activity**, e vice-versa. Essa é a mágica do polimorfismo, que veremos mais adiante. Veja que cada método vai emitir uma mensagem na tela de acordo com a ação requerida. Observando o código da primeira versão do aplicativo, podemos ver que os valores são fornecidos no momento da execução do aplicativo, conforme **linhas 34** e **35** da **figura 189**.

```
v1.vei_ano = 1965;
v1.vei_nome = "Brasília";
```

Mas na maioria das vezes, eu diria que em 99,9%, é o usuário que deve fornecer os valores dos atributos. Por este motivo vamos criar uma interface gráfica para que o usuário do aplicativo possa digitar o ano do veículo e o nome do veículo. Para isto abra a janela **Solution Explorer**, pressione ao mesmo tempo as teclas **Ctrl+Alt+L**, e deve abrir a janela **Solution Explorer** conforme vimos na **figura 82**. Em seguida, abra a pasta **Resources**, para isto clique na setinha que tem ao lado da pasta **Resources**, em seguida clique na setinha que tem ao lado da pasta **layout**, e clique duas vezes sobre o arquivo **activity_main.axml**, aguarde até carregar nossa **view** ou **layout**, conforme vimos na **figura 156**. Observem que temos dois botões no canto inferior esquerdo, **Design** e **Source**. Clique no botão **Source** e veja que vai abrir a janela de código, toda vez que acrescentarmos algum item ou mudar uma propriedade, para visualizar como ficou na tela, basta clicar no botão **Design**. Na janela de código, selecione as **linhas 10** a **24**, para isto posicione o cursor do mouse no início da **linha 10** e pressione a tecla **Shift+Setinha Direita** até o final da **linha 24**, conforme figura 219:

```
1  <?xml version="1.0" encoding="utf-8"?>
2  <LinearLayout xmlns:android="http://schemas.android.com/apk/res/android"
3      xmlns:app="http://schemas.android.com/apk/res-auto"
4      xmlns:tools="http://schemas.android.com/tools"
5      android:layout_width="match_parent"
6      android:layout_height="match_parent"
7      android:minWidth="25px"
8      android:minHeight="25px"
9      android:orientation="vertical">
10     <Button
11         android:text="Dados da Classe Veículo"
12         android:gravity="center"
13         android:layout_width="231.5dp"
14         android:layout_height="wrap_content"
15         android:id="@+id/btnExibir" />
16     <Button
17         android:text="Sair"
18         android:gravity="center"
19         android:layout_width="87.0dp"
20         android:layout_height="wrap_content"
21         android:id="@+id/btnSair"
22         android:layout_marginLeft="229.0dp"
23         android:layout_marginBottom="0.0dp"
24         android:layout_marginTop="-48dp" />
25 </LinearLayout>
```

Figura 219

Pressione a tecla **Delete** do teclado, e veja que o cursor do mouse vai ficar piscando na **linha 10**, conforme figura 220:

```
1  <?xml version="1.0" encoding="utf-8"?>
2  <LinearLayout xmlns:android="http://schemas.android.com/apk/res/android"
3      xmlns:app="http://schemas.android.com/apk/res-auto"
4      xmlns:tools="http://schemas.android.com/tools"
5      android:layout_width="match_parent"
6      android:layout_height="match_parent"
7      android:minWidth="25px"
8      android:minHeight="25px"
9      android:orientation="vertical">
10 
11 </LinearLayout>
```

Figura 220

No local onde o cursor do mouse está piscando, na **linha 10**, digite o código abaixo:

```
<TextView
    android:text="Ano"
    android:layout_width="wrap_content"
    android:layout_height="wrap_content"
    android:id="@+id/lblAnoVeiculo"
    android:layout_marginTop="5dp"
    android:textSize="20dp"
    android:textStyle="bold"
    android:layout_marginLeft="7dp" />
<EditText
    android:inputType="number"
    android:layout_width="85dp"
    android:layout_height="wrap_content"
    android:id="@+id/txtAnoVeiculo"
    android:layout_marginLeft="3dp"
    android:layout_marginTop="5dp" />
<TextView
    android:text="Nome"
    android:layout_width="wrap_content"
    android:layout_height="wrap_content"
    android:id="@+id/lblNomeVeiculo"
    android:layout_marginTop="-79dp"
    android:layout_marginLeft="105dp"
    android:textSize="20dp"
    android:textStyle="bold"
    android:layout_marginBottom="0.0dp" />
<EditText
    android:layout_width="match_parent"
    android:layout_height="wrap_content"
    android:id="@+id/txtNomeVeiculo"
```

```
        android:layout_marginLeft="100dp"
        android:layout_marginRight="5dp"
        android:layout_marginTop="2dp" />
    <Button
        android:text="Atributos"
        android:layout_width="wrap_content"
        android:layout_height="wrap_content"
        android:id="@+id/btnExibirAtributos"
        android:layout_marginLeft="5dp" />
    <Button
        android:text="Acelerar"
        android:layout_width="wrap_content"
        android:layout_height="wrap_content"
        android:id="@+id/btnAcelerar"
        android:layout_marginLeft="115dp"
        android:layout_marginTop="-48dp" />
    <Button
        android:text="Frear"
        android:layout_width="wrap_content"
        android:layout_height="wrap_content"
        android:id="@+id/btnFrear"
        android:layout_marginLeft="220dp"
        android:layout_marginTop="-48dp" />
```

Salve seu projeto, conforme vimos nas **figuras 90** e **91**. Veja como ficou o código completo:

```
<?xml version="1.0" encoding="utf-8"?>
<LinearLayout xmlns:android="http://schemas.android.com/apk/res/android"
    xmlns:app="http://schemas.android.com/apk/res-auto"
    xmlns:tools="http://schemas.android.com/tools"
    android:layout_width="match_parent"
    android:layout_height="match_parent"
    android:minWidth="25px"
    android:minHeight="25px"
    android:orientation="vertical">
  <TextView
      android:text="Ano"
      android:layout_width="wrap_content"
      android:layout_height="wrap_content"
      android:id="@+id/lblAnoVeiculo"
      android:layout_marginTop="5dp"
      android:textSize="20dp"
      android:textStyle="bold"
```

```
        android:layout_marginLeft="7dp" />
    <EditText
        android:inputType="number"
        android:layout_width="85dp"
        android:layout_height="wrap_content"
        android:id="@+id/txtAnoVeiculo"
        android:layout_marginLeft="3dp"
        android:layout_marginTop="5dp" />
    <TextView
        android:text="Nome"
        android:layout_width="wrap_content"
        android:layout_height="wrap_content"
        android:id="@+id/lblNomeVeiculo"
        android:layout_marginTop="-79dp"
        android:layout_marginLeft="105dp"
        android:textSize="20dp"
        android:textStyle="bold"
        android:layout_marginBottom="0.0dp" />
    <EditText
        android:layout_width="match_parent"
        android:layout_height="wrap_content"
        android:id="@+id/txtNomeVeiculo"
        android:layout_marginLeft="100dp"
        android:layout_marginRight="5dp"
        android:layout_marginTop="2dp" />
    <Button
        android:text="Atributos"
        android:layout_width="wrap_content"
        android:layout_height="wrap_content"
        android:id="@+id/btnExibirAtributos"
        android:layout_marginLeft="5dp" />
    <Button
        android:text="Acelerar"
        android:layout_width="wrap_content"
        android:layout_height="wrap_content"
        android:id="@+id/btnAcelerar"
        android:layout_marginLeft="115dp"
        android:layout_marginTop="-48dp" />
    <Button
        android:text="Frear"
        android:layout_width="wrap_content"
        android:layout_height="wrap_content"
        android:id="@+id/btnFrear"
        android:layout_marginLeft="220dp"
```

```
        android:layout_marginTop="-48dp" />
</LinearLayout>
```

A parte gráfica do nosso aplicativo está terminada, vamos agora codificar os três botões. Vamos criar o evento **Click** do botão **Atributos**, que vai mostrar o conteúdo dos atributos **vei_ano** e **vei_nome**, da **Classe Veiculo**, em uma caixa de mensagem padronizada, quando o botão for clicado. Para isto, vamos abrir nosso arquivo **MainActivity.cs**, se o mesmo estiver fechado, abra a janela **Solution Explorer**, em seguida pressione ao mesmo tempo as teclas **Ctrl+Alt+L**, em seguida clique duas vezes com o mouse sobre o arquivo **MainActivity.cs**, conforme vimos na **figura 80**. Caso ele esteja aberto, se você percebeu, a medida que vamos abrindo as janelas, as mesmas ficam disponibilizadas em abas, conforme vimos na **figura 116**. Clique na aba com o nome do arquivo **MainActivity.cs**, e vai abrir a janela de código do mesmo, conforme vimos na **figura 80**. Posicione o cursor do mouse no início da **linha 14**, e digite o código abaixo:

```
             base.OnCreate(savedInstanceState);
            SetContentView(Resource.Layout.activity_main);
            // Recebe o objeto EditText do recurso layout
            EditText AnoVeiculo = FindViewById<EditText>(Resource.
Id.txtAnoVeiculo);
            // Recebe o objeto EditText do recurso layout
            EditText NomeVeiculo = FindViewById<EditText>(Resource.
Id.txtNomeVeiculo);
            // Recebe o objeto Button do recurso layout
            Button Atributos = FindViewById<Button>(Resource.
Id.btnExibirAtributos);
            // Recebe o objeto Button do recurso layout, e anexa um evento para
ele
            Button Acelerar = FindViewById<Button>(Resource.Id.btnAcelerar);
            // Recebe o objeto Button do recurso layout, e anexa um evento para
ele
            Button Frear = FindViewById<Button>(Resource.Id.btnFrear);
            //O Botão Atributos recebe o método ExibirAtributos()
            Atributos.Click += (sender, e) =>
            {
                if ((AnoVeiculo.Text != "") && (NomeVeiculo.Text != ""))
                {
                    //Instanciando a Classe Veiculo para o objeto veiculo1
                    Veiculo veiculo1 = new Veiculo();
                    veiculo1.vei_ano = int.Parse(AnoVeiculo.Text.ToString());
                    veiculo1.vei_nome = NomeVeiculo.Text;
                    veiculo1.ExibirAtributos(this);
                }
                else
                {
```

```
                //define o alerta para executar a tarefa
                Android.App.AlertDialog.Builder builder = new Android.App.
AlertDialog.Builder(this);
                Android.App.AlertDialog erro = builder.Create();
                //Define o Titulo
                erro.SetTitle("Erro");
                erro.SetIcon(Android.Resource.Drawable.IcDialogAlert);
                erro.SetMessage("Verfique se alguma caixa de texto está vázia
!!!!");
                erro.SetButton("OK", (s, ev) =>
                {

                });
                erro.Show();
            }
        };
        //O Botão Acelerar recebe o método VeiculoAcelerar()
        Acelerar.Click += (sender, e) =>
        {
            if (NomeVeiculo.Text != "")
            {
                //Instanciando a Classe Veiculo para o objeto veiculo1
                Veiculo veiculo1 = new Veiculo();
                veiculo1.vei_nome = NomeVeiculo.Text;
                veiculo1.VeiculoAcelerar(this);
            }
            else
            {
                //define o alerta para executar a tarefa
                Android.App.AlertDialog.Builder builder = new Android.App.
AlertDialog.Builder(this);
                Android.App.AlertDialog erro = builder.Create();
                //Define o Titulo
                erro.SetTitle("Erro");
                erro.SetIcon(Android.Resource.Drawable.IcDialogAlert);
                erro.SetMessage("Caixa de Texto Nome está vázia !!!!");
                erro.SetButton("OK", (s, ev) =>
                {

                });
                erro.Show();
            }
        };
        //O Botão Frear recebe o método VeiculoFrear()
        Frear.Click += (sender, e) =>
```

```
            {
                if (NomeVeiculo.Text != "")
                {
                    //Instanciando a Classe Veiculo para o objeto veiculo1
                    Veiculo veiculo1 = new Veiculo();
                    veiculo1.vei_nome = NomeVeiculo.Text;
                    veiculo1.VeiculoFrear(this);
                }
                else
                {
                    //define o alerta para executar a tarefa
                    Android.App.AlertDialog.Builder builder = new Android.App.
AlertDialog.Builder(this);
                    Android.App.AlertDialog erro = builder.Create();
                    //Define o Titulo
                    erro.SetTitle("Erro");
                    erro.SetIcon(Android.Resource.Drawable.IcDialogAlert);
                    erro.SetMessage("Caixa de Texto Nome está vázia !!!!");
                    erro.SetButton("OK", (s, ev) =>
                    {

                    });
                    erro.Show();
                }
            };
```

Veja como ficou, conforme figura 221:

```
namespace Entenda_Objetos_OO
{
    [Activity(Label = "@string/app_name", Theme = "@style/AppTheme", MainLauncher = true)]
    public class MainActivity : AppCompatActivity
    {
        protected override void OnCreate(Bundle savedInstanceState)
        {
            base.OnCreate(savedInstanceState);
            SetContentView(Resource.Layout.activity_main);
            // Recebe o objeto EditText do recurso layout
            EditText AnoVeiculo = FindViewById<EditText>(Resource.Id.txtAnoVeiculo);
            // Recebe o objeto EditText do recurso layout
            EditText NomeVeiculo = FindViewById<EditText>(Resource.Id.txtNomeVeiculo);
            // Recebe o objeto Button do recurso layout
            Button Atributos = FindViewById<Button>(Resource.Id.btnExibirAtributos);
            // Recebe o objeto Button do recurso layout, e anexa um evento para ele
            Button Acelerar = FindViewById<Button>(Resource.Id.btnAcelerar);
            // Recebe o objeto Button do recurso layout, e anexa um evento para ele
            Button Frear = FindViewById<Button>(Resource.Id.btnFrear);
            //O Botão Atributos recebe o método ExibirAtributos()
            Atributos.Click += (sender, e) =>
            {
                if ((AnoVeiculo.Text != "") && (NomeVeiculo.Text != ""))
                {
                    //Instanciando a Classe Veiculo para o objeto veiculo1
                    Veiculo veiculo1 = new Veiculo();
                    veiculo1.vei_ano = int.Parse(AnoVeiculo.Text.ToString());
                    veiculo1.vei_nome = NomeVeiculo.Text;
                    veiculo1.ExibirAtributos(this);
                }
                else
                {
                    //define o alerta para executar a tarefa
                    Android.App.AlertDialog.Builder builder = new Android.App.AlertDialog.Builder(this);
                    Android.App.AlertDialog erro = builder.Create();
                    //Define o Titulo
                    erro.SetTitle("Erro");
                    erro.SetIcon(Android.Resource.Drawable.IcDialogAlert);
                    erro.SetMessage("Verfique se alguma caixa de texto está vázia !!!!");
                    erro.SetButton("OK", (s, ev) =>
                    {

                    });
                    erro.Show();
                }
            };
            //O Botão Acelerar recebe o método VeiculoAcelerar()
            Acelerar.Click += (sender, e) =>
            {
                if (NomeVeiculo.Text != "")
                {
                    //Instanciando a Classe Veiculo para o objeto veiculo1
                    Veiculo veiculo1 = new Veiculo();
                    veiculo1.vei_nome = NomeVeiculo.Text;
                    veiculo1.VeiculoAcelerar(this);
                }
                else
                {
                    //define o alerta para executar a tarefa
                    Android.App.AlertDialog.Builder builder = new Android.App.AlertDialog.Builder(this);
                    Android.App.AlertDialog erro = builder.Create();
                    //Define o Titulo
                    erro.SetTitle("Erro");
                    erro.SetIcon(Android.Resource.Drawable.IcDialogAlert);
                    erro.SetMessage("Caixa de Texto Nome está vázia !!!!");
                    erro.SetButton("OK", (s, ev) =>
                    {

                    });
                    erro.Show();
                }
            };
            //O Botão Frear recebe o método VeiculoFrear()
            Frear.Click += (sender, e) =>
            {
                if (NomeVeiculo.Text != "")
                {
                    //Instanciando a Classe Veiculo para o objeto veiculo1
                    Veiculo veiculo1 = new Veiculo();
                    veiculo1.vei_nome = NomeVeiculo.Text;
                    veiculo1.VeiculoFrear(this);
                }
                else
                {
                    //define o alerta para executar a tarefa
                    Android.App.AlertDialog.Builder builder = new Android.App.AlertDialog.Builder(this);
                    Android.App.AlertDialog erro = builder.Create();
                    //Define o Titulo
                    erro.SetTitle("Erro");
                    erro.SetIcon(Android.Resource.Drawable.IcDialogAlert);
                    erro.SetMessage("Caixa de Texto Nome está vázia !!!!");
                    erro.SetButton("OK", (s, ev) =>
                    {

                    });
                    erro.Show();
                }
            };
        }
    }
}
```

Figura 221

Salve seu projeto, conforme vimos nas **figuras 90** e **91**. Veja como ficou o código completo:

```
using Android.App;
using Android.Widget;
using Android.OS;
using Android.Support.V7.App;
using System;
using Entenda_Objetos_OO.Classes;

namespace Entenda_Objetos_OO
{
    [Activity(Label = "@string/app_name", Theme = "@style/AppTheme", MainLaunch-
er = true)]
    public class MainActivity : AppCompatActivity
    {
        protected override void OnCreate(Bundle savedInstanceState)
        {
            base.OnCreate(savedInstanceState);
            SetContentView(Resource.Layout.activity_main);
            // Recebe o objeto EditText do recurso layout
            EditText AnoVeiculo = FindViewById<EditText>(Resource.
Id.txtAnoVeiculo);
            // Recebe o objeto EditText do recurso layout
            EditText NomeVeiculo = FindViewById<EditText>(Resource.
Id.txtNomeVeiculo);
            // Recebe o objeto Button do recurso layout
            Button Atributos = FindViewById<Button>(Resource.
Id.btnExibirAtributos);
            // Recebe o objeto Button do recurso layout, e anexa um evento para
ele
            Button Acelerar = FindViewById<Button>(Resource.Id.btnAcelerar);
            // Recebe o objeto Button do recurso layout, e anexa um evento para
ele
            Button Frear = FindViewById<Button>(Resource.Id.btnFrear);
            //O Botão Atributos recebe o método ExibirAtributos()
            Atributos.Click += (sender, e) =>
            {
                if ((AnoVeiculo.Text != "") && (NomeVeiculo.Text != ""))
                {
                    //Instanciando a Classe Veiculo para o objeto veiculo1
                    Veiculo veiculo1 = new Veiculo();
                    veiculo1.vei_ano = int.Parse(AnoVeiculo.Text.ToString());
                    veiculo1.vei_nome = NomeVeiculo.Text;
                    veiculo1.ExibirAtributos(this);
```

```
            }
            else
            {
                //define o alerta para executar a tarefa
                Android.App.AlertDialog.Builder builder = new Android.App.
AlertDialog.Builder(this);
                Android.App.AlertDialog erro = builder.Create();
                //Define o Titulo
                erro.SetTitle("Erro");
                erro.SetIcon(Android.Resource.Drawable.IcDialogAlert);
                erro.SetMessage("Verfique se alguma caixa de texto está vázia
!!!!");
                erro.SetButton("OK", (s, ev) =>
                {

                });
                erro.Show();
            }
        };
        //O Botão Acelerar recebe o método VeiculoAcelerar()
        Acelerar.Click += (sender, e) =>
        {
            if (NomeVeiculo.Text != "")
            {
                //Instanciando a Classe Veiculo para o objeto veiculo1
                Veiculo veiculo1 = new Veiculo();
                veiculo1.vei_nome = NomeVeiculo.Text;
                veiculo1.VeiculoAcelerar(this);
            }
            else
            {
                //define o alerta para executar a tarefa
                Android.App.AlertDialog.Builder builder = new Android.App.
AlertDialog.Builder(this);
                Android.App.AlertDialog erro = builder.Create();
                //Define o Titulo
                erro.SetTitle("Erro");
                erro.SetIcon(Android.Resource.Drawable.IcDialogAlert);
                erro.SetMessage("Caixa de Texto Nome está vázia !!!!");
                erro.SetButton("OK", (s, ev) =>
                {

                });
                erro.Show();
            }
```

```
            };
            //O Botão Frear recebe o método VeiculoFrear()
            Frear.Click += (sender, e) =>
            {
                if (NomeVeiculo.Text != "")
                {
                    //Instanciando a Classe Veiculo para o objeto veiculo1
                    Veiculo veiculo1 = new Veiculo();
                    veiculo1.vei_nome = NomeVeiculo.Text;
                    veiculo1.VeiculoFrear(this);
                }
                else
                {
                    //define o alerta para executar a tarefa
                    Android.App.AlertDialog.Builder builder = new Android.App.
AlertDialog.Builder(this);
                    Android.App.AlertDialog erro = builder.Create();
                    //Define o Titulo
                    erro.SetTitle("Erro");
                    erro.SetIcon(Android.Resource.Drawable.IcDialogAlert);
                    erro.SetMessage("Caixa de Texto Nome está vázia !!!!");
                    erro.SetButton("OK", (s, ev) =>
                    {

                    });
                    erro.Show();
                }
            };
        }
    }
}
```

Veja que temos erros nas **linhas 32**, **59** e **85**, pois estamos tentando usar a classe **Veiculo** que não está mais dentro do corpo principal da aplicação e sim dentro da pasta **Classes** que criamos. Para sanar este erro, posicione o cursor do mouse sobre o item que está sublinhado em vermelho, em seguida observe que vai aparecer o símbolo de uma lâmpada amarela com uma setinha para baixo. Clique nesta setinha e selecione o item **using Entenda_Objetos_OO.Classes;**, conforme figura 222:

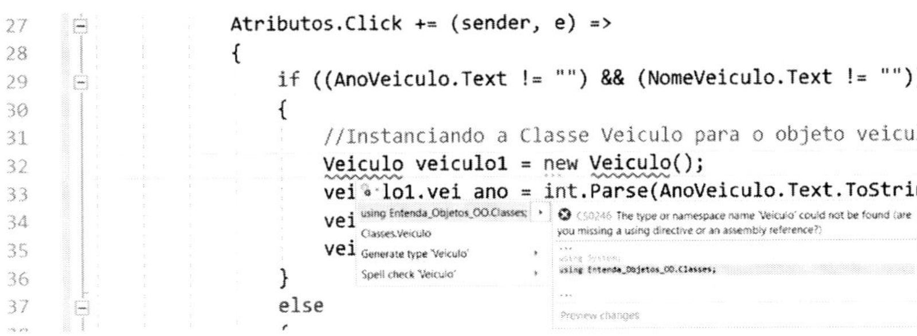

Figura 222

Salve seu projeto, conforme vimos nas **figuras 90** e **91**. Observe que na **linha 6**, foi acrescentada uma nova biblioteca **using**, referente ao caminho onde nossa classe **Veiculo** foi criada, conforme figura 223:

```
1 using Android.App;
2 using Android.Widget;
3 using Android.OS;
4 using Android.Support.V7.App;
5 using System;
6 using Entenda_Objetos_OO.Classes;
```

Figura 223

Vamos compilar nossa aplicação, para isto vá para o menu **Debug**, em seguida, selecione o item **Start Debugging** ou pressione a tecla **F5**, conforme vimos na **figura 96**. Ou simplesmente clique na setinha verde que fica na janela **Select Device**, conforme vimos na **figura 97**. Como eu disse anteriormente, estou execuntando no meu smartphone **Asus Zenfone 4**, deve aparecer a janela inicial do nosso aplicativo, clique dentro da caixa de texto **Ano**, veja que vai aparecer um teclado numérico. Clique no botão **Atributos**, com as caixas de textos vazias. Observe que não vai ocorrer o erro de **Runtime** ou de **Execução**, pois usamos um **if..else**, poderíamos ter usado a cláusula **try..catch**, ao invés disto, vai aparecer uma mensagem para o usuário dizendo que algo está errado, clique no botão **OK**. Esta é uma ótima maneira de amarrar o usuário para digitar os valores corretos. Podemos fazer isto em todos os aplicativos que peçam entrada de dados ao usuário. Digite um ano qualquer, em seguida clique dentro da caixa de texto **Nome**, e veja que vai aparecer o teclado normal, digite um nome qualquer e clique no botão **Atributos**, veja que agora serão mostrados os valores corretamente. Clique no botão **OK**, e vejam que vai abrir a caixa de diálogo, por um determinado tempo, com a seguinte mensagem: **"Dados da Classe Veículo Exibidos com Sucesso !!!!"**, veja a sequencia conforme figura 224:

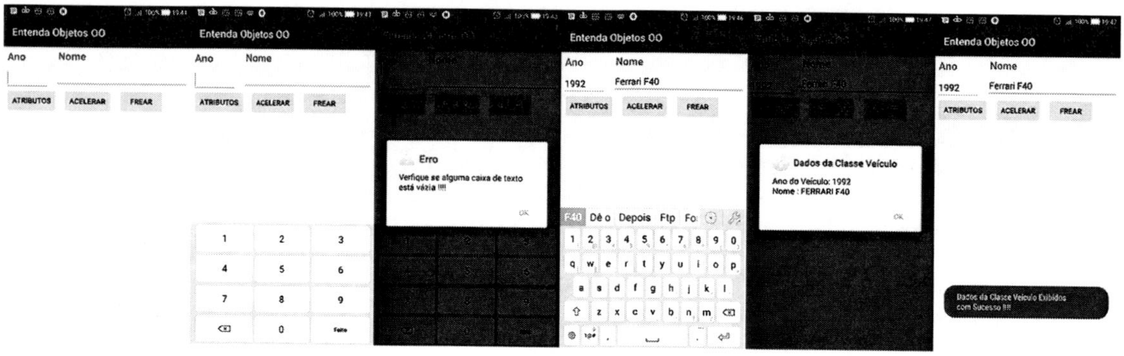

Figura 224

Vamos retornar para a tela principal do aplicativo. Agora clique no botão **Acelerar**, veja que vai aparecer a frase **Acelerando o Veículo Ferrari F40 !!!!**, clique no botão **Ok**, e vejam que vai abrir a caixa de diálogo, por um determinado tempo, com a seguinte mensagem: **"O Veículo Ferrari F40 Foi Acelerado com Sucesso !!!!"**. Vamos retornar para a tela principal do aplicativo. Agora clique no botão **Frear**, veja que vai aparecer a frase **Freando o Veículo Ferrari F40!!!!**, clique no botão **Ok**, e vejam que vai abrir a caixa de diálogo, por um determinado tempo, com a seguinte mensagem: **"O Veículo Ferrari F40 Foi Freado com Sucesso !!!!"**, veja a sequencia conforme figura 225:

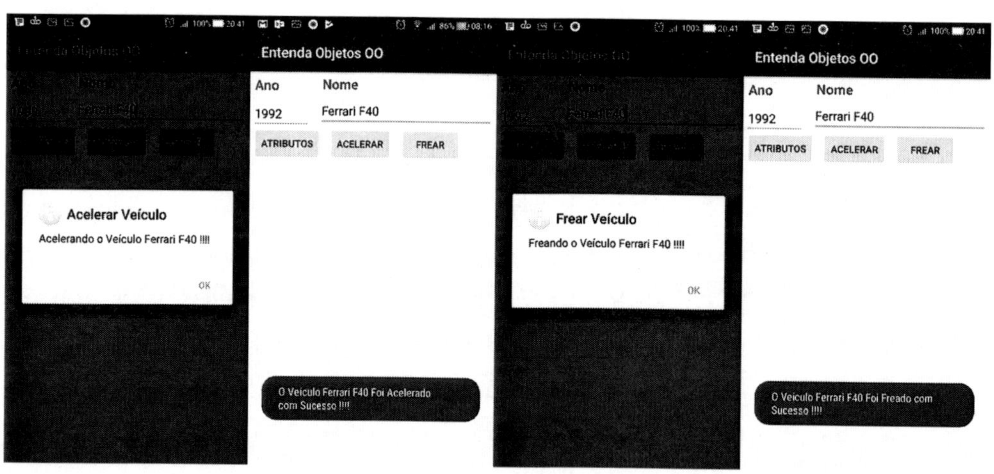

Figura 225

Vamos retornar para a tela principal do aplicativo. Vamos retornar ao **Visual Studio**, para isto, clique no ícone do **Visual Studio** na barra de tarefas do **Windows**, conforme vimos na **figura 61**. Ao abrir o **Visual Studio**, vá para o menu **Debug**, em seguida, selecione o item **Stop Debugging** ou pressione simultaneamente as teclas **Shift+F5**, conforme vimos na **figura 103**, ou ainda, você pode utilizar o menu que aparece na barra de ferramentas do **Visual Studio**, conforme vimos na **figura 104**.

Propriedades em Orientação a Objetos

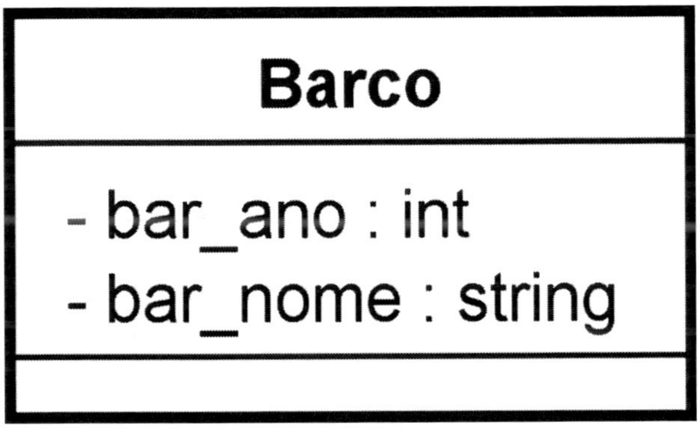

Figura 226

Na maioria das vezes, em orientação a objetos, os atributos vão estar privados, ou seja, para que possamos obter um melhor encapsulamento das informações. Para acessar estes atributos, devemos usar os famosos **getters** e **setters**. Assim sendo, se deixarmos todos os atributos com métodos **getters** e **setters**, na prática, estaremos fazendo com que o funcionamento seja público, assim é possível ler e alterar os valores quando quisermos.

Desta forma, você como desenvolvedor é que deve decidir quais atributos podem permanecer privados e quais devem ficar públicos, permitindo assim leitura e escrita. Vamos criar uma aplicação contendo uma classe chamada **Barco**, que vai ser o nosso molde, e criaremos dois atributos ou variáveis chamadas, **bar_ano** do tipo **integer** e **bar_nome** do tipo **string**, conforme representação do diagrama de classes da figura 226:

Se o **Visual Studio 2017 Community** estiver fechado, basta clicar sobre o ícone do programa que se encontra na barra de tarefas, conforme vimos na **figura 61**. Caso esteja aberto, vamos criar um novo projeto, para isto temos três opções: usar o menu **File**, em seguida selecionar **New Project...**, ou pressionar ao mesmo tempo as teclas **Ctrl+Shift+N**, conforme vimos na **figura 75**, ou clicar no link **New Project...**, na janela inicial da **IDE**, conforme vimos na **figura 76**. Independentemente da forma escolhida para criar um novo projeto, vai abrir a janela **New Project**, conforme vimos na **figura 77**.

Observe que temos vários templates que podemos utilizar para criar uma aplicação. Com a janela **New Project** aberta, no menu do lado esquerdo, clique na setinha ao lado do item **Installed**, clique na setinha ao lado da opção **Visual C#**, selecione **Android**, na janela do lado direito, selecione **Android App (Xamarin)**, no item **Name:**, digite **Propriedades_OO**, no item **Location:**, clique no botão **Browse...**, e selecione o disco **C:**, clique no botão **Selecionar pasta**, e deixe como caminho do projeto. Deixe marcado o item **Create directory for solution**, veja como ficou, conforme vimos na **figura 78**.

Em seguida clique no botão **OK**. Vai aparecer a janela **New Android App – Propriedades_OO**, selecione o item **Blank App**, e na caixa de texto **Minimum Android Version**, clique na setinha para baixo e slecione o item **Android 4.0.3 (Ice Cream Sandwich)**, conforme vimos na **figura 79**. Clique no botão **OK**. Observe que vai abrir o código do arquivo **MainActivity.cs**, conforme vimos na **figura 80**. Feche esta janela, basta clicar no ícone do **X**, que se encontra perto do nome da janela, vejam que vai aparecer a nossa **IDE** ou área de desenvolvimento, conforme vimos na **figura 81**. Esta é a área central, local onde vamos escrever nosso código.

Vamos criar a **Classe Barco** separada da aplicação, que é o correto a fazer. Abra a janela **Solution Explorer** ou pressione ao mesmo tempo as teclas **Ctrl+Alt+L**, e deve abrir a janela **Solution Explorer** conforme vimos na **figura 82**, e clique com o botão do mouse sobre o nome do projeto **Propriedades_OO**, selecione o item **Add**, em seguida selecione o item **New Folder**, conforme vimos na **figura 151**. Ou vá até o menu **Project** e selecione o item **New Folder**, conforme vimos na **figura 152**. No nome da pasta digite **Classes**, conforme vimos na **figura 153**. Pressione a tecla **Enter** do teclado, veja como ficou, conforme vimos na **figura 210**.

Agora vamos criar nossa **Classe Barco** dentro da pasta **Classes**, para isto selecione com o mouse a pasta **Classes** dentro da janela **Solution Explorer**, em seguida selecione o item **Add**, em seguida selecione o item **Class...**, conforme vimos na **figura 211**. Ou vá até o menu **Project** e selecione o item **Add Class...**, conforme vimos na **figura 212**. Independentemente da forma escolhida para inserir a classe, vai abrir a janela **Add New Item – Propriedades_OO**, o tipo **Class** vai estar selecionado, no item **Name:**, digite **Barco**, conforme vimos na **figura 213**. Clique no botão **Add**, vai aparecer a área de código da classe **Barco**, conforme vimos na **figura 214**. Veja que a **Classe Barco**, foi criada dentro da pasta **Classes**, na janela **Solution Explorer**, conforme vimos na **figura 215**. Vamos retornar para a classe **Barco**. Se a mesma estiver aberta, basta clicar na aba com o nome da classe, conforme vimos na **figura 116**. Caso esteja fechada, para abri-la, abra a janela **Solution Explorer** pressione ao mesmo tempo as teclas **Ctrl+Alt+L**, e deve abrir a janela **Solution Explorer** conforme vimos na **figura 82**. Clique na setinha que tem ao lado da pasta **Classes**, clique duas vezes sobre o nome da classe **Barco.cs**. Com a classe **Barco.cs** aberta, posicione o cursor do mouse na **linha 16**, pressione a tecla **Enter**, observe que o cursor do mouse vai ficar posicionado na **linha 17**, conforme vimos na **figura 217**. Na **linha 17**, onde o cursor do mouse está piscando, digite o código abaixo:

```
private int bar_ano;
private string bar_nome;

public int getbar_ano()
{
    return bar_ano;
}
public void setbar_ano(int bar_ano)
{
    this.bar_ano = bar_ano;
}
public string getbar_nome()
{
    return bar_nome;
}
public void setbar_nome(string bar_nome)
{
    this.bar_nome = bar_nome;
}
```

Veja como ficou, conforme figura 227:

```
namespace Propriedades_OO.Classes
{
    class Barco
    {
        private int bar_ano;
        private string bar_nome;

        public int getbar_ano()
        {
            return bar_ano;
        }
        public void setbar_ano(int bar_ano)
        {
            this.bar_ano = bar_ano;
        }
        public string getbar_nome()
        {
            return bar_nome;
        }
        public void setbar_nome(string bar_nome)
        {
            this.bar_nome = bar_nome;
        }
    }
}
```

Figura 227

Veja como ficou o código completo:

```
using System;
using System.Collections.Generic;
using System.Linq;
using System.Text;

using Android.App;
using Android.Content;
using Android.OS;
using Android.Runtime;
using Android.Views;
using Android.Widget;

namespace Propriedades_OO.Classes
{
    public class Barco
    {
        private int bar_ano;
```

```
        private string bar_nome;

        public int getbar_ano()
        {
            return bar_ano;
        }
        public void setbar_ano(int bar_ano)
        {
            this.bar_ano = bar_ano;
        }
        public string getbar_nome()
        {
            return bar_nome;
        }
        public void setbar_nome(string bar_nome)
        {
            this.bar_nome = bar_nome;
        }
    }
}
```

Salve seu projeto, conforme vimos nas **figuras 90** e **91**. Observe que esta classe não é executável, pois a mesma não possui o método **main**, ou seja, esta é a nossa classe mãe, nosso molde. Vamos criar uma interface gráfica para que o usuário do aplicativo possa digitar o ano e o nome do barco. Para isto abra a janela **Solution Explorer**, pressione ao mesmo tempo as teclas **Ctrl+Alt+L**, e deve abrir a janela **Solution Explorer** conforme vimos na **figura 82**. Em seguida, abra a pasta **Resources**, para isto clique na setinha que tem ao lado da pasta **Resources**, em seguida clique na setinha que tem ao lado da pasta **layout**, e clique duas vezes sobre o arquivo **activity_main.axml**, aguarde até carregar nossa **view** ou **layout**, conforme vimos na **figura 156**. Observem que temos dois botões no canto inferior esquerdo, **Design** e **Source**. Clique no botão **Source** e veja que vai abrir a janela de código, toda vez que acrescentarmos algum item ou mudar uma propriedade, para visualizar como ficou na tela, basta clicar no botão **Design**. Selecione as linhas **2** a **7**, para isto posicione o cursor do mouse no início da **linha 2** e pressione a tecla **Shift+Setinha Direita** até o final da **linha 7**, conforme vimos na **figura 127**. Pressione a tecla **Delete** do teclado, no local onde o cursor do mouse está piscando, na **linha 2**, digite o código abaixo:

```
<LinearLayout xmlns:android="http://schemas.android.com/apk/res/android"
    xmlns:app="http://schemas.android.com/apk/res-auto"
    xmlns:tools="http://schemas.android.com/tools"
    android:layout_width="match_parent"
    android:layout_height="match_parent"
    android:minWidth="25px"
    android:minHeight="25px"
```

```
    android:orientation="vertical">
    <TextView
        android:text="Ano"
        android:layout_width="wrap_content"
        android:layout_height="wrap_content"
        android:id="@+id/lblAnoBarco"
        android:layout_marginTop="0dp"
        android:textSize="20dp"
        android:textStyle="bold"
        android:layout_marginLeft="7dp" />
    <EditText
        android:inputType="number"
        android:layout_width="85dp"
        android:layout_height="wrap_content"
        android:id="@+id/txtAnoBarco"
        android:layout_marginLeft="5dp" />
    <TextView
        android:text="Nome"
        android:layout_width="wrap_content"
        android:layout_height="wrap_content"
        android:id="@+id/lblNomeBarco"
        android:layout_marginTop="-72dp"
        android:layout_marginLeft="105dp"
        android:textSize="20dp"
        android:textStyle="bold"
        android:layout_marginBottom="0.0dp" />
    <EditText
        android:layout_width="match_parent"
        android:layout_height="wrap_content"
        android:id="@+id/txtNomeBarco"
        android:layout_marginLeft="100dp"
        android:layout_marginRight="5dp" />
    <Button
        android:text="Executar"
        android:layout_width="wrap_content"
        android:layout_height="wrap_content"
        android:id="@+id/btnExecutar"
        android:layout_marginLeft="5dp" />
</LinearLayout>
```

Veja como ficou o código completo:

```
<?xml version="1.0" encoding="utf-8"?>
<LinearLayout xmlns:android="http://schemas.android.com/apk/res/android"
```

```
    xmlns:app="http://schemas.android.com/apk/res-auto"
    xmlns:tools="http://schemas.android.com/tools"
    android:layout_width="match_parent"
    android:layout_height="match_parent"
    android:minWidth="25px"
    android:minHeight="25px"
    android:orientation="vertical">
    <TextView
        android:text="Ano"
        android:layout_width="wrap_content"
        android:layout_height="wrap_content"
        android:id="@+id/lblAnoBarco"
        android:layout_marginTop="0dp"
        android:textSize="20dp"
        android:textStyle="bold"
        android:layout_marginLeft="7dp" />
    <EditText
        android:inputType="number"
        android:layout_width="85dp"
        android:layout_height="wrap_content"
        android:id="@+id/txtAnoBarco"
        android:layout_marginLeft="5dp" />
    <TextView
        android:text="Nome"
        android:layout_width="wrap_content"
        android:layout_height="wrap_content"
        android:id="@+id/lblNomeBarco"
        android:layout_marginTop="-72dp"
        android:layout_marginLeft="105dp"
        android:textSize="20dp"
        android:textStyle="bold"
        android:layout_marginBottom="0.0dp" />
    <EditText
        android:layout_width="match_parent"
        android:layout_height="wrap_content"
        android:id="@+id/txtNomeBarco"
        android:layout_marginLeft="100dp"
        android:layout_marginRight="5dp" />
    <Button
        android:text="Executar"
        android:layout_width="wrap_content"
        android:layout_height="wrap_content"
        android:id="@+id/btnExecutar"
        android:layout_marginLeft="5dp" />
</LinearLayout>
```

A parte gráfica do nosso aplicativo está terminada, vamos agora codificar os três botões. Vamos criar o evento **Click** do botão **Executar**, que vai mostrar o conteúdo dos atributos **bar_ano** e **bar_nome**, da **Classe Barco**, em uma caixa de mensagem padronizada, quando o botão for clicado. Para isto vamos abrir nosso arquivo **MainActivity.cs**, se o mesmo estiver fechado, abra a janela **Solution Explorer**, em seguida pressione ao mesmo tempo as teclas **Ctrl+Alt+L**, em seguida clique duas vezes com o mouse sobre o arquivo **MainActivity.cs**, conforme vimos na **figura 80**. Caso ele esteja aberto, se você percebeu, a medida que vamos abrindo as janelas, as mesmas ficam disponibilizadas em abas, conforme vimos na **figura 116**. Clique na aba com o nome do arquivo **MainActivity.cs**, e vai abrir a janela de código do mesmo, conforme vimos na **figura 80**.

Vamos alterar o texto do título do nosso Aplicativo, para isto abra a janela **Solution Explorer** ou pressione ao mesmo tempo as teclas **Ctrl+Alt+L**, e deve abrir a janela **Solution Explorer** conforme vimos na **figura 82**. Clique na setinha que tem ao lado da pasta **Resources**, em seguida clique na setinha que tem ao lado da pasta **values**, clique duas vezes com o mouse sobre o arquivo **strings.xml**, vai abrir a janela com o código do mesmo, na **linha 2**, altere o texto para: **Propriedades OO**, deve ficar conforme vimos na **figura 89**. Salve seu projeto, conforme vimos nas **figuras 90** e **91**. Retorne para o arquivo **MainActivity.cs**, posicione o cursor do mouse no final da **linha 13**, em seguida segure a tecla **Shift+Setinha para Direita** e selecione as **linhas 14** a **16**, conforme figura 228:

```
6   namespace Propriedades_OO
7   {
8       [Activity(Label = "@string/app_name", Theme = "@style/AppTheme", MainLauncher = true)]
9       public class MainActivity : AppCompatActivity
10      {
11          protected override void OnCreate(Bundle savedInstanceState)
12          {
13              base.OnCreate(savedInstanceState);
14
15              // Set our view from the "main" layout resource
16              SetContentView(Resource.Layout.activity_main);
17          }
18      }
19  }
```

Figura 228

Pressione a tecla **Enter** do teclado, e veja que o cursor do mouse vai ficar piscando na **linha 14**, conforme figura 229:

```
6   namespace Propriedades_OO
7   {
8       [Activity(Label = "@string/app_name", Theme = "@style/AppTheme", MainLauncher = true)]
9       public class MainActivity : AppCompatActivity
10      {
11          protected override void OnCreate(Bundle savedInstanceState)
12          {
13              base.OnCreate(savedInstanceState);
14              |
15          }
16      }
17  }
```

Figura 229

No local onde o cursor do mouse está piscando, na **linha 14**, digite o código abaixo:

```
            SetContentView(Resource.Layout.activity_main);
            // Recebe o objeto EditText do recurso layout
            EditText AnoBarco = FindViewById<EditText>(Resource.Id.txtAnoBarco);
            // Recebe o objeto EditText do recurso layout
            EditText NomeBarco = FindViewById<EditText>(Resource.
Id.txtNomeBarco);
            // Recebe o objeto Button do recurso layout
            Button Executar = FindViewById<Button>(Resource.Id.btnExecutar);
            //Após clicar no botão Executar, será mostrado os dados do barco
            Executar.Click += (sender, e) =>
            {
                if ((AnoBarco.Text != "") && (NomeBarco.Text != ""))
                {
                    //Instanciando a Classe Barco para o objeto barco1
                    Barco barco1 = new Barco();
                    //O atributo bar_ano vai receber o que for digitado em txtA-
noBarco,
                    //após a conversão do mesmo de texto para int
                    barco1.setbar_ano(int.Parse(AnoBarco.Text.ToString()));
                    //O atributo bar_nome vai receber o que for digitado em txt-
NomeBarco
                    barco1.setbar_nome(NomeBarco.Text);
                    //define o alerta para exibir os dados em uma caixa de Alerta
                    Android.App.AlertDialog.Builder builder = new Android.App.
AlertDialog.Builder(this);
                    Android.App.AlertDialog exibirAtributos = builder.Create();
                    //Define o Titulo
                    exibirAtributos.SetTitle("Dados da Classe Barco");
                    exibirAtributos.SetIcon(Android.Resource.Drawable.IcDialo-
gInfo);
                    exibirAtributos.SetMessage("Ano do Barco: " + barco1.getbar_
ano() + "\n" + "Nome do Barco: " + barco1.getbar_nome().ToUpper());
                    exibirAtributos.SetButton("OK", (s, ev) =>
                    {
                        Toast.MakeText(this, "Dados da Classe Barco Exibidos com
Sucesso !!!!", ToastLength.Long).Show();
                    });
                    exibirAtributos.Show();
                }
                else
                {
                    //define o alerta para executar a tarefa
```

```
                    Android.App.AlertDialog.Builder builder = new Android.App.
AlertDialog.Builder(this);
                    Android.App.AlertDialog erro = builder.Create();
                    //Define o Titulo
                    erro.SetTitle("Erro");
                    erro.SetIcon(Android.Resource.Drawable.IcDialogAlert);
                    erro.SetMessage("Verfique se alguma caixa de texto está vázia
!!!!");
                    erro.SetButton("OK", (s, ev) =>
                    {

                    });
                    erro.Show();
                }
            };
```

Veja como ficou o código completo:

```
using Android.App;
using Android.Widget;
using Android.OS;
using Android.Support.V7.App;
using Propriedades_OO.Classes;

namespace Propriedades_OO
{
    [Activity(Label = "@string/app_name", Theme = "@style/AppTheme", MainLaunch-
er = true)]
    public class MainActivity : AppCompatActivity
    {
        protected override void OnCreate(Bundle savedInstanceState)
        {
            base.OnCreate(savedInstanceState);
            SetContentView(Resource.Layout.activity_main);
            // Recebe o objeto EditText do recurso layout
            EditText AnoBarco = FindViewById<EditText>(Resource.Id.txtAnoBarco);
            // Recebe o objeto EditText do recurso layout
            EditText NomeBarco = FindViewById<EditText>(Resource.
Id.txtNomeBarco);
            // Recebe o objeto Button do recurso layout
            Button Executar = FindViewById<Button>(Resource.Id.btnExecutar);
            //Após clicar no botão Executar, será mostrado os dados do barco
            Executar.Click += (sender, e) =>
            {
                if ((AnoBarco.Text != "") && (NomeBarco.Text != ""))
```

```
                {
                    //Instanciando a Classe Barco para o objeto barco1
                    Barco barco1 = new Barco();
                    //O atributo bar_ano vai receber o que for digitado em txtA-
noBarco,
                    //após a conversão do mesmo de texto para int
                    barco1.setbar_ano(int.Parse(AnoBarco.Text.ToString()));
                    //O atributo bar_nome vai receber o que for digitado em txt-
NomeBarco
                    barco1.setbar_nome(NomeBarco.Text);
                    //define o alerta para exibir os dados em uma caixa de Alerta
                    Android.App.AlertDialog.Builder builder = new Android.App.
AlertDialog.Builder(this);
                    Android.App.AlertDialog exibirAtributos = builder.Create();
                    //Define o Titulo
                    exibirAtributos.SetTitle("Dados da Classe Barco");
                    exibirAtributos.SetIcon(Android.Resource.Drawable.IcDialo-
gInfo);
                    exibirAtributos.SetMessage("Ano do Barco: " + barco1.getbar_
ano() + "\n" + "Nome do Barco: " + barco1.getbar_nome().ToUpper());
                    exibirAtributos.SetButton("OK", (s, ev) =>
                    {
                        Toast.MakeText(this, "Dados da Classe Barco Exibidos com
Sucesso !!!!", ToastLength.Long).Show();
                    });
                    exibirAtributos.Show();
                }
                else
                {
                    //define o alerta para executar a tarefa
                    Android.App.AlertDialog.Builder builder = new Android.App.
AlertDialog.Builder(this);
                    Android.App.AlertDialog erro = builder.Create();
                    //Define o Titulo
                    erro.SetTitle("Erro");
                    erro.SetIcon(Android.Resource.Drawable.IcDialogAlert);
                    erro.SetMessage("Verfique se alguma caixa de texto está vázia
!!!!");
                    erro.SetButton("OK", (s, ev) =>
                    {

                    });
                    erro.Show();
                }
            };
        }
```

```
        }
}
```

Veja como ficou, conforme figura 230:

```
6   namespace Propriedades_OO
7   {
8       [Activity(Label = "@string/app_name", Theme = "@style/AppTheme", MainLauncher = true)]
9       public class MainActivity : AppCompatActivity
10      {
11          protected override void OnCreate(Bundle savedInstanceState)
12          {
13              base.OnCreate(savedInstanceState);
14              SetContentView(Resource.Layout.activity_main);
15              // Recebe o objeto EditText do recurso layout
16              EditText AnoBarco = FindViewById<EditText>(Resource.Id.txtAnoBarco);
17              // Recebe o objeto EditText do recurso layout
18              EditText NomeBarco = FindViewById<EditText>(Resource.Id.txtNomeBarco);
19              // Recebe o objeto Button do recurso layout
20              Button Executar = FindViewById<Button>(Resource.Id.btnExecutar);
21              //Após clicar no botão Executar, será mostrado os dados do barco
22              Executar.Click += (sender, e) =>
23              {
24                  if ((AnoBarco.Text != "") && (NomeBarco.Text != ""))
25                  {
26                      //Instanciando a Classe Barco para o objeto barco1
27                      Barco barco1 = new Barco();
28                      //O atributo bar_ano vai receber o que for digitado em txtAnoBarco,
29                      //após a conversão do mesmo de texto para int
30                      barco1.setbar_ano(int.Parse(AnoBarco.Text.ToString()));
31                      //O atributo bar_nome vai receber o que for digitado em txtNomeBarco
32                      barco1.setbar_nome(NomeBarco.Text);
33                      //define o alerta para exibir os dados em uma caixa de Alerta
34                      Android.App.AlertDialog.Builder builder = new Android.App.AlertDialog.Builder(this);
35                      Android.App.AlertDialog exibirAtributos = builder.Create();
36                      //Define o Titulo
37                      exibirAtributos.SetTitle("Dados da Classe Barco");
38                      exibirAtributos.SetIcon(Android.Resource.Drawable.IcDialogInfo);
39                      exibirAtributos.SetMessage("Ano do Barco: " + barco1.getbar_ano() + "\n" + "Nome do Barco: " + barco1.getbar_nome().ToUpper());
40                      exibirAtributos.SetButton("OK", (s, ev) =>
41                      {
42                          Toast.MakeText(this, "Dados da Classe Barco Exibidos com Sucesso !!!!", ToastLength.Long).Show();
43                      });
44                      exibirAtributos.Show();
45                  }
46                  else
47                  {
48                      //define o alerta para executar a tarefa
49                      Android.App.AlertDialog.Builder builder = new Android.App.AlertDialog.Builder(this);
50                      Android.App.AlertDialog erro = builder.Create();
51                      //Define o Titulo
52                      erro.SetTitle("Erro");
53                      erro.SetIcon(Android.Resource.Drawable.IcDialogAlert);
54                      erro.SetMessage("Verfique se alguma caixa de texto está vázia !!!!");
55                      erro.SetButton("OK", (s, ev) =>
56                      {
57
58                      });
59                      erro.Show();
60                  }
61              };
62          }
63      }
64  }
```

Figura 230

Salve seu projeto, conforme vimos nas **figuras 90** e **91**. Veja que temos um erro na **linha 27**, pois tentamos usar a classe **Barco** que não está mais dentro do corpo principal da aplicação e sim dentro da pasta **Classes** que criamos. Para sanar este erro, posicione o cursor do mouse sobre o item que está sublinhado em vermelho, em seguida observe que vai aparecer o símbolo de uma lâmpada amarela com uma setinha para baixo. Clique nesta setinha e selecione o item **using Propriedades_OO.Classes;**, conforme vimos na **figura 222**. Salve seu projeto, conforme vimos nas **figuras 90** e **91**. Observe que na **linha 5**, foi acrescentada uma nova biblioteca **using**, referente ao caminho onde nossa classe **Barco** foi criada, conforme figura 231:

```
using Android.App;
using Android.Widget;
using Android.OS;
using Android.Support.V7.App;
using Propriedades_OO.Classes;
```

Figura 231

Veja como ficou o código completo:

```
using Android.App;
using Android.Widget;
using Android.OS;
using Android.Support.V7.App;
using Propriedades_OO.Classes;

namespace Propriedades_OO
{
    [Activity(Label = "@string/app_name", Theme = "@style/AppTheme", MainLaunch-
er = true)]
    public class MainActivity : AppCompatActivity
    {
        protected override void OnCreate(Bundle savedInstanceState)
        {
            base.OnCreate(savedInstanceState);
            SetContentView(Resource.Layout.activity_main);
            // Recebe o objeto EditText do recurso layout
            EditText AnoBarco = FindViewById<EditText>(Resource.Id.txtAnoBarco);
            // Recebe o objeto EditText do recurso layout
            EditText NomeBarco = FindViewById<EditText>(Resource.
Id.txtNomeBarco);
            // Recebe o objeto Button do recurso layout
            Button Executar = FindViewById<Button>(Resource.Id.btnExecutar);
            //Após clicar no botão Executar, será mostrado os dados do barco
            Executar.Click += (sender, e) =>
            {
                if ((AnoBarco.Text != "") && (NomeBarco.Text != ""))
                {
                    //Instanciando a Classe Barco para o objeto barco1
                    Barco barco1 = new Barco();
                    //O atributo bar_ano vai receber o que for digitado em txtA-
noBarco,
                    //após a conversão do mesmo de texto para int
                    barco1.setbar_ano(int.Parse(AnoBarco.Text.ToString()));
                    //O atributo bar_nome vai receber o que for digitado em txt-
```

```
NomeBarco
                    barco1.setbar_nome(NomeBarco.Text);
                    //define o alerta para exibir os dados em uma caixa de Alerta
                    Android.App.AlertDialog.Builder builder = new Android.App.
AlertDialog.Builder(this);
                    Android.App.AlertDialog exibirAtributos = builder.Create();
                    //Define o Titulo
                    exibirAtributos.SetTitle("Dados da Classe Barco");
                    exibirAtributos.SetIcon(Android.Resource.Drawable.IcDialo-
gInfo);
                    exibirAtributos.SetMessage("Ano do Barco: " + barco1.getbar_
ano() + "\n" + "Nome do Barco: " + barco1.getbar_nome().ToUpper());
                    exibirAtributos.SetButton("OK", (s, ev) =>
                    {
                        Toast.MakeText(this, "Dados da Classe Barco Exibidos com
Sucesso !!!!", ToastLength.Long).Show();
                    });
                    exibirAtributos.Show();
                }
                else
                {
                    //define o alerta para executar a tarefa
                    Android.App.AlertDialog.Builder builder = new Android.App.
AlertDialog.Builder(this);
                    Android.App.AlertDialog erro = builder.Create();
                    //Define o Titulo
                    erro.SetTitle("Erro");
                    erro.SetIcon(Android.Resource.Drawable.IcDialogAlert);
                    erro.SetMessage("Verfique se alguma caixa de texto está vázia
!!!!");

                    erro.SetButton("OK", (s, ev) =>
                    {

                    });
                    erro.Show();
                }
            };
        }
    }
}
```

Analisando o código acima, temos na **linha 28**, a criação e declaração do objeto **barco1** a partir da classe **Barco**. Desta forma este objeto vai receber todas as características da classe **Barco**, ou seja, seus atributos e métodos. Na **linha 31**, o atributo **bar_ano** do objeto **barco1**, recebe o valor que for digitado na caixa de texto **txtAnoBarco**, através do comando **setbar_ano**. Na **linha 33**, o atributo **bar_nome** do objeto **barco1**, recebe o valor que for digitado na caixa de texto **txtNomeBarco**, através do comando **setbar_nome**. Na **linha 40**, os valores dos atributos vão ser mostrados em uma caixa de texto. Vamos compilar nossa aplicação, para isto vá para o menu **Debug**, em seguida, selecione o item **Start Debugging** ou pressione a tecla **F5**, conforme vimos na **figura 96**. Ou simplesmente clique na setinha verde que fica na janela **Select Device**, conforme vimos na **figura 97**. Como eu disse anteriormente, estou executando no meu smartphone **Asus Zenfone 4**, deve aparecer a janela inicial do nosso aplicativo, clique dentro da caixa de texto **Ano**, veja que vai aparecer um teclado numérico. Clique no botão **Executar**, com as caixas de textos vazias. Observe que não vai ocorrer o erro de **Runtime** ou de **Execução**, pois usamos um **if..else**, poderíamos ter usado a cláusula **try..catch**, ao invés disto, vai aparecer uma mensagem para o usuário dizendo que algo está errado, clique no botão **OK**. Esta é uma ótima maneira de amarrar o usuário para digitar os valores corretos. Podemos fazer isto em todos os aplicativos que peçam entrada de dados ao usuário. Digite um ano qualquer, em seguida clique dentro da caixa de texto **Nome**, e veja que vai aparecer o teclado normal, digite um nome qualquer e clique no botão **Executar**, veja que agora serão mostrados os valores corretamente. Clique no botão **OK**, e vejam que vai abrir a caixa de diálogo, por um determinado tempo, com a seguinte mensagem: **"Dados da Classe Barco Exibidos com Sucesso !!!!"**, veja a sequencia conforme figura 232:

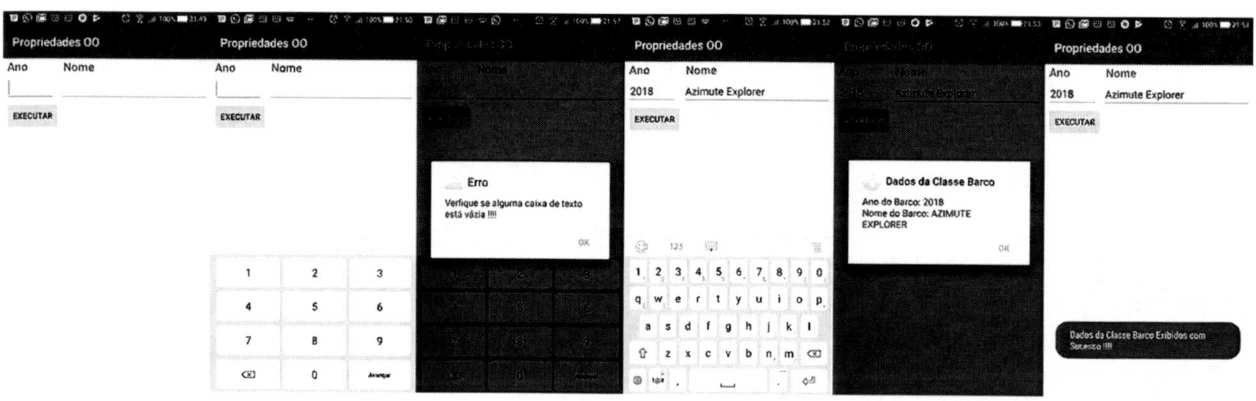

Figura 232

Vamos retornar para a tela principal do aplicativo. Vamos retornar ao **Visual Studio**, para isto, clique no ícone do **Visual Studio** na barra de tarefas do **Windows**, conforme vimos na **figura 61**. Ao abrir o **Visual Studio**, vá para o menu **Debug**, em seguida, selecione o item **Stop Debugging** ou pressione simultaneamente as teclas **Shift+F5**, conforme vimos na **figura 103**, ou ainda, você pode utilizar o menu que aparece na barra de ferramentas do **Visual Studio**, conforme vimos na **figura 104**. Observando o código do aplicativo, podemos verificar que existe uma maneira mais prática e sofisticada para disponibilizar o acesso aos conteúdos dos atributos, para isto basta transformar os atributos em propriedades. Vamos retornar para a classe **Barco**. Se a mesma estiver aberta, basta clicar na aba com o nome da classe, conforme vimos na **figura 116**. Caso esteja fechada, para abri-la, abra a janela **Solution Explorer** pressione ao mesmo tempo as teclas **Ctrl+Alt+L**, e deve abrir a janela **Solution Explorer** conforme vimos na **figura 82**. Clique na setinha que tem ao lado da pasta **Classes**, clique duas vezes sobre o nome da classe **Barco.cs**. Com a classe **Barco.cs** aberta, selecione as **linhas 17** a **35**, para isto posicione o cursor do mouse no início da **linha 17** e pressione a tecla **Shift+Setinha Direita** até o final da **linha 35**, conforme figura 233:

```
13  namespace Propriedades_OO.Classes
14  {
15      class Barco
16      {
17          private int bar_ano;
18          private string bar_nome;
19  
20          public int getmot_ano()
21          {
22              return bar_ano;
23          }
24          public void setbar_ano(int bar_ano)
25          {
26              this.bar_ano = bar_ano;
27          }
28          public string getbar_nome()
29          {
30              return bar_nome;
31          }
32          public void setbar_nome(string bar_nome)
33          {
34              this.bar_nome = bar_nome;
35          }
36      }
37  }
```

Figura 233

Pressione a tecla **Delete**, observe que o cursor do mouse vai ficar posicionado na **linha 17**, conforme vimos na **figura 217**. Na **linha 17**, onde o cursor do mouse está piscando, digite o código abaixo:

```
public int bar_ano { get; set; }
public string bar_nome { get; set; }
```

Veja como ficou o código completo:

```
using System;
using System.Collections.Generic;
using System.Linq;
using System.Text;
```

```
using Android.App;
using Android.Content;
using Android.OS;
using Android.Runtime;
using Android.Views;
using Android.Widget;

namespace Propriedades_OO.Classes
{
    class Barco
    {
        public int bar_ano { get; set; }
        public string bar_nome { get; set; }
    }
}
```

Salve seu projeto, conforme vimos nas **figuras 90** e **91**. Desta forma a propriedade foi criada e junto foi dado o acesso via **get** e **set**, assim ela pode ser usada como uma variável pública. Vamos fazer algumas alterações no arquivo **MainActivity.cs**, para isto vamos abrir nosso arquivo **MainActivity.cs**, se o mesmo estiver fechado, abra a janela **Solution Explorer**, em seguida pressione ao mesmo tempo as teclas **Ctrl+Alt+L**, em seguida clique duas vezes com o mouse sobre o arquivo **MainActivity.cs**, conforme vimos na **figura 80**. Caso ele esteja aberto, se você percebeu, a medida que vamos abrindo as janelas, as mesmas ficam disponibilizadas em abas, conforme vimos na **figura 116**. Clique na aba com o nome do arquivo **MainActivity.cs**, e vai abrir a janela de código do mesmo, conforme vimos na **figura 80**. Observem que temos erros nas **linhas 31**, **33** e **40**. Na **linha 31**, altere o código de forma que fique conforme abaixo:

```
barco1.bar_ano = (int.Parse(AnoBarco.Text.ToString()));
```

Veja como ficou, conforme figura 234:

```
29    //O atributo bar_ano vai receber o que for digitado em txtAnoBarco,
30    //após a conversão do mesmo de texto para int
31    barco1.bar_ano = (int.Parse(AnoBarco.Text.ToString()));
```

Figura 234

Na **linha 33**, altere o código de forma que fique conforme abaixo:

```
barco1.bar_nome = NomeBarco.Text;
```

Veja como ficou, conforme figura 235:

```
32        //O atributo bar_nome vai receber o que for digitado em txtNomeBarco
33        barco1.bar_nome = NomeBarco.Text;
```

Figura 235

Na **linha 40**, altere o código de forma que fique conforme abaixo:

```
exibirAtributos.SetMessage("Ano do Barco: " + barco1.bar_ano + "\n" + "Nome do Barco: " + barco1.bar_nome.ToUpper());
```

Veja como ficou, conforme figura 236:

```
40    exibirAtributos.SetMessage("Ano do Barco: " + barco1.bar_ano + "\n" + "Nome do Barco: " + barco1.bar_nome.ToUpper());
```

Figura 236

Salve seu projeto, conforme vimos nas **figuras 90** e **91**. Vamos compilar novamente nossa aplicação para isto vá para o menu **Debug**, em seguida, selecione o item **Start Debugging** ou pressione a tecla **F5**, conforme vimos na **figura 96**. Ou simplesmente clique na setinha verde que fica na janela **Select Device**, conforme vimos na **figura 97**. Como eu disse anteriormente, estou executando no meu smartphone **Asus Zenfone 4**, deve aparecer a janela inicial do nosso aplicativo, repita os procedimentos que vimos nas **figura 232** e vejam que vão ser mostrados todos os dados da classe **Barco**. Vamos retornar para a tela principal do aplicativo. Vamos retornar ao **Visual Studio**, para isto, clique no ícone do **Visual Studio** na barra de tarefas do **Windows**, conforme vimos na **figura 61**. Ao abrir o **Visual Studio**, vá para o menu **Debug**, em seguida, selecione o item **Stop Debugging** ou pressione simultaneamente as teclas **Shift+F5**, conforme vimos na **figura 103**, ou ainda, você pode utilizar o menu que aparece na barra de ferramentas do **Visual Studio**, conforme vimos na **figura 104**.

Observe que em um primeiro momento, utilizar propriedades funciona da mesma maneira que se tivéssemos utilizando os atributos como públicos. Mas, propriedades permitem controlar o acesso para escrever e ler nos atributos da classe. Para melhor compreensão, vamos criar um método **acelerarBarco(int distanciaPercorridaMts)** e mais uma propriedade **KmPercorrido** na classe **Barco.cs**. Vamos retornar para nossa classe **Barco.cs**, se a mesma estiver aberta, basta clicar na aba com o nome da classe, conforme vimos na **figura 116**. Caso esteja fechada, para abri-la, abra a janela **Solution Explorer** pressione ao mesmo tempo as teclas **Ctrl+Alt+L**, e deve abrir a janela **Solution Explorer** conforme vimos na **figura 82**. Clique na setinha que tem ao lado da pasta **Classes**, clique duas vezes sobre o nome da classe **Barco.cs**. Com a classe **Barco.cs** aberta, posicione o cursor do mouse no final da **linha 18**, pressione a tecla **Enter**, o cursor do mouse vai para a **linha 19**, conforme figura 237:

```
13 namespace Propriedades_OO.Classes
14 {
15     class Barco
16     {
17         public int bar_ano { get; set; }
18         public string bar_nome { get; set; }
19         
20     }
21 }
```

Figura 237

Na **linha 19**, onde o cursor do mouse está piscando, digite o código abaixo:

```
//Neste caso esta propriedade só tem acesso de leitura, e a escrita
//somente na classe, pois a mesma esta como privada - private
public int KmPercorrido { get; private set; }
public void acelerarBarco(int distanciaPercorridaMts)
{
    //O valor da propriedade só pode ser alterado se estiver dentro da classe
    this.KmPercorrido += (distanciaPercorridaMts / 1000);
}
```

Veja como ficou o código completo:

```
using System;
using System.Collections.Generic;
using System.Linq;
using System.Text;

using Android.App;
using Android.Content;
using Android.OS;
using Android.Runtime;
using Android.Views;
using Android.Widget;

namespace Propriedades_OO.Classes
{
    class Barco
    {
```

```
        public int bar_ano { get; set; }
        public string bar_nome { get; set; }
        //Neste caso esta propriedade só tem acesso de leitura, e a escrita
        //somente na classe, pois a mesma esta como privada - private
        public int KmPercorrido { get; private set; }
        public void acelerarBarco(int distanciaPercorridaMts)
        {
            //O valor da propriedade só pode ser alterado se estiver dentro da
classe
            this.KmPercorrido += (distanciaPercorridaMts / 1000);
        }
    }
}
```

Salve seu projeto, conforme vimos nas **figuras 90** e **91**. Observe que declaramos a propriedade **KmPercorrido**, usando a palavra **private**, desta forma o acesso de escrita desta propriedade fica restrito a classe, sendo assim, quem estiver utilizando a classe somente poderá ler o valor da propriedade. O motivo é para que possamos encapsular a lógica da classe **Barco**, e esconder a lógica do código externo. Vamos fazer algumas alterações no arquivo **MainActivity.cs**, para isto vamos abrir nosso arquivo **MainActivity.cs**, se o mesmo estiver fechado, abra a janela **Solution Explorer**, em seguida pressione ao mesmo tempo as teclas **Ctrl+Alt+L**, em seguida clique duas vezes com o mouse sobre o arquivo **MainActivity.cs**, conforme vimos na **figura 80**. Caso ele esteja aberto, se você percebeu, a medida que vamos abrindo as janelas, as mesmas ficam disponibilizadas em abas, conforme vimos na **figura 116**. Clique na aba com o nome do arquivo **MainActivity.cs**, e vai abrir a janela de código do mesmo, conforme vimos na **figura 80**. Posicione o cursor do mouse no final da **linha 19**, pressione a tecla **Enter**, o cursor do mouse vai para a **linha 20**, conforme figura 238:

```
18              // Recebe o objeto EditText do recurso layout
19              EditText NomeBarco = FindViewById<EditText>(Resource.Id.txtNomeBarco);
20              |
```

Figura 238

Na **linha 20**, onde o cursor do mouse está piscando, digite o código abaixo:

```
//Recebe o objeto EditText do recurso layout
            EditText KmPercorridos = FindViewById<EditText>(Resource.
Id.txtKmPercorridos);
```

Veja como ficou, conforme figura 239:

```
20            // Recebe o objeto EditText do recurso layout
21            EditText KmPercorridos = FindViewById<EditText>(Resource.Id.txtKmPercorridos);
```

Figura 239

Posicione o cursor do mouse no final da **linha 27**, antes do parêntese de fechamento, conforme figura 240:

```
27            if ((AnoBarco.Text != "") && (NomeBarco.Text != ""))
28            {
```

Figura 240

Pressione a barra de espaço e digite o código abaixo:

```
&& (KmPercorridos.Text != "")
```

Veja como ficou, conforme figura 241:

```
27        if ((AnoBarco.Text != "") && (NomeBarco.Text != "") && (KmPercorridos.Text != ""))
28        {
```

Figura 241

Posicione o cursor do mouse no final da **linha 35**, pressione a tecla **Enter**, o cursor do mouse vai para a **linha 36**, conforme figura 242:

```
35                barco1.bar_nome = NomeBarco.Text;
36                
```

Figura 242

Na **linha 36**, onde o cursor do mouse está piscando, digite o código abaixo:

```
//Chama o método acelerarBarco
barco1.acelerarBarco(int.Parse(KmPercorridos.Text));
```

Veja como ficou, conforme figura 243:

```
//Chama o método acelerarBarco
barco1.acelerarBarco(int.Parse(KmPercorridos.Text));
```

Figura 243

Salve seu projeto, conforme vimos nas **figuras 90** e **91**. Observe que temos um erro no objeto **txtKmPercorridos.Text**, isto se dá porque ainda não criamos a caixa de texto que vai receber este valor, faremos isto daqui a pouco. Posicione o cursor do mouse no final da **linha 44**, antes do parêntese de fechamento, conforme figura 244:

```
44 ›1.bar_ano + "\n" + "Nome do Barco: " + barco1.bar_nome.ToUpper());
```

Figura 244

No local onde o cursor mouse está piscando, pressione a barra de espaço e acrescente o código abaixo:

```
+ "\nKm: " + barco1.KmPercorrido
```

Veja como ficou, conforme figura 245:

```
44 o: " + barco1.bar_nome.ToUpper() + "\nKm: " + barco1.KmPercorrido);
```

Figura 245

Salve seu projeto, conforme vimos nas **figuras 90** e **91**. Vamos criar o label e a caixa de texto para os km percorridos, para isto vamos retornar para o arquivo **activity_main.axml**, para isto abra a janela **Solution Explorer**, pressione ao mesmo tempo as teclas **Ctrl+Alt+L**, e deve abrir a janela **Solution Explorer** conforme vimos na **figura 82**. Em seguida, abra a pasta **Resources**, para isto clique na setinha que tem ao lado da pasta **Resources**, em seguida clique na setinha que tem ao lado da pasta **layout**, e clique duas vezes sobre o arquivo **activity_main.axml**, aguarde até carregar nossa **view** ou **layout**, conforme vimos na **figura 156**. Observem que temos dois botões no canto inferior esquerdo, **Design** e **Source**. Clique no botão **Source** e veja que vai abrir a janela de código, toda vez que acrescentarmos algum item ou mudar uma propriedade, para visualizar como ficou na tela, basta clicar no botão **Design**. Posicione o cursor do mouse no final da **linha 40**, pressione a tecla **Enter** do teclado, e veja que o cursor do mouse vai ficar posicionado na **linha 41**, conforme figura 246:

```
40        android:layout_marginRight="5dp" />
41 
```

Figura 246

No local onde o cursor do mouse está piscando, na **linha 41**, digite o código abaixo:

```
<TextView
        android:text="Km Percorridos"
        android:layout_width="wrap_content"
        android:layout_height="wrap_content"
        android:id="@+id/lblKmPercorridos"
        android:layout_marginTop="5dp"
        android:layout_marginLeft="3dp"
        android:textSize="20dp"
        android:textStyle="bold" />
<EditText
        android:inputType="number"
        android:layout_width="144.0dp"
        android:layout_height="wrap_content"
        android:id="@+id/txtKmPercorridos"
        android:layout_marginLeft="0dp"
        android:layout_marginTop="2dp" />
```

Veja como ficou, conforme figura 247:

```
41  <TextView
42          android:text="Km Percorridos"
43          android:layout_width="wrap_content"
44          android:layout_height="wrap_content"
45          android:id="@+id/lblKmPercorridos"
46          android:layout_marginTop="5dp"
47          android:layout_marginLeft="3dp"
48          android:textSize="20dp"
49          android:textStyle="bold" />
50  <EditText
51          android:inputType="number"
52          android:layout_width="144.0dp"
53          android:layout_height="wrap_content"
54          android:id="@+id/txtKmPercorridos"
55          android:layout_marginLeft="0dp"
56          android:layout_marginTop="2dp" />
```

Figura 247

Veja como ficou o código completo:

```
<?xml version="1.0" encoding="utf-8"?>
<LinearLayout xmlns:android="http://schemas.android.com/apk/res/android"
    xmlns:app="http://schemas.android.com/apk/res-auto"
```

```
  xmlns:tools="http://schemas.android.com/tools"
  android:layout_width="match_parent"
  android:layout_height="match_parent"
  android:minWidth="25px"
  android:minHeight="25px"
  android:orientation="vertical">
  <TextView
      android:text="Ano"
      android:layout_width="wrap_content"
      android:layout_height="wrap_content"
      android:id="@+id/lblAnoBarco"
      android:layout_marginTop="0dp"
      android:textSize="20dp"
      android:textStyle="bold"
      android:layout_marginLeft="7dp" />
  <EditText
      android:inputType="number"
      android:layout_width="85dp"
      android:layout_height="wrap_content"
      android:id="@+id/txtAnoBarco"
      android:layout_marginLeft="5dp" />
  <TextView
      android:text="Nome"
      android:layout_width="wrap_content"
      android:layout_height="wrap_content"
      android:id="@+id/lblNomeBarco"
      android:layout_marginTop="-72dp"
      android:layout_marginLeft="105dp"
      android:textSize="20dp"
      android:textStyle="bold"
      android:layout_marginBottom="0.0dp" />
  <EditText
      android:layout_width="match_parent"
      android:layout_height="wrap_content"
      android:id="@+id/txtNomeBarco"
      android:layout_marginLeft="100dp"
      android:layout_marginRight="5dp" />
<TextView
      android:text="Km Percorridos"
      android:layout_width="wrap_content"
      android:layout_height="wrap_content"
      android:id="@+id/lblKmPercorridos"
      android:layout_marginTop="5dp"
      android:layout_marginLeft="3dp"
```

```
        android:textSize="20dp"
        android:textStyle="bold" />
  <EditText
        android:inputType="number"
        android:layout_width="144.0dp"
        android:layout_height="wrap_content"
        android:id="@+id/txtKmPercorridos"
        android:layout_marginLeft="0dp"
        android:layout_marginTop="2dp" />
  <Button
        android:text="Executar"
        android:layout_width="wrap_content"
        android:layout_height="wrap_content"
        android:id="@+id/btnExecutar"
        android:layout_marginLeft="5dp" />
</LinearLayout>
```

Salve seu projeto, conforme vimos nas **figuras 90** e **91**. Vamos compilar nossa aplicação, para isto vá para o menu **Debug**, em seguida, selecione o item **Start Debugging** ou pressione a tecla **F5**, conforme vimos na **figura 96**. Ou simplesmente clique na setinha verde que fica na janela **Select Device**, conforme vimos na **figura 97**. Como eu disse anteriormente, estou executando no meu smartphone **Asus Zenfone 4**, deve aparecer a janela inicial do nosso aplicativo, clique dentro da caixa de texto **Ano**, veja que vai aparecer um teclado numérico. Clique no botão **Executar**, com as caixas de textos vazias. Observe que não vai ocorrer o erro de **Runtime** ou de **Execução**, pois usamos um **if..else**, poderíamos ter usado a cláusula **try..catch**, ao invés disto, vai aparecer uma mensagem para o usuário dizendo que algo está errado, conforme vimos na **figura 232**. Clique no botão **OK**. Esta é uma ótima maneira de amarrar o usuário para digitar os valores corretos. Podemos fazer isto em todos os aplicativos que peçam entrada de dados ao usuário.

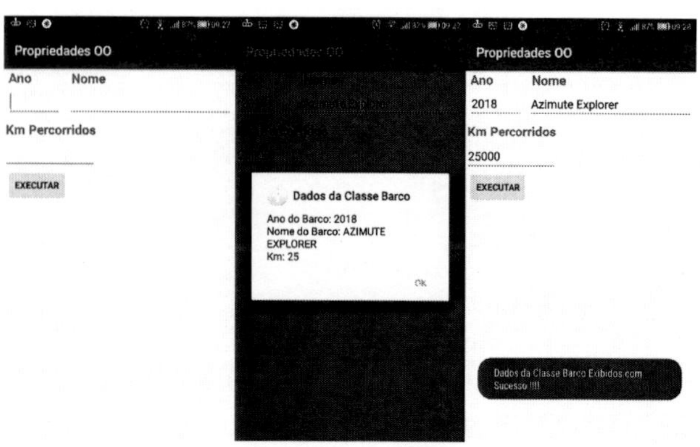

Figura 248

Digite um ano qualquer, em seguida clique dentro da caixa de texto **Nome**, e veja que vai aparecer o teclado normal, digite um nome qualquer, em seguida clique dentro da caixa de texto **KM Percorridos**, veja que vai aparecer um teclado numérico, digite um valor qualquer e clique no botão **Executar**, veja que agora serão mostrados os valores corretamente. Clique no botão **OK**, e vejam que vai abrir a caixa de diálogo, por um determinado tempo, com a seguinte mensagem: **"Dados da Classe Barco Exibidos com Sucesso !!!!"**, veja a sequencia conforme figura 248:

Vamos retornar para a tela principal do aplicativo. Vamos retornar ao **Visual Studio**, para isto, clique no ícone do **Visual Studio** na barra de tarefas do **Windows**, conforme vimos na **figura 61**. Ao abrir o **Visual Studio**, vá para o menu **Debug**, em seguida, selecione o item **Stop Debugging** ou pressione simultaneamente as teclas **Shift+F5**, conforme vimos na **figura 103**, ou ainda, você pode utilizar o menu que aparece na barra de ferramentas do **Visual Studio**, conforme vimos na **figura 104**.

Construtor

Estamos construindo instâncias de objetos, sempre que suas propriedades são preenchidas com os valores que determinamos serem necessários. Ainda no projeto **Propriedades_OO**, vamos fazer algumas alterações no arquivo **MainActivity.cs**, se o mesmo estiver fechado, abra a janela **Solution Explorer**, em seguida pressione ao mesmo tempo as teclas **Ctrl+Alt+L**, em seguida clique duas vezes com o mouse sobre o arquivo **MainActivity.cs**, conforme vimos na **figura 80**. Caso ele esteja aberto, se você percebeu, a medida que vamos abrindo as janelas, as mesmas ficam disponibilizadas em abas, conforme vimos na **figura 116**. Clique na aba com o nome do arquivo **MainActivity.cs**, e vai abrir a janela de código do mesmo, conforme vimos na **figura 80**. Selecione as linhas **29** a **35**, para isto posicione o cursor do mouse está posicionado no início da **linha 29** e pressione a tecla **Shift+Setinha Direita** até o final da **linha 35**, conforme figura 249:

```
27  if ((AnoBarco.Text != "") && (NomeBarco.Text != "") && (KmPercorridos.Text != ""))
28  {
29      //Instanciando a Classe Barco para o objeto barco1
30      Barco barco1 = new Barco();
31      //O atributo bar_ano vai receber o que for digitado em txtAnoBarco,
32      //após a conversão do mesmo de texto para int
33      barco1.bar_ano = (int.Parse(AnoBarco.Text.ToString()));
34      //O atributo bar_nome vai receber o que for digitado em txtNomeBarco
35      barco1.bar_nome = NomeBarco.Text;
```

Figura 249

Em seguida, pressione a tecla **Delete** do teclado, e veja que o cursor do mouse vai ficar piscando na **linha 29**, conforme figura 250:

```
27  if ((AnoBarco.Text != "") && (NomeBarco.Text != "") && (KmPercorridos.Text != ""))
28  {
29      |
```

Figura 250

Na **linha 29**, onde o cursor do mouse está posicionado, vamos reescrever este código utilizando o conceito de **Object Inicializer**, ou inicializador de objetos, que vai ter a sintaxe conforme código abaixo:

```
    //Instanciando a Classe Barco para o objeto barco1
Barco barco1 = new Barco
```

```
                {
                        //O atributo bar_ano vai receber o que for digitado em
txtAnoBarco,
                        //após a conversão do mesmo de texto para int e o atri-
buto bar_nome
                        //vai receber o que for digitado em txtNomeBarco
                        bar_ano = int.Parse(AnoBarco.Text), bar_nome = NomeBar-
co.Text
                };
```

Veja como ficou, conforme figura 251:

```
if ((AnoBarco.Text != "") && (NomeBarco.Text != "") && (KmPercorridos.Text != ""))
{
    //Instanciando a Classe Barco para o objeto barco1
    Barco barco1 = new Barco
    {
        //O atributo bar_ano vai receber o que for digitado em txtAnoBarco,
        //após a conversão do mesmo de texto para int e o atributo bar_nome
        //vai receber o que for digitado em txtNomeBarco
        bar_ano = int.Parse(AnoBarco.Text),
        bar_nome = NomeBarco.Text
    };
```

Figura 251

Salve seu projeto, conforme vimos nas **figuras 90** e **91**. Vamos compilar nossa aplicação, para isto vá para o menu **Debug**, em seguida, selecione o item **Start Debugging** ou pressione a tecla **F5**, conforme vimos na **figura 96**. Ou simplesmente clique na setinha verde que fica na janela **Select Device**, conforme vimos na **figura 97**. Como eu disse anteriormente, estou executando no meu smartphone **Asus Zenfone 4**, deve aparecer a janela inicial do nosso aplicativo, clique dentro da caixa de texto **Ano**, veja que vai aparecer um teclado numérico. Clique no botão **Executar**, com as caixas de textos vazias. Observe que não vai ocorrer o erro de **Runtime** ou de **Execução**, pois usamos um **if..else**, poderíamos ter usado a cláusula **try..catch**, ao invés disto, vai aparecer uma mensagem para o usuário dizendo que algo está errado, conforme vimos na **figura 232**. Clique no botão **OK**. Esta é uma ótima maneira de amarrar o usuário para digitar os valores corretos. Podemos fazer isto em todos os aplicativos que peçam entrada de dados ao usuário. Digite um ano qualquer, em seguida clique dentro da caixa de texto **Nome**, e veja que vai aparecer o teclado normal, digite um nome qualquer, em seguida clique dentro da caixa de texto **KM Percorridos**, veja que vai aparecer um teclado numérico, digite um valor qualquer e clique no botão **Executar**, veja que agora serão mostrados os valores corretamente. Clique no botão **OK**, e vejam que vai abrir a caixa de diálogo, por um determinado tempo, com a seguinte mensagem: **"Dados da Classe Barco Exibidos com Sucesso !!!!"**, veja a sequencia conforme vimos na **figura 248**.

Vamos retornar para a tela principal do aplicativo. Vamos retornar ao **Visual Studio**, para isto, clique no ícone do **Visual Studio** na barra de tarefas do **Windows**, conforme vimos na **figura 61**. Ao abrir o **Visual Studio**, vá para o menu **Debug**, em seguida, selecione o item **Stop Debugging** ou pressione simultaneamente as teclas

Shift+F5, conforme vimos na **figura 103**, ou ainda, você pode utilizar o menu que aparece na barra de ferramentas do **Visual Studio**, conforme vimos na **figura 104**. Nesta forma de escrita do código, simplesmente abrimos as chaves e atribuímos os valores a todas as propriedades que tinham o acesso set públicos. Na maioria das vezes isto é de grande utilidade, mas não vai impedir que uma classe **Barco**, possa ser instanciada sem um **ano** e sem um **nome**, através do seu construtor padrão, conforme sintaxe abaixo:

```
Barco barco1 = new Barco
```

Ser houver a necessidade de que todas as propriedades de um objeto devam ser inicializadas no tempo de criação, teremos que criar um construtor, na classe **Barco.cs**. Vamos retornar para nossa classe **Barco.cs**, se a mesma estiver aberta, basta clicar na aba com o nome da classe, conforme vimos na **figura 116**. Caso esteja fechada, para abri-la, abra a janela **Solution Explorer** pressione ao mesmo tempo as teclas **Ctrl+Alt+L**, e deve abrir a janela **Solution Explorer** conforme vimos na **figura 82**. Clique na setinha que tem ao lado da pasta **Classes**, clique duas vezes sobre o nome da classe **Barco.cs**. Com a classe **Barco.cs** aberta, posicione o cursor do mouse no final da **linha 21**, pressione a tecla **Enter**, o cursor do mouse vai para a **linha 22**, conforme figura 252:

```
13  namespace Propriedades_OO.Classes
14  {
15      class Barco
16      {
17          public int bar_ano { get; set; }
18          public string bar_nome { get; set; }
19          //Neste caso esta propriedade só tem acesso de leitura, e a escrita
20          //somente na classe pois a mesma esta como privada - private
21          public int KmPercorrido { get; private set; }
22          |
23          public void acelerarBarco(int distanciaPercorridaMts)
24          {
25              //O valor da propriedade só pode ser alterado se estiver dentro da classe
26              this.KmPercorrido += (distanciaPercorridaMts / 1000);
27          }
28      }
29  }
```

Figura 252

Na **linha 22**, onde o cursor do mouse está piscando, digite o código abaixo:

```
 //Método Construtor
public Barco(int Bar_Ano, string Bar_Nome)
{
    this.bar_ano = Bar_Ano;
    this.bar_nome = Bar_Nome;
}
```

Veja como ficou, conforme figura 253:

```
namespace Propriedades_OO.Classes
{
    class Barco
    {
        public int bar_ano { get; set; }
        public string bar_nome { get; set; }
        //Neste caso esta propriedade só tem acesso de leitura, e a escrita
        //somente na classe pois a mesma esta como privada - private
        public int KmPercorrido { get; private set; }
        //Método Construtor
        public Barco(int Bar_Ano, string Bar_Nome)
        {
            this.bar_ano = Bar_Ano;
            this.bar_nome = Bar_Nome;
        }
        public void acelerarBarco(int distanciaPercorridaMts)
        {
            //O valor da propriedade só pode ser alterado se estiver dentro da classe
            this.KmPercorrido += (distanciaPercorridaMts / 1000);
        }
    }
}
```

Figura 253

Veja como ficou o código completo:

```
using System;
using System.Collections.Generic;
using System.Linq;
using System.Text;

using Android.App;
using Android.Content;
using Android.OS;
using Android.Runtime;
using Android.Views;
using Android.Widget;

namespace Propriedades_OO.Classes
{
    class Barco
    {
        public int bar_ano { get; set; }
        public string bar_nome { get; set; }
        //Neste caso esta propriedade só tem acesso de leitura, e a escrita
        //somente na classe, pois a mesma esta como privada - private
        public int KmPercorrido { get; private set; }
        //Método Construtor
```

```
        public Barco(int Bar_Ano, string Bar_Nome)
        {
            this.bar_ano = Bar_Ano;
            this.bar_nome = Bar_Nome;
        }
        public void acelerarBarco(int distanciaPercorridaMts)
        {
            //O valor da propriedade só pode ser alterado se estiver dentro da classe
            this.KmPercorrido += (distanciaPercorridaMts / 1000);
        }
    }
}
```

Salve seu projeto, conforme vimos nas **figuras 90** e **91**. A grande vantagem do método construtor dentro da classe, é que desta forma não se pode mais criar uma instância do objeto **Barco**, sem informar os atributos **ano** e **nome**, evitando-se desta forma, que o desenvolvedor esqueça de informar estes valores, garantindo assim, uma correta inicialização do objeto **Barco**. Vamos fazer algumas alterações no arquivo **MainActivity.cs**, se o mesmo estiver fechado, abra a janela **Solution Explorer**, em seguida pressione ao mesmo tempo as teclas **Ctrl+Alt+L**, em seguida clique duas vezes com o mouse sobre o arquivo **MainActivity.cs**, conforme vimos na **figura 80**. Caso ele esteja aberto, se você percebeu, a medida que vamos abrindo as janelas, as mesmas ficam disponibilizadas em abas, conforme vimos na **figura 116**. Clique na aba com o nome do arquivo **MainActivity.cs**, e vai abrir a janela de código do mesmo, conforme vimos na **figura 80**. Selecione as linhas **29** a **35**, para isto posicione o cursor do mouse no início da **linha 29** e pressione a tecla **Shift+Setinha Direita** até o final da **linha 35**, conforme vimos na **figura 249**. Em seguida pressione a tecla **Delete** do teclado, e veja que o cursor do mouse vai ficar piscando na **linha 29**, em seguida digite o código abaixo:

```
                    //Instanciando a Classe Barco para o objeto barco1
                    //O atributo bar_ano vai receber o que for digitado em txtAnoBarco,
                    //após a conversão do mesmo de texto para int e o atributo bar_nome
                    //vai receber o que for digitado em txtNomeBarco
                    Barco barco1 = new Barco(int.Parse(AnoBarco.Text), NomeBarco.Text);
```

Veja como ficou, conforme figura 254:

```
27                  if ((AnoBarco.Text != "") && (NomeBarco.Text != "") && (KmPercorridos.Text != ""))
28                  {
29                      //Instanciando a Classe Barco para o objeto barco1
30                      //O atributo bar_ano vai receber o que for digitado em txtAnoBarco,
31                      //após a conversão do mesmo de texto para int e o atributo bar_nome
32                      //vai receber o que for digitado em txtNomeBarco
33                      Barco barco1 = new Barco(int.Parse(AnoBarco.Text), NomeBarco.Text);
```

Figura 254

Salve seu projeto, conforme vimos nas **figuras 90** e **91**. Vamos compilar nossa aplicação, para isto vá para o menu **Debug**, em seguida, selecione o item **Start Debugging** ou pressione a tecla **F5**, conforme vimos na **figura 96**. Ou simplesmente clique na setinha verde que fica na janela **Select Device**, conforme vimos na **figura 97**. Como eu disse anteriormente, estou executando no meu smartphone **Asus Zenfone 4**, deve aparecer a janela inicial do nosso aplicativo, clique dentro da caixa de texto **Ano**, veja que vai aparecer um teclado numérico. Clique no botão **Executar**, com as caixas de textos vazias. Observe que não vai ocorrer o erro de **Runtime** ou de **Execução**, pois usamos um **if..else**, poderíamos ter usado a cláusula **try..catch**, ao invés disto, vai aparecer uma mensagem para o usuário dizendo que algo está errado, conforme vimos na **figura 232**. Clique no botão **OK**. Esta é uma ótima maneira de amarrar o usuário para digitar os valores corretos. Podemos fazer isto em todos os aplicativos que peçam entrada de dados ao usuário. Digite um ano qualquer, em seguida clique dentro da caixa de texto **Nome**, e veja que vai aparecer o teclado normal, digite um nome qualquer, em seguida clique dentro da caixa de texto **KM Percorridos**, veja que vai aparecer um teclado numérico, digite um valor qualquer e clique no botão **Executar**, veja que agora serão mostrados os valores corretamente. Clique no botão **OK**, e vejam que vai abrir a caixa de diálogo, por um determinado tempo, com a seguinte mensagem: **"Dados da Classe Barco Exibidos com Sucesso !!!!"**, veja a sequencia conforme vimos na **figura 248**.

Vamos retornar para a tela principal do aplicativo. Vamos retornar ao **Visual Studio**, para isto, clique no ícone do **Visual Studio** na barra de tarefas do **Windows**, conforme vimos na **figura 61**. Ao abrir o **Visual Studio**, vá para o menu **Debug**, em seguida, selecione o item **Stop Debugging** ou pressione simultaneamente as teclas **Shift+F5**, conforme vimos na **figura 103**, ou ainda, você pode utilizar o menu que aparece na barra de ferramentas do **Visual Studio**, conforme vimos na **figura 104**. Veja que, o conceito de construtor é diferente de inicializador de objetos, visto que o principal objetivo de um construtor é a garantia da inicialização correta do objeto, e o preenchimento de todos os atributos obrigatórios, enquanto que o inicializador de objetos serve apenas como um atalho facilitador na escrita do código. Assim após estas explicações, devemos sempre trabalhar com o construtor.

Herança

Nas linguagens orientadas a objetos, este termo diz respeito a algo que vai ser herdado, de uma classe **base** (**Pai** ou **Mãe** ou **Principal**) também conhecida como **superclasse**, e a partir dela definir as classes **intermediárias** (**filhas** ou **subclasses**) que terão as mesmas características da classe **base** (**Pai** ou **Mãe** ou **Principal**). Neste caso, podemos dizer que a classe herda características comuns da classe **Principal**. Para entendermos melhor estes conceitos, veja o diagrama de classes, conforme figura 255:

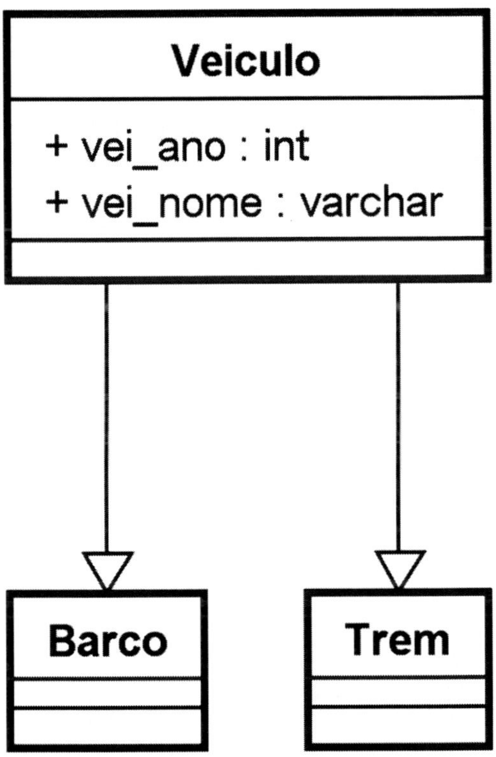

Figura 255

Veja que temos o mecanismo de herança, onde a classes filhas **Barco** e **Trem** vão herdar as características da classe mãe **Veiculo**. Para verificarmos como a herança e polimorfismo funcionam vamos criar um novo projeto. Se o **Visual Studio 2017 Community** estiver fechado, basta clicar sobre o ícone do programa que se encontra na barra de tarefas, conforme vimos na **figura 61**. Caso esteja aberto, vamos criar um novo projeto, para isto temos três opções: usar o menu **File**, em seguida selecionar **New Project...**, ou pressionar ao mesmo tempo as teclas **Ctrl+Shift+N**, conforme vimos na **figura 75**, ou clicar no link **New Project...**, na janela inicial da **IDE**, conforme vimos na **figura 76**. Independentemente da forma escolhida para criar um novo projeto, vai abrir a janela **New Project**, conforme vimos na **figura 77**.

Observe que temos vários templates que podemos utilizar para criar uma aplicação. Com a janela **New Project** aberta, no menu do lado esquerdo, clique na setinha ao lado do item **Installed**, clique na setinha ao lado da opção **Visual C#**, selecione **Android**, na janela do lado direito, selecione **Android App (Xamarin)**, no item **Name:**, digite **Heranca_Polimorfismo_OO**, no item **Location:**, clique no botão **Browse...**, e selecione o disco **C:**, clique no botão **Selecionar pasta**, e deixe como caminho do projeto. Deixe marcado o item **Create directory for solution**, veja como ficou, conforme vimos na **figura 78**.

Em seguida clique no botão **OK**. Vai aparecer a janela **New Android App - Heranca_Polimorfismo_OO**, selecione o item **Blank App**, e na caixa de texto **Minimum Android Version**, clique na setinha para baixo e slecione o item **Android 4.0.3 (Ice Cream Sandwich)**, conforme vimos na **figura 79**. Clique no botão **OK**. Observe que vai abrir o código do arquivo **MainActivity.cs**, conforme vimos na **figura 80**. Feche esta janela, basta clicar no ícone do **X**, que se encontra perto do nome da janela, vejam que vai aparecer a nossa **IDE** ou área de desenvolvimento, conforme vimos na **figura 81**. Esta é a área central, local onde vamos escrever nosso código. Agora vamos criar uma classe chamada **Veiculo**, separada da aplicação, que vai ser o nosso molde, que é o correto a fazer, e criaremos dois atributos ou variáveis chamadas, **vei_ano** e **vei_nome**. Criaremos também as classes **Barco** e **Trem**, sem atributos ou métodos.

Vamos criar a **Classe Veiculo**, para isto abra a janela **Solution Explorer** ou pressione ao mesmo tempo as teclas **Ctrl+Alt+L**, e deve abrir a janela **Solution Explorer** conforme vimos na **figura 82**, e clique com o botão do mouse sobre o nome do projeto **Heranca_Polimorfismo_OO**, selecione o item **Add**, em seguida selecione o item **New Folder**, conforme vimos na **figura 151**. Ou vá até o menu **Project** e selecione o item **New Folder**, conforme vimos na **figura 152**. No nome da pasta digite **Classes**, conforme vimos na **figura 153**. Pressione a tecla **Enter** do teclado, veja como ficou, conforme vimos na **figura 210**. Agora vamos criar nossa **Classe Veiculo** dentro da pasta **Classes**, para isto selecione com o mouse a pasta **Classes** dentro da janela **Solution Explorer**, em seguida selecione o item **Add**, em seguida selecione o item **Class...**, conforme vimos na **figura 211**. Ou vá até o menu **Project** e selecione o item **Add Class...**, conforme vimos na **figura 212**. Independentemente da forma escolhida para inserir a classe, vai abrir a janela **Add New Item – Heranca_Polimorfismo_OO**, o tipo **Class** vai estar selecionado, no item **Name:**, digite **Veiculo**, conforme vimos na **figura 213**. Clique no botão **Add**, vai aparecer a área de código da classe **Veiculo**, conforme vimos na **figura 214**. Veja que a **Classe Veiculo**, foi criada dentro da pasta **Classes**, na janela **Solution Explorer**, conforme vimos na **figura 215**.

Repita o procedimento anterior quando criamos a classe **Veiculo**, e crie a **Classe Barco**, para isto selecione com o mouse a pasta **Classes** dentro da janela **Solution Explorer**, em seguida selecione o item **Add**, em seguida selecione o item **Class...**, conforme vimos na **figura 211**. Ou vá até o menu **Project** e selecione o item **Add Class...**, conforme vimos na **figura 212**. Independentemente da forma escolhida para inserir a classe, vai abrir a janela **Add New Item – Heranca_Polimorfismo_OO**, o tipo **Class** vai estar selecionado, no item **Name:**, digite **Barco**, conforme vimos na **figura 213**. Clique no botão **Add**, vai aparecer a área de código da classe **Barco**, conforme vimos na **figura 214**. Veja que a **Classe Barco**, foi criada dentro da pasta **Classes**, na janela **Solution Explorer**, conforme vimos na **figura 215**.

Repita o procedimento anterior quando criamos a classe **Barco** e crie a classe **Trem**, para isto selecione com o mouse a pasta **Classes** dentro da janela **Solution Explorer**, em seguida selecione o item **Add**, em seguida selecione o item **Class...**, conforme vimos na **figura 211**. Ou vá até o menu **Project** e selecione o item **Add Class...**, conforme vimos na **figura 212**. Independentemente da forma escolhida para inserir a classe, vai abrir a janela **Add New Item – Heranca_Polimorfismo_OO**, o tipo **Class** vai estar selecionado, no item **Name:**, digite **Trem**, conforme vimos na **figura 213**. Clique no botão **Add**, vai aparecer a área de código da classe **Trem**, conforme vimos na **figura 214**. Veja que a **Classe Trem**, foi criada dentro da pasta **Classes**, na janela **Solution Explorer**, conforme vimos na **figura 215**.

Vamos retornar para a classe **Veiculo**. Se a mesma estiver aberta, basta clicar na aba com o nome da classe, conforme vimos na **figura 116**. Caso esteja fechada, para abri-la, abra a janela **Solution Explorer** pressione ao mesmo tempo as teclas **Ctrl+Alt+L**, e deve abrir a janela **Solution Explorer** conforme vimos na **figura 82**. Clique na setinha que tem ao lado da pasta **Classes**, clique duas vezes sobre o nome da classe **Veiculo.cs**. Com a classe **Veiculo.cs** aberta, posicione o cursor do mouse em frente a **linha 15**, e digite o código abaixo:

```
public
```

Veja como ficou, conforme vimos na **figura 216**. Salve seu projeto, conforme vimos nas **figuras 90** e **91**. Agora posicione o cursor do mouse na **linha 16**, pressione a tecla **Enter**, observe que o cursor do mouse vai ficar posicionado na **linha 17**, conforme vimos na **figura 217**. Na **linha 17**, onde o cursor do mouse está piscando, digite o código abaixo:

```
 public int vei_ano { get; set; }
public string vei_nome { get; set; }
//Método Construtor
public Veiculo(int Vei_Ano, string Vei_Nome)
{
    this.vei_ano = Vei_Ano;
    this.vei_nome = Vei_Nome;
}
public void ExibirAtributos(Context context)
{
    //define o alerta para exibir os dados em uma caixa de Alerta
    AlertDialog.Builder builder = new AlertDialog.Builder(context);
    AlertDialog exibirAtributos = builder.Create();
    //Define o Titulo
    exibirAtributos.SetTitle("Dados da Classe Veículo");
    exibirAtributos.SetIcon(Android.Resource.Drawable.IcDialogInfo);
    exibirAtributos.SetMessage("Ano do Veículo: " + vei_ano + "\n" +
"Nome : " + vei_nome.ToUpper());
    exibirAtributos.SetButton("OK", (s, ev) =>
    {
        Toast.MakeText(context, "Dados da Classe Veículo Exibidos com
Sucesso !!!!", ToastLength.Long).Show();
    });
    exibirAtributos.Show();
}
```

Veja como ficou, conforme figura 256:

```
namespace Heranca_Polimorfismo_OO.Classes
{
    public class Veiculo
    {
        public int vei_ano { get; set; }
        public string vei_nome { get; set; }
        //Método Construtor
        public Veiculo(int Vei_Ano, string Vei_Nome)
        {
            this.vei_ano = Vei_Ano;
            this.vei_nome = Vei_Nome;
        }
        public void ExibirAtributos(Context context)
        {
            //define o alerta para exibir os dados em uma caixa de Alerta
            AlertDialog.Builder builder = new AlertDialog.Builder(context);
            AlertDialog exibirAtributos = builder.Create();
            //Define o Titulo
            exibirAtributos.SetTitle("Dados da Classe Veículo");
            exibirAtributos.SetIcon(Android.Resource.Drawable.IcDialogInfo);
            exibirAtributos.SetMessage("Ano do Veículo: " + vei_ano + "\n" + "Nome : " + vei_nome.ToUpper());
            exibirAtributos.SetButton("OK", (s, ev) =>
            {
                Toast.MakeText(context, "Dados da Classe Veículo Exibidos com Sucesso !!!!", ToastLength.Long).Show();
            });
            exibirAtributos.Show();
        }
    }
}
```

Figura 256

Veja como ficou o código completo:

```
using System;
using System.Collections.Generic;
using System.Linq;
using System.Text;

using Android.App;
using Android.Content;
using Android.OS;
using Android.Runtime;
using Android.Views;
using Android.Widget;

namespace Heranca_Polimorfismo_OO.Classes
{
    public class Veiculo
    {
        public int vei_ano { get; set; }
        public string vei_nome { get; set; }
        //Método Construtor
        public Veiculo(int Vei_Ano, string Vei_Nome)
        {
```

```
            this.vei_ano = Vei_Ano;
            this.vei_nome = Vei_Nome;
        }
        public void ExibirAtributos(Context context)
        {
            //define o alerta para exibir os dados em uma caixa de Alerta
            AlertDialog.Builder builder = new AlertDialog.Builder(context);
            AlertDialog exibirAtributos = builder.Create();
            //Define o Titulo
            exibirAtributos.SetTitle("Dados da Classe Veículo");
            exibirAtributos.SetIcon(Android.Resource.Drawable.IcDialogInfo);
            exibirAtributos.SetMessage("Ano do Veículo: " + vei_ano + "\n" +
"Nome : " + vei_nome.ToUpper());
            exibirAtributos.SetButton("OK", (s, ev) =>
            {
                Toast.MakeText(context, "Dados da Classe Veículo Exibidos com
Sucesso !!!!", ToastLength.Long).Show();
            });
            exibirAtributos.Show();
        }
    }
}
```

Salve seu projeto, conforme vimos nas **figuras 90** e **91**. Aqui nesta classe definimos todas as propriedades e métodos da classe mãe, desta forma não precisaremos declarar nada nas classes **Barco** e **Trem**, pois as mesmas vão herdar da classe mãe **Veiculo** todas as características necessárias. No **C#**, a herança é representada pela notação dos dois pontos **:**, como veremos a seguir. Deve-se observar que criamos na classe mãe **Veiculo**, um construtor, desta forma obrigatoriamente, devemos declarar um construtor nas classes filhas, para isto devemos usar o modificador **base**, que vai ser utilizado para que possamos acessar os atributos e métodos da classe mãe. Em algumas linguagens este modificador é conhecido como **super**. Sua notação é a seguinte:

```
: base(parametro1, parametro2, etc)
```

Disto isto, vamos abrir a classe **Barco.cs**, se a mesma estiver aberta, basta clicar na aba com o nome da classe, conforme vimos na **figura 116**. Caso esteja fechada, para abri-la, abra a janela **Solution Explorer** pressione ao mesmo tempo as teclas **Ctrl+Alt+L**, e deve abrir a janela **Solution Explorer** conforme vimos na **figura 82**. Clique na setinha que tem ao lado da pasta **Classes**, clique duas vezes sobre o nome da classe **Barco.cs**. Com a classe **Barco.cs** aberta, posicione o cursor do mouse em frente a **linha 15**, e digite o código abaixo:

```
public
```

Veja como ficou, conforme vimos na **figura 216**. Salve seu projeto, conforme vimos nas **figuras 90** e **91**. Agora posicione o cursor do mouse no final da **linha 16**, pressione a tecla **Enter**, observe que o cursor do mouse vai ficar posicionado na **linha 17**, conforme vimos na **figura 217**. Na **linha 17**, onde o cursor do mouse está piscando, digite o código abaixo:

```
public Barco(int Vei_Ano, string Vei_Nome) : base(Vei_Ano, Vei_Nome)
{

}
```

Veja como ficou, conforme figura 257:

```
13 namespace Heranca_Polimorfismo_OO.Classes
14 {
15     public class Barco
16     {
17         public Barco(int Vei_Ano, string Vei_Nome) : base(Vei_Ano, Vei_Nome)
18         {
19 
20         }
21     }
22 }
```

Figura 257

Salve seu projeto, conforme vimos nas **figuras 90** e **91**. Observe que o **objeto base** está com uma linha vermelha, isto quer dizer que não fizemos a referência de onde a **classe Barco** vai fazer a herança. Neste caso, posicione o cursor no final da **linha 15**, pressione a barra de espaço e digite o código abaixo:

```
: Veiculo
```

Veja como ficou, conforme figura 258:

```
13 namespace Heranca_Polimorfismo_OO.Classes
14 {
15     public class Barco : Veiculo
16     {
17         public Barco(int Vei_Ano, string Vei_Nome) : base(Vei_Ano, Vei_Nome)
18         {
19 
20         }
21     }
22 }
```

Figura 258

Veja como ficou o código completo:

```
using System;
using System.Collections.Generic;
using System.Linq;
using System.Text;

using Android.App;
using Android.Content;
using Android.OS;
using Android.Runtime;
using Android.Views;
using Android.Widget;

namespace Heranca_Polimorfismo_OO.Classes
{
    public class Barco : Veiculo
    {
        public Barco(int Vei_Ano, string Vei_Nome) : base(Vei_Ano, Vei_Nome)
        {

        }
    }
}
```

Salve seu projeto, conforme vimos nas **figuras 90** e **91**. Agora vamos abrir a classe **Trem.cs**, se a mesma estiver aberta, basta clicar na aba com o nome da classe, conforme vimos na **figura 116**. Caso esteja fechada, para abri-la, abra a janela **Solution Explorer** pressione ao mesmo tempo as teclas **Ctrl+Alt+L**, e deve abrir a janela **Solution Explorer** conforme vimos na **figura 82**. Clique na setinha que tem ao lado da pasta **Classes**, clique duas vezes sobre o nome da classe **Trem.cs**. Com a classe **Trem.cs** aberta, posicione o cursor do mouse em frente a **linha 15**, e digite o código abaixo:

```
    public
```

Veja como ficou, conforme vimos na **figura 216**. Salve seu projeto, conforme vimos nas **figuras 90** e **91**. Agora posicione o cursor do mouse na **linha 16**, pressione a tecla **Enter**, observe que o cursor do mouse vai ficar posicionado na **linha 17**, conforme vimos na **figura 217**. Na **linha 17**, onde o cursor do mouse está piscando, digite o código abaixo:

```
        public Trem(int Vei_Ano, string Vei_Nome) : base(Vei_Ano, Vei_Nome)
        {

        }
```

Veja como ficou, conforme vimos na **figura 257**. Salve seu projeto, conforme vimos nas **figuras 90** e **91**. Observe que o **objeto base** está com uma linha vermelha, isto quer dizer que não fizemos a referência de onde a **classe Barco** vai fazer a herança. Neste caso, posicione o cursor no final da **linha 15**, pressione a barra de espaço e digite o código abaixo:

```
: Veiculo
```

Veja como ficou, conforme vimos na **figura 258**. Veja como ficou o código completo:

```
using System;
using System.Collections.Generic;
using System.Linq;
using System.Text;

using Android.App;
using Android.Content;
using Android.OS;
using Android.Runtime;
using Android.Views;
using Android.Widget;

namespace Heranca_Polimorfismo_OO.Classes
{
    public class Trem : Veiculo
    {
        public Trem(int Vei_Ano, string Vei_Nome) : base(Vei_Ano, Vei_Nome)
        {

        }
    }
}
```

Salve seu projeto, conforme vimos nas **figuras 90** e **91**. Pronto, já codificamos todas as nossas classes, vamos agora criar a parte gráfica do nosso aplicativo. Vamos conhecer outra modalidade de navegação, que chamamos de navegação entre telas, o que significa dizer que teremos uma tela principal, **activity_main** e duas secundárias, que vamos chamar de **TelaBarco** e **TelaTrem**. A navegação entre telas no **Android** é feita através de links, que podem ser através de botões ou menus. Além disto, vamos também trabalhar com imagens de fundo e configuração de cores de objetos. Abra a janela **Solution Explorer** ou pressione ao mesmo tempo as teclas **Ctrl+Alt+L**, e deve abrir a janela **Solution Explorer** conforme vimos na **figura 82**, e clique com o mouse na setinha que tem ao lado da pasta **Resources**, em seguida, clique com o botão do mouse sobre a pasta **layout**, e selecione o item **Add**, em seguida selecione o item **New Item...**, ou pressione ao mesmo tempo as teclas **Ctrl+Shift+A**, conforme figura 259:

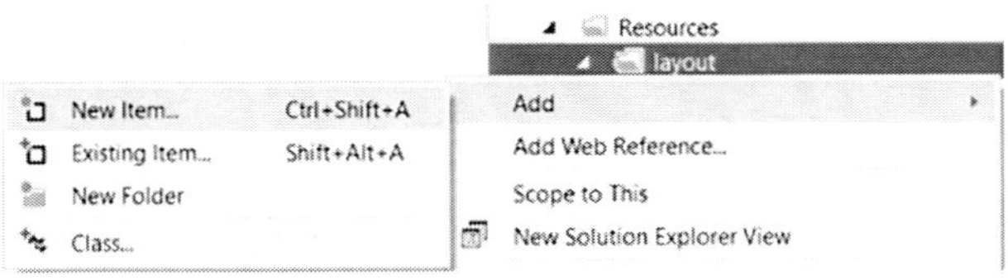

Figura 259

Ou vá até o menu **Project** e **New Item...,** ou pressione ao mesmo tempo as teclas **Ctrl+Shift+A**, conforme figura 260:

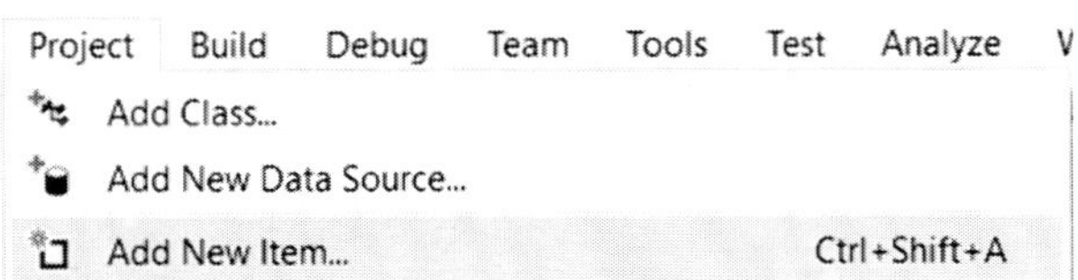

Figura 260

Independentemente da forma escolhida para inserir o novo item, vai abrir a janela **Add New Item – Heranca_Polimorfismo_OO**, no menu do lado esquerdo, clique com o mouse na setinha que tem ao lado do item **Installed**, em seguida clique com o mouse sobre a setinha que tem ao lado do item **Visual C#**, em seguida selecione o item **Android**, no menu do lado direito, selecione o tipo **Android Layout**, no item **Name:**, digite **TelaBarco**, conforme figura 261:

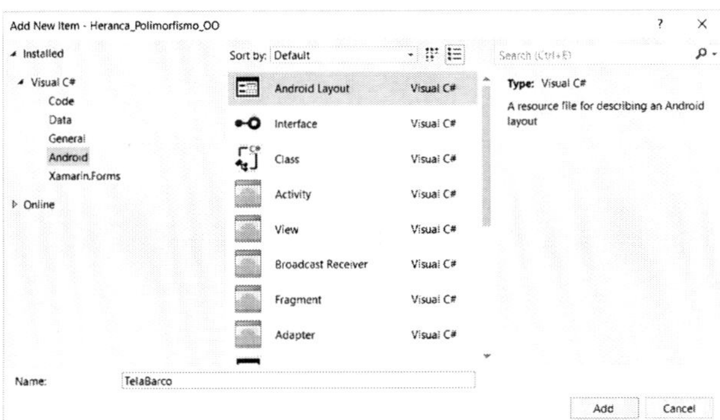

Figura 261

Clique no botão **Add**, pode ser que abra a janela **Microsoft Visual Studio – Security Warning**, avisando que o modelo a seguir está solicitando a abertura de mais um documento de maneira que possa representar um risco de segurança, conforme figura 262:

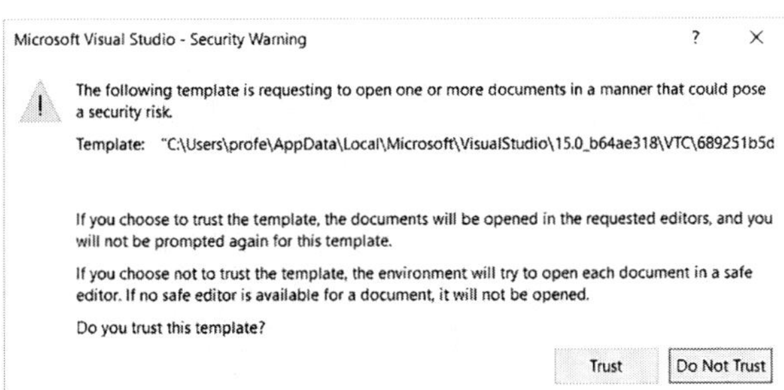

Figura 262

Não tem problemas, clique no botão **Trust(Confiar)**, e vai aparecer a área de design da **TelaBarco**, conforme figura 263:

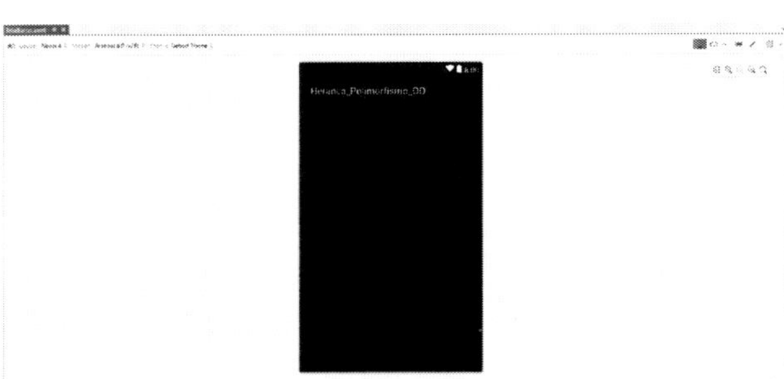

Figura 263

Repita o procedimento que vimos nas **figuras 259** e **260**, para criar a tela trem, abra a janela **Solution Explorer** ou pressione ao mesmo tempo as teclas **Ctrl+Alt+L**, e deve abrir a janela **Solution Explorer** conforme vimos na **figura 82**, em seguida clique com o mouse na setinha que tem ao lado da pasta **Resources**, em seguida, clique com o botão do mouse sobre a pasta **layout**, e selecione o item **Add**, em seguida selecione o item **New Item...**, ou pressione ao mesmo tempo as teclas **Ctrl+Shift+A**, conforme vimos na **figura 259**. Ou vá até o menu **Project** e **New Item...**, ou pressione ao mesmo tempo as teclas **Ctrl+Shift+A**, conforme conforme vimos na **figura 260**, independentemente da forma escolhida para inserir o novo item, vai abrir a janela **Add New Item – Heranca_Polimorfismo_OO**, no menu do lado esquerdo, clique com o mouse na setinha que tem ao lado do item **Installed**, em seguida clique com o mouse sobre a setinha que tem ao lado do item **Visual C#**, em seguida selecione o item **Android**, no menu do lado direito, selecione o tipo **Android Layout**, no item **Name:**, digite **TelaTrem**, conforme vimos na **figura 261**. Clique no botão **Add**, pode ser que abra a janela **Microsoft Visual Studio – Security Warning**, avisando que o modelo a seguir está solicitando a abertura de mais um documento de maneira que possa representar um risco de segurança, conforme vimos na **figura 262**. Não tem problemas, clique no botão **Trust(Confiar)**, e vai aparecer a área de design da **TelaTrem**, conforme vimos na **figura 263**. Observe que após criarmos as nossas telas, bem como as Classes, as mesmas vão ficar disponibilizadas em abas, conforme figura 264:

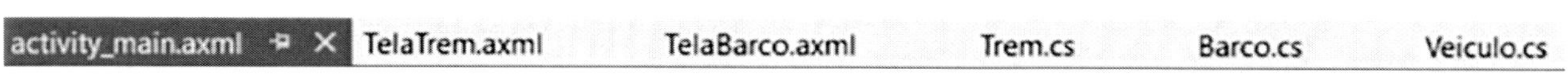

Figura 264

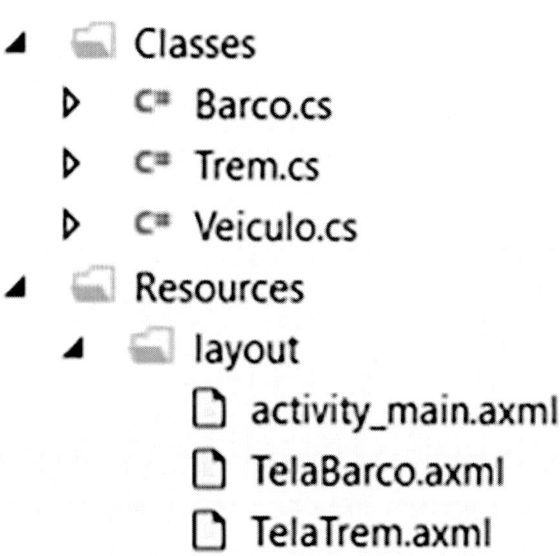

Ou na janela **Solution Explorer**, conforme figura 265:

Figura 265

Salve seu projeto, conforme vimos nas **figuras 90** e **91**. Para que nossa aplicação fique mais profissional, vamos alterar o ícone e a tela de fundo do aplicativo, além dos ícones que vamos utilizar no menu. Primeiro temos que achar as imagens que correspondam ao aplicativo que estamos desenvolvendo. Neste exemplo, para o ícone vamos procurar uma imagem de veículo. Para a imagem de fundo da tela **activity_main.axml** , algo que diz respeito a vários veículos. Para a imagem de fundo da tela **TelaBarco.axml**, algo que diz respeito a Barco. Para a imagem de fundo da tela **TelaTrem.axml**, algo que diz respeito a trem. Baixe os arquivos. Após baixar os arquivos vá até a pasta onde você salvou os mesmos e veja como ficou, conforme figura 266:

Figura 266

Veja os detalhes para trabalhar com imagens no **capítulo 07** no item **Trabalhando com Imagem de Fundo e Ícone**. Selecione todas as imagens, para isto basta pressionar ao meso tempo as teclas **Ctrl+A**, com as imagens selecionadas, pressione as teclas **Ctrl+C**, ou clique com o botão do mouse sobre as imagens selecionadas e selecione o item **Copiar** do menu, conforme vimos na **figura 150**. Vamos criar a pasta **drawable** no nosso projeto, para que possamos copiar as imagens que acabamos de baixar e configura. Para isto abra a janela **Solution Explorer**, pressione ao mesmo tempo as teclas **Ctrl+Alt+L**, e deve abrir a janela **Solution Explorer** conforme vimos na **figura 82**. Em seguida, clique com o botão do mouse sobre a pasta **Resources**, selecione o item **Add**, em seguida selecione o item **New Folder,** conforme vimos na **figura 151**. Ou vá até o menu **Project** e selecione o item **New Folder**, conforme vimos na **figura 152**. No nome da pasta digite **drawable**, conforme vimos na **figura 153**. Em seguida clique com o botão do mouse sobre a pasta **drawable** e selecione o item **Paste** do menu, ou pressione ao mesmo tempo as teclas **Ctrl+V**, conforme vimos na **figura 154**. Como saber se as imagens foram copiadas? Basta passar o mouse sobre o nome das imagens que vai ser mostrado um **preview** da mesma, conforme vimos na **figura 155**.

Salve seu projeto, conforme vimos nas **figuras 90** e **91**. O ícone vai ser inserido automaticamente após a compilação, a imagem de fundo vamos ter que inserir manualmente. Vamos inserir a imagem de fundo na tela principal **activity_main.axml**, se o mesmo estiver aberto, basta clicar na aba com o nome do arquivo, conforme vimos na **figura 264**. Se o mesmo estiver fechado, abra a janela **Solution Explorer**, pressione ao mesmo tempo as teclas **Ctrl+Alt+L**, e deve abrir a janela **Solution Explorer** conforme vimos na **figura 82**. Em seguida, abra a pasta **Resources**, para isto clique na setinha que tem ao lado da pasta **Resources,** em seguida clique na setinha que tem ao lado da pasta **layout**, e clique duas vezes sobre o arquivo **activity_main.axml**, aguarde até carregar nossa **view** ou **layout**, conforme vimos na **figura 156**. Observem que temos dois botões no canto inferior esquerdo, **Design** e **Source**. Clique no botão **Source** e veja que vai abrir a janela de código, toda vez que acrescentarmos algum item ou mudar uma propriedade, para visualizar como ficou na tela, basta clicar no botão **Design**. Vamos alterar o código para que ele contenha um item **LinearLayout**. Selecione as linhas **2** a

7, para isto posicione o cursor do mouse no início da **linha 2** e pressione a tecla **Shift+Setinha Direita** até o final da **linha 7**, conforme vimos na **figura 127**. Pressione a tecla **Delete** do teclado, no local onde o cursor do mouse está piscando, na **linha 2**, digite o código abaixo:

```
<LinearLayout xmlns:android="http://schemas.android.com/apk/res/android"
    xmlns:app="http://schemas.android.com/apk/res-auto"
    xmlns:tools="http://schemas.android.com/tools"
    android:layout_width="match_parent"
    android:layout_height="match_parent"
    android:minWidth="25px"
    android:minHeight="25px"
    android:orientation="vertical">
</LinearLayout>
```

Agora vamos inserir a imagem de fundo, para isto posicione o cursor do mouse no final da **linha 9**, antes da chave de fechamento, conforme vimos na **figura 157**. Pressione a tecla **Enter** do teclado, e veja que o cursor do mouse vai ficar posicionado na **linha 10**, conforme vimos na **figura 158**. No local onde o cursor do mouse esta piscando, na **linha 10**, digite o código abaixo:

```
    android:background="@drawable/fundo_tela_principal"
```

Observe que à medida que você vai digitando, a **IDE** do **Visual Studio** vai apresentando as opções que você pode selecionar, conforme vimos na **figura 159**. Salve seu projeto, conforme vimos nas **figuras 90** e **91**. Para visualizar se a imagem de fundo foi mesmo inserida, clique no botão **Design**. Agora vamos inserir os botões que vamos utilizar para navegar entre as telas do aplicativo. Para isto posicione o cursor do mouse no final da **linha 10**, no local onde o cursor do mouse esta piscando, na **linha 11**, digite o código abaixo:

```
    <Button
        android:gravity="center"
        android:text="Tela Barco"
        android:drawableLeft="@drawable/icone_barco"
        android:layout_width="wrap_content"
        android:layout_height="wrap_content"
        android:layout_marginTop="18dp"
        android:id="@+id/btnTelaBarco"
        android:layout_marginLeft="7dp"
        android:textStyle="bold"
        android:textColor="#FF8C00" />
    <Button
        android:gravity="center"
```

```
        android:text="Tela Trem"
        android:drawableLeft="@drawable/icone_trem"
        android:layout_width="wrap_content"
        android:layout_height="wrap_content"
        android:layout_marginTop="-48dp"
        android:id="@+id/btnTelaTrem"
        android:layout_marginLeft="160dp"
        android:textStyle="bold"
        android:textColor="#FF8C00" />
```

Veja como ficou o código completo:

```
<?xml version="1.0" encoding="utf-8"?>
<LinearLayout xmlns:android="http://schemas.android.com/apk/res/android"
    xmlns:app="http://schemas.android.com/apk/res-auto"
    xmlns:tools="http://schemas.android.com/tools"
    android:layout_width="match_parent"
    android:layout_height="match_parent"
    android:minWidth="25px"
    android:minHeight="25px"
    android:orientation="vertical"
    android:background="@drawable/fundo_tela_principal">
    <Button
        android:gravity="center"
        android:text="Tela Barco"
        android:drawableLeft="@drawable/icone_barco"
        android:layout_width="wrap_content"
        android:layout_height="wrap_content"
        android:layout_marginTop="18dp"
        android:id="@+id/btnTelaBarco"
        android:layout_marginLeft="7dp"
        android:textStyle="bold"
        android:textColor="#FF8C00" />
    <Button
        android:gravity="center"
        android:text="Tela Trem"
        android:drawableLeft="@drawable/icone_trem"
        android:layout_width="wrap_content"
        android:layout_height="wrap_content"
        android:layout_marginTop="-48dp"
        android:id="@+id/btnTelaTrem"
        android:layout_marginLeft="160dp"
        android:textStyle="bold"
        android:textColor="#FF8C00" />
```

```
</LinearLayout>
```

Salve seu projeto, conforme vimos nas **figuras 90** e **91**. Para visualizar como ficou na tela, basta clicar no botão **Design**. Vamos inserir a imagem de fundo no arquivo **TelaBarco.axml** e os elementos gráficos para que o usuário possa interagir com o aplicativo. Abra o arquivo **TelaBarco.axml**, se o mesmo estiver aberto, basta clicar na aba com o nome do arquivo, conforme vimos na **figura 264**. Se o mesmo estiver fechado, abra a janela **Solution Explorer**, pressione ao mesmo tempo as teclas **Ctrl+Alt+L**, e deve abrir a janela **Solution Explorer** conforme vimos na **figura 82**. Em seguida, abra a pasta **Resources**, para isto clique na setinha que tem ao lado da pasta **Resources,** em seguida clique na setinha que tem ao lado da pasta **layout**, e clique duas vezes sobre o arquivo **TelaBarco.axml**, aguarde até carregar nossa **view** ou **layout**, conforme vimos na **figura 156**. Observem que temos dois botões no canto inferior esquerdo, **Design** e **Source**. Clique no botão **Source** e veja que vai abrir a janela de código, toda vez que acrescentarmos algum item ou mudar uma propriedade, para visualizar como ficou na tela, basta clicar no botão **Design**. Vamos alterar o código para isto, selecione as linhas **2** a **7**, para isto posicione o cursor do mouse no início da **linha 2** e pressione a tecla **Shift+Setinha Direita** até o final da **linha 7**, conforme vimos na **figura 127**. Pressione a tecla **Delete** do teclado, no local onde o cursor do mouse está piscando, na **linha 2**, digite o código abaixo:

```
<LinearLayout xmlns:android="http://schemas.android.com/apk/res/android"
    xmlns:app="http://schemas.android.com/apk/res-auto"
    xmlns:tools="http://schemas.android.com/tools"
    android:layout_width="match_parent"
    android:layout_height="match_parent"
    android:minWidth="25px"
    android:minHeight="25px"
    android:orientation="vertical"
    android:background="@drawable/fundo_tela_barco">
    <TextView
        android:text="Ano"
        android:layout_width="wrap_content"
        android:layout_height="wrap_content"
        android:id="@+id/lblAnoBarco"
        android:layout_marginTop="0.0dp"
        android:textSize="20dp"
        android:textColor="#FF8C00"
        android:textStyle="bold"
        android:layout_marginLeft="7dp" />
    <EditText
        android:inputType="number"
        android:layout_width="85dp"
        android:layout_height="wrap_content"
        android:id="@+id/txtAnoBarco"
        android:layout_marginLeft="7dp"
```

```
        android:textColor="#FF8C00"
        android:textStyle="bold"
        android:background="@drawable/borda_editText" />
    <TextView
        android:text="Nome"
        android:layout_width="wrap_content"
        android:layout_height="wrap_content"
        android:id="@+id/lblNomeBarco"
        android:layout_marginTop="-66dp"
        android:layout_marginLeft="105dp"
        android:textSize="20dp"
        android:textColor="#FF8C00"
        android:textStyle="bold"
        android:layout_marginBottom="0.0dp" />
    <EditText
        android:layout_width="match_parent"
        android:layout_height="wrap_content"
        android:id="@+id/txtNomeBarco"
        android:layout_marginLeft="100dp"
        android:layout_marginRight="5dp"
        android:textColor="#FF8C00"
        android:textStyle="bold"
        android:textSize="20dp"
        android:background="@drawable/borda_editText" />
    <Button
        android:text="Executar"
        android:drawableLeft="@drawable/icone_executar"
        android:layout_width="wrap_content"
        android:layout_height="wrap_content"
        android:id="@+id/btnExecutarBarco"
        android:layout_marginLeft="5dp"
        android:textStyle="bold"
        android:textColor="#FF8C00" />
    <Button
        android:text="Tela Principal"
        android:drawableLeft="@drawable/icone_principal"
        android:layout_width="wrap_content"
        android:layout_height="wrap_content"
        android:layout_marginTop="-48dp"
        android:id="@+id/btnTelaPrincipalBarco"
        android:layout_marginLeft="125dp"
        android:textStyle="bold"
        android:textColor="#FF8C00" />
</LinearLayout>
```

Observe que à medida que você vai digitando, a **IDE** do **Visual Studio**, vai apresentado as opções que você pode selecionar, conforme vimos na **figura 159**. Veja como ficou o código completo:

```
<?xml version="1.0" encoding="utf-8"?>
<LinearLayout xmlns:android="http://schemas.android.com/apk/res/android"
    xmlns:app="http://schemas.android.com/apk/res-auto"
    xmlns:tools="http://schemas.android.com/tools"
    android:layout_width="match_parent"
    android:layout_height="match_parent"
    android:minWidth="25px"
    android:minHeight="25px"
    android:orientation="vertical"
    android:background="@drawable/fundo_tela_barco">
    <TextView
        android:text="Ano"
        android:layout_width="wrap_content"
        android:layout_height="wrap_content"
        android:id="@+id/lblAnoBarco"
        android:layout_marginTop="0.0dp"
        android:textSize="20dp"
        android:textColor="#FF8C00"
        android:textStyle="bold"
        android:layout_marginLeft="7dp" />
    <EditText
        android:inputType="number"
        android:layout_width="85dp"
        android:layout_height="wrap_content"
        android:id="@+id/txtAnoBarco"
        android:layout_marginLeft="7dp"
        android:textColor="#FF8C00"
        android:textStyle="bold"
        android:background="@drawable/borda_editText" />
    <TextView
        android:text="Nome"
        android:layout_width="wrap_content"
        android:layout_height="wrap_content"
        android:id="@+id/lblNomeBarco"
        android:layout_marginTop="-66dp"
        android:layout_marginLeft="105dp"
        android:textSize="20dp"
        android:textColor="#FF8C00"
        android:textStyle="bold"
        android:layout_marginBottom="0.0dp" />
```

```
    <EditText
        android:layout_width="match_parent"
        android:layout_height="wrap_content"
        android:id="@+id/txtNomeBarco"
        android:layout_marginLeft="100dp"
        android:layout_marginRight="5dp"
        android:textColor="#FF8C00"
        android:textStyle="bold"
        android:textSize="20dp"
        android:background="@drawable/borda_editText" />
    <Button
        android:text="Executar"
        android:drawableLeft="@drawable/icone_executar"
        android:layout_width="wrap_content"
        android:layout_height="wrap_content"
        android:id="@+id/btnExecutarBarco"
        android:layout_marginLeft="5dp"
        android:textStyle="bold"
        android:textColor="#FF8C00" />
    <Button
        android:text="Tela Principal"
        android:drawableLeft="@drawable/icone_principal"
        android:layout_width="wrap_content"
        android:layout_height="wrap_content"
        android:layout_marginTop="-48dp"
        android:id="@+id/btnTelaPrincipalBarco"
        android:layout_marginLeft="125dp"
        android:textStyle="bold"
        android:textColor="#FF8C00" />
</LinearLayout>
```

Salve seu projeto, conforme vimos nas **figuras 90** e **91**. Para visualizar como ficou na tela, basta clicar no botão **Design**. Vamos inserir a imagem de fundo no arquivo **TelaTrem.axml** e os elementos gráficos para que o usuário possa interagir com o aplicativo. Abra o arquivo **TelaTrem.axml**, se o mesmo estiver aberto, basta clicar na aba com o nome do arquivo, conforme vimos na **figura 264**. Se o mesmo estiver fechado, abra a janela **Solution Explorer**, pressione ao mesmo tempo as teclas **Ctrl+Alt+L**, e deve abrir a janela **Solution Explorer** conforme vimos na **figura 82**. Em seguida, abra a pasta **Resources**, para isto clique na setinha que tem ao lado da pasta **Resources,** em seguida clique na setinha que tem ao lado da pasta **layout**, e clique duas vezes sobre o arquivo **TelaTrem.axml**, aguarde até carregar nossa **view** ou **layout**, conforme vimos na **figura 156**. Observem que temos dois botões no canto inferior esquerdo, **Design** e **Source**. Clique no botão **Source** e veja que vai abrir a janela de código, toda vez que acrescentarmos algum item ou mudar uma propriedade, para visualizar como ficou na tela, basta clicar no botão **Design**. Vamos alterar o código para isto, selecione as linhas

2 a **7**, para isto posicione o cursor do mouse no início da **linha 2** e pressione a tecla **Shift+Setinha Direita** até o final da **linha 7**, conforme vimos na **figura 127**. Pressione a tecla **Delete** do teclado, no local onde o cursor do mouse está piscando, na **linha 2**, digite o código abaixo:

```
<LinearLayout xmlns:android="http://schemas.android.com/apk/res/android"
    xmlns:app="http://schemas.android.com/apk/res-auto"
    xmlns:tools="http://schemas.android.com/tools"
    android:layout_width="match_parent"
    android:layout_height="match_parent"
    android:minWidth="25px"
    android:minHeight="25px"
    android:orientation="vertical"
    android:background="@drawable/fundo_tela_trem">
    <TextView
        android:text="Ano"
        android:layout_width="wrap_content"
        android:layout_height="wrap_content"
        android:id="@+id/lblAnoTrem"
        android:layout_marginTop="0.0dp"
        android:textSize="20dp"
        android:textColor="#FF8C00"
        android:textStyle="bold"
        android:layout_marginLeft="7dp" />
    <EditText
        android:inputType="number"
        android:layout_width="85dp"
        android:layout_height="wrap_content"
        android:id="@+id/txtAnoTrem"
        android:layout_marginLeft="7dp"
        android:textColor="#FF8C00"
        android:textStyle="bold"
        android:background="@drawable/borda_editText" />
    <TextView
        android:text="Nome"
        android:layout_width="wrap_content"
        android:layout_height="wrap_content"
        android:id="@+id/lblNomeTrem"
        android:layout_marginTop="-66dp"
        android:layout_marginLeft="105dp"
        android:textColor="#FF8C00"
        android:textStyle="bold"
        android:textSize="20dp"
```

```
        android:layout_marginBottom="0.0dp" />
    <EditText
        android:layout_width="match_parent"
        android:layout_height="wrap_content"
        android:id="@+id/txtNomeTrem"
        android:layout_marginLeft="100dp"
        android:layout_marginRight="5dp"
        android:textColor="#FF8C00"
        android:textStyle="bold"
        android:textSize="20dp"
        android:background="@drawable/borda_editText" />
    <Button
        android:text="Executar"
        android:drawableLeft="@drawable/icone_executar"
        android:layout_width="wrap_content"
        android:layout_height="wrap_content"
        android:id="@+id/btnExecutarTrem"
        android:layout_marginLeft="5dp"
        android:textStyle="bold"
        android:textColor="#FF8C00" />
    <Button
        android:text="Tela Principal"
        android:drawableLeft="@drawable/icone_principal"
        android:layout_width="wrap_content"
        android:layout_height="wrap_content"
        android:layout_marginTop="-48dp"
        android:id="@+id/btnTelaPrincipalTrem"
        android:layout_marginLeft="125dp"
        android:textStyle="bold"
        android:textColor="#FF8C00" />
</LinearLayout>
```

Observe que à medida que você vai digitando, a **IDE** do **Visual Studio**, vai apresentado as opções que você pode selecionar, conforme vimos na **figura 159**. Veja como ficou o código completo:

```
<?xml version="1.0" encoding="utf-8"?>
<LinearLayout xmlns:android="http://schemas.android.com/apk/res/android"
    xmlns:app="http://schemas.android.com/apk/res-auto"
    xmlns:tools="http://schemas.android.com/tools"
    android:layout_width="match_parent"
    android:layout_height="match_parent"
    android:minWidth="25px"
```

```
android:minHeight="25px"
android:orientation="vertical"
android:background="@drawable/fundo_tela_trem">
<TextView
    android:text="Ano"
    android:layout_width="wrap_content"
    android:layout_height="wrap_content"
    android:id="@+id/lblAnoTrem"
    android:layout_marginTop="0.0dp"
    android:textSize="20dp"
    android:textColor="#FF8C00"
    android:textStyle="bold"
    android:layout_marginLeft="7dp" />
<EditText
    android:inputType="number"
    android:layout_width="85dp"
    android:layout_height="wrap_content"
    android:id="@+id/txtAnoTrem"
    android:layout_marginLeft="7dp"
    android:textColor="#FF8C00"
    android:textStyle="bold"
    android:background="@drawable/borda_editText" />
<TextView
    android:text="Nome"
    android:layout_width="wrap_content"
    android:layout_height="wrap_content"
    android:id="@+id/lblNomeTrem"
    android:layout_marginTop="-66dp"
    android:layout_marginLeft="105dp"
    android:textColor="#FF8C00"
    android:textStyle="bold"
    android:textSize="20dp"
    android:layout_marginBottom="0.0dp" />
<EditText
    android:layout_width="match_parent"
    android:layout_height="wrap_content"
    android:id="@+id/txtNomeTrem"
    android:layout_marginLeft="100dp"
    android:layout_marginRight="5dp"
    android:textColor="#FF8C00"
    android:textStyle="bold"
    android:textSize="20dp"
    android:background="@drawable/borda_editText" />
<Button
```

```
        android:text="Executar"
        android:drawableLeft="@drawable/icone_executar"
        android:layout_width="wrap_content"
        android:layout_height="wrap_content"
        android:id="@+id/btnExecutarTrem"
        android:layout_marginLeft="5dp"
        android:textStyle="bold"
        android:textColor="#FF8C00" />
    <Button
        android:text="Tela Principal"
        android:drawableLeft="@drawable/icone_principal"
        android:layout_width="wrap_content"
        android:layout_height="wrap_content"
        android:layout_marginTop="-48dp"
        android:id="@+id/btnTelaPrincipalTrem"
        android:layout_marginLeft="125dp"
        android:textStyle="bold"
        android:textColor="#FF8C00" />
</LinearLayout>
```

Salve seu projeto, conforme vimos nas **figuras 90** e **91**. Para visualizar como ficou na tela, basta clicar no botão **Design**. Nossa desgin está pronto, agora vamos codificar os botões e as caixa de textos dos nosso aplicativo. Observem que temos botões fazendo a chamada as telas barco e trem e destas telas temos que voltar para a tela principal. Agora vamos criar duas telas usando o recurso **Intent**. Para ficar mais claro, para cada arquivo **.axml**, do layout, tenho que criar uma **Intent**, ou um arquivo **.cs**. Abra a janela **Solution Explorer** ou pressione ao mesmo tempo as teclas **Ctrl+Alt+L**, e deve abrir a janela **Solution Explorer** conforme vimos na **figura 82**, em seguida clique com o botão do mouse sobre o nome do nosso projeto **Heranca_Polimorfismo_OO**, em seguida, selecione o item **Add**, em seguida selecione o item **New Item...**, ou pressione ao mesmo tempo as teclas **Ctrl+Shift+A**, conforme vimos na **figura 259**. Ou vá até o menu **Project** e **New Item...**, ou pressione ao mesmo tempo as teclas **Ctrl+Shift+A**, conforme vimos na **figura 260**.

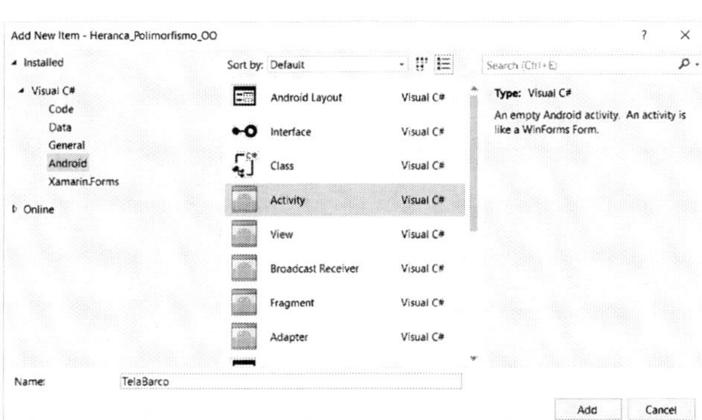

Figura 267

Independentemente da forma escolhida para inserir o novo item, vai abrir a janela **Add New Item – Heranca_Polimorfismo_OO**, no menu do lado esquerdo, clique com o mouse na setinha que tem ao lado do item **Installed**, em seguida clique com o mouse sobre a setinha que tem ao lado do item **Visual C#**, em seguida selecione o item **Android**, no menu do lado direito, selecione o tipo **Activity**, no item **Name:**, digite **TelaBarco**, conforme figura 267:

Clique no botão **Add**, vai aparecer a área de código do arquivo **TelaBarco.cs**, conforme figura 268:

```
13  namespace Heranca_Polimorfismo_OO
14  {
15      [Activity(Label = "TelaBarco")]
16      public class TelaBarco : Activity
17      {
18          protected override void OnCreate(Bundle savedInstanceState)
19          {
20              base.OnCreate(savedInstanceState);
21
22              // Create your application here
23          }
24      }
25  }
```

Figura 268

Salve seu projeto, conforme vimos nas **figuras 90** e **91**. Vamos alterar o texto que está entre aspas duplas no item **Label**, na **linha 15**, de forma que fique conforme abaixo:

```
"Tela Barco"
```

Veja como ficou, conforme figura 269:

```
15      [Activity(Label = "Tela Barco")]
```

Figura 269

Repita o procedimento anterior para criar a **Activity TelaTrem**, abra a janela **Solution Explorer** ou pressione ao mesmo tempo as teclas **Ctrl+Alt+L**, e deve abrir a janela **Solution Explorer** conforme vimos na **figura 82**, em seguida clique com o botão do mouse sobre o nome do nosso projeto **Heranca_Polimorfismo_OO**, em seguida, selecione o item **Add**, em seguida selecione o item **New Item...**, ou pressione ao mesmo tempo as teclas **Ctrl+Shift+A**, conforme vimos na **figura 259**. Ou vá até o menu **Project** e **New Item...**, ou pressione ao mesmo tempo as teclas **Ctrl+Shift+A**, conforme vimos na **figura 260**. Independentemente da forma escolhida para inserir o novo item, vai abrir a janela **Add New Item – Heranca_Polimorfismo_OO**, no menu do lado esquerdo, clique com o mouse na setinha que tem ao lado do item **Installed**, em seguida clique com o mouse sobre a setinha que tem ao lado do item **Visual C#**, em seguida selecione o item **Android**, no menu do lado direito, selecione o tipo **Activity**, no item **Name:**, digite **TelaTrem**, conforme vimos na **figura 267**. Clique no botão **Add**, vai aparecer a área de código do arquivo **TelaTrem.cs**, conforme vimos na **figura 268**. Salve seu projeto, conforme vimos nas **figuras 90** e **91**. Vamos alterar o texto que está entre aspas duplas no item **Label**, na **linha 15**, de forma que fique conforme abaixo:

"Tela Trem"

Veja como ficou, conforme vimos na **figura 269**. Vamos codificar estas telas para que o usuário do aplicativo possa digitar o ano do barco e o nome do barco e ao clicar no botão **Tela Principal**, a mesma retorne para a tela principal. Observe que após criarmos as nossas telas, as mesmas vão ficar disponibilizadas em abas, conforme vimos na **figura 264**, ou na janela **Solution Explorer**, conforme vimos na **figura 265**. Clique na aba com o nome do arquivo **TelaBarco.cs**, ou clique duas vezes com o botão do mouse sobre o arquivo **TelaBarco.cs**, na janela **Solution Explorer**, conforme vimos na **figura 265**. Posicione o cursor do mouse no final da **linha 11**, e pressione a tecla **Enter**, e veja que o cursor do mouse vai ficar posicionado na **linha 12**. No local onde o cursor do mouse esta piscando, na **linha 12**, digite o código abaixo:

```
using Heranca_Polimorfismo_OO.Classes;
```

Em seguida posicione o cursor do mouse no inicio da **linha 22**, pressione a tecla **Shift+Setinha Direita** até o final da **linha 24**, conforme figura 270:

```
14  namespace Heranca_Polimorfismo_OO
15  {
16      [Activity(Label = "Tela Barco")]
17      public class TelaBarco : Activity
18      {
19          protected override void OnCreate(Bundle savedInstanceState)
20          {
21              base.OnCreate(savedInstanceState);
22
23              // Create your application here
24          }
25      }
26  }
```

Figura 270

Em seguida pressione a tecla **Delete** do teclado, e veja que o cursor do mouse vai ficar piscando na **linha 22**. Na **linha 22**, onde o cursor do mouse está piscando, digite o código abaixo:

```
                 SetContentView(Resource.Layout.TelaBarco);
                // Recebe o objeto EditText do recurso layout
                EditText AnoBarco = FindViewById<EditText>(Resource.Id.txtAnoBarco);
                // Recebe o objeto EditText do recurso layout
                EditText NomeBarco = FindViewById<EditText>(Resource.
Id.txtNomeBarco);
                // Recebe o objeto Button do recurso layout
                Button Executar = FindViewById<Button>(Resource.
Id.btnExecutarBarco);
                // Recebe o objeto Button do recurso layout
```

```
            Button btnChamarTelaPrincipal = FindViewById<Button>(Resource.
Id.btnTelaPrincipalBarco);
            //Após clicar no botão Executar, serão mostrados os dados do barco
            Executar.Click += (sender, e) =>
            {
                if ((AnoBarco.Text != "") && (NomeBarco.Text != ""))
                {
                    //Instanciando a Classe Barco para o objeto barco1
                    //O atributo bar_ano vai receber o que for digitado em txtA-
noBarco,
                    //após a conversão do mesmo de texto para int e o atributo
bar_nome
                    //vai receber o que for digitado em txtNomeBarco
                    Barco barco1 = new Barco(int.Parse(AnoBarco.Text), NomeBarco.
Text);
                    //Vão ser chamados os Atributos da Classe Veículo através do
mecanismo de Herança
                    barco1.ExibirAtributos(this);
                }
                else
                {
                    //define o alerta para executar a tarefa
                    AlertDialog.Builder builder = new AlertDialog.Builder(this);
                    AlertDialog erro = builder.Create();
                    //Define o Titulo
                    erro.SetTitle("Erro");
                    erro.SetIcon(Android.Resource.Drawable.IcDialogAlert);
                    erro.SetMessage("Verfique se alguma caixa de texto está vázia
!!!!");
                    erro.SetButton("OK", (s, ev) =>
                    {

                    });
                    erro.Show();
                }
            };
            //Após clicar no botão Tela Principal, vamos retornar para a tela
inicial
            btnChamarTelaPrincipal.Click += delegate
            {
                var telaPrincipal = new Intent(this, typeof(MainActivity));
                StartActivity(telaPrincipal);
            };
        }
```

Veja como ficou, conforme figura 271:

```
namespace Heranca_Polimorfismo_OO
{
    [Activity(Label = "Tela Barco")]
    public class TelaBarco : Activity
    {
        protected override void OnCreate(Bundle savedInstanceState)
        {
            base.OnCreate(savedInstanceState);
            SetContentView(Resource.Layout.TelaBarco);
            // Recebe o objeto EditText do recurso layout
            EditText AnoBarco = FindViewById<EditText>(Resource.Id.txtAnoBarco);
            // Recebe o objeto EditText do recurso layout
            EditText NomeBarco = FindViewById<EditText>(Resource.Id.txtNomeBarco);
            // Recebe o objeto Button do recurso layout
            Button Executar = FindViewById<Button>(Resource.Id.btnExecutarBarco);
            // Recebe o objeto Button do recurso layout
            Button btnChamarTelaPrincipal = FindViewById<Button>(Resource.Id.btnTelaPrincipalBarco);
            //Após clicar no botão Executar, serão mostrados os dados do barco
            Executar.Click += (sender, e) =>
            {
                if ((AnoBarco.Text != "") && (NomeBarco.Text != ""))
                {
                    //Instanciando a Classe Barco para o objeto barco1
                    //O atributo bar_ano vai receber o que for digitado em txtAnoBarco,
                    //após a conversão do mesmo de texto para int e o atributo bar_nome
                    //vai receber o que for digitado em txtNomeBarco
                    Barco barco1 = new Barco(int.Parse(AnoBarco.Text), NomeBarco.Text);
                    //Vão ser chamados os Atributos da Classe Veículo através do mecanismo de Heranç
                    barco1.ExibirAtributos(this);
                }
                else
                {
                    //define o alerta para executar a tarefa
                    AlertDialog.Builder builder = new AlertDialog.Builder(this);
                    AlertDialog erro = builder.Create();
                    //Define o Titulo
                    erro.SetTitle("Erro");
                    erro.SetIcon(Android.Resource.Drawable.IcDialogAlert);
                    erro.SetMessage("Verfique se alguma caixa de texto está vázia !!!!");
                    erro.SetButton("OK", (s, ev) =>
                    {

                    });
                    erro.Show();
                }
            };
            //Após clicar no botão Tela Principal, vamos retornar para a tela inicial
            btnChamarTelaPrincipal.Click += delegate
            {
                var telaPrincipal = new Intent(this, typeof(MainActivity));
                StartActivity(telaPrincipal);
            };
        }
    }
}
```

Figura 271

Veja como ficou o código completo:

```
using System;
using System.Collections.Generic;
using System.Linq;
using System.Text;

using Android.App;
using Android.Content;
using Android.OS;
using Android.Runtime;
using Android.Views;
using Android.Widget;
using Heranca_Polimorfismo_OO.Clases;

namespace Heranca_Polimorfismo_OO
{
    [Activity(Label = "Tela Barco")]
    public class TelaBarco : Activity
    {
        protected override void OnCreate(Bundle savedInstanceState)
        {
            base.OnCreate(savedInstanceState);
            SetContentView(Resource.Layout.TelaBarco);
            // Recebe o objeto EditText do recurso layout
            EditText AnoBarco = FindViewById<EditText>(Resource.Id.txtAnoBarco);
            // Recebe o objeto EditText do recurso layout
            EditText NomeBarco = FindViewById<EditText>(Resource.
Id.txtNomeBarco);
            // Recebe o objeto Button do recurso layout
            Button Executar = FindViewById<Button>(Resource.
Id.btnExecutarBarco);
            // Recebe o objeto Button do recurso layout
            Button btnChamarTelaPrincipal = FindViewById<Button>(Resource.
Id.btnTelaPrincipalBarco);
            //Após clicar no botão Executar, serão mostrados os dados do barco
            Executar.Click += (sender, e) =>
            {
                if ((AnoBarco.Text != "") && (NomeBarco.Text != ""))
                {
                    //Instanciando a Classe Barco para o objeto barco1
                    //O atributo bar_ano vai receber o que for digitado em txtA-
noBarco,
                    //após a conversão do mesmo de texto para int e o atributo
bar_nome
                    //vai receber o que for digitado em txtNomeBarco
```

```
                    Barco barco1 = new Barco(int.Parse(AnoBarco.Text), NomeBar-
co.Text);
                    //Vão ser chamados os Atributos da Classe Veículo através do
mecanismo de Herança
                    barco1.ExibirAtributos(this);
                }
                else
                {
                    //define o alerta para executar a tarefa
                    AlertDialog.Builder builder = new AlertDialog.Builder(this);
                    AlertDialog erro = builder.Create();
                    //Define o Titulo
                    erro.SetTitle("Erro");
                    erro.SetIcon(Android.Resource.Drawable.IcDialogAlert);
                    erro.SetMessage("Verfique se alguma caixa de texto está vázia
!!!!");
                    erro.SetButton("OK", (s, ev) =>
                    {

                    });
                    erro.Show();
                }
            };
            //Após clicar no botão Tela Principal, vamos retornar para a tela
inicial
            btnChamarTelaPrincipal.Click += delegate
            {
                var telaPrincipal = new Intent(this, typeof(MainActivity));
                StartActivity(telaPrincipal);
            };
        }
    }
}
```

Salve seu projeto, conforme vimos nas **figuras 90** e **91**. Analisando o código acima, na **linha 34**, vamos verificar se as duas caixas de textos estão preenchidas, caso contrário, vai ser enviada uma mensagem de erro que colocamos nas **linhas 46** a **57**. Se as caixas de textos estiverem preenchidas, vão ser mostrados os conteúdos das mesmas, conforme definimos na **linha 42**. Na **linha 40**, temos a criação e declaração do objeto **barco1** a partir da classe **Barco** que vai herdar da classe mãe **Veiculo**. Aqui vão ser passados como parâmetros o que for digitado nas caixas de texto. Desta forma este objeto vai receber todas as características da classe **Veiculo**, ou seja, seus atributos e métodos. Vamos codificar a **TelaTrem.cs**, observe que após criarmos as nossas telas, as mesmas vão ficar disponibilizadas em abas, conforme vimos na **figura 264**, ou na janela **Solution Explorer**, conforme vimos na **figura 265**. Clique na aba com o nome do arquivo **TelaTrem.cs**, ou clique duas vezes com o botão do mouse sobre o arquivo **TelaTrem.cs**, na janela **Solution Explorer**, conforme vimos na **figura 265**. Posicione o cursor do mouse no final da **linha 11**, e pressione a tecla **Enter**, e veja que o cursor do mouse vai ficar posicionado na **linha 12**. No local onde o cursor do mouse esta piscando, na **linha 12**, digite o código abaixo:

```
using Heranca_Polimorfismo_OO.Classes;
```

Em seguida posicione o cursor do mouse no inicio da **linha 22**, pressione a tecla **Shift+Setinha Direita** até o final da **linha 24**, conforme vimos na **figura 270**. Em seguida pressione a tecla **Delete** do teclado, e veja que o cursor do mouse vai ficar piscando na **linha 22**. Na **linha 22**, onde o cursor do mouse está piscando, digite o código abaixo:

```
             SetContentView(Resource.Layout.TelaTrem);
            // Recebe o objeto EditText do recurso layout
            EditText AnoTrem = FindViewById<EditText>(Resource.Id.txtAnoTrem);
            // Recebe o objeto EditText do recurso layout
            EditText NomeTrem = FindViewById<EditText>(Resource.Id.txtNomeTrem);
            // Recebe o objeto Button do recurso layout
            Button Executar = FindViewById<Button>(Resource.Id.btnExecutarTrem);
            // Recebe o objeto Button do recurso layout
            Button btnChamarTelaPrincipal = FindViewById<Button>(Resource.
Id.btnTelaPrincipalTrem);
            //Após clicar no botão Executar, serão mostrados os dados do Trem
            Executar.Click += (sender, e) =>
            {
                if ((AnoTrem.Text != "") && (NomeTrem.Text != ""))
                {
                    //Instanciando a Classe Trem para o objeto trem1
                    //O atributo vei_ano vai receber o que for digitado em txtA-
noTrem,
                    //após a conversão do mesmo de texto para int e o atributo
vei_nome
                    //vai receber o que for digitado em txtNomeTrem
                    Trem trem1 = new Trem(int.Parse(AnoTrem.Text), NomeTrem.
Text);
                    //Vão ser chamados os Atributos da Classe Veículo através do
mecanismo de Herança
                    trem1.ExibirAtributos(this);
                }
                else
                {
                    //define o alerta para executar a tarefa
                    AlertDialog.Builder builder = new AlertDialog.Builder(this);
                    AlertDialog erro = builder.Create();
                    //Define o Titulo
```

```
                    erro.SetTitle("Erro");
                    erro.SetIcon(Android.Resource.Drawable.IcDialogAlert);
                    erro.SetMessage("Verfique se alguma caixa de texto está vázia
!!!!");
                    erro.SetButton("OK", (s, ev) =>
                    {

                    });
                    erro.Show();
                }
            };
            //Após clicar no botão Tela Principal, vamos retornar para a tela
inicial
            btnChamarTelaPrincipal.Click += delegate
            {
                var telaPrincipal = new Intent(this, typeof(MainActivity));
                StartActivity(telaPrincipal);
            };
        }
```

Veja como ficou, conforme vimos na **figura 271**. Veja como ficou o código completo:

```
using System;
using System.Collections.Generic;
using System.Linq;
using System.Text;

using Android.App;
using Android.Content;
using Android.OS;
using Android.Runtime;
using Android.Views;
using Android.Widget;
using Heranca_Polimorfismo_OO.Classes;

namespace Heranca_Polimorfismo_OO
{
    [Activity(Label = "Tela Trem")]
    public class TelaTrem : Activity
    {
        protected override void OnCreate(Bundle savedInstanceState)
        {
            base.OnCreate(savedInstanceState);
```

```
            SetContentView(Resource.Layout.TelaTrem);
            // Recebe o objeto EditText do recurso layout
            EditText AnoTrem = FindViewById<EditText>(Resource.Id.txtAnoTrem);
            // Recebe o objeto EditText do recurso layout
            EditText NomeTrem = FindViewById<EditText>(Resource.Id.txtNomeTrem);
            // Recebe o objeto Button do recurso layout
            Button Executar = FindViewById<Button>(Resource.Id.btnExecutarTrem);
            // Recebe o objeto Button do recurso layout
            Button btnChamarTelaPrincipal = FindViewById<Button>(Resource.
Id.btnTelaPrincipalTrem);
            //Após clicar no botão Executar, serão mostrados os dados do Trem
            Executar.Click += (sender, e) =>
            {
                if ((AnoTrem.Text != "") && (NomeTrem.Text != ""))
                {
                    //Instanciando a Classe Trem para o objeto trem1
                    //O atributo vei_ano vai receber o que for digitado em txtA-
noTrem,
                    //após a conversão do mesmo de texto para int e o atributo
vei_nome
                    //vai receber o que for digitado em txtNomeTrem
                    Trem trem1 = new Trem(int.Parse(AnoTrem.Text), NomeTrem.
Text);
                    //Vão ser chamados os Atributos da Classe Veículo através do
mecanismo de Herança
                    trem1.ExibirAtributos(this);
                }
                else
                {
                    //define o alerta para executar a tarefa
                    AlertDialog.Builder builder = new AlertDialog.Builder(this);
                    AlertDialog erro = builder.Create();
                    //Define o Titulo
                    erro.SetTitle("Erro");
                    erro.SetIcon(Android.Resource.Drawable.IcDialogAlert);
                    erro.SetMessage("Verfique se alguma caixa de texto está vázia
!!!!");

                    erro.SetButton("OK", (s, ev) =>
                    {

                    });
                    erro.Show();
                }
            };
            //Após clicar no botão Tela Principal, vamos retornar para a tela
```

```
inicial
            btnChamarTelaPrincipal.Click += delegate
            {
                var telaPrincipal = new Intent(this, typeof(MainActivity));
                StartActivity(telaPrincipal);
            };
        }
    }
}
```

Salve seu projeto, conforme vimos nas **figuras 90** e **91**. A análise que fizemos no código do arquivo **TelaBarco.cs**, vale aqui também. Criamos a interface gráfica para que o usuário do aplicativo possa digitar o ano do barco e o nome do barco e fazer chamada as telas. O **Android** não tem uma propriedade especifica para tratar a cor da borda de um elemento campo de texto, por este motivo temos que criar um arquivo **.xml**, que faça este procedimento. Abra a janela **Solution Explorer** ou pressione ao mesmo tempo as teclas **Ctrl+Alt+L**, e deve abrir a janela **Solution Explorer** conforme vimos na **figura 82**, em seguida clique com o mouse na setinha que tem ao lado da pasta **Resources**, em seguida, clique com o botão do mouse sobre a pasta **drawable**, e selecione o item **Add**, em seguida selecione o item **New Item...,** ou pressione ao mesmo tempo as teclas **Ctrl+Shift+A**, conforme vimos na **figura 259**.

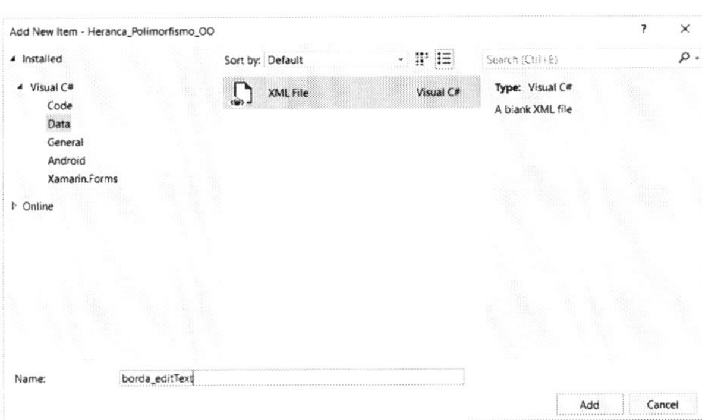

Figura 272

Ou vá até o menu **Project** e **New Item...,** ou pressione ao mesmo tempo as teclas **Ctrl+Shift+A**, conforme vimos na **figura 260**. Independentemente da forma escolhida para inserir o novo item, vai abrir a janela **Add New Item – Heranca_Polimorfismo_OO**, no menu do lado esquerdo, clique com o mouse na setinha que tem ao lado do item **Installed**, em seguida clique com o mouse sobre a setinha que tem ao lado do item **Visual C#**, em seguida selecione o item **Data**, no menu do lado direito, selecione o tipo **XML File**, no item **Name:**, digite **borda_editText**, conforme figura 272:

Clique no botão **Add**, vai aparecer a área de design do arquivo **borda_editText.xml**, e posicione o cursor do mouse no inicio da **linha 2**, conforme figura 273:

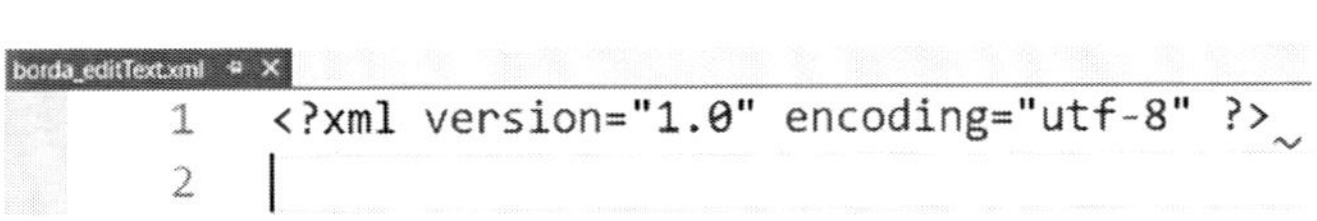

Figura 273

Na **linha 2**, onde o cursor do mouse está piscando, digite o código abaixo:

```
<shape xmlns:android="http://schemas.android.com/apk/res/android" >
  <stroke
            android:width="2dp"
            android:color="#FF8C00" />
  <padding
            android:bottom="7dp"
            android:left="7dp"
            android:right="7dp"
            android:top="7dp" />
  <solid android:color="@null" />
</shape>
```

Veja como ficou o código completo:

```
<?xml version="1.0" encoding="utf-8" ?>
<shape xmlns:android="http://schemas.android.com/apk/res/android" >
  <stroke
            android:width="2dp"
            android:color="#FF8C00" />
  <padding
            android:bottom="7dp"
            android:left="7dp"
            android:right="7dp"
            android:top="7dp" />
  <solid android:color="@null" />
</shape>
```

Salve seu projeto, conforme vimos nas **figuras 90** e **91**. Vamos analisar o código deste arquivo. Estamos definindo uma borda na cor laranja e espaçamento das bordas do lado direito, equerdo acima e abaixo, além de uma cor sólida. Vamos alterar o texto do título do nosso Aplicativo e codificar os botões para chamar as telas barco e trem, para isto abra a janela **Solution Explorer** ou pressione ao mesmo tempo as teclas **Ctrl+Alt+L**, e deve abrir a janela **Solution Explorer** conforme vimos na **figura 82**. Clique na setinha que tem ao lado da pasta **Resources**, em seguida clique na setinha que tem ao lado da pasta **values**, clique duas vezes com o mouse sobre o arquivo **strings.xml**, vai abrir a janela com o código do mesmo, na **linha 2**, altere o texto para: **Heranca Polimorfismo OO**, deve ficar conforme vimos na **figura 89**. Salve seu projeto, conforme vimos nas **figuras 90** e **91**. Abra o arquivo **MainActivity.cs**, se o mesmo estiver fechado, abra a janela **Solution Explorer**, em seguida pressione ao mesmo tempo as teclas **Ctrl+Alt+L**, em seguida clique duas vezes com o mouse sobre o arquivo **MainActivity.cs**, conforme vimos na **figura 80**. Caso ele esteja aberto, se você percebeu, a medida que vamos abrindo as janelas, as mesmas ficam disponibilizadas em abas, conforme vimos na **figura**

116. Clique na aba com o nome do arquivo **MainActivity.cs**, e vai abrir a janela de código do mesmo, conforme vimos na **figura 80**. Posicione o cursor do mouse no final da **linha 4**, e pressione a tecla **Enter**, e veja que o cursor do mouse vai ficar posicionado na **linha 5**. No local onde o cursor do mouse esta piscando, na **linha 5**, digite o código abaixo:

```
using Android.Content;
```

Agora posicione o cursor do mouse no final da **linha 10**, antes do parênteses de fechamento, e digite o código abaixo:

```
, Icon = "@drawable/Icon"
```

Salve seu projeto, conforme vimos nas **figuras 90** e **91**. Veja como ficou, conforme figura 274:

```
1  using Android.App;
2  using Android.Widget;
3  using Android.OS;
4  using Android.Support.V7.App;
5  using Android.Content;
6
7  namespace Heranca_Polimorfismo_OO
8  {
9      [Activity(Label = "@string/app_name", Theme = "@style/AppTheme", MainLauncher = true, Icon = "@drawable/Icon")]
```

Figura 274

Agora posicione o cursor do mouse no final da **linha 17**, e pressione a tecla **Enter**, e veja que o cursor do mouse vai ficar posicionado na **linha 18**. No local onde o cursor do mouse esta piscando, na **linha 18**, digite o código abaixo:

```
            Button btnChamarTelaBarco = FindViewById<Button>(Resource.Id.btnTelaBarco);
            Button btnChamarTelaTrem = FindViewById<Button>(Resource.Id.btnTelaTrem);
            btnChamarTelaBarco.Click += delegate
            {
                var telaBarco = new Intent(this, typeof(TelaBarco));
                StartActivity(telaBarco);
            };
            btnChamarTelaTrem.Click += delegate
            {
                var telaTrem = new Intent(this, typeof(TelaTrem));
                StartActivity(telaTrem);
            };
```

Salve seu projeto, conforme vimos nas **figuras 90** e **91**. Veja como ficou, conforme figura 275:

```
namespace Heranca_Polimorfismo_OO
{
    [Activity(Label = "@string/app_name", Theme = "@style/AppTheme", MainLauncher = true, Icon = "@drawable/Icon")]
    public class MainActivity : AppCompatActivity
    {
        protected override void OnCreate(Bundle savedInstanceState)
        {
            base.OnCreate(savedInstanceState);

            // Set our view from the "main" layout resource
            SetContentView(Resource.Layout.activity_main);
            Button btnChamarTelaBarco = FindViewById<Button>(Resource.Id.btnTelaBarco);
            Button btnChamarTelaTrem = FindViewById<Button>(Resource.Id.btnTelaTrem);
            btnChamarTelaBarco.Click += delegate
            {
                var telaBarco = new Intent(this, typeof(TelaBarco));
                StartActivity(telaBarco);
            };
            btnChamarTelaTrem.Click += delegate
            {
                var telaTrem = new Intent(this, typeof(TelaTrem));
                StartActivity(telaTrem);
            };
        }
    }
}
```

Figura 275

Veja como ficou o código completo:

```
using Android.App;
using Android.Widget;
using Android.OS;
using Android.Support.V7.App;
using Android.Content;

namespace Heranca_Polimorfismo_OO
{
    [Activity(Label = "@string/app_name", Theme = "@style/AppTheme", MainLaunch-
er = true, Icon = "@drawable/Icon")]
    public class MainActivity : AppCompatActivity
    {
        protected override void OnCreate(Bundle savedInstanceState)
        {
            base.OnCreate(savedInstanceState);

            // Set our view from the "main" layout resource
            SetContentView(Resource.Layout.activity_main);
            Button btnChamarTelaBarco = FindViewById<Button>(Resource.
```

```
Id.btnTelaBarco);
            Button btnChamarTelaTrem = FindViewById<Button>(Resource.
Id.btnTelaTrem);
            btnChamarTelaBarco.Click += delegate
            {
                var telaBarco = new Intent(this, typeof(TelaBarco));
                StartActivity(telaBarco);
            };
            btnChamarTelaTrem.Click += delegate
            {
                var telaTrem = new Intent(this, typeof(TelaTrem));
                StartActivity(telaTrem);
            };
        }
    }
}
```

Vamos compilar nossa aplicação, para isto vá para o menu **Debug**, em seguida, selecione o item **Start Debugging** ou pressione a tecla **F5**, conforme vimos na **figura 96**. Ou simplesmente clique na setinha verde que fica na janela **Select Device**, conforme vimos na **figura 97**. Como eu disse anteriormente, estou executando no meu smartphone **Asus Zenfone 4**, deve aparecer a janela inicial do nosso aplicativo, clique no botão **Tela Barco**, vai aparecer a **Tela Barco**, em seguida clique dentro da caixa de texto **Ano**, veja que vai aparecer um teclado numérico. Clique no botão **Executar**, com as caixas de textos vazias. Observe que não vai ocorrer o erro de **Runtime** ou de **Execução**, pois usamos um **if..else**, poderíamos ter usado a cláusula **try..catch**, ao invés disto, vai aparecer uma mensagem para o usuário dizendo que algo está errado, clique no botão **OK**. Esta é uma ótima maneira de amarrar o usuário para digitar os valores corretos. Podemos fazer isto em todos os aplicativos que peçam entrada de dados ao usuário. Digite um ano qualquer, em seguida clique dentro da caixa de texto **Nome**, e veja que vai aparecer o teclado normal, digite um nome qualquer e clique no botão **Executar**, veja que agora serão mostrados os valores corretamente. Clique no botão **OK**, e vejam que vai abrir a caixa de diálogo, por um determinado tempo, com a seguinte mensagem: **"Dados da Classe Veículo Exibidos com Sucesso !!!!"**, veja a sequencia conforme figura 276:

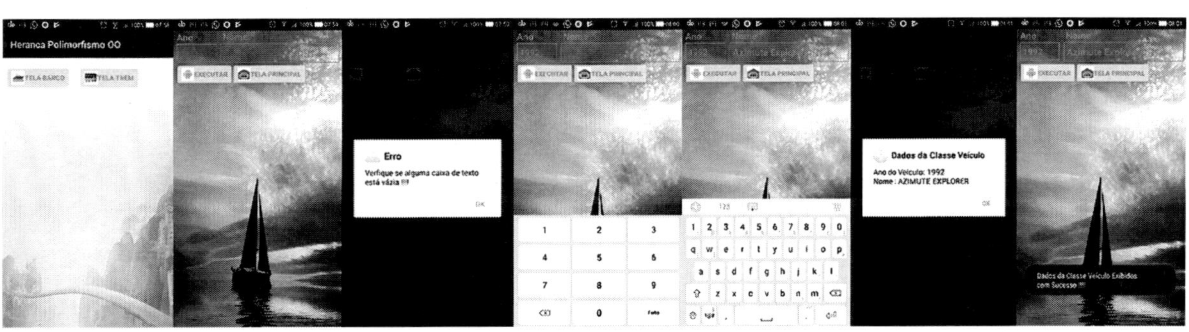

Figura 276

Vamos retornar para a tela principal do aplicativo, para isto clique no botão **Tela Principal** da tela **Barco**. Clique no botão **Tela Trem** e veja que vai ser aberta a tela **Trem**. Neta tela temos os mesmos procedimentos da tela **Barco**. Vamos retornar ao **Visual Studio**, para isto, clique no ícone do **Visual Studio** na barra de tarefas do **Windows**, conforme vimos na **figura 61**. Ao abrir o **Visual Studio**, vá para o menu **Debug**, em seguida, selecione o item **Stop Debugging** ou pressione simultaneamente as teclas **Shift+F5**, conforme vimos na **figura 103**, ou ainda, você pode utilizar o menu que aparece na barra de ferramentas do **Visual Studio**, conforme vimos na **figura 104**.

Classes Abstratas

Até o momento, criamos três classes, conforme diagrama de classes da **figura 255**. **Veiculo**, **Barco** e **Trem**, usando a técnica de herança, vamos poder instanciar objetos de qualquer uma delas. Na realidade, o que vamos tentar fazer é sempre instanciar objetos do tipo **Barco** ou **Trem**, desta forma devemos deixar a classe **Veiculo** como abstrata, assim não permitiremos que venha a ser criado um objeto diretamente da classe principal ou classe mãe. Para que isto aconteça, vamos utilizar o modificador **abstract**. Vamos retornar ao nosso projeto **Heranca_Polimorfismo_OO**, se o mesmo estiver aberto, basta posicionar o mouse sobre o ícone do **Visual Studio** na barra de ferramentas, vai aparecer uma miniatura do projeto, conforme vimos na **figura 200**. Clique sobre esta miniatura e vamos retornorar a nossa **IDE**. Caso o **Visual Studio** esteja fechado, para abrir novamente, basta clicar sobre o ícone do programa que se encontra na barra de tarefas, conforme vimos na **figura 61**. Vai abrir a tela inicial da **IDE**, conforme vimos na **figura 66**. A forma mais rápida de abrir um projeto é clicando no nome do projeto no item **Recent**, na janela inicial da **IDE**, conforme vimos na **figura 201**. Outra forma de abrir um projeto existente, é indo até o menu **File**, em seguida selecione o item **Open**, em seguida selecione o item **Project/Soluction...**, ou pressionar ao mesmo tempo as teclas **Ctrl+Shift+O**, conforme vimos na **figura 202**. Ou clicar no link **Open Project...**, na janela inicial da **IDE**, conforme vimos na **figura 203**. Vai abrir a janela **Open Project**, procure na lista o nosso projeto **Heranca_Polimorfismo_OO**, clique duas vezes sobre a pasta **Win10(C:)**, em seguida duas vezes sobre a pasta do projeto **Heranca_Polimorfismo_OO**, em seguida selecione o item **Heranca_Polimorfismo_OO.sln**, conforme vimos na **figura 204**. Ou clique sobre o botão **Abrir**. Clicar duas vezes sobre o arquivo **Heranca_Polimorfismo_OO.sln**, também vai abri-lo. Outra forma de abrir rapidamente um projeto, vá até o menu **File**, em seguida selecione o item **Recent Project and Soluction**, em seguida clique com o mouse sobre o item **1 Heranca_Polimorfismo_OO.sln (C:\Heranca_Polimorfismo_OO)**, conforme vimos na **figura 205**. Independentemente da forma escolhida para abrir um projeto, vamos retornar para nossa **IDE**.

Vamos retornar para a classe **Veiculo**. Se a mesma estiver aberta, basta clicar na aba com o nome da classe, conforme vimos na **figura 116**. Caso esteja fechada, para abri-la, abra a janela **Solution Explorer** pressione ao mesmo tempo as teclas **Ctrl+Alt+L**, e deve abrir a janela **Solution Explorer** conforme vimos na **figura 82**. Clique na setinha que tem ao lado da pasta **Classes**, clique duas vezes sobre o nome da classe **Veiculo.cs**. Com a classe **Veiculo.cs** aberta, posicione o cursor do mouse no inicio da **linha 15**, pressione a tecla **Shift+Setinha Direita** até o final da **linha 15**, conforme figura 277:

```
13  namespace Heranca_Polimorfismo_OO.Classes
14  {
15      public class Veiculo
16      {
17          public int vei_ano { get; set; }
18          public string vei_nome { get; set; }
```

Figura 277

Em seguida pressione a tecla **Delete** do teclado, e veja que o cursor do mouse vai ficar piscando na **linha 15**. Na **linha 15**, onde o cursor do mouse está piscando, digite o código abaixo:

```
public abstract class Veiculo
```

Veja como ficou, conforme figura 278:

```
13  namespace Heranca_Polimorfismo_OO.Classes
14  {
15      public abstract class Veiculo
16      {
17          public int vei_ano { get; set; }
18          public string vei_nome { get; set; }
```

Figura 278

Salve seu projeto, conforme vimos nas **figuras 90** e **91**. Em seguida posicione o cursor do mouse no início da **linha 25**, pressione a tecla **Shift+Setinha Direita** até o final da **linha 39**, conforme vimos na **figura 249**. Em seguida pressione a tecla **Delete** do teclado, e veja que o cursor do mouse vai ficar piscando na **linha 25**. Logo após, digite o código abaixo:

```
public abstract String ExibirAtributos();
```

Salve seu projeto, conforme vimos nas **figuras 90** e **91**. Veja como ficou, conforme figura 279:

```
13  namespace Heranca_Polimorfismo_OO.Classes
14  {
15      public abstract class Veiculo
16      {
17          public int vei_ano { get; set; }
18          public string vei_nome { get; set; }
19          //Método Construtor
20          public Veiculo(int Vei_Ano, string Vei_Nome)
21          {
22              this.vei_ano = Vei_Ano;
23              this.vei_nome = Vei_Nome;
24          }
25          public abstract String ExibirAtributos();
26      }
27  }
```

Figura 279

Veja como ficou o código completo:

```
using System;
using System.Collections.Generic;
using System.Linq;
using System.Text;

using Android.App;
using Android.Content;
using Android.OS;
using Android.Runtime;
using Android.Views;
using Android.Widget;

namespace Heranca_Polimorfismo_OO.Classes
{
    public abstract class Veiculo
    {
        public int vei_ano { get; set; }
        public string vei_nome { get; set; }
        //Método Construtor
        public Veiculo(int Vei_Ano, string Vei_Nome)
        {
            this.vei_ano = Vei_Ano;
            this.vei_nome = Vei_Nome;
        }
        public abstract String ExibirAtributos();
    }
}
```

Conforme código acima, vamos garantir o funcionamento do sistema de um modo mais coerente, pois na prática o veículo será do tipo **Barco** ou **Trem**. Estes são os tipos concretos que devem ser utilizados. Como vimos, as classes abstratas podem declarar métodos abstratos, conforme fizemos na **linha 25**.

```
        public abstract String exibirAtributos();
```

Veja que este método não possui implementação, desta forma as classes filhas são obrigadas a implementar a lógica. Isto ocorre quando a classe mãe não possui informações suficientes para implementar algum método, assim ela vai delegar essa responsabilidade para as classes filhas. Após a criação deste método, as classes **Barco** e **Trem** ficam com a obrigatoriedade de implementá-los, para isto basta informar o modificador **override** na declaração do método. Vamos retornar para a classe **Barco.cs**, se a mesma estiver aberta, basta clicar na aba com o nome da classe, conforme vimos na **figura 116**. Caso esteja fechada, para abri-la, abra a janela **Solution**

Explorer pressione ao mesmo tempo as teclas **Ctrl+Alt+L**, e deve abrir a janela **Solution Explorer** conforme vimos na **figura 82**. Clique na setinha que tem ao lado da pasta **Classes**, clique duas vezes sobre o nome da classe **Barco.cs**. Com a classe **Barco.cs** aberta, posicione o cursor do mouse no final da **linha 20**, pressione a tecla **Enter** do teclado, e veja que o cursor do mouse vai ficar piscando na **linha 21**. Na **linha 21**, onde o cursor do mouse está piscando, digite o código abaixo:

```
// Declara o modificador override
public override String ExibirAtributos()
{
    return "Ano do Barco: " + vei_ano + "\n" + "Nome do Barco: " + vei_nome;
}
```

Veja como ficou, conforme figura 280:

```
13 namespace Heranca_Polimorfismo_OO.Classes
14 {
15     public class Barco : Veiculo
16     {
17         public Barco(int Vei_Ano, string Vei_Nome) : base(Vei_Ano, Vei_Nome)
18         {
19 
20         }
21         // Declara o modificador override
22         public override String ExibirAtributos()
23         {
24             return "Ano do Barco: " + vei_ano + "\n" + "Nome do Barco: " + vei_nome;
25         }
26     }
27 }
```

Figura 280

Veja como ficou o código completo:

```
using System;
using System.Collections.Generic;
using System.Linq;
using System.Text;

using Android.App;
using Android.Content;
using Android.OS;
using Android.Runtime;
using Android.Views;
using Android.Widget;

namespace Heranca_Polimorfismo_OO.Classes
```

```
{
    public class Barco : Veiculo
    {
        public Barco(int Vei_Ano, string Vei_Nome) : base(Vei_Ano, Vei_Nome)
        {

        }
        // Declara o modificador override
        public override String ExibirAtributos()
        {
            return "Ano do Barco: " + vei_ano + "\n" + "Nome do Barco: " + vei_
nome;
        }
    }
}
```

Salve seu projeto, conforme vimos nas **figuras 90** e **91**. Vamos retornar para a classe **Trem.cs**, se a mesma estiver aberta, basta clicar na aba com o nome da classe, conforme vimos na **figura 116**. Caso esteja fechada, para abri-la, abra a janela **Solution Explorer** pressione ao mesmo tempo as teclas **Ctrl+Alt+L**, e deve abrir a janela **Solution Explorer** conforme vimos na **figura 82**. Clique na setinha que tem ao lado da pasta **Classes**, clique duas vezes sobre o nome da classe **Trem.cs**. Com a classe **Trem.cs** aberta, posicione o cursor do mouse no final da **linha 20**, pressione a tecla **Enter** do teclado, e veja que o cursor do mouse vai ficar piscando na **linha 21**. Na **linha 21**, onde o cursor do mouse está piscando, digite o código abaixo:

```
         // Declara o modificador override
        public override String ExibirAtributos()
        {
            return "Ano do Trem: " + vei_ano + "\n" + "Nome do Trem: " + vei_
nome;
        }
```

Veja como ficou, conforme vimos na **figura 280**. Veja como ficou o código completo:

```
using System;
using System.Collections.Generic;
using System.Linq;
using System.Text;

using Android.App;
using Android.Content;
using Android.OS;
using Android.Runtime;
using Android.Views;
```

```
using Android.Widget;

namespace Heranca_Polimorfismo_OO.Classes
{
    public class Trem : Veiculo
    {
        public Trem(int Vei_Ano, string Vei_Nome) : base(Vei_Ano, Vei_Nome)
        {

        }
        // Declara o modificador override
        public override String ExibirAtributos()
        {
            return "Ano do Trem: " + vei_ano + "\n" + "Nome do Trem: " + vei_
nome;
        }
    }
}
```

Salve seu projeto, conforme vimos nas **figuras 90** e **91**. Na linguagem **C#** utilizamos o modificador **override** para identificar que o método da classe mãe está sendo sobrescrito. Pronto, já codificamos todas as nossas classes, vamos agora codificar a chamada destas classes, para isto vamos abrir o arquivo **TelaBarco.cs**, Observe que após criarmos as nossas telas, as mesmas vão ficar disponibilizadas em abas, conforme vimos na **figura 264**, ou na janela **Solution Explorer**, conforme vimos na **figura 265**. Clique na aba com o nome do arquivo **TelaBarco.cs**, ou clique duas vezes com o botão do mouse sobre o arquivo **TelaBarco.cs**, na janela **Solution Explorer**, conforme vimos na **figura 265**. Veja que temos um erro na **linha 42**, posicione o cursor do mouse no inicio da **linha 42**, pressione a tecla **Shift+Setinha Direita** até o final da **linha 42**, em seguida pressione a tecla **Delete** do teclado, e veja que o cursor do mouse vai ficar piscando na **linha 42**. Na **linha 42**, onde o cursor do mouse está piscando, digite o código abaixo:

```
ExibirAtributos(barco1);
```

Veja como ficou, conforme figura 281:

```
40    Barco barco1 = new Barco(int.Parse(AnoBarco.Text), NomeBarco.Text);
41    //Vão ser chamados os Atributos da Classe Veículo através do mecanis
42    ExibirAtributos(barco1);
```

Figura 281

Observe que o método **ExibirAtributos(barco1);**, está com erro, isto se deve ao fato de que não criamos o método acima, para isto, posicione o cursor do mouse no final da **linha 66**, em seguida pressione a tecla **Enter**, veja que o cursor do mouse vai ser posicionado na **linha 67**, nesta linha digite o código abaixo:

```
    //Este método vai chamar os atributos da Classe Barco
    private void ExibirAtributos(Barco barco1)
    {
        //define o alerta para exibir os dados em uma caixa de Alerta
        AlertDialog.Builder builder = new AlertDialog.Builder(this);
        AlertDialog exibirAtributos = builder.Create();
        //Define o Titulo
        exibirAtributos.SetTitle("Dados da Classe Barco");
        exibirAtributos.SetIcon(Android.Resource.Drawable.IcDialogInfo);
        exibirAtributos.SetMessage(barco1.ExibirAtributos());
        exibirAtributos.SetButton("OK", (s, ev) =>
        {
        Toast.MakeText(this, "Dados da Classe Barco Exibidos com Sucesso
!!!!", ToastLength.Long).Show();
        });
        exibirAtributos.Show();
    }
```

Veja como ficou, conforme figura 282:

```
67    //Este método vai chamar os atributos da Classe Barco
68    private void ExibirAtributos(Barco barco1)
69    {
70        //define o alerta para exibir os dados em uma caixa de Alerta
71        AlertDialog.Builder builder = new AlertDialog.Builder(this);
72        AlertDialog exibirAtributos = builder.Create();
73        //Define o Titulo
74        exibirAtributos.SetTitle("Dados da Classe Barco");
75        exibirAtributos.SetIcon(Android.Resource.Drawable.IcDialogInfo);
76        exibirAtributos.SetMessage(barco1.ExibirAtributos());
77        exibirAtributos.SetButton("OK", (s, ev) =>
78        {
79            Toast.MakeText(this, "Dados da Classe Barco Exibidos com Sucesso !!!!", ToastLength.Long).Show();
80        });
81        exibirAtributos.Show();
82    }
```

Figura 282

Veja como ficou o código completo:

```
using System;
using System.Collections.Generic;
using System.Linq;
using System.Text;

using Android.App;
using Android.Content;
```

```
using Android.OS;
using Android.Runtime;
using Android.Views;
using Android.Widget;
using Heranca_Polimorfismo_OO.Classes;

namespace Heranca_Polimorfismo_OO
{
    [Activity(Label = "Tela Barco")]
    public class TelaBarco : Activity
    {
        protected override void OnCreate(Bundle savedInstanceState)
        {
            base.OnCreate(savedInstanceState);
            SetContentView(Resource.Layout.TelaBarco);
            // Recebe o objeto EditText do recurso layout
            EditText AnoBarco = FindViewById<EditText>(Resource.Id.txtAnoBarco);
            // Recebe o objeto EditText do recurso layout
            EditText NomeBarco = FindViewById<EditText>(Resource.
Id.txtNomeBarco);
            // Recebe o objeto Button do recurso layout
            Button Executar = FindViewById<Button>(Resource.
Id.btnExecutarBarco);
            // Recebe o objeto Button do recurso layout
            Button btnChamarTelaPrincipal = FindViewById<Button>(Resource.
Id.btnTelaPrincipalBarco);
            //Após clicar no botão Executar, serão mostrados os dados do barco
            Executar.Click += (sender, e) =>
            {
                if ((AnoBarco.Text != "") && (NomeBarco.Text != ""))
                {
                    //Instanciando a Classe Barco para o objeto barco1
                    //O atributo bar_ano vai receber o que for digitado em txtA-
noBarco,
                    //após a conversão do mesmo de texto para int e o atributo
bar_nome
                    //vai receber o que for digitado em txtNomeBarco
                    Barco barco1 = new Barco(int.Parse(AnoBarco.Text), NomeBar-
co.Text);
                    //Vão ser chamados os Atributos da Classe Veículo através do
mecanismo de Herança
                    ExibirAtributos(barco1);
                }
                else
                {
```

```
                    //define o alerta para executar a tarefa
                    AlertDialog.Builder builder = new AlertDialog.Builder(this);
                    AlertDialog erro = builder.Create();
                    //Define o Titulo
                    erro.SetTitle("Erro");
                    erro.SetIcon(Android.Resource.Drawable.IcDialogAlert);
                    erro.SetMessage("Verfique se alguma caixa de texto está vázia
!!!!");
                    erro.SetButton("OK", (s, ev) =>
                    {

                    });
                    erro.Show();
                }
            };
            //Após clicar no botão Tela Principal, vamos retornar para a tela
inicial
            btnChamarTelaPrincipal.Click += delegate
            {
                var telaPrincipal = new Intent(this, typeof(MainActivity));
                StartActivity(telaPrincipal);
            };
        }
        //Este método vai chamar os atributos da Classe Barco
        private void ExibirAtributos(Barco barco1)
        {
            //define o alerta para exibir os dados em uma caixa de Alerta
            AlertDialog.Builder builder = new AlertDialog.Builder(this);
            AlertDialog exibirAtributos = builder.Create();
            //Define o Titulo
            exibirAtributos.SetTitle("Dados da Classe Barco");
            exibirAtributos.SetIcon(Android.Resource.Drawable.IcDialogInfo);
            exibirAtributos.SetMessage(barco1.ExibirAtributos());
            exibirAtributos.SetButton("OK", (s, ev) =>
            {
            Toast.MakeText(this, "Dados da Classe Barco Exibidos com Sucesso
!!!!", ToastLength.Long).Show();
            });
            exibirAtributos.Show();
        }
    }
}
```

Salve seu projeto, conforme vimos nas **figuras 90** e **91**. Agora vamos alterar o código da tela **Trem.cs**. Observe que após criarmos as nossas telas, as mesmas vão ficar disponibilizadas em abas, conforme vimos na **figura 264**, ou na janela **Solution Explorer**, conforme vimos na **figura 265**. Clique na aba com o nome do arquivo **TelaTrem.cs**, ou clique duas vezes com o botão do mouse sobre o arquivo **TelaTrem.cs**, na janela **Solution Explorer**, conforme vimos na **figura 265**. Veja que temos um erro na **linha 42**, posicione o cursor do mouse no inicio da **linha 42**, pressione a tecla **Shift+Setinha Direita** até o final da **linha 42**, em seguida pressione a tecla **Delete** do teclado, e veja que o cursor do mouse vai ficar piscando na **linha 42**. Na **linha 42**, onde o cursor do mouse está piscando, digite o código abaixo:

```
ExibirAtributos(trem1);
```

Veja como ficou, conforme vimos na **figura 281**. Observe que o método **ExibirAtributos(trem1);**, está com erro, isto se deve ao fato de que não criamos o método acima, para isto posicione o cursor do mouse no final da **linha 66**, em seguida pressione a tecla **Enter** do teclado, veja que o cursor do mouse vai ser posicionado na linha **67**, nesta linha digite o código abaixo:

```
 //Este método vai chamar os atributos da Classe Trem
private void ExibirAtributos(Trem trem1)
{
    //define o alerta para exibir os dados em uma caixa de Alerta
    AlertDialog.Builder builder = new AlertDialog.Builder(this);
    AlertDialog exibirAtributos = builder.Create();
    //Define o Titulo
    exibirAtributos.SetTitle("Dados da Classe Trem");
    exibirAtributos.SetIcon(Android.Resource.Drawable.IcDialogInfo);
    exibirAtributos.SetMessage(trem1.ExibirAtributos());
    exibirAtributos.SetButton("OK", (s, ev) =>
    {

    });
    exibirAtributos.Show();
}
```

Veja como ficou conforme vimos na **figura 282**. Veja como ficou o código completo:

```
using System;
using System.Collections.Generic;
using System.Linq;
using System.Text;

using Android.App;
```

```
using Android.Content;
using Android.OS;
using Android.Runtime;
using Android.Views;
using Android.Widget;
using Heranca_Polimorfismo_OO.Classes;

namespace Heranca_Polimorfismo_OO
{
    [Activity(Label = "Tela Trem")]
    public class TelaTrem : Activity
    {
        protected override void OnCreate(Bundle savedInstanceState)
        {
            base.OnCreate(savedInstanceState);
            SetContentView(Resource.Layout.TelaTrem);
            // Recebe o objeto EditText do recurso layout
            EditText AnoTrem = FindViewById<EditText>(Resource.Id.txtAnoTrem);
            // Recebe o objeto EditText do recurso layout
            EditText NomeTrem = FindViewById<EditText>(Resource.Id.txtNomeTrem);
            // Recebe o objeto Button do recurso layout
            Button Executar = FindViewById<Button>(Resource.Id.btnExecutarTrem);
            // Recebe o objeto Button do recurso layout
            Button btnChamarTelaPrincipal = FindViewById<Button>(Resource.
Id.btnTelaPrincipalTrem);
            //Após clicar no botão Executar, serão mostrados os dados do trem
            Executar.Click += (sender, e) =>
            {
                if ((AnoTrem.Text != "") && (NomeTrem.Text != ""))
                {
                    //Instanciando a Classe Trem para o objeto trem1
                    //O atributo vei_ano vai receber o que for digitado em txtA-
noTrem,
                    //após a conversão do mesmo de texto para int e o atributo
vei_nome
                    //vai receber o que for digitado em txtNomeTrem
                    Trem trem1 = new Trem(int.Parse(AnoTrem.Text), NomeTrem.
Text);
                    //Vão ser chamados os Atributos da Classe Veículo através do
mecanismo de Herança
                    ExibirAtributos(trem1);
                }
                else
                {
                    //define o alerta para executar a tarefa
```

```
                    AlertDialog.Builder builder = new AlertDialog.Builder(this);
                    AlertDialog erro = builder.Create();
                    //Define o Titulo
                    erro.SetTitle("Erro");
                    erro.SetIcon(Android.Resource.Drawable.IcDialogAlert);
                    erro.SetMessage("Verfique se alguma caixa de texto está vázia
!!!!");
                    erro.SetButton("OK", (s, ev) =>
                    {

                    });
                    erro.Show();
                }
            };
            //Após clicar no botão Tela Principal, vamos retornar para a tela
inicial
            btnChamarTelaPrincipal.Click += delegate
            {
                var telaPrincipal = new Intent(this, typeof(MainActivity));
                StartActivity(telaPrincipal);
            };
        }
        //Este método vai chamar os atributos da Classe Trem
        private void ExibirAtributos(Trem trem1)
        {
            //define o alerta para exibir os dados em uma caixa de Alerta
            AlertDialog.Builder builder = new AlertDialog.Builder(this);
            AlertDialog exibirAtributos = builder.Create();
            //Define o Titulo
            exibirAtributos.SetTitle("Dados da Classe Trem");
            exibirAtributos.SetIcon(Android.Resource.Drawable.IcDialogInfo);
            exibirAtributos.SetMessage(trem1.ExibirAtributos());
            exibirAtributos.SetButton("OK", (s, ev) =>
            {
            Toast.MakeText(this, "Dados da Classe Trem Exibidos com Sucesso
!!!!", ToastLength.Long).Show();
            });
            exibirAtributos.Show();
        }
    }
}
```

Salve seu projeto, conforme vimos nas **figuras 90** e **91**. Graças ao conceito de **polimorfismo**, o método **Exi-**

birAtributos() será chamado no objeto **Barco** ou **Trem**, dependendo de quem for passado como parâmetro. Vamos compilar nossa aplicação, para isto vá para o menu **Debug**, em seguida, selecione o item **Start Debugging** ou pressione a tecla **F5**, conforme vimos na **figura 96**. Ou simplesmente clique na setinha verde que fica na janela **Select Device**, conforme vimos na **figura 97**. Como eu disse anteriormente, estou executando no meu smartphone **Asus Zenfone 4**, deve aparecer a janela inicial do nosso aplicativo, clique no botão **Tela Barco**, vai aparecer a **Tela Barco**, em seguida clique dentro da caixa de texto **Ano**, veja que vai aparecer um teclado numérico. Clique no botão **Executar**, com as caixas de textos vazias. Observe que não vai ocorrer o erro de **Runtime** ou de **Execução**, pois usamos um **if..else**, poderíamos ter usado a cláusula **try..catch**, ao invés disto, vai aparecer uma mensagem para o usuário dizendo que algo está errado, clique no botão **OK**. Esta é uma ótima maneira de amarrar o usuário para digitar os valores corretos. Podemos fazer isto em todos os aplicativos que peçam entrada de dados ao usuário. Digite um ano qualquer, em seguida clique dentro da caixa de texto **Nome**, e veja que vai aparecer o teclado normal, digite um nome qualquer e clique no botão **Executar**, veja que agora serão mostrados os valores corretamente. Clique no botão **OK**, e vejam que vai abrir a caixa de diálogo, por um determinado tempo, com a seguinte mensagem: **"Dados da Classe Barco Exibidos com Sucesso !!!!"**, veja a sequencia conforme vimos na **figura 276**. Vamos retornar para a tela principal do aplicativo, para isto clique no botão **Tela Principal** da tela **Barco**. Clique no botão **Tela Trem** e veja que vai ser aberta a tela **Trem**. Neta tela temos os mesmos procedimentos da tela **Barco**.

Vamos retornar ao **Visual Studio**, para isto, clique no ícone do **Visual Studio** na barra de tarefas do **Windows**, conforme vimos na **figura 61**. Ao abrir o **Visual Studio**, vá para o menu **Debug**, em seguida, selecione o item **Stop Debugging** ou pressione simultaneamente as teclas **Shift+F5**, conforme vimos na **figura 103**, ou ainda, você pode utilizar o menu que aparece na barra de ferramentas do **Visual Studio**, conforme vimos na **figura 104**.

Interfaces

Interfaces são parecidas com classes abstratas, mas sabemos que a maioria das linguagens permite herdar de apenas uma classe. Isso deixa a herança com classes abstratas um pouco limitada, e por isso é recomendado por boa prática utilizar muitas interfaces em seus sistemas, pois permitem criar um tipo de herança múltipla. Uma interface não possui implementação, e todas as classes que implementarem essa interface serão obrigadas a implementar todos os seus métodos. E, diferente de classes, interfaces não podem ser instanciadas.

Para demonstrar a utilização de interfaces, vamos retornar ao nosso projeto **Heranca_Polimorfismo_OO**, se o mesmo estiver aberto, basta posicionar o mouse sobre o ícone do **Visual Studio** na barra de ferramentas, vai aparecer uma miniatura do projeto, conforme vimos na **figura 200**. Clique sobre esta miniatura e vamos retornorar a nossa **IDE**. Caso o **Visual Studio** esteja fechado, para abrir novamente, basta clicar sobre o ícone do programa que se encontra na barra de tarefas, conforme vimos na **figura 61**. Vai abrir a tela inicial da **IDE**, conforme vimos na **figura 66**. A forma mais rápida de abrir um projeto é clicando no nome do projeto no item

Recent, na janela inicial da **IDE**, conforme vimos na **figura 201**. Outra forma de abrir um projeto existente, é indo até o menu **File**, em seguida selecione o item **Open**, em seguida selecione o item **Project/Soluction...**, ou pressionar ao mesmo tempo as teclas **Ctrl+Shift+O**, conforme vimos na **figura 202**. Ou clicar no link **Open Project...**, na janela inicial da **IDE**, conforme vimos na **figura 203**. Vai abrir a janela **Open Project**, procure na lista o nosso projeto **Heranca_Polimorfismo_OO**, clique duas vezes sobre a pasta **Win10(C:)**, em seguida duas vezes sobre a pasta do projeto **Heranca_Polimorfismo_OO**, em seguida selecione o item **Heranca_Polimorfismo_OO.sln**, conforme vimos na **figura 204**. Ou clique sobre o botão **Abrir**. Clicar duas vezes sobre o arquivo **Heranca_Polimorfismo_OO.sln**, também vai abri-lo. Outra forma de abrir rapidamente um projeto, vá até o menu **File**, em seguida selecione o item **Recent Project and Soluction**, em seguida clique com o mouse sobre o item **1 Heranca_Polimorfismo_OO.sln (C:\Heranca_Polimorfismo_OO)**, conforme vimos na **figura 205**. Independentemente da forma escolhida para abrir um projeto, vamos retornar para nossa **IDE**.

Vamos criar quatro **interfaces** no nosso projeto, chamadas: **tipoEtanol**, **tipoGasolina, tipoDiesel** e **tipoFlex**. Abra a janela **Solution Explorer** ou pressione ao mesmo tempo as teclas **Ctrl+Alt+L**, e deve abrir a janela **Solution Explorer** conforme vimos na **figura 82**, clique com o botão do mouse sobre o nome do projeto **Heranca_Polimorfismo_OO**, selecione o item **Add**, em seguida selecione o item **New Folder,** conforme vimos na **figura 151**. Ou vá até o menu **Project** e selecione o item **New Folder**, conforme vimos na **figura 152**. No nome da pasta digite **Interfaces**, conforme vimos na **figura 153**. Pressione a tecla **Enter** do teclado, veja como ficou, conforme vimos na **figura 210**. Agora vamos criar nossa **Interaface tipoEtanol** dentro da pasta **Interfaces**, abra a janela **Solution Explorer** ou pressione ao mesmo tempo as teclas **Ctrl+Alt+L**, e deve abrir a janela **Solution Explorer** conforme vimos na **figura 82**, clique com o botão do mouse sobre a pasta **Interfaces**, e selecione o item **Add**, em seguida selecione o item **New Item...,** ou pressione ao mesmo tempo as teclas **Ctrl+Shift+A**, conforme vimos na **figura 259**.

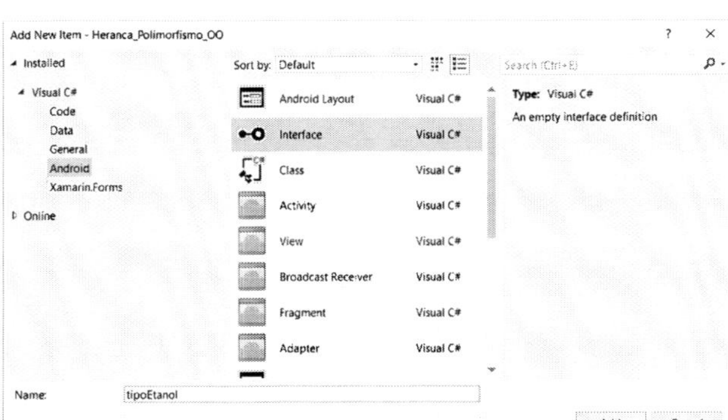

Figura 283

Ou vá até o menu **Project** e **New Item...,** ou pressione ao mesmo tempo as teclas **Ctrl+Shift+A**, conforme conforme vimos na **figura 260**, independentemente da forma escolhida para inserir o novo item, vai abrir a janela **Add New Item – Heranca_Polimorfismo_OO**, no menu do lado esquerdo, clique com o mouse na setinha que tem ao lado do item **Installed**, em seguida clique com o mouse sobre a setinha que tem ao lado do item **Visual C#**, em seguida selecione o item **Android**, no menu do lado direito, selecione o tipo **Interface**, no item **Name:**, digite **tipoEtanol**, conforme figura 283:

Clique no botão **Add**, e vai aparecer a área de código da **Interface tipoEtanol** que acabamos de criar. Posicione o cursor do mouse no início da **linha 15** e digite **public**, pressione a barra de espaço, veja como ficou, conforme figura 284:

```
13  namespace Heranca_Polimorfismo_OO.Interfaces
14  {
15      public interface tipoEtanol
16      {
17      }
18  }
```

Figura 284

Salve seu projeto, conforme vimos nas **figuras 90** e **91**. Repita o procedimento anterior e vamos criar nossa **Interaface tipoGasolina** dentro da pasta **Interfaces**, abra a janela **Solution Explorer** ou pressione ao mesmo tempo as teclas **Ctrl+Alt+L**, e deve abrir a janela **Solution Explorer** conforme vimos na **figura 82**, clique com o botão do mouse sobre a pasta **Interfaces**, e selecione o item **Add**, em seguida selecione o item **New Item...**, ou pressione ao mesmo tempo as teclas **Ctrl+Shift+A**, conforme vimos na **figura 259**. Ou vá até o menu **Project** e **New Item...**, ou pressione ao mesmo tempo as teclas **Ctrl+Shift+A**, conforme conforme vimos na **figura 260**, independentemente da forma escolhida para inserir o novo item, vai abrir a janela **Add New Item – Heranca_Polimorfismo_OO**, no menu do lado esquerdo, clique com o mouse na setinha que tem ao lado do item **Installed**, em seguida clique com o mouse sobre a setinha que tem ao lado do item **Visual C#**, em seguida selecione o item **Android**, no menu do lado direito, selecione o tipo **Interface**, no item **Name:**, digite **tipoGasolina**, conforme vimos na **figura 283**. Clique no botão **Add**, e vai aparecer a área de código da **Interface tipoGasolina** que acabamos de criar. Posicione o cursor do mouse no início da **linha 15** e digite **public**, pressione a barra de espaço, veja como ficou conforme vimos na **figura 284**.

Salve seu projeto, conforme vimos nas **figuras 90** e **91**. Repita o procedimento anterior e vamos criar nossa **Interaface tipoDiesel** dentro da pasta **Interfaces**, abra a janela **Solution Explorer** ou pressione ao mesmo tempo as teclas **Ctrl+Alt+L**, e deve abrir a janela **Solution Explorer** conforme vimos na **figura 82**, clique com o botão do mouse sobre a pasta **Interfaces**, e selecione o item **Add**, em seguida selecione o item **New Item...**, ou pressione ao mesmo tempo as teclas **Ctrl+Shift+A**, conforme vimos na **figura 259**. Ou vá até o menu **Project** e **New Item...**, ou pressione ao mesmo tempo as teclas **Ctrl+Shift+A**, conforme conforme vimos na **figura 260**, independentemente da forma escolhida para inserir o novo item, vai abrir a janela **Add New Item – Heranca_Polimorfismo_OO**, no menu do lado esquerdo, clique com o mouse na setinha que tem ao lado do item **Installed**, em seguida clique com o mouse sobre a setinha que tem ao lado do item **Visual C#**, em seguida selecione o item **Android**, no menu do lado direito, selecione o tipo **Interface**, no item **Name:**, digite **tipoDiesel**, conforme vimos na **figura 283**. Clique no botão **Add**, e vai aparecer a área de código da **Interface tipoDiesel** que acabamos de criar. Posicione o cursor do mouse no início da **linha 15** e digite **public**, pressione a barra de espaço, veja como ficou conforme vimos na **figura 284**.

Salve seu projeto, conforme vimos nas **figuras 90** e **91**. Repita o procedimento anterior e vamos criar nossa **Interaface tipoFlex** dentro da pasta **Interfaces**, abra a janela **Solution Explorer** ou pressione ao mesmo tempo as teclas **Ctrl+Alt+L**, e deve abrir a janela **Solution Explorer** conforme vimos na **figura 82**, clique com o botão do mouse sobre a pasta **Interfaces**, e selecione o item **Add**, em seguida selecione o item **New Item...**, ou pressione ao mesmo tempo as teclas **Ctrl+Shift+A**, conforme vimos na **figura 259**. Ou vá até o menu **Project** e **New Item...**, ou pressione ao mesmo tempo as teclas **Ctrl+Shift+A**, conforme conforme vimos na **figura 260**, independentemente da forma escolhida para inserir o novo item, vai abrir a janela **Add New Item – Heranca_Polimorfismo_OO**, no menu do lado esquerdo, clique com o mouse na setinha que tem ao lado do item **Installed**, em seguida clique com o mouse sobre a setinha que tem ao lado do item **Visual C#**, em seguida selecione o item **Android**, no menu do lado direito, selecione o tipo **Interface**, no item **Name:**, digite **tipoFlex**, conforme vimos na **figura 283**. Clique no botão **Add**, e vai aparecer a área de código da **Interface tipoFlex** que acabamos de criar. Posicione o cursor do mouse no início da **linha 15** e digite **public**, pressione a barra de espaço, veja como ficou conforme vimos na **figura 284**.

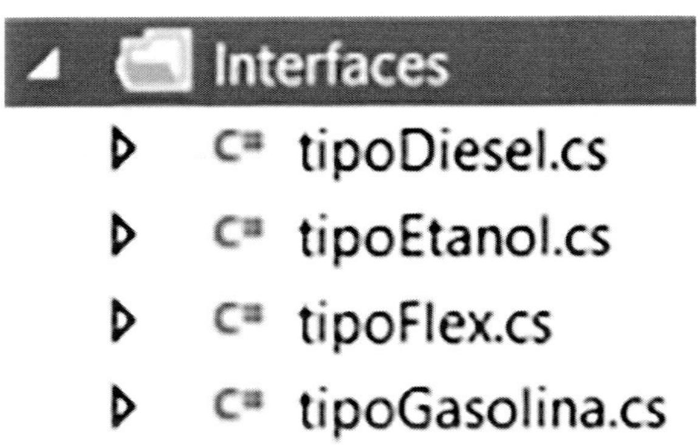

Figura 285

Observe que após criarmos todas as nossas **interfaces**, as mesmas vão ficar disponibilizadas em abas, conforme vimos na **figura 116**. Ou na janela **Solution Explorer**, conforme figura 285:

Vamos abrir a interface **tipoEtanol.cs**. Se a mesma estiver aberta, basta clicar na aba com o nome da classe, conforme vimos na **figura 116**. Caso esteja fechada, para abri-la, abra a janela **Solution Explorer** pressione ao mesmo tempo as teclas **Ctrl+Alt+L**, e deve abrir a janela **Solution Explorer** conforme vimos na **figura 82**. Clique na setinha que tem ao lado da pasta **Interfaces**, conforme vimos na **figura 285**, clique duas vezes sobre o nome da interface **tipoEtanol.cs**. Com a interface **tipoEtanol.cs** aberta, posicione o cursor do mouse no final da **linha 16**, e pressione a tecla **Enter**, na **linha 17**, digite o código abaixo:

```
void encherTanqueComEtanol(int litros, Context context);
```

Veja como ficou, conforme figura 286:

```
13 namespace Heranca_Polimorfismo_OO.Interfaces
14 {
15     public interface tipoEtanol
16     {
17         void encherTanqueComEtanol(int litros, Context context);
18     }
19 }
```

Figura 286

Vamos abrir a interface **tipoGasolina.cs**. Se a mesma estiver aberta, basta clicar na aba com o nome da classe, conforme vimos na **figura 116**. Caso esteja fechada, para abri-la, abra a janela **Solution Explorer** pressione ao mesmo tempo as teclas **Ctrl+Alt+L**, e deve abrir a janela **Solution Explorer** conforme vimos na **figura 82**. Clique na setinha que tem ao lado da pasta **Interfaces**, conforme vimos na **figura 285**, clique duas vezes sobre o nome da interface **tipoGasolina.cs**. Com a interface **tipoGasolina.cs** aberta, posicione o cursor do mouse no final da **linha 16**, e pressione a tecla **Enter**, na **linha 17**, digite o código abaixo:

```
void encherTanqueComGasolina(int litros, Context context);
```

Veja como ficou, conforme vimos na **figura 286**. Salve seu projeto, conforme vimos nas **figuras 90** e **91**. Vamos abrir a interface **tipoDiesel.cs**. Se a mesma estiver aberta, basta clicar na aba com o nome da classe, conforme vimos na **figura 116**. Caso esteja fechada, para abri-la, abra a janela **Solution Explorer** pressione ao mesmo tempo as teclas **Ctrl+Alt+L**, e deve abrir a janela **Solution Explorer** conforme vimos na **figura 82**. Clique na setinha que tem ao lado da pasta **Interfaces**, conforme vimos na **figura 285**, clique duas vezes sobre o nome da interface **tipoDiesel.cs**. Com a interface **tipoDiesel.cs** aberta, posicione o cursor do mouse no final da **linha 16**, e pressione a tecla **Enter**, na **linha 17**, digite o código abaixo:

```
void encherTanqueComDiesel(int litros, Context context);
```

Veja como ficou, conforme vimos na **figura 286**. Salve seu projeto, conforme vimos nas **figuras 90** e **91**. Vamos abrir a interface **tipoFlex.cs**. Se a mesma estiver aberta, basta clicar na aba com o nome da classe, conforme vimos na **figura 116**. Caso esteja fechada, para abri-la, abra a janela **Solution Explorer** pressione ao mesmo tempo as teclas **Ctrl+Alt+L**, e deve abrir a janela **Solution Explorer** conforme vimos na **figura 82**. Clique na setinha que tem ao lado da pasta **Interfaces**, conforme vimos na **figura 285**, clique duas vezes sobre o nome da interface **tipoFlex.cs**. Com a interface **tipoFlex.cs** aberta, posicione o cursor do mouse no final da **linha 15**, e pressione a tecla **Barra de espaço**, em seguida digite o código abaixo:

```
: tipoEtanol, tipoGasolina
```

Veja como ficou, conforme figura 287:

```
namespace Heranca_Polimorfismo_OO.Interfaces
{
    public interface tipoFlex : tipoEtanol, tipoGasolina
    {
    }
}
```

Figura 287

Salve seu projeto, conforme vimos nas **figuras 90** e **91**. Acabamos de criar todas as nossas interfaces, agora teremos que implementá-las em alguma classe. Vimos que a classe **Veiculo** é a classe mãe das classes **Barco** e **Trem**, então vamos usá-las. Uma classe declara que vai implementar uma interface da mesma forma que usamos a sintaxe dos dois pontos da herança, a única diferença é que podemos implementar várias interfaces, se necessário, basta separá-las por vírgula. Vamos abrir a classe **Veiculo.cs**. Se a mesma estiver aberta, basta clicar na aba com o nome da classe, conforme vimos na **figura 116**. Caso esteja fechada, para abri-la, abra a janela **Solution Explorer** pressione ao mesmo tempo as teclas **Ctrl+Alt+L**, e deve abrir a janela **Solution Explorer** conforme vimos na **figura 82**. Clique na setinha que tem ao lado da pasta **Classes**, clique duas vezes sobre o nome da classe **Veiculo.cs**. Com a classe **Veiculo.cs** aberta, posicione o cursor do mouse no inicio da **linha 15**, pressione a tecla **Shift+Setinha Direita** até o final da **linha 15**, conforme vimos na **figura 278**. Pressione a tecla **Delete** do teclado, em seguida digite o código abaixo:

```
public abstract class Veiculo : tipoDiesel, tipoFlex
```

Veja como ficou, conforme figura 288:

```
13  namespace Heranca_Polimorfismo_OO.Classes
14  {
15      public abstract class Veiculo : tipoDiesel, tipoFlex
16      {
17          public int vei_ano { get; set; }
18          public string vei_nome { get; set; }
19          //Método Construtor
20          public Veiculo(int Vei_Ano, string Vei_Nome)
21          {
22              this.vei_ano = Vei_Ano;
23              this.vei_nome = Vei_Nome;
24          }
25          public abstract String ExibirAtributos();
26      }
27  }
```

Figura 288

Salve seu projeto, conforme vimos nas **figuras 90** e **91**. Veja que temos um erro na **linha 15**, pois estamos tentando usar as **Interfaces** que estão dentro da pasta **Interfaces** que criamos. Para sanar este erro, posicione o cursor do mouse sobre o item que está sublinhado em vermelho, em seguida observe que vai aparecer o símbolo de uma lâmpada amarela com uma setinha para baixo. Clique nesta setinha e selecione o item **using Heranca_Polimorfismo_OO.Interfaces;**, conforme figura 289:

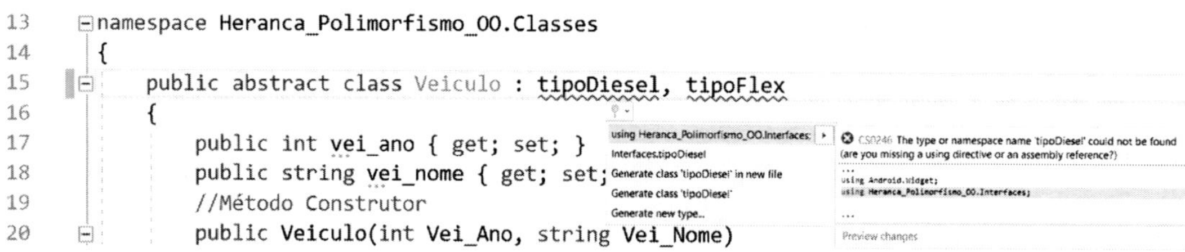

Figura 289

Salve seu projeto, conforme vimos nas **figuras 90** e **91**. Observe que na **linha 12**, foi acrescentada uma nova biblioteca **using**, referente ao caminho onde nossas interfaces foram criadas. Vejam que ainda estamos com erros, pois temos que implementar as interfaces na classe **Veiculo**, para isto posicione o cursor do mouse sobre a interface **tipoDiesel**, que está sublinhado em vermelho, em seguida observe que vai aparecer o símbolo de uma lâmpada amarela com uma setinha para baixo. Clique nesta setinha e selecione o item **Implement interface**, conforme figura 290:

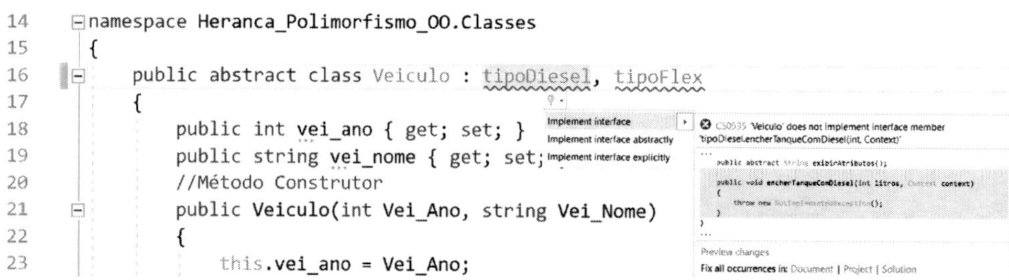

Figura 290

Observe que na **linha 28**, foi acrescentado o método **encherTanqueComDiesel**, da interface **tipoDiesel**, conforme figura 291:

```
28        public void encherTanqueComDiesel(int litros, Context context)
29        {
30            throw new NotImplementedException();
31        }
32    }
```

Figura 291

Salve seu projeto, conforme vimos nas **figuras 90** e **91**. Repita o procedimento acima para a interface **tipoFlex**, para isto posicione o cursor do mouse sobre a interface **tipoFlex**, que está sublinhado em vermelho, em seguida observe que vai aparecer o símbolo de uma lâmpada amarela com uma setinha para baixo. Clique nesta setinha e selecione o item **Implement interface**, conforme vimos na **figura 290**. Observe que na **linha 33**, foi acrescentado o método **encherTanqueComEtanol**, da interface **tipoFlex**, e na **linha 38**, foi acrescentado o método **encherTanqueComGasolina**, conforme figura 292:

```
33        public void encherTanqueComEtanol(int litros, Context context)
34        {
35            throw new NotImplementedException();
36        }
37
38        public void encherTanqueComGasolina(int litros, Context context)
39        {
40            throw new NotImplementedException();
41        }
```

Figura 292

Salve seu projeto, conforme vimos nas **figuras 90** e **91**. Vimos que a interface **tipoFlex** é filha das interfaces **tipoEtanol** e **tipoGasolina**, por este motivo elas foram implementadas de uma só vez, pois na interface **tipoFlex** já estão inclusos os métodos das outras. Agora vamos codificar estes métodos, primeiro o método **encherTanqueComDiesel**, para isto posicione o cursor do mouse no início da **linha 30**, e pressione a tecla **Shift+Setinha Direita** até o final da **linha 30**, e pressione a tecla **Delete** do teclado, em seguida digite o código abaixo:

```
 //define o alerta para exibir os dados em uma caixa de Alerta
AlertDialog.Builder builder = new AlertDialog.Builder(context);
AlertDialog exibeAtributos = builder.Create();
exibeAtributos.SetIcon(Android.Resource.Drawable.IcDialogInfo);
exibeAtributos.SetMessage(ExibirAtributos() + "\n" + "Enchendo o tan-
que com " + litros + " litros de Diesel");
exibeAtributos.SetButton("OK", (s, ev) =>
{

});
exibeAtributos.Show();
```

Veja como ficou, conforme figura 293:

```
public void encherTanqueComDiesel(int litros, Context context)
{
    //define o alerta para exibir os dados em uma caixa de Alerta
    AlertDialog.Builder builder = new AlertDialog.Builder(context);
    AlertDialog exibeAtributos = builder.Create();
    exibeAtributos.SetIcon(Android.Resource.Drawable.IcDialogInfo);
    exibeAtributos.SetMessage(ExibirAtributos() + "\n" + "Enchendo o tanque com " + litros + " litros de Diesel");
    exibeAtributos.SetButton("OK", (s, ev) =>
    {

    });
    exibeAtributos.Show();
}
```

Figura 293

Salve seu projeto, conforme vimos nas **figuras 90** e **91**. Agora vamos codificar o método **encherTanqueComEtanol**, para isto posicione o cursor do mouse no início da **linha 44**, e pressione a tecla **Shift+Setinha Direita** até o final da **linha 44**, e pressione a tecla **Delete** do teclado, em seguida digite o código abaixo:

```
//define o alerta para exibir os dados em uma caixa de Alerta
AlertDialog.Builder builder = new AlertDialog.Builder(context);
AlertDialog exibeAtributos = builder.Create();
exibeAtributos.SetIcon(Android.Resource.Drawable.IcDialogInfo);
exibeAtributos.SetMessage(ExibirAtributos() + “\n” + “Enchendo o tan-
que com “ + litros + “ litros de Etanol”);
exibeAtributos.SetButton(“OK”, (s, ev) =>
{

});
exibeAtributos.Show();

});
exibeAtributos.Show();
```

Veja como ficou, conforme figura 294:

```
42  public void encherTanqueComEtanol(int litros, Context context)
43  {
44      //define o alerta para exibir os dados em uma caixa de Alerta
45      AlertDialog.Builder builder = new AlertDialog.Builder(context);
46      AlertDialog exibeAtributos = builder.Create();
47      exibeAtributos.SetIcon(Android.Resource.Drawable.IcDialogInfo);
48      exibeAtributos.SetMessage(ExibirAtributos() + "\n" + "Enchendo o tanque com " + litros + " litros de Etanol");
49      exibeAtributos.SetButton("OK", (s, ev) =>
50      {
51
52      });
53      exibeAtributos.Show();
54  }
```

Figura 294

Salve seu projeto, conforme vimos nas **figuras 90** e **91**. Agora vamos codificar o método **encherTanqueComGasolina**, para isto posicione o cursor do mouse no início da **linha 58**, e pressione a tecla **Shift+Setinha Direita** até o final da **linha 58**, e pressione a tecla **Delete** do teclado, em seguida digite o código abaixo:

```
//define o alerta para exibir os dados em uma caixa de Alerta
AlertDialog.Builder builder = new AlertDialog.Builder(context);
AlertDialog exibeAtributos = builder.Create();
exibeAtributos.SetIcon(Android.Resource.Drawable.IcDialogInfo);
exibeAtributos.SetMessage(ExibirAtributos() + "\n" + "Enchendo o tanque com " + litros + " litros de Gasolina");
exibeAtributos.SetButton("OK", (s, ev) =>
{

});
exibeAtributos.Show();
```

Veja como ficou, conforme figura 295:

```
56        public void encherTanqueComGasolina(int litros, Context context)
57        {
58            //define o alerta para exibir os dados em uma caixa de Alerta
59            AlertDialog.Builder builder = new AlertDialog.Builder(context);
60            AlertDialog exibeAtributos = builder.Create();
61            exibeAtributos.SetIcon(Android.Resource.Drawable.IcDialogInfo);
62            exibeAtributos.SetMessage(ExibirAtributos() + "\n" + "Enchendo o tanque com " + litros + " litros de Gasolina");
63            exibeAtributos.SetButton("OK", (s, ev) =>
64            {
65
66            });
67            exibeAtributos.Show();
68        }
```

Figura 295

Salve seu projeto, conforme vimos nas **figuras 90** e **91**. Veja como ficou o código completo:

```
using System;
using System.Collections.Generic;
using System.Linq;
using System.Text;

using Android.App;
using Android.Content;
using Android.OS;
using Android.Runtime;
using Android.Views;
using Android.Widget;
```

```
using Heranca_Polimorfismo_OO.Interfaces;

namespace Heranca_Polimorfismo_OO.Classes
{
    public abstract class Veiculo : tipoDiesel, tipoFlex
    {
        public int vei_ano { get; set; }
        public string vei_nome { get; set; }
        //Método Construtor
        public Veiculo(int Vei_Ano, string Vei_Nome)
        {
            this.vei_ano = Vei_Ano;
            this.vei_nome = Vei_Nome;
        }
        public abstract String ExibirAtributos();

        public void encherTanqueComDiesel(int litros, Context context)
        {
            //define o alerta para exibir os dados em uma caixa de Alerta
            AlertDialog.Builder builder = new AlertDialog.Builder(context);
            AlertDialog exibeAtributos = builder.Create();
            exibeAtributos.SetIcon(Android.Resource.Drawable.IcDialogInfo);
            exibeAtributos.SetMessage(ExibirAtributos() + "\n" + "Enchendo o
tanque com " + litros + " litros de Diesel");
            exibeAtributos.SetButton("OK", (s, ev) =>
            {

            });
            exibeAtributos.Show();
        }

        public void encherTanqueComEtanol(int litros, Context context)
        {
            //define o alerta para exibir os dados em uma caixa de Alerta
            AlertDialog.Builder builder = new AlertDialog.Builder(context);
            AlertDialog exibeAtributos = builder.Create();
            exibeAtributos.SetIcon(Android.Resource.Drawable.IcDialogInfo);
            exibeAtributos.SetMessage(ExibirAtributos() + "\n" + "Enchendo o
tanque com " + litros + " litros de Etanol");
            exibeAtributos.SetButton("OK", (s, ev) =>
            {

            });
            exibeAtributos.Show();
```

```
        }

        public void encherTanqueComGasolina(int litros, Context context)
        {
            //define o alerta para exibir os dados em uma caixa de Alerta
            AlertDialog.Builder builder = new AlertDialog.Builder(context);
            AlertDialog exibeAtributos = builder.Create();
            exibeAtributos.SetIcon(Android.Resource.Drawable.IcDialogInfo);
            exibeAtributos.SetMessage(ExibirAtributos() + "\n" + "Enchendo o
tanque com " + litros + " litros de Gasolina");
            exibeAtributos.SetButton("OK", (s, ev) =>
            {

            });
            exibeAtributos.Show();
        }
    }
}
```

Pronto, já codificamos todas as nossas classes e interfaces, vamos agora alterar nossa interface gráfica nas telas **TelaBarco.axml** e na **TelaTrem.axml**. Vamos inserir um campo de texto para o usuário digitar a quantidade de litros de combustível, e três botões de rádio para o usuário escolher o tipo de combustível que ele vai usar. Abra o arquivo **TelaBarco.axml**, se o mesmo estiver aberto, basta clicar na aba com o nome do arquivo, conforme vimos na **figura 264**. Se o mesmo estiver fechado, abra a janela **Solution Explorer**, pressione ao mesmo tempo as teclas **Ctrl+Alt+L**, e deve abrir a janela **Solution Explorer** conforme vimos na **figura 82**. Em seguida, abra a pasta **Resources**, para isto clique na setinha que tem ao lado da pasta **Resources,** em seguida clique na setinha que tem ao lado da pasta **layout**, e clique duas vezes sobre o arquivo **TelaBarco.axml**, aguarde até carregar nossa **view** ou **layout**, conforme vimos na **figura 156**. Observem que temos dois botões no canto inferior esquerdo, **Design** e **Source**. Clique no botão **Source** e veja que vai abrir a janela de código, toda vez que acrescentarmos algum item ou mudar uma propriedade, para visualizar como ficou na tela, basta clicar no botão **Design**. Vamos alterar o código para isto, posicione o cursor do mouse no final da **linha 50**, pressione a tecla **Enter** do teclado, no local onde o cursor do mouse esta piscando, na **linha 51**, digite o código abaixo:

```
    <TextView
        android:text="Qtd. Litros"
        android:layout_width="wrap_content"
        android:layout_height="wrap_content"
        android:id="@+id/lblQtdLitrosBarco"
        android:layout_marginTop="5dp"
        android:textSize="20dp"
        android:textStyle="bold"
```

```
        android:layout_marginLeft="3dp"
        android:textColor="#FF8C00" />
    <EditText
        android:inputType="number"
        android:layout_width="85dp"
        android:layout_height="wrap_content"
        android:id="@+id/txtQtdLitrosBarco"
        android:layout_marginLeft="3dp"
        android:layout_marginTop="5dp"
        android:textColor="#FF8C00"
        android:textSize="20dp"
        android:textStyle="bold"
        android:background="@drawable/borda_editText" />
    <TextView
        android:text="Tipo de Combustível"
        android:layout_width="wrap_content"
        android:layout_height="wrap_content"
        android:id="@+id/lblTipoCombBarco"
        android:layout_marginTop="-74dp"
        android:textSize="20dp"
        android:textStyle="bold"
        android:layout_marginLeft="113dp"
        android:textColor="#FF8C00" />
    <RadioButton
        android:text="Etanol"
        android:layout_width="179.5dp"
        android:layout_height="wrap_content"
        android:id="@+id/rdbEtanolBarco"
        android:layout_marginLeft="113dp"
        android:textColor="#FF8C00"
        android:textSize="20dp"
        android:textStyle="bold"
        android:layout_marginRight="37.0dp" />
    <RadioButton
        android:text="Gasolina"
        android:layout_width="116.5dp"
        android:layout_height="wrap_content"
        android:id="@+id/rdbGasolinaBarco"
        android:layout_marginLeft="113dp"
        android:textColor="#FF8C00"
        android:textSize="20dp"
        android:textStyle="bold"
        android:layout_marginRight="37.0dp"
        android:layout_marginTop="3dp" />
```

```
<RadioButton
    android:text="Diesel"
    android:layout_width="114.5dp"
    android:layout_height="wrap_content"
    android:id="@+id/rdbDieselBarco"
    android:layout_marginLeft="113dp"
    android:textSize="20dp"
    android:textStyle="bold"
    android:textColor="#FF8C00"
    android:layout_marginTop="3dp" />
```

Salve seu projeto, conforme vimos nas **figuras 90** e **91**. Veja o código completo:

```
<?xml version="1.0" encoding="utf-8"?>
<LinearLayout xmlns:android="http://schemas.android.com/apk/res/android"
    xmlns:app="http://schemas.android.com/apk/res-auto"
    xmlns:tools="http://schemas.android.com/tools"
    android:layout_width="match_parent"
    android:layout_height="match_parent"
    android:minWidth="25px"
    android:minHeight="25px"
    android:orientation="vertical"
    android:background="@drawable/fundo_tela_barco">
    <TextView
        android:text="Ano"
        android:layout_width="wrap_content"
        android:layout_height="wrap_content"
        android:id="@+id/lblAnoBarco"
        android:layout_marginTop="0.0dp"
        android:textSize="20dp"
        android:textColor="#FF8C00"
        android:textStyle="bold"
        android:layout_marginLeft="7dp" />
    <EditText
        android:inputType="number"
        android:layout_width="85dp"
        android:layout_height="wrap_content"
        android:id="@+id/txtAnoBarco"
        android:layout_marginLeft="7dp"
        android:textColor="#FF8C00"
        android:textStyle="bold"
        android:background="@drawable/borda_editText" />
    <TextView
```

```
        android:text="Nome"
        android:layout_width="wrap_content"
        android:layout_height="wrap_content"
        android:id="@+id/lblNomeBarco"
        android:layout_marginTop="-66dp"
        android:layout_marginLeft="105dp"
        android:textSize="20dp"
        android:textColor="#FF8C00"
        android:textStyle="bold"
        android:layout_marginBottom="0.0dp" />
    <EditText
        android:layout_width="match_parent"
        android:layout_height="wrap_content"
        android:id="@+id/txtNomeBarco"
        android:layout_marginLeft="100dp"
        android:layout_marginRight="5dp"
        android:textColor="#FF8C00"
        android:textStyle="bold"
        android:textSize="20dp"
        android:background="@drawable/borda_editText" />
  <TextView
    android:text="Qtd. Litros"
    android:layout_width="wrap_content"
    android:layout_height="wrap_content"
    android:id="@+id/lblQtdLitrosBarco"
    android:layout_marginTop="5dp"
    android:textSize="20dp"
    android:textStyle="bold"
    android:layout_marginLeft="3dp"
    android:textColor="#FF8C00" />
  <EditText
      android:inputType="number"
      android:layout_width="85dp"
      android:layout_height="wrap_content"
      android:id="@+id/txtQtdLitrosBarco"
      android:layout_marginLeft="3dp"
      android:layout_marginTop="5dp"
      android:textColor="#FF8C00"
      android:textSize="20dp"
      android:textStyle="bold"
      android:background="@drawable/borda_editText" />
  <TextView
      android:text="Tipo de Combustível"
      android:layout_width="wrap_content"
```

```
    android:layout_height="wrap_content"
    android:id="@+id/lblTipoCombBarco"
    android:layout_marginTop="-74dp"
    android:textSize="20dp"
    android:textStyle="bold"
    android:layout_marginLeft="113dp"
    android:textColor="#FF8C00" />
<RadioButton
    android:text="Etanol"
    android:layout_width="179.5dp"
    android:layout_height="wrap_content"
    android:id="@+id/rdbEtanolBarco"
    android:layout_marginLeft="113dp"
    android:textColor="#FF8C00"
    android:textSize="20dp"
    android:textStyle="bold"
    android:layout_marginRight="37.0dp" />
<RadioButton
    android:text="Gasolina"
    android:layout_width="116.5dp"
    android:layout_height="wrap_content"
    android:id="@+id/rdbGasolinaBarco"
    android:layout_marginLeft="113dp"
    android:textColor="#FF8C00"
    android:textSize="20dp"
    android:textStyle="bold"
    android:layout_marginRight="37.0dp"
    android:layout_marginTop="3dp" />
<RadioButton
    android:text="Diesel"
    android:layout_width="114.5dp"
    android:layout_height="wrap_content"
    android:id="@+id/rdbDieselBarco"
    android:layout_marginLeft="113dp"
    android:textSize="20dp"
    android:textStyle="bold"
    android:textColor="#FF8C00"
    android:layout_marginTop="3dp" />
<Button
       android:text="Executar"
       android:drawableLeft="@drawable/icone_executar"
       android:layout_width="wrap_content"
       android:layout_height="wrap_content"
       android:id="@+id/btnExecutarBarco"
```

```
        android:layout_marginLeft="5dp"
        android:textStyle="bold"
        android:textColor="#FF8C00" />
    <Button
        android:text="Tela Principal"
        android:drawableLeft="@drawable/icone_principal"
        android:layout_width="wrap_content"
        android:layout_height="wrap_content"
        android:layout_marginTop="-48dp"
        android:id="@+id/btnTelaPrincipalBarco"
        android:layout_marginLeft="125dp"
        android:textStyle="bold"
        android:textColor="#FF8C00" />
</LinearLayout>
```

Vamos abrir o arquivo **TelaTrem.axml**, se o mesmo estiver aberto, basta clicar na aba com o nome do arquivo, conforme vimos na **figura 264**. Se o mesmo estiver fechado, abra a janela **Solution Explorer**, pressione ao mesmo tempo as teclas **Ctrl+Alt+L**, e deve abrir a janela **Solution Explorer** conforme vimos na **figura 82**. Em seguida, abra a pasta **Resources**, para isto clique na setinha que tem ao lado da pasta **Resources,** em seguida clique na setinha que tem ao lado da pasta **layout**, e clique duas vezes sobre o arquivo **TelaTrem.axml**, aguarde até carregar nossa **view** ou **layout**, conforme vimos na **figura 156**. Observem que temos dois botões no canto inferior esquerdo, **Design** e **Source**. Clique no botão **Source** e veja que vai abrir a janela de código, toda vez que acrescentarmos algum item ou mudar uma propriedade, para visualizar como ficou na tela, basta clicar no botão **Design**. Vamos alterar o código para isto, posicione o cursor do mouse no final da **linha 50**, pressione a tecla **Enter** do teclado, no local onde o cursor do mouse esta piscando, na **linha 51**, digite o código abaixo:

```
    <TextView
        android:text="Qtd. Litros"
        android:layout_width="wrap_content"
        android:layout_height="wrap_content"
        android:id="@+id/lblQtdLitrosTrem"
        android:layout_marginTop="5dp"
        android:textSize="20dp"
        android:textStyle="bold"
        android:layout_marginLeft="3dp"
        android:textColor="#FF8C00" />
    <EditText
        android:inputType="number"
        android:layout_width="85dp"
        android:layout_height="wrap_content"
        android:id="@+id/txtQtdLitrosTrem"
```

```
    android:layout_marginLeft="3dp"
    android:layout_marginTop="5dp"
    android:textColor="#FF8C00"
    android:textSize="20dp"
    android:textStyle="bold"
    android:background="@drawable/borda_editText" />
<TextView
    android:text="Tipo de Combustível"
    android:layout_width="wrap_content"
    android:layout_height="wrap_content"
    android:id="@+id/lblTipoCombTrem"
    android:layout_marginTop="-74dp"
    android:textSize="20dp"
    android:textStyle="bold"
    android:layout_marginLeft="113dp"
    android:textColor="#FF8C00" />
<RadioButton
    android:text="Etanol"
    android:layout_width="179.5dp"
    android:layout_height="wrap_content"
    android:id="@+id/rdbEtanolTrem"
    android:layout_marginLeft="113dp"
    android:textColor="#FF8C00"
    android:textSize="20dp"
    android:textStyle="bold"
    android:layout_marginRight="37.0dp" />
<RadioButton
    android:text="Gasolina"
    android:layout_width="116.5dp"
    android:layout_height="wrap_content"
    android:id="@+id/rdbGasolinaTrem"
    android:layout_marginLeft="113dp"
    android:textColor="#FF8C00"
    android:textSize="20dp"
    android:textStyle="bold"
    android:layout_marginRight="37.0dp"
    android:layout_marginTop="3dp" />
<RadioButton
    android:text="Diesel"
    android:layout_width="114.5dp"
    android:layout_height="wrap_content"
    android:id="@+id/rdbDieselTrem"
    android:layout_marginLeft="113dp"
    android:textSize="20dp"
```

```
        android:textStyle="bold"
        android:textColor="#FF8C00"
        android:layout_marginTop="3dp" />
```

Salve seu projeto, conforme vimos nas **figuras 90** e **91**. Veja o código completo:

```
<?xml version="1.0" encoding="utf-8"?>
<LinearLayout xmlns:android="http://schemas.android.com/apk/res/android"
    xmlns:app="http://schemas.android.com/apk/res-auto"
    xmlns:tools="http://schemas.android.com/tools"
    android:layout_width="match_parent"
    android:layout_height="match_parent"
    android:minWidth="25px"
    android:minHeight="25px"
    android:orientation="vertical"
    android:background="@drawable/fundo_tela_trem">
    <TextView
        android:text="Ano"
        android:layout_width="wrap_content"
        android:layout_height="wrap_content"
        android:id="@+id/lblAnoTrem"
        android:layout_marginTop="0.0dp"
        android:textSize="20dp"
        android:textColor="#FF8C00"
        android:textStyle="bold"
        android:layout_marginLeft="7dp" />
    <EditText
        android:inputType="number"
        android:layout_width="85dp"
        android:layout_height="wrap_content"
        android:id="@+id/txtAnoTrem"
        android:layout_marginLeft="7dp"
        android:textColor="#FF8C00"
        android:textStyle="bold"
        android:background="@drawable/borda_editText" />
    <TextView
        android:text="Nome"
        android:layout_width="wrap_content"
        android:layout_height="wrap_content"
        android:id="@+id/lblNomeTrem"
        android:layout_marginTop="-66dp"
        android:layout_marginLeft="105dp"
        android:textColor="#FF8C00"
```

```
    android:textStyle="bold"
    android:textSize="20dp"
    android:layout_marginBottom="0.0dp" />
<EditText
    android:layout_width="match_parent"
    android:layout_height="wrap_content"
    android:id="@+id/txtNomeTrem"
    android:layout_marginLeft="100dp"
    android:layout_marginRight="5dp"
    android:textColor="#FF8C00"
    android:textStyle="bold"
    android:textSize="20dp"
    android:background="@drawable/borda_editText" />
<TextView
    android:text="Qtd. Litros"
    android:layout_width="wrap_content"
    android:layout_height="wrap_content"
    android:id="@+id/lblQtdLitrosTrem"
    android:layout_marginTop="5dp"
    android:textSize="20dp"
    android:textStyle="bold"
    android:layout_marginLeft="3dp"
    android:textColor="#FF8C00" />
<EditText
    android:inputType="number"
    android:layout_width="85dp"
    android:layout_height="wrap_content"
    android:id="@+id/txtQtdLitrosTrem"
    android:layout_marginLeft="3dp"
    android:layout_marginTop="5dp"
    android:textColor="#FF8C00"
    android:textSize="20dp"
    android:textStyle="bold"
    android:background="@drawable/borda_editText" />
<TextView
    android:text="Tipo de Combustível"
    android:layout_width="wrap_content"
    android:layout_height="wrap_content"
    android:id="@+id/lblTipoCombTrem"
    android:layout_marginTop="-74dp"
    android:textSize="20dp"
    android:textStyle="bold"
    android:layout_marginLeft="113dp"
    android:textColor="#FF8C00" />
```

```
<RadioButton
    android:text="Etanol"
    android:layout_width="179.5dp"
    android:layout_height="wrap_content"
    android:id="@+id/rdbEtanolTrem"
    android:layout_marginLeft="113dp"
    android:textColor="#FF8C00"
    android:textSize="20dp"
    android:textStyle="bold"
    android:layout_marginRight="37.0dp" />
<RadioButton
    android:text="Gasolina"
    android:layout_width="116.5dp"
    android:layout_height="wrap_content"
    android:id="@+id/rdbGasolinaTrem"
    android:layout_marginLeft="113dp"
    android:textColor="#FF8C00"
    android:textSize="20dp"
    android:textStyle="bold"
    android:layout_marginRight="37.0dp"
    android:layout_marginTop="3dp" />
<RadioButton
    android:text="Diesel"
    android:layout_width="114.5dp"
    android:layout_height="wrap_content"
    android:id="@+id/rdbDieselTrem"
    android:layout_marginLeft="113dp"
    android:textSize="20dp"
    android:textStyle="bold"
    android:textColor="#FF8C00"
    android:layout_marginTop="3dp" />
<Button
    android:text="Executar"
    android:drawableLeft="@drawable/icone_executar"
    android:layout_width="wrap_content"
    android:layout_height="wrap_content"
    android:id="@+id/btnExecutarTrem"
    android:layout_marginLeft="5dp"
    android:textStyle="bold"
    android:textColor="#FF8C00" />
<Button
    android:text="Tela Principal"
    android:drawableLeft="@drawable/icone_principal"
    android:layout_width="wrap_content"
```

```
        android:layout_height="wrap_content"
        android:layout_marginTop="-48dp"
        android:id="@+id/btnTelaPrincipalTrem"
        android:layout_marginLeft="125dp"
        android:textStyle="bold"
        android:textColor="#FF8C00" />
</LinearLayout>
```

Agora vamos alterar a codificação do botão **Executar** da tela barco, para isto vamos abrir o arquivo **TelaBarco.cs**. Observe que após criarmos as nossas telas, as mesmas vão ficar disponibilizadas em abas, conforme vimos na **figura 264**, ou na janela **Solution Explorer**, conforme vimos na **figura 265**. Clique na aba com o nome do arquivo **TelaBarco.cs**, ou clique duas vezes com o botão do mouse sobre o arquivo **TelaBarco.cs**, na janela **Solution Explorer**, conforme vimos na **figura 265**. Posicione o cursor do mouse no final da **linha 26**, e pressione a tecla **Enter** do teclado, no local onde o cursor do mouse esta piscando, na **linha 27**, digite o código abaixo:

```
             // Recebe o objeto EditText do recurso layout
            EditText QtdLitrosBarco = FindViewById<EditText>(Resource.
Id.txtQtdLitrosBarco);
            // Recebe o objeto RadioButton do recurso layout
            RadioButton radioEtanol = FindViewById<RadioButton>(Resource.
Id.rdbEtanolBarco);
            // Recebe o objeto RadioButton do recurso layout
            RadioButton radioGasolina = FindViewById<RadioButton>(Resource.
Id.rdbGasolinaBarco);
            // Recebe o objeto RadioButton do recurso layout
            RadioButton radioDiesel = FindViewById<RadioButton>(Resource.
Id.rdbDieselBarco);
```

Veja como ficou, conforme figura 296:

```
19      protected override void OnCreate(Bundle savedInstanceState)
20      {
21          base.OnCreate(savedInstanceState);
22          SetContentView(Resource.Layout.TelaBarco);
23          // Recebe o objeto EditText do recurso layout
24          EditText AnoBarco = FindViewById<EditText>(Resource.Id.txtAnoBarco);
25          // Recebe o objeto EditText do recurso layout
26          EditText NomeBarco = FindViewById<EditText>(Resource.Id.txtNomeBarco);
27          // Recebe o objeto EditText do recurso layout
28          EditText QtdLitrosBarco = FindViewById<EditText>(Resource.Id.txtQtdLitrosBarco);
29          // Recebe o objeto RadioButton do recurso layout
30          RadioButton radioEtanol = FindViewById<RadioButton>(Resource.Id.rdbEtanolBarco);
31          // Recebe o objeto RadioButton do recurso layout
32          RadioButton radioGasolina = FindViewById<RadioButton>(Resource.Id.rdbGasolinaBarco);
33          // Recebe o objeto RadioButton do recurso layout
34          RadioButton radioDiesel = FindViewById<RadioButton>(Resource.Id.rdbDieselBarco);
35          // Recebe o objeto Button do recurso layout
36          Button Executar = FindViewById<Button>(Resource.Id.btnExecutar);
```

Figura 296

Salve seu projeto, conforme vimos nas **figuras 90** e **91**. Selecione as **linhas 42** a **66**, para isto posicione o cursor do mouse no início da **linha 42** e pressione a tecla **Shift+Setinha Direita** até o final da **linha 66**, conforme figura 297:

```
42            if ((AnoBarco.Text != "") && (NomeBarco.Text != ""))
43            {
44                //Instanciando a Classe Barco para o objeto barco1
45                //O atributo bar_ano vai receber o que for digitado em txtAnoBarco,
46                //após a conversão do mesmo de texto para int e o atributo bar_nome
47                //vai receber o que for digitado em txtNomeBarco
48                Barco barco1 = new Barco(int.Parse(AnoBarco.Text), NomeBarco.Text);
49                //Vão ser chamados os Atributos da Classe Veículo através do mecanismo de
50                ExibirAtributos(barco1);
51            }
52            else
53            {
54                //define o alerta para executar a tarefa
55                AlertDialog.Builder builder = new AlertDialog.Builder(this);
56                AlertDialog erro = builder.Create();
57                //Define o Titulo
58                erro.SetTitle("Erro");
59                erro.SetIcon(Android.Resource.Drawable.IcDialogAlert);
60                erro.SetMessage("Verfique se alguma caixa de texto está vázia !!!!");
61                erro.SetButton("OK", (s, ev) =>
62                {
63
64                });
65                erro.Show();
66            }
```

Figura 297

Pressione a tecla **Delete** do teclado, no local onde o cursor do mouse está piscando, na **linha 42**, digite o código abaixo:

```
            if ((AnoBarco.Text != "") && (NomeBarco.Text != "") && (QtdLitrosBarco.Text != ""))
            {
                //Instanciando a Classe Barco para o objeto barco1
                //O atributo bar_ano vai receber o que for digitado em txtAnoBarco,
                //após a conversão do mesmo de texto para int e o atributo bar_nome
                //vai receber o que for digitado em txtNomeBarco
                Barco barco1 = new Barco(int.Parse(AnoBarco.Text), NomeBarco.Text);
                //Vão ser chamados os Atributos da Classe Veículo através do mecanismo de Herança
                if (radioDiesel.Checked == true)
                {
                    barco1.encherTanqueComDiesel(int.Parse(QtdLitrosBarco.Text), this);
                    radioDiesel.Checked = false;
                }
```

```
                else if (radioEtanol.Checked == true)
                {
                    barco1.encherTanqueComEtanol(int.Parse(QtdLitrosBarco.
Text), this);
                    radioEtanol.Checked = false;
                }
                else
                {
                    barco1.encherTanqueComGasolina(int.Parse(QtdLitrosBarco.
Text), this);
                    radioGasolina.Checked = false;
                }
            }
            else
            {
                //define o alerta para executar a tarefa
                AlertDialog.Builder builder = new AlertDialog.Builder(this);
                AlertDialog erro = builder.Create();
                //Define o Titulo
                erro.SetTitle("Erro");
                erro.SetIcon(Android.Resource.Drawable.IcDialogAlert);
                erro.SetMessage("Verfique se alguma caixa de texto está vázia
!!!!");
                erro.SetButton("OK", (s, ev) =>
                {
                    AnoBarco.Text = "";
                    NomeBarco.Text = "";
                    QtdLitrosBarco.Text = "";
                });
                erro.Show();
            }
            AnoBarco.Text = "";
            NomeBarco.Text = "";
            QtdLitrosBarco.Text = "";
```

Veja como ficou, conforme figura 298:

```
42      if ((AnoBarco.Text != "") && (NomeBarco.Text != "") && (QtdLitrosBarco.Text != ""))
43      {
44          //Instanciando a Classe Barco para o objeto barco1
45          //O atributo bar_ano vai receber o que for digitado em txtAnoBarco,
46          //após a conversão do mesmo de texto para int e o atributo bar_nome
47          //vai receber o que for digitado em txtNomeBarco
48          Barco barco1 = new Barco(int.Parse(AnoBarco.Text), NomeBarco.Text);
49          //Vai ser chamado os Atributos da Classe Veículo através do mecanismo de Heranç
50          if (radioDiesel.Checked == true)
51          {
52              barco1.encherTanqueComDiesel(int.Parse(QtdLitrosBarco.Text), this);
53              radioDiesel.Checked = false;
54          }
55          else if (radioEtanol.Checked == true)
56          {
57              barco1.encherTanqueComEtanol(int.Parse(QtdLitrosBarco.Text), this);
58              radioEtanol.Checked = false;
59          }
60          else
61          {
62              barco1.encherTanqueComGasolina(int.Parse(QtdLitrosBarco.Text), this);
63              radioGasolina.Checked = false;
64          }
65      }
66      else
67      {
68          //define o alerta para executar a tarefa
69          AlertDialog.Builder builder = new AlertDialog.Builder(this);
70          AlertDialog erro = builder.Create();
71          //Define o Titu (local variable) AlertDialog erro
72          erro.SetTitle("Erro");
73          erro.SetIcon(Android.Resource.Drawable.IcDialogAlert);
74          erro.SetMessage("Verfique se alguma caixa de texto está vázia !!!!");
75          erro.SetButton("OK", (s, ev) =>
76          {
77              AnoBarco.Text = "";
78              NomeBarco.Text = "";
79              QtdLitrosBarco.Text = "";
80          });
81          erro.Show();
82      }
83      AnoBarco.Text = "";
84      NomeBarco.Text = "";
85      QtdLitrosBarco.Text = "";
```

Figura 298

Salve seu projeto, conforme vimos nas **figuras 90** e **91**. Agora vamos selecionar as **linhas 91** a **106**, para isto posicione o cursor do mouse no início da **linha 91** e pressione a tecla **Shift+Setinha Direita** até o final da **linha 106**, conforme figura 299:

```
//Este método vai chamar os atributos da Classe Barco
private void ExibirAtributos(Barco barco1)
{
    //define o alerta para exibir os dados em uma caixa de Alerta
    AlertDialog.Builder builder = new AlertDialog.Builder(this);
    AlertDialog exibirAtributos = builder.Create();
    //Define o Titulo
    exibirAtributos.SetTitle("Dados da Classe Barco");
    exibirAtributos.SetIcon(Android.Resource.Drawable.IcDialogInfo);
    exibirAtributos.SetMessage(barco1.ExibirAtributos());
    exibirAtributos.SetButton("OK", (s, ev) =>
    {
        Toast.MakeText(this, "Dados da Classe Barco Exibidos com Sucesso !!!!", ToastLength.
    });
    exibirAtributos.Show();
}
```

Figura 299

Pressione a tecla **Delete** do teclado duas vezes. Veja o código completo:

```
using System;
using System.Collections.Generic;
using System.Linq;
using System.Text;

using Android.App;
using Android.Content;
using Android.OS;
using Android.Runtime;
using Android.Views;
using Android.Widget;
using Heranca_Polimorfismo_OO.Classes;

namespace Heranca_Polimorfismo_OO
{
    [Activity(Label = "Tela Barco")]
    public class TelaBarco : Activity
    {
        protected override void OnCreate(Bundle savedInstanceState)
        {
            base.OnCreate(savedInstanceState);
            SetContentView(Resource.Layout.TelaBarco);
            // Recebe o objeto EditText do recurso layout
            EditText AnoBarco = FindViewById<EditText>(Resource.Id.txtAnoBarco);
            // Recebe o objeto EditText do recurso layout
            EditText NomeBarco = FindViewById<EditText>(Resource.
Id.txtNomeBarco);
            // Recebe o objeto EditText do recurso layout
```

```
            EditText QtdLitrosBarco = FindViewById<EditText>(Resource.
Id.txtQtdLitrosBarco);
            // Recebe o objeto RadioButton do recurso layout
            RadioButton radioEtanol = FindViewById<RadioButton>(Resource.
Id.rdbEtanolBarco);
            // Recebe o objeto RadioButton do recurso layout
            RadioButton radioGasolina = FindViewById<RadioButton>(Resource.
Id.rdbGasolinaBarco);
            // Recebe o objeto RadioButton do recurso layout
            RadioButton radioDiesel = FindViewById<RadioButton>(Resource.
Id.rdbDieselBarco);
            // Recebe o objeto Button do recurso layout
            Button Executar = FindViewById<Button>(Resource.
Id.btnExecutarBarco);
            // Recebe o objeto Button do recurso layout
            Button btnChamarTelaPrincipal = FindViewById<Button>(Resource.
Id.btnTelaPrincipalBarco);
            //Após clicar no botão Executar, serão mostrados os dados do barco
            Executar.Click += (sender, e) =>
            {
                if ((AnoBarco.Text != "") && (NomeBarco.Text != "") && (QtdLi-
trosBarco.Text != ""))
                {
                    //Instanciando a Classe Barco para o objeto barco1
                    //O atributo bar_ano vai receber o que for digitado em txtA-
noBarco,
                    //após a conversão do mesmo de texto para int e o atributo
bar_nome
                    //vai receber o que for digitado em txtNomeBarco
                    Barco barco1 = new Barco(int.Parse(AnoBarco.Text), NomeBar-
co.Text);
                    //Vão ser chamados os Atributos da Classe Veículo através do
mecanismo de Herança
                    if (radioDiesel.Checked == true)
                    {
                        barco1.encherTanqueComDiesel(int.Parse(QtdLitrosBarco.
Text), this);
                        radioDiesel.Checked = false;
                    }
                    else if (radioEtanol.Checked == true)
                    {
                        barco1.encherTanqueComEtanol(int.Parse(QtdLitrosBarco.
Text), this);
                        radioEtanol.Checked = false;
                    }
                    else
                    {
```

```
                        barco1.encherTanqueComGasolina(int.Parse(QtdLitrosBarco.
Text), this);
                        radioGasolina.Checked = false;
                    }
                }
                else
                {
                    //define o alerta para executar a tarefa
                    AlertDialog.Builder builder = new AlertDialog.Builder(this);
                    AlertDialog erro = builder.Create();
                    //Define o Titulo
                    erro.SetTitle("Erro");
                    erro.SetIcon(Android.Resource.Drawable.IcDialogAlert);
                    erro.SetMessage("Verfique se alguma caixa de texto está vázia
!!!!");
                    erro.SetButton("OK", (s, ev) =>
                    {
                        AnoBarco.Text = "";
                        NomeBarco.Text = "";
                        QtdLitrosBarco.Text = "";
                    });
                    erro.Show();
                }
                AnoBarco.Text = "";
                NomeBarco.Text = "";
                QtdLitrosBarco.Text = "";
            };
            //Após clicar no botão Tela Principal, vamos retornar para a tela
inicial
            btnChamarTelaPrincipal.Click += delegate
            {
                var telaPrincipal = new Intent(this, typeof(MainActivity));
                StartActivity(telaPrincipal);
            };
        }
    }
}
```

Salve seu projeto, conforme vimos nas **figuras 90** e **91**. Agora vamos alterar a codificação do botão **Executar** da tela trem, para isto vamos abrir o arquivo **TelaTrem.cs**. Observe que após criarmos as nossas telas, as mesmas vão ficar disponibilizadas em abas, conforme vimos na **figura 264**, ou na janela **Solution Explorer**, conforme vimos na **figura 265**. Clique na aba com o nome do arquivo **TelaTrem.cs**, ou clique duas vezes com o botão do mouse sobre o arquivo **TelaTrem.cs**, na janela **Solution Explorer**, conforme vimos na **figura 265**. Posicione o cursor do mouse no final da **linha 26**, e pressione a tecla **Enter** do teclado, no local onde o cursor do mouse esta piscando, na **linha 27**, digite o código abaixo:

```
            // Recebe o objeto EditText do recurso layout
            EditText QtdLitrosTrem = FindViewById<EditText>(Resource.
Id.txtQtdLitrosTrem);
            // Recebe o objeto RadioButton do recurso layout
            RadioButton radioEtanol = FindViewById<RadioButton>(Resource.
Id.rdbEtanolTrem);
            // Recebe o objeto RadioButton do recurso layout
            RadioButton radioGasolina = FindViewById<RadioButton>(Resource.
Id.rdbGasolinaTrem);
            // Recebe o objeto RadioButton do recurso layout
            RadioButton radioDiesel = FindViewById<RadioButton>(Resource.
Id.rdbDieselTrem);
```

Veja como ficou, conforme vimos na **figura 296**. Salve seu projeto, conforme vimos nas **figuras 90** e **91**. Selecione as **linhas 42** a **66.**, para isto posicione o cursor do mouse no início da **linha 42** e pressione a tecla **Shift+Setinha Direita** até o final da **linha 66**, conforme vimos na **figura 297**. Pressione a tecla **Delete** do teclado, no local onde o cursor do mouse está piscando, na **linha 42**, digite o código abaixo:

```
                if ((AnoTrem.Text != "") && (NomeTrem.Text != "") && (QtdLi-
trosTrem.Text != ""))
               {
                   //Instanciando a Classe Trem para o objeto trem1
                   //O atributo vei_ano vai receber o que for digitado em txtA-
noTrem,
                   //após a conversão do mesmo de texto para int e o atributo
vei_nome
                   //vai receber o que for digitado em txtNomeTrem
                   Trem trem1 = new Trem(int.Parse(AnoTrem.Text), NomeTrem.
Text);
                   //Vão ser chamados os Atributos da Classe Veículo através do
mecanismo de Herança
                   if (radioDiesel.Checked == true)
                   {
                       trem1.encherTanqueComDiesel(int.Parse(QtdLitrosTrem.
Text), this);
                       radioDiesel.Checked = false;
                   }
                   else if (radioEtanol.Checked == true)
                   {
                       trem1.encherTanqueComEtanol(int.Parse(QtdLitrosTrem.
Text), this);
```

```
                        radioEtanol.Checked = false;
                    }
                    else
                    {
                        trem1.encherTanqueComGasolina(int.Parse(QtdLitrosTrem.
Text), this);
                        radioGasolina.Checked = false;
                    }
                }
                else
                {
                    //define o alerta para executar a tarefa
                    AlertDialog.Builder builder = new AlertDialog.Builder(this);
                    AlertDialog erro = builder.Create();
                    //Define o Titulo
                    erro.SetTitle("Erro");
                    erro.SetIcon(Android.Resource.Drawable.IcDialogAlert);
                    erro.SetMessage("Verfique se alguma caixa de texto está vázia
!!!!");
                    erro.SetButton("OK", (s, ev) =>
                    {
                        AnoTrem.Text = "";
                        NomeTrem.Text = "";
                        QtdLitrosTrem.Text = "";
                    });
                    erro.Show();
                }
                AnoTrem.Text = "";
                NomeTrem.Text = "";
                QtdLitrosTrem.Text = "";
```

Veja como ficou, conforme vimos na **figura 298**. Salve seu projeto, conforme vimos nas **figuras 90** e **91**. Agora vamos selecionar as **linhas 91** a **106**, para isto posicione o cursor do mouse no início da **linha 91** e pressione a tecla **Shift+Setinha Direita** até o final da **linha 106**, conforme vimos na **figura 299**. Pressione a tecla **Delete** do teclado duas vezes. Veja o código completo:

```
using System;
using System.Collections.Generic;
using System.Linq;
using System.Text;

using Android.App;
using Android.Content;
```

```
using Android.OS;
using Android.Runtime;
using Android.Views;
using Android.Widget;
using Heranca_Polimorfismo_OO.Classes;

namespace Heranca_Polimorfismo_OO
{
    [Activity(Label = "Tela Trem")]
    public class TelaTrem : Activity
    {
        protected override void OnCreate(Bundle savedInstanceState)
        {
            base.OnCreate(savedInstanceState);
            SetContentView(Resource.Layout.TelaTrem);
            // Recebe o objeto EditText do recurso layout
            EditText AnoTrem = FindViewById<EditText>(Resource.Id.txtAnoTrem);
            // Recebe o objeto EditText do recurso layout
            EditText NomeTrem = FindViewById<EditText>(Resource.Id.txtNomeTrem);
            // Recebe o objeto EditText do recurso layout
            EditText QtdLitrosTrem = FindViewById<EditText>(Resource.
Id.txtQtdLitrosTrem);
            // Recebe o objeto RadioButton do recurso layout
            RadioButton radioEtanol = FindViewById<RadioButton>(Resource.
Id.rdbEtanolTrem);
            // Recebe o objeto RadioButton do recurso layout
            RadioButton radioGasolina = FindViewById<RadioButton>(Resource.
Id.rdbGasolinaTrem);
            // Recebe o objeto RadioButton do recurso layout
            RadioButton radioDiesel = FindViewById<RadioButton>(Resource.
Id.rdbDieselTrem);
            // Recebe o objeto Button do recurso layout
            Button Executar = FindViewById<Button>(Resource.Id.btnExecutarTrem);
            // Recebe o objeto Button do recurso layout
            Button btnChamarTelaPrincipal = FindViewById<Button>(Resource.
Id.btnTelaPrincipalTrem);
            //Após clicar no botão Executar, serão mostrados os dados do trem
            Executar.Click += (sender, e) =>
            {
                if ((AnoTrem.Text != "") && (NomeTrem.Text != "") && (QtdLitros-
Trem.Text != ""))
                {
                    //Instanciando a Classe Trem para o objeto trem1
                    //O atributo vei_ano vai receber o que for digitado em txtA-
noTrem,
```

```
                    //após a conversão do mesmo de texto para int e o atributo
vei_nome
                    //vai receber o que for digitado em txtNomeTrem
                    Trem trem1 = new Trem(int.Parse(AnoTrem.Text), NomeTrem.
Text);
                    //Vão ser chamados os Atributos da Classe Veículo através do
mecanismo de Herança
                    if (radioDiesel.Checked == true)
                    {
                        trem1.encherTanqueComDiesel(int.Parse(QtdLitrosTrem.
Text), this);
                        radioDiesel.Checked = false;
                    }
                    else if (radioEtanol.Checked == true)
                    {
                        trem1.encherTanqueComEtanol(int.Parse(QtdLitrosTrem.
Text), this);
                        radioEtanol.Checked = false;
                    }
                    else
                    {
                        trem1.encherTanqueComGasolina(int.Parse(QtdLitrosTrem.
Text), this);
                        radioGasolina.Checked = false;
                    }
                }
                else
                {
                    //define o alerta para executar a tarefa
                    AlertDialog.Builder builder = new AlertDialog.Builder(this);
                    AlertDialog erro = builder.Create();
                    //Define o Titulo
                    erro.SetTitle("Erro");
                    erro.SetIcon(Android.Resource.Drawable.IcDialogAlert);
                    erro.SetMessage("Verfique se alguma caixa de texto está vázia
!!!!");
                    erro.SetButton("OK", (s, ev) =>
                    {
                        AnoTrem.Text = "";
                        NomeTrem.Text = "";
                        QtdLitrosTrem.Text = "";
                    });
                    erro.Show();
                }
                AnoTrem.Text = "";
```

```
                NomeTrem.Text = "";
                QtdLitrosTrem.Text = "";
            };
            //Após clicar no botão Tela Principal, vamos retornar para a tela
inicial
            btnChamarTelaPrincipal.Click += delegate
            {
                var telaPrincipal = new Intent(this, typeof(MainActivity));
                StartActivity(telaPrincipal);
            };
        }
    }
}
```

Salve seu projeto, conforme vimos nas **figuras 90** e **91**. Vamos compilar nossa aplicação, para isto vá para o menu **Debug**, em seguida, selecione o item **Start Debugging** ou pressione a tecla **F5**, conforme vimos na **figura 96**. Ou simplesmente clique na setinha verde que fica na janela **Select Device**, conforme vimos na **figura 97**. Como eu disse anteriormente, estou executando no meu smartphone **Asus Zenfone 4**, deve aparecer a janela inicial do nosso aplicativo, clique no botão **Tela Barco**, vai aparecer a **Tela Barco**, em seguida clique dentro da caixa de texto **Ano**, veja que vai aparecer um teclado numérico. Clique no botão **Executar**, com as caixas de textos vazias. Observe que não vai ocorrer o erro de **Runtime** ou de **Execução**, pois usamos um **if.. else**, poderíamos ter usado a cláusula **try..catch**, ao invés disto, vai aparecer uma mensagem para o usuário dizendo que algo está errado, clique no botão **OK**. Esta é uma ótima maneira de amarrar o usuário para digitar os valores corretos. Podemos fazer isto em todos os aplicativos que peçam entrada de dados ao usuário. Digite um ano qualquer, em seguida clique dentro da caixa de texto **Nome**, e veja que vai aparecer o teclado normal, digite um nome qualquer, em seguida clique dentro da caixa de texto **Qtd Litros**, veja que vai aparecer um teclado numérico, digite uma quantidade qualquer, selcione um tipo de combustível e clique no botão **Executar**, veja que agora serão mostrados os valores corretamente. Clique no botão **OK**, e vamos retornar para a tela **Barco**. Vamos retornar para a tela principal do aplicativo, para isto clique no botão **Tela Principal** da tela **Barco**. Clique no botão **Tela Trem** e veja que vai ser aberta a tela **Trem**. Neta tela temos os mesmos procedimentos da tela **Barco**, veja a sequencia conforme figura 300:

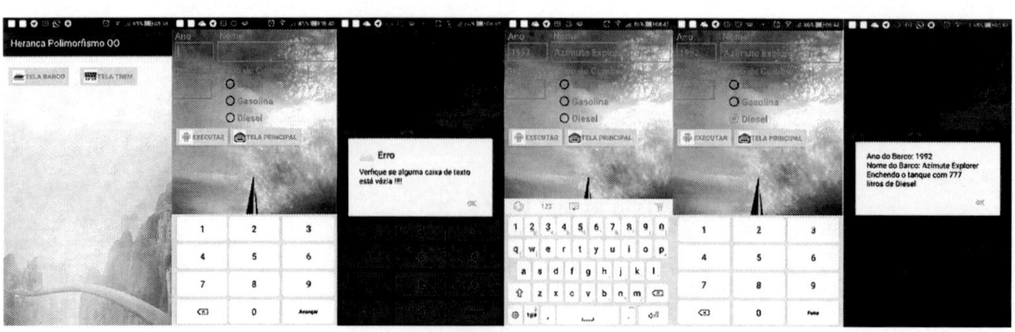

Figura 300

Vamos retornar ao **Visual Studio**, para isto, clique no ícone do **Visual Studio** na barra de tarefas do **Windows**, conforme vimos na **figura 61**. Ao abrir o **Visual Studio**, vá para o menu **Debug**, em seguida, selecione o item **Stop Debugging** ou pressione simultaneamente as teclas **Shift+F5**, conforme vimos na **figura 103**, ou ainda, você pode utilizar o menu que aparece na barra de ferramentas do **Visual Studio**, conforme vimos na **figura 104**.

Polimorfismo

A utilização de interfaces tem como grande vantagem, a possibilidade de se trabalhar no código o conceito de **polimorfismo**. Em orientação a objetos polimorfismo significa **muitas formas**, que permite invocar métodos derivados de uma classe base durante a execução da aplicação. Em outras palavras, são dois ou mais objetos que podem responder a uma mesma mensagem. Vamos retornar ao nosso projeto **Heranca_Polimorfismo_OO**, se o mesmo estiver aberto, basta posicionar o mouse sobre o ícone do **Visual Studio** na barra de ferramentas, vai aparecer uma miniatura do projeto, conforme vimos na **figura 200**. Clique sobre esta miniatura e vamos retornorar a nossa **IDE**. Caso o **Visual Studio** esteja fechado, para abrir novamente, basta clicar sobre o ícone do programa que se encontra na barra de tarefas, conforme vimos na **figura 61**. Vai abrir a tela inicial da **IDE**, conforme vimos na **figura 66**. A forma mais rápida de abrir um projeto é clicando no nome do projeto no item **Recent**, na janela inicial da **IDE**, conforme vimos na **figura 201**. Outra forma de abrir um projeto existente, é indo até o menu **File**, em seguida selecione o item **Open**, em seguida selecione o item **Project/Soluction...**, ou pressionar ao mesmo tempo as teclas **Ctrl+Shift+O**, conforme vimos na **figura 202**. Ou clicar no link **Open Project...**, na janela inicial da **IDE**, conforme vimos na **figura 203**. Vai abrir a janela **Open Project**, procure na lista o nosso projeto **Heranca_Polimorfismo_OO**, clique duas vezes sobre a pasta **Win10(C:)**, em seguida duas vezes sobre a pasta do projeto **Heranca_Polimorfismo_OO**, em seguida selecione o item **Heranca_Polimorfismo_OO.sln**, conforme vimos na **figura 204**. Ou clique sobre o botão **Abrir**. Clicar duas vezes sobre o arquivo **Heranca_Polimorfismo_OO.sln**, também vai abri-lo. Outra forma de abrir rapidamente um projeto, vá até o menu **File**, em seguida selecione o item **Recent Project and Soluction**, em seguida clique com o mouse sobre o item **1 Heranca_Polimorfismo_OO.sln (C:\Heranca_Polimorfismo_OO)**, conforme vimos na **figura 205**. Independentemente da forma escolhida para abrir um projeto, vamos retornar para nossa **IDE**.

Vamos criar uma nova classe chamada **PostoDeAbastecimento**, para deixar bem claro o conceito de **polimorfismo**, para isto selecione com o mouse a pasta **Classes** dentro da janela **Solution Explorer**, em seguida selecione o item **Add**, em seguida selecione o item **Class...**, conforme vimos na **figura 211**. Ou vá até o menu **Project** e selecione o item **Add Class...**, conforme vimos na **figura 212**. Independentemente da forma escolhida para inserir a classe, vai abrir a janela **Add New Item – Heranca_Polimorfismo_OO**, o tipo **Class** vai estar selecionado, no item **Name:**, digite **PostoDeAbastecimento**, conforme vimos na **figura 213**. Clique no botão **Add**, vai aparecer a área de código da classe **PostoDeAbastecimento**, conforme vimos na **figura 214**. Veja que a **Classe PostoDeAbastecimento**, foi criada dentro da pasta **Classes**, na janela **Solution Explorer**, conforme vimos na **figura 215**. Com a classe **PostoDeAbastecimento.cs** aberta, posicione o cursor do mouse no final da **linha 11**, pressione a tecla **Enter** do teclado, e veja que o cursor do mouse vai ficar posicionado na **linha 12**. No local onde o cursor do mouse esta piscando, na **linha 12**, digite o código abaixo:

```
using Heranca_Polimorfismo_OO.Classes;
```

Em seguida posicione o cursor do mouse em frente a **linha 15**, e digite o seguinte código:

```
    public
```

Veja como ficou, conforme vimos na **figura 216**. Salve seu projeto, conforme vimos nas **figuras 90** e **91**. Agora posicione o cursor do mouse na **linha 16**, pressione a tecla **Enter**, observe que o cursor do mouse vai ficar posicionado na **linha 17**, conforme vimos na **figura 217**. Na **linha 17**, onde o cursor do mouse está piscando, digite o código abaixo:

```
        //Abastecer veículo com Etanol
        public void encherTanqueComEtanol(tipoEtanol veiculo, int litros, Con-
text context)
        {
            veiculo.encherTanqueComEtanol(litros, context);
        }
        //Abastecer veículo com Gasolina
        public void encherTanqueComGasolina(tipoGasolina veiculo, int litros,
Context context)
        {
            veiculo.encherTanqueComGasolina(litros, context);
        }
        //Abastecer veículo com Diesel
        public void encherTanqueComDiesel(tipoDiesel veiculo, int litros, Con-
text context)
        {
            veiculo.encherTanqueComDiesel(litros, context);
        }
```

Veja como ficou, conforme figura 301:

```
namespace Heranca_Polimorfismo_OO.Classes
{
    public class PostoDeAbastecimento
    {
        //Abastecer veículo com Etanol
        public void encherTanqueComEtanol(tipoEtanol veiculo, int litros, Context context)
        {
            veiculo.encherTanqueComEtanol(litros, context);
        }
        //Abastecer veículo com Gasolina
        public void encherTanqueComGasolina(tipoGasolina veiculo, int litros, Context context)
        {
            veiculo.encherTanqueComGasolina(litros, context);
        }
        //Abastecer veículo com Diesel
        public void encherTanqueComDiesel(tipoDiesel veiculo, int litros, Context context)
        {
            veiculo.encherTanqueComDiesel(litros, context);
        }
    }
}
```

Figura 301

Salve seu projeto, conforme vimos nas **figuras 90** e **91**. Veja o código completo:

```
using System;
using System.Collections.Generic;
using System.Linq;
using System.Text;

using Android.App;
using Android.Content;
using Android.OS;
using Android.Runtime;
using Android.Views;
using Android.Widget;
using Heranca_Polimorfismo_OO.Interfaces;

namespace Heranca_Polimorfismo_OO.Classes
{
    public class PostoDeAbastecimento
    {
        //Abastecer veículo com Etanol
        public void encherTanqueComEtanol(tipoEtanol veiculo, int litros, Con-
text context)
        {
            veiculo.encherTanqueComEtanol(litros, context);
        }
        //Abastecer veículo com Gasolina
        public void encherTanqueComGasolina(tipoGasolina veiculo, int litros,
```

```
Context context)
        {
            veiculo.encherTanqueComGasolina(litros, context);
        }
        //Abastecer veículo com Diesel
        public void encherTanqueComDiesel(tipoDiesel veiculo, int litros, Con-
text context)
        {
            veiculo.encherTanqueComDiesel(litros, context);
        }
    }
}
```

Salve seu projeto, conforme vimos nas **figuras 90** e **91**. Agora vamos abrir o nosso arquivo **TelaBarco.cs**, se o mesmo estiver aberto, basta clicar na aba com o nome do arquivo, conforme vimos na **figura 264**. Caso esteja fechado, abra a janela **Solution Explorer** ou pressione ao mesmo tempo as teclas **Ctrl+Alt+L**, e deve abrir a janela **Solution Explorer** conforme vimos na **figura 265**. Clique duas vezes com o mouse sobre o arquivo **TelaBarco.cs**, vai abrir a janela com o código do mesmo, conforme vimos na **figura 298**. Em seguida posicione o cursor do mouse no início da **linha 49**, pressione a tecla **Shift+Setinha Direita** até o final da **linha 64**, conforme figura 302:

```
49                  //Vão ser chamados os Atributos da Classe Veículo através do mecanismo de
50                  if (radioDiesel.Checked == true)
51                  {
52                      barco1.encherTanqueComDiesel(int.Parse(QtdLitrosBarco.Text), this);
53                      radioDiesel.Checked = false;
54                  }
55                  else if (radioEtanol.Checked == true)
56                  {
57                      barco1.encherTanqueComEtanol(int.Parse(QtdLitrosBarco.Text), this);
58                      radioEtanol.Checked = false;
59                  }
60                  else
61                  {
62                      barco1.encherTanqueComGasolina(int.Parse(QtdLitrosBarco.Text), this);
63                      radioGasolina.Checked = false;
64                  }
```

Figura 302

Pressione a tecla **Delete** do teclado, e veja que o cursor do mouse vai ficar piscando na **linha 49**. Na **linha 49**, onde o cursor do mouse está piscando, digite o código abaixo:

```
                //Implementa o Polimorfismo aqui.
                PostoDeAbastecimento posto = new PostoDeAbastecimento();
                //Vai ser chamado os Atributos da Classe Veículo através do
mecanismo de Herança
                if (radioDiesel.Checked == true)
```

```
                    {
                        posto.encherTanqueComDiesel(barco1, int.
Parse(QtdLitrosBarco.Text), this);
                        radioDiesel.Checked = false;
                    }
                    else if (radioEtanol.Checked == true)
                    {
                        posto.encherTanqueComEtanol(barco1, int.
Parse(QtdLitrosBarco.Text), this);
                        radioEtanol.Checked = false;
                    }
                    else
                    {
                        posto.encherTanqueComGasolina(barco1, int.
Parse(QtdLitrosBarco.Text), this);
                        radioGasolina.Checked = false;
                    }
```

Salve seu projeto, conforme vimos nas **figuras 90** e **91**. Veja como ficou o código completo:

```
using System;
using System.Collections.Generic;
using System.Linq;
using System.Text;

using Android.App;
using Android.Content;
using Android.OS;
using Android.Runtime;
using Android.Views;
using Android.Widget;
using Heranca_Polimorfismo_OO.Classes;

namespace Heranca_Polimorfismo_OO
{
    [Activity(Label = "Tela Barco")]
    public class TelaBarco : Activity
    {
        protected override void OnCreate(Bundle savedInstanceState)
        {
            base.OnCreate(savedInstanceState);
            SetContentView(Resource.Layout.TelaBarco);
            // Recebe o objeto EditText do recurso layout
```

```
            EditText AnoBarco = FindViewById<EditText>(Resource.Id.txtAnoBarco);
            // Recebe o objeto EditText do recurso layout
            EditText NomeBarco = FindViewById<EditText>(Resource.
Id.txtNomeBarco);
            // Recebe o objeto EditText do recurso layout
            EditText QtdLitrosBarco = FindViewById<EditText>(Resource.
Id.txtQtdLitrosBarco);
            // Recebe o objeto RadioButton do recurso layout
            RadioButton radioEtanol = FindViewById<RadioButton>(Resource.
Id.rdbEtanolBarco);
            // Recebe o objeto RadioButton do recurso layout
            RadioButton radioGasolina = FindViewById<RadioButton>(Resource.
Id.rdbGasolinaBarco);
            // Recebe o objeto RadioButton do recurso layout
            RadioButton radioDiesel = FindViewById<RadioButton>(Resource.
Id.rdbDieselBarco);
            // Recebe o objeto Button do recurso layout
            Button Executar = FindViewById<Button>(Resource.
Id.btnExecutarBarco);
            // Recebe o objeto Button do recurso layout
            Button btnChamarTelaPrincipal = FindViewById<Button>(Resource.
Id.btnTelaPrincipalBarco);
            //Após clicar no botão Executar, serão mostrados os dados do barco
            Executar.Click += (sender, e) =>
            {
                if ((AnoBarco.Text != "") && (NomeBarco.Text != "") && (QtdLi-
trosBarco.Text != ""))
                {
                    //Instanciando a Classe Barco para o objeto barco1
                    //O atributo bar_ano vai receber o que for digitado em txtA-
noBarco,
                    //após a conversão do mesmo de texto para int e o atributo
bar_nome
                    //vai receber o que for digitado em txtNomeBarco
                    Barco barco1 = new Barco(int.Parse(AnoBarco.Text), NomeBar-
co.Text);
                    //Implementa o Polimorfismo aqui.
                    PostoDeAbastecimento posto = new PostoDeAbastecimento();
                    //Vão ser chamados os Atributos da Classe Veículo através do
mecanismo de Herança
                    if (radioDiesel.Checked == true)
                    {
                        posto.encherTanqueComDiesel(barco1, int.
Parse(QtdLitrosBarco.Text), this);
                        radioDiesel.Checked = false;
                    }
                    else if (radioEtanol.Checked == true)
```

```
                    {
                        posto.encherTanqueComEtanol(barco1, int.
Parse(QtdLitrosBarco.Text), this);
                        radioEtanol.Checked = false;
                    }
                    else
                    {
                        posto.encherTanqueComGasolina(barco1, int.
Parse(QtdLitrosBarco.Text), this);
                        radioGasolina.Checked = false;
                    }
                }
                else
                {
                    //define o alerta para executar a tarefa
                    AlertDialog.Builder builder = new AlertDialog.Builder(this);
                    AlertDialog erro = builder.Create();
                    //Define o Titulo
                    erro.SetTitle("Erro");
                    erro.SetIcon(Android.Resource.Drawable.IcDialogAlert);
                    erro.SetMessage("Verfique se alguma caixa de texto está vázia
!!!!");
                    erro.SetButton("OK", (s, ev) =>
                    {
                        AnoBarco.Text = "";
                        NomeBarco.Text = "";
                        QtdLitrosBarco.Text = "";
                    });
                    erro.Show();
                }
                AnoBarco.Text = "";
                NomeBarco.Text = "";
                QtdLitrosBarco.Text = "";
            };
            //Após clicar no botão Tela Principal, vamos retornar para a tela
inicial
            btnChamarTelaPrincipal.Click += delegate
            {
                var telaPrincipal = new Intent(this, typeof(MainActivity));
                StartActivity(telaPrincipal);
            };
        }
    }
}
```

Agora vamos abrir o nosso arquivo **TelaTrem.cs**, se o mesmo estiver aberto, basta clicar na aba com o nome do arquivo, conforme vimos na **figura 264**. Caso esteja fechado, abra a janela **Solution Explorer** ou pressione ao mesmo tempo as teclas **Ctrl+Alt+L**, e deve abrir a janela **Solution Explorer** conforme vimos na **figura 265**. Clique duas vezes com o mouse sobre o arquivo **TelaTrem.cs**, vai abrir a janela com o código do mesmo, conforme vimos na **figura 298**. Em seguida posicione o cursor do mouse no início da **linha 49**, pressione a tecla **Shift+Setinha Direita** até o final da **linha 64**, conforme vimos na **figura 302**. Pressione a tecla **Delete** do teclado, e veja que o cursor do mouse vai ficar piscando na **linha 49**. logo após, onde o cursor do mouse está piscando, digite o código abaixo:

```
            //Implementa o Polimorfismo aqui.
            PostoDeAbastecimento posto = new PostoDeAbastecimento();
            //Vai ser chamado os Atributos da Classe Veículo através do 
mecanismo de Herança
            if (radioDiesel.Checked == true)
            {
                posto.encherTanqueComDiesel(trem1, int.
Parse(QtdLitrosTrem.Text), this);
                radioDiesel.Checked = false;
            }
            else if (radioEtanol.Checked == true)
            {
                posto.encherTanqueComEtanol(trem1, int.
Parse(QtdLitrosTrem.Text), this);
                radioEtanol.Checked = false;
            }
            else
            {
                posto.encherTanqueComGasolina(trem1, int.
Parse(QtdLitrosTrem.Text), this);
                radioGasolina.Checked = false;
            }
```

Salve seu projeto, conforme vimos nas **figuras 90** e **91**. Veja como ficou o código completo:

```
using System;
using System.Collections.Generic;
using System.Linq;
using System.Text;

using Android.App;
using Android.Content;
```

```
using Android.OS;
using Android.Runtime;
using Android.Views;
using Android.Widget;
using Heranca_Polimorfismo_OO.Classes;

namespace Heranca_Polimorfismo_OO
{
    [Activity(Label = "Tela Trem")]
    public class TelaTrem : Activity
    {
        protected override void OnCreate(Bundle savedInstanceState)
        {
            base.OnCreate(savedInstanceState);
            SetContentView(Resource.Layout.TelaTrem);
            // Recebe o objeto EditText do recurso layout
            EditText AnoTrem = FindViewById<EditText>(Resource.Id.txtAnoTrem);
            // Recebe o objeto EditText do recurso layout
            EditText NomeTrem = FindViewById<EditText>(Resource.Id.txtNomeTrem);
            // Recebe o objeto EditText do recurso layout
            EditText QtdLitrosTrem = FindViewById<EditText>(Resource.
Id.txtQtdLitrosTrem);
            // Recebe o objeto RadioButton do recurso layout
            RadioButton radioEtanol = FindViewById<RadioButton>(Resource.
Id.rdbEtanolTrem);
            // Recebe o objeto RadioButton do recurso layout
            RadioButton radioGasolina = FindViewById<RadioButton>(Resource.
Id.rdbGasolinaTrem);
            // Recebe o objeto RadioButton do recurso layout
            RadioButton radioDiesel = FindViewById<RadioButton>(Resource.
Id.rdbDieselTrem);
            // Recebe o objeto Button do recurso layout
            Button Executar = FindViewById<Button>(Resource.Id.btnExecutarTrem);
            // Recebe o objeto Button do recurso layout
            Button btnChamarTelaPrincipal = FindViewById<Button>(Resource.
Id.btnTelaPrincipalTrem);
            //Após clicar no botão Executar, serão mostrados os dados do trem
            Executar.Click += (sender, e) =>
            {
                if ((AnoTrem.Text != "") && (NomeTrem.Text != "") && (QtdLitros-
Trem.Text != ""))
                {
                    //Instanciando a Classe Trem para o objeto trem1
                    //O atributo vei_ano vai receber o que for digitado em txtA-
noTrem,
```

```
                    //após a conversão do mesmo de texto para int e o atributo
vei_nome
                    //vai receber o que for digitado em txtNomeTrem
                    Trem trem1 = new Trem(int.Parse(AnoTrem.Text), NomeTrem.
Text);
                    //Implementa o Polimorfismo aqui.
                    PostoDeAbastecimento posto = new PostoDeAbastecimento();
                    //Vai ser chamado os Atributos da Classe Veículo através do
mecanismo de Herança
                    if (radioDiesel.Checked == true)
                    {
                        posto.encherTanqueComDiesel(trem1, int.
Parse(QtdLitrosTrem.Text), this);
                        radioDiesel.Checked = false;
                    }
                    else if (radioEtanol.Checked == true)
                    {
                        posto.encherTanqueComEtanol(trem1, int.
Parse(QtdLitrosTrem.Text), this);
                        radioEtanol.Checked = false;
                    }
                    else
                    {
                        posto.encherTanqueComGasolina(trem1, int.
Parse(QtdLitrosTrem.Text), this);
                        radioGasolina.Checked = false;
                    }
                }
                else
                {
                    //define o alerta para executar a tarefa
                    AlertDialog.Builder builder = new AlertDialog.Builder(this);
                    AlertDialog erro = builder.Create();
                    //Define o Titulo
                    erro.SetTitle("Erro");
                    erro.SetIcon(Android.Resource.Drawable.IcDialogAlert);
                    erro.SetMessage("Verfique se alguma caixa de texto está vázia
!!!!");
                    erro.SetButton("OK", (s, ev) =>
                    {
                        AnoTrem.Text = "";
                        NomeTrem.Text = "";
                        QtdLitrosTrem.Text = "";
                    });
                    erro.Show();
```

```
                }
                AnoTrem.Text = "";
                NomeTrem.Text = "";
                QtdLitrosTrem.Text = "";
            };
            //Após clicar no botão Tela Principal, vamos retornar para a tela
inicial
            btnChamarTelaPrincipal.Click += delegate
            {
                var telaPrincipal = new Intent(this, typeof(MainActivity));
                StartActivity(telaPrincipal);
            };
        }
    }
}
```

Vamos compilar nossa aplicação, para isto vá para o menu **Debug**, em seguida, selecione o item **Start Debugging** ou pressione a tecla **F5**, conforme vimos na **figura 96**. Ou simplesmente clique na setinha verde que fica na janela **Select Device**, conforme vimos na **figura 97**. Como eu disse anteriormente, estou executando no meu smartphone **Asus Zenfone 4**, deve aparecer a janela inicial do nosso aplicativo, clique no botão **Tela Barco**, vai aparecer a **Tela Barco**, em seguida clique dentro da caixa de texto **Ano**, veja que vai aparecer um teclado numérico. Clique no botão **Executar**, com as caixas de textos vazias. Observe que não vai ocorrer o erro de **Runtime** ou de **Execução**, pois usamos um **if..else**, poderíamos ter usado a cláusula **try..catch**, ao invés disto, vai aparecer uma mensagem para o usuário dizendo que algo está errado, clique no botão **OK**. Esta é uma ótima maneira de amarrar o usuário para digitar os valores corretos. Podemos fazer isto em todos os aplicativos que peçam entrada de dados ao usuário. Digite um ano qualquer, em seguida clique dentro da caixa de texto **Nome**, e veja que vai aparecer o teclado normal, digite um nome qualquer, em seguida clique dentro da caixa de texto **Qtd Litros**, veja que vai aparecer um teclado numérico, digite uma quantidade qualquer, selcione um tipo de combustível e clique no botão **Executar**, veja que agora serão mostrados os valores corretamente. Clique no botão **OK**, e vamos retornar para a tela **Barco**. Vamos retornar para a tela principal do aplicativo, para isto clique no botão **Tela Principal** da tela **Barco**. Clique no botão **Tela Trem** e veja que vai ser aberta a tela **Trem**. Neta tela temos os mesmos procedimentos da tela **Barco**, veja a sequencia conforme vimos na **figura 300**. Vamos retornar ao **Visual Studio**, para isto, clique no ícone do **Visual Studio** na barra de tarefas do **Windows**, conforme vimos na **figura 61**. Ao abrir o **Visual Studio**, vá para o menu **Debug**, em seguida, selecione o item **Stop Debugging** ou pressione simultaneamente as teclas **Shift+F5**, conforme vimos na **figura 103**, ou ainda, você pode utilizar o menu que aparece na barra de ferramentas do **Visual Studio**, conforme vimos na **figura 104**.

Trabalhando com Comparação de Objetos

Vamos ver que no decorrer da implementação do código, teremos a necessidade de fazer comparação de objetos, e no **C# Xamarin.Android** isso é feito com o método **Equals(obj)** da classe **Object**. Para entender melhor este conceito, vamos criar um novo projeto bem simples, se o **Visual Studio 2017 Community** estiver fechado, basta clicar sobre o ícone do programa que se encontra na barra de tarefas, conforme vimos na **figura 61**. Caso esteja aberto, vamos criar um novo projeto, para isto temos três opções: usar o menu **File**, em seguida selecionar **New Project...**, ou pressionar ao mesmo tempo as teclas **Ctrl+Shift+N**, conforme vimos na **figura 75**, ou clicar no link **New Project...**, na janela inicial da **IDE**, conforme vimos na **figura 76**. Independentemente da forma escolhida para criar um novo projeto, vai abrir a janela **New Project**, conforme vimos na **figura 77**.

Observe que temos vários templates que podemos utilizar para criar uma aplicação. Com a janela **New Project** aberta, no menu do lado esquerdo, clique na setinha ao lado do item **Installed**, clique na setinha ao lado da opção **Visual C#**, selecione **Android**, na janela do lado direito, selecione **Android App (Xamarin)**, no item **Name:**, digite **Comparando_Objetos_OO**, no item **Location:**, clique no botão **Browse...**, e selecione o disco **C:**, clique no botão **Selecionar pasta**, e deixe como caminho do projeto. Deixe marcado o item **Create directory for solution**, veja como ficou, conforme vimos na **figura 78**. Em seguida clique no botão **OK**. Vai aparecer a janela **New Android App – Comparando_Objetos_OO**, selecione o item **Blank App**, e na caixa de texto **Minimum Android Version**, clique na setinha para baixo e slecione o item **Android 4.0.3 (Ice Cream Sandwich)**, conforme vimos na **figura 79**. Clique no botão **OK**. Observe que vai abrir o código do arquivo **MainActivity.cs**, conforme vimos na **figura 80**. Feche esta janela, basta clicar no ícone do **X**, que se encontra perto do nome da janela, vejam que vai aparecer a nossa **IDE** ou área de desenvolvimento, conforme vimos na **figura 81**. Esta é a área central, local onde vamos escrever nosso código. Agora vamos criar a classe chamada **Veiculo**, separada da aplicação, que vai ser o nosso molde, que é o correto a fazer, e criaremos dois atributos ou variáveis chamadas, **vei_ano** e **vei_nome**. Criaremos também a classe **Barco**, sem atributos ou métodos.

Abra a janela **Solution Explorer** ou pressione ao mesmo tempo as teclas **Ctrl+Alt+L**, e deve abrir a janela **Solution Explorer** conforme vimos na **figura 82**, e clique com o botão do mouse sobre o nome do projeto **Comparando_Objetos_OO**, selecione o item **Add**, em seguida selecione o item **New Folder,** conforme vimos na **figura 151**. Ou vá até o menu **Project** e selecione o item **New Folder**, conforme vimos na **figura 152**. No nome da pasta digite **Classes**, conforme vimos na **figura 153**. Pressione a tecla **Enter** do teclado, veja como ficou, conforme vimos na **figura 210**. Agora vamos criar nossa **Classe Veiculo** dentro da pasta **Classes**, para isto selecione com o mouse a pasta **Classes** dentro da janela **Solution Explorer**, em seguida selecione o item **Add**, em seguida selecione o item **Class...**, conforme vimos na **figura 211**. Ou vá até o menu **Project** e selecione o item **Add Class...**, conforme vimos na **figura 212**. Independentemente da forma escolhida para inserir a classe, vai abrir a janela **Add New Item – Comparando_Objetos_OO**, o tipo **Class** vai estar selecionado, no item **Name:**, digite **Veiculo**, conforme vimos na **figura 213**. Clique no botão **Add**, vai aparecer a área de código da classe **Veiculo**, conforme vimos na **figura 214**. Veja que a **Classe Veiculo**, foi criada dentro da pasta **Classes**, na janela **Solution Explorer**, conforme vimos na **figura 215**.

Repita o procedimento anterior e crie a **Classe Barco** dentro da pasta **Classes**, para isto selecione com o mouse a pasta **Classes** dentro da janela **Solution Explorer**, em seguida selecione o item **Add**, em seguida selecione o item **Class...**, conforme vimos na **figura 211**. Ou vá até o menu **Project** e selecione o item **Add Class...**, conforme vimos na **figura 212**. Independentemente da forma escolhida para inserir a classe, vai abrir a janela **Add New Item – Comparando_Objetos_OO**, o tipo **Class** vai estar selecionado, no item **Name:**, digite **Barco**, conforme vimos na **figura 213**. Clique no botão **Add**, vai aparecer a área de código da classe **Barco**, conforme vimos na **figura 214**. Veja que a **Classe Barco**, foi criada dentro da pasta **Classes**, na janela **Solution Explorer**, conforme vimos na **figura 215**. Vamos retornar para a classe **Veiculo**. Se a mesma estiver aberta, basta clicar na aba com o nome da classe, conforme vimos na **figura 116**. Caso esteja fechada, para abri-la, abra a janela **Solution Explorer** pressione ao mesmo tempo as teclas **Ctrl+Alt+L**, e deve abrir a janela **Solution Explorer** conforme vimos na **figura 82**. Clique na setinha que tem ao lado da pasta **Classes**, clique duas vezes sobre o nome da classe **Veiculo.cs**. Com a classe **Veiculo.cs** aberta, posicione o cursor do mouse no inicio da **linha 15**, pressione a tecla **Shift+Setinha Direita** até o final da **linha 15**, conforme vimos na **figura 277**. Em seguida pressione a tecla **Delete** do teclado, e veja que o cursor do mouse vai ficar piscando na **linha 15**. Na **linha 15**, onde o cursor do mouse está piscando, digite o código abaixo:

```
public abstract class Veiculo
```

Veja como ficou, conforme vimos na **figura 278**. Salve seu projeto, conforme vimos nas **figuras 90** e **91**. Agora posicione o cursor do mouse no final da **linha 16**, pressione a tecla **Enter**, observe que o cursor do mouse vai ficar posicionado na **linha 17**, conforme vimos na **figura 217**. Na **linha 17**, onde o cursor do mouse está piscando, digite o código abaixo:

```
public int vei_ano;
public string vei_nome;
//Método Construtor
public Veiculo(int Vei_Ano, string Vei_Nome)
{
    vei_ano = Vei_Ano;
    vei_nome = Vei_Nome;
}
//Usando o método ToString()
public abstract String ExibirAtributos();
```

Salve seu projeto, conforme vimos nas **figuras 90** e **91**. Veja como ficou, conforme vimos na **figura 279**. Veja como ficou o código completo:

```
using System;
using System.Collections.Generic;
using System.Linq;
using System.Text;

using Android.App;
using Android.Content;
using Android.OS;
using Android.Runtime;
using Android.Views;
using Android.Widget;

namespace Comparando_Objetos_OO.Classes
{
    public abstract class Veiculo
    {
        public int vei_ano;
        public string vei_nome;
        //Método Construtor
        public Veiculo(int Vei_Ano, string Vei_Nome)
        {
            vei_ano = Vei_Ano;
            vei_nome = Vei_Nome;
        }
        //Usando o método ToString()
        public abstract String ExibirAtributos();
    }
}
```

Deve-se observar que criamos na classe mãe **Veiculo**, um construtor, desta forma obrigatoriamente, devemos declarar um construtor nas classes filhas, para isto devemos usar o modificador **base**, que vai ser utilizado para que possamos acessar os atributos e métodos da classe mãe. Em algumas linguagens este modificador é conhecido como **super**. Sua notação é a seguinte:

```
: base(parametro1, parametro2, etc)
```

Disto isto, vamos abrir a classe **Barco.cs**, se a mesma estiver aberta, basta clicar na aba com o nome da classe, conforme vimos na **figura 116**. Caso esteja fechada, para abri-la, abra a janela **Solution Explorer** pressione ao mesmo tempo as teclas **Ctrl+Alt+L**, e deve abrir a janela **Solution Explorer** conforme vimos na **figura 82**. Clique na setinha que tem ao lado da pasta **Classes**, clique duas vezes sobre o nome da classe **Barco.cs**. Com a classe **Barco.cs** aberta, posicione o cursor do mouse em frente a **linha 15**, e digite o seguinte código:

```
    public
```

Veja como ficou, conforme vimos na **figura 216**. Salve seu projeto, conforme vimos nas **figuras 90** e **91**. Agora posicione o cursor do mouse na **linha 16**, pressione a tecla **Enter**, observe que o cursor do mouse vai ficar posicionado na **linha 17**, conforme vimos na **figura 217**. Na **linha 17**, onde o cursor do mouse está piscando, digite o código abaixo:

```
public Barco(int Vei_Ano, string Vei_Nome) : base(Vei_Ano, Vei_Nome)
{

}
```

Veja como ficou, conforme vimos na **figura 257**. Salve seu projeto, conforme vimos nas **iguras 90** e **91**. Observe que o **objeto base** está com uma linha vermelha, isto quer dizer que não fizemos a referência de onde a **classe Barco** vai fazer a herança. Neste caso posicione o cursor do mouse no final da **linha 15**, pressione a barra de espaço e digite o código abaixo:

```
: Veiculo
```

Veja como ficou, conforme vimos na **figura 258**. Salve seu projeto, conforme vimos nas **figuras 90** e **91**. Observe que a classe **Barco**, está em vermelho, isto se deve ao fato que o método `public abstract String ExibirAtributos();`, que criamos na classe **Veiculo.cs**, não possui implementação, desta forma as classes filhas são obrigadas a implementar a lógica. Isto ocorre quando a classe mãe não possui informações suficientes para implementar algum método, assim ela vai delegar essa responsabilidade para as classes filhas. Ainda na classe **Barco.cs** aberta, posicione o cursor do mouse no final da **linha 20**, pressione a tecla **Enter**, observe que o cursor do mouse vai ficar posicionado na **linha 21**, na **linha 21**, onde o cursor do mouse está piscando, digite o código abaixo:

```
public override String ExibirAtributos()
{
    return "";
}
```

Veja como ficou, conforme vimos na **figura 280**. Salve seu projeto, conforme vimos nas **figuras 90** e **91**. Pronto, já codificamos todas as nossas classes, vamos abrir o arquivo **activity_main.axml**, se o mesmo estiver aberto, basta clicar na aba com o nome do arquivo, conforme vimos na **figura 264**. Se o mesmo estiver fechado, abra a janela **Solution Explorer**, pressione ao mesmo tempo as teclas **Ctrl+Alt+L**, e deve abrir a janela **Solution Explorer** conforme vimos na **figura 82**. Em seguida, abra a pasta **Resources**, para isto clique na setinha que tem ao lado da pasta **Resources,** em seguida clique na setinha que tem ao lado da pasta **layout**, e clique duas vezes sobre o arquivo **activity_main.axml**, aguarde até carregar nossa **view** ou **layout**, conforme vimos na **figura 156**. Observem que temos dois botões no canto inferior esquerdo, **Design** e **Source**. Clique no botão **Source** e veja que vai abrir a janela de código, toda vez que acrescentarmos algum item ou mudar uma propriedade, para visualizar como ficou na tela, basta clicar no botão **Design**. Vamos alterar o código para que ele contenha um item **LinearLayout**, uma imagem de fundo e um botão que vai executar a comparação entre os objetos. Baixe os arquivos. Após baixar os arquivos vá até a pasta onde você salvou os mesmos e veja como ficou, conforme vimos na **figura 266**. Veja os detalhes para trabalhar com imagens no **capítulo 07** no item **Trabalhando com Imagem de Fundo e Ícone**. Selecione todas as imagens, para isto basta pressionar ao meso tempo as teclas **Ctrl+A**, com as imagens selecionadas, pressione as teclas **Ctrl+C**, ou clique com o botão do mouse sobre as imagens selecionadas e selecione o item **Copiar** do menu, conforme vimos na **figura 150**. Vamos criar a pasta **drawable** no nosso projeto, para que possamos copiar as imagens que acabamos de baixar e configura. Para isto abra a janela **Solution Explorer**, pressione ao mesmo tempo as teclas **Ctrl+Alt+L**, e deve abrir a janela **Solution Explorer** conforme vimos na **figura 82**. Em seguida, clique com o botão do mouse sobre a pasta **Resources**, selecione o item **Add**, em seguida selecione o item **New Folder,** conforme vimos na **figura 151**. Ou vá até o menu **Project** e selecione o item **New Folder**, conforme vimos na **figura 152**. No nome da pasta digite **drawable**, conforme vimos na **figura 153**. Em seguida clique com o botão do mouse sobre a pasta **drawable** e selecione o item **Paste** do menu, ou pressione ao mesmo tempo as teclas **Ctrl+V**, conforme vimos na **figura 154**. Como saber se as imagens foram copiadas? Basta passar o mouse sobre o nome das imagens que vai ser mostrado um **preview** da mesma, conforme vimos na **figura 155**.

Salve seu projeto, conforme vimos nas **figuras 90** e **91**. O ícone vai ser inserido automaticamente após a compilação, a imagem de fundo vamos ter que inserir manualmente. Vamos inserir a imagem de fundo na tela principal **activity_main.axml**, se o mesmo estiver aberto, basta clicar na aba com o nome do arquivo, conforme vimos na **figura 264**. Se o mesmo estiver fechado, abra a janela **Solution Explorer**, pressione ao mesmo tempo as teclas **Ctrl+Alt+L**, e deve abrir a janela **Solution Explorer** conforme vimos na **figura 82**. Em seguida, abra a pasta **Resources**, para isto clique na setinha que tem ao lado da pasta **Resources,** em seguida clique na setinha que tem ao lado da pasta **layout**, e clique duas vezes sobre o arquivo **activity_main.axml**, aguarde até carregar nossa **view** ou **layout**, conforme vimos na **figura 156**. Observem que temos dois botões no canto inferior esquerdo, **Design** e **Source**. Clique no botão **Source** e veja que vai abrir a janela de código, toda vez que acrescentarmos algum item ou mudar uma propriedade, para visualizar como ficou na tela, basta clicar no botão **Design**. Vamos alterar o código, selecione as linhas **2** a **7**, para isto posicione o cursor do mouse no início da **linha 2** e pressione a tecla **Shift+Setinha Direita** até o final da **linha 7**, conforme vimos na **figura 127**. Pressione a tecla **Delete** do teclado, no local onde o cursor do mouse está piscando, na **linha 2**, digite o código abaixo:

```
<LinearLayout xmlns:android="http://schemas.android.com/apk/res/android"
    xmlns:app="http://schemas.android.com/apk/res-auto"
    xmlns:tools="http://schemas.android.com/tools"
    android:layout_width="match_parent"
    android:layout_height="match_parent"
```

```
    android:minWidth="25px"
    android:minHeight="25px"
    android:orientation="vertical"
    android:background="@drawable/fundo_tela_Barco">
    <Button
        android:text="Comparar Objetos"
        android:layout_width="383.5dp"
        android:layout_height="wrap_content"
        android:id="@+id/btnExecutar"
        android:textStyle="bold"
        android:textColor="#FF8C00" />
</LinearLayout>
```

Observe que à medida que você vai digitando, a **IDE** do **Visual Studio** vai apresentando as opções que você pode selecionar, conforme vimos na **figura 159**. Salve seu projeto, conforme vimos nas **figuras 90** e **91**. Veja como ficou o código completo:

```
<?xml version="1.0" encoding="utf-8"?>
<LinearLayout xmlns:android="http://schemas.android.com/apk/res/android"
    xmlns:app="http://schemas.android.com/apk/res-auto"
    xmlns:tools="http://schemas.android.com/tools"
    android:layout_width="match_parent"
    android:layout_height="match_parent"
    android:minWidth="25px"
    android:minHeight="25px"
    android:orientation="vertical"
    android:background="@drawable/fundo_tela_Barco">
    <Button
        android:text="Comparar Objetos"
        android:layout_width="383.5dp"
        android:layout_height="wrap_content"
        android:id="@+id/btnExecutar"
        android:textStyle="bold"
        android:textColor="#FF8C00" />
</LinearLayout>
```

Vamos alterar o texto do título do nosso Aplicativo e codificar os botões para chamar as telas barco e trem, para isto abra a janela **Solution Explorer** ou pressione ao mesmo tempo as teclas **Ctrl+Alt+L**, e deve abrir a janela **Solution Explorer** conforme vimos na **figura 82**. Clique na setinha que tem ao lado da pasta **Resources**, em seguida clique na setinha que tem ao lado da pasta **values**, clique duas vezes com o mouse sobre o arquivo **strings.xml**, vai abrir a janela com o código do mesmo, na **linha 2**, altere o texto para: **Comparando Objetos OO**, deve ficar conforme vimos na **figura 89**. Salve seu projeto, conforme vimos nas **figuras 90** e **91**. Agora vamos codificar nosso botão **Executar** e habilitar o ícone, para isto o arquivo **MainActivity.cs**, se o mesmo estiver fechado, abra a janela **Solution Explorer**, em seguida pressione ao mesmo tempo as teclas **Ctrl+Alt+L**, em seguida clique duas vezes com o mouse sobre o arquivo **MainActivity.cs**, conforme vimos na **figura 80**. Caso ele esteja aberto, se você percebeu, a medida que vamos abrindo as janelas, as mesmas ficam disponibilizadas em abas, conforme vimos na **figura 116**. Clique na aba com o nome do arquivo **MainActivity.cs**, e vai abrir a janela de código do mesmo, conforme vimos na **figura 80**. Posicione o cursor do mouse no final da **linha 4**, e pressione a tecla **Enter**, e veja que o cursor do mouse vai ficar posicionado na **linha 5**. No local onde o cursor do mouse esta piscando, na **linha 5**, digite o código abaixo:

```
using Comparando_Objetos_OO.Classes;
```

Agora posicione o cursor do mouse no final da **linha 10**, antes do parênteses de fechamento, e digite o código abaixo:

```
, Icon = "@drawable/Icon"
```

Salve seu projeto, conforme vimos nas **figuras 90** e **91**. Veja como ficou, conforme vimos na **figura 274**. Agora, posicione o cursor do mouse no final da **linha 17**, e pressione a tecla **Enter** do teclado, e veja que o cursor do mouse vai ficar posicionado na **linha 18**. No local onde o cursor do mouse esta piscando, na **linha 18**, digite o código abaixo:

```
            var executar = FindViewById<Button>(Resource.Id.btnExecutar);
            //O Botão Exibir recebe o método abaixo
            executar.Click += (sender, e) =>
            {
                Barco barco1 = new Barco(1992, "Kawasaki Ninja 950");
                Barco barco2 = new Barco(1992, "Kawasaki Ninja 950");
                //define o alerta para exibir os dados em uma caixa de Alerta
                Android.App.AlertDialog.Builder builder = new Android.App.Alert-
Dialog.Builder(this);
                Android.App.AlertDialog alerta = builder.Create();
                //Define o Titulo
                alerta.SetTitle("Comparando Objetos OO");
                alerta.SetIcon(Android.Resource.Drawable.IcDialogInfo);
                alerta.SetMessage(("Igualdade: " + barco1.Equals(barco2)));
                alerta.SetButton("OK", (s, ev) =>
                {

                });
                alerta.Show();
            };
```

Salve seu projeto, conforme vimos nas **figuras 90** e **91**. Veja como ficou, conforme figura 303:

```
namespace Comparando_Objetos_OO
{
    [Activity(Label = "@string/app_name", Theme = "@style/AppTheme", MainLauncher = true, Icon = "@drawable/Icon")]
    public class MainActivity : AppCompatActivity
    {
        protected override void OnCreate(Bundle savedInstanceState)
        {
            base.OnCreate(savedInstanceState);

            // Set our view from the "main" layout resource
            SetContentView(Resource.Layout.activity_main);
            var executar = FindViewById<Button>(Resource.Id.btnExecutar);
            //O Botão Exibir recebe o método abaixo
            executar.Click += (sender, e) =>
            {
                Barco barco1 = new Barco(1992, "Kawasaki Ninja 950");
                Barco barco2 = new Barco(1992, "Kawasaki Ninja 950");
                //define o alerta para exibir os dados em uma caixa de Alerta
                Android.App.AlertDialog.Builder builder = new Android.App.AlertDialog.Builder(this);
                Android.App.AlertDialog alerta = builder.Create();
                //Define o Titulo
                alerta.SetTitle("Comparando Objetos OO");
                alerta.SetIcon(Android.Resource.Drawable.IcDialogInfo);
                alerta.SetMessage(("Igualdade: " + barco1.Equals(barco2)));
                alerta.SetButton("OK", (s, ev) =>
                {

                });
                alerta.Show();
            };
        }
    }
}
```

Figura 303

Veja como ficou o código completo:

```
using Android.App;
using Android.Widget;
using Android.OS;
using Android.Support.V7.App;
using Comparando_Objetos_OO.Classes;

namespace Comparando_Objetos_OO
{
    [Activity(Label = "@string/app_name", Theme = "@style/AppTheme", MainLauncher = true, Icon = "@drawable/Icon")]
    public class MainActivity : AppCompatActivity
    {
        protected override void OnCreate(Bundle savedInstanceState)
        {
            base.OnCreate(savedInstanceState);

            // Set our view from the "main" layout resource
```

```
            SetContentView(Resource.Layout.activity_main);
            var executar = FindViewById<Button>(Resource.Id.btnExecutar);
            //O Botão Exibir recebe o método abaixo
            executar.Click += (sender, e) =>
            {
                Barco barco1 = new Barco(1992, "Kawasaki Ninja 950");
                Barco barco2 = new Barco(1992, "Kawasaki Ninja 950");
                //define o alerta para exibir os dados em uma caixa de Alerta
                Android.App.AlertDialog.Builder builder = new Android.App.Alert-
Dialog.Builder(this);
                Android.App.AlertDialog alerta = builder.Create();
                //Define o Titulo
                alerta.SetTitle("Comparando Objetos OO");
                alerta.SetIcon(Android.Resource.Drawable.IcDialogInfo);
                alerta.SetMessage(("Igualdade: " + barco1.Equals(barco2)));
                alerta.SetButton("OK", (s, ev) =>
                {

                });
                alerta.Show();
            };
        }
    }
}
```

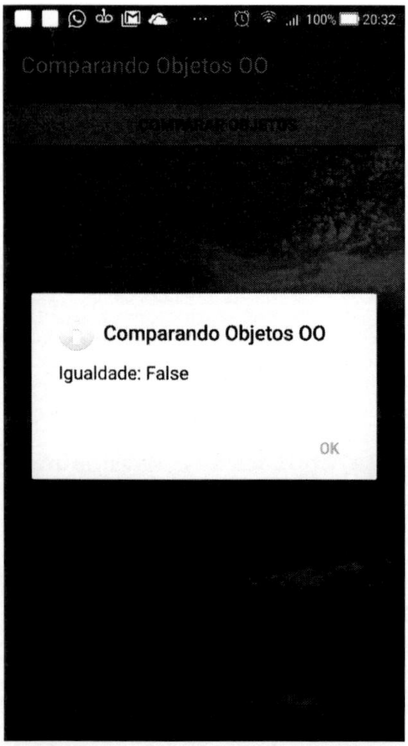

Figura 304

Observe que na **linha 5**, foi acrescentada uma nova biblioteca **using**, referente ao caminho onde nossa classe **Barco** foi criada. A pergunta aqui é, será que o objeto **barco1** é igual ao objeto **barco2**? Vamos compilar nossa aplicação, para isto vá para o menu **Debug**, em seguida, selecione o item **Start Debugging** ou pressione a tecla **F5**, conforme vimos na **figura 96**. Ou simplesmente clique na setinha verde que fica na janela **Select Device**, conforme vimos na **figura 97**. Como eu disse anteriormente, estou executando no meu smartphone **Asus Zenfone 4**, deve aparecer a janela inicial do nosso aplicativo, clique no botão **Comparar Objetos**, e veja que vai aparecer uma mensagem com a **igualdade = False**, conforme figura 304:

Clique no botão **OK**, e veja que voltamos para a tela principal do aplicativo. Vamos retornar ao **Visual Studio**, para isto, clique no ícone do **Visual Studio** na barra de tarefas do **Windows**, conforme vimos na **figura 61**. Ao abrir o **Visual Studio**, vá para o menu **Debug**, em seguida, selecione o item **Stop Debugging** ou pressione simultaneamente as teclas **Shift+F5**, conforme vimos na **figura 103**, ou ainda, você pode utilizar o menu que aparece na barra de ferramentas do **Visual Studio**, conforme vimos na **figura 104**. Veja que o retorno foi **false**, pois esses objetos representam diferentes instâncias e consequentemente apontam para lugares diferentes da memória. Se o nosso objetivo for fazer a comparação dos valores dos objetos, como, neste caso, as propriedades **vei_ano** e **vei_nome**, vamos apenas sobrescrever o método **Equals(obj)**, para isto vamos retornar para a classe **Veiculo.cs**, se a mesma estiver aberta, basta clicar na aba com o nome da classe, conforme vimos na **figura 116**. Caso esteja fechada, para abri-la, abra a janela **Solution Explorer** pressione ao mesmo tempo as teclas **Ctrl+Alt+L**, e deve abrir a janela **Solution Explorer** conforme vimos na **figura 82**. Clique na setinha que tem ao lado da pasta **Classes**, clique duas vezes sobre o nome da classe **Veiculo.cs**. Com a classe **Veiculo.cs** aberta, posicione o cursor do mouse no final da **linha 26**, e pressione a tecla **Enter**, e veja que o cursor do mouse vai ficar posicionado na **linha 27**. No local onde o cursor do mouse esta piscando, na **linha 27**, digite o código abaixo:

```
 //Comparando o conteúdo dos objetos
public override bool Equals(System.Object obj)
{
    if (obj == null)
    {
        //Se for nulo não é igual
        return false;
    }
    // Faz o cast para veículo
    Veiculo veiculo2 = obj as Veiculo;
    if (veiculo2 == null)
    {
        //Se não foi possível fazer o cast não é igual
        return false;
    }
    // Compara o Nome e Ano
    return vei_ano == veiculo2.vei_ano && vei_nome == veiculo2.vei_nome;
}
```

Salve seu projeto, conforme vimos nas **figuras 90** e **91**. Veja como ficou o código completo:

```
using System;
using System.Collections.Generic;
using System.Linq;
```

```
using System.Text;

using Android.App;
using Android.Content;
using Android.OS;
using Android.Runtime;
using Android.Views;
using Android.Widget;

namespace Comparando_Objetos_OO.Classes
{
    public abstract class Veiculo
    {
        public int vei_ano;
        public string vei_nome;
        //Método Construtor
        public Veiculo(int Vei_Ano, string Vei_Nome)
        {
            vei_ano = Vei_Ano;
            vei_nome = Vei_Nome;
        }
        //Usando o método ToString()
        public abstract String ExibirAtributos();
        //Comparando o conteúdo dos objetos
        public override bool Equals(System.Object obj)
        {
            if (obj == null)
            {
                //Se for nulo não é igual
                return false;
            }
            // Faz o cast para veículo
            Veiculo veiculo2 = obj as Veiculo;
            if (veiculo2 == null)
            {
                //Se não foi possível fazer o cast não é igual
                return false;
            }
            // Compara o Nome e Ano
            return vei_ano == veiculo2.vei_ano && vei_nome == veiculo2.vei_nome;
        }
    }
}
```

Vamos compilar novamente nossa aplicação, para isto vá para o menu **Debug**, em seguida, selecione o item **Start Debugging** ou pressione a tecla **F5**, conforme vimos na **figura 96**. Ou simplesmente clique na setinha verde que fica na janela **Select Device**, conforme vimos na **figura 97**. Como eu disse anteriormente, estou executando no meu smartphone **Asus Zenfone 4**, deve aparecer a janela inicial do nosso aplicativo, clique no botão **Comparar Objetos**, e veja que vai aparecer uma mensagem com a **igualdade = true**, e não **false**, conforme vimos na **figura 304**. Clique no botão **OK**, e veja que voltamos para a tela principal do aplicativo. Vamos retornar ao **Visual Studio**, para isto, clique no ícone do **Visual Studio** na barra de tarefas do **Windows**, conforme vimos na **figura 61**. Ao abrir o **Visual Studio**, vá para o menu **Debug**, em seguida, selecione o item **Stop Debugging** ou pressione simultaneamente as teclas **Shift+F5**, conforme vimos na **figura 103**, ou ainda, você pode utilizar o menu que aparece na barra de ferramentas do **Visual Studio**, conforme vimos na **figura 104**. Veja que o retorno agora foi **true**, pois a comparação dos dois objetos foi feita corretamente, ou seja, o conteúdo dos mesmos.

Trabalhando Com Arrays

Podemos também usar **arrays** em Orientação a Objetos, que é muito simples. Para entender melhor este conceito, vamos criar um novo projeto bem simples, se o **Visual Studio 2017 Community** estiver fechado, basta clicar sobre o ícone do programa que se encontra na barra de tarefas, conforme vimos na **figura 61**. Caso esteja aberto, vamos criar um novo projeto, para isto temos três opções: usar o menu **File**, em seguida selecionar **New Project...**, ou pressionar ao mesmo tempo as teclas **Ctrl+Shift+N**, conforme vimos na **figura 75**, ou clicar no link **New Project...**, na janela inicial da **IDE**, conforme vimos na **figura 76**. Independentemente da forma escolhida para criar um novo projeto, vai abrir a janela **New Project**, conforme vimos na **figura 77**. Observe que temos vários templates que podemos utilizar para criar uma aplicação. Com a janela **New Project** aberta, no menu do lado esquerdo, clique na setinha ao lado do item **Installed**, clique na setinha ao lado da opção **Visual C#**, selecione **Android**, na janela do lado direito, selecione **Android App (Xamarin)**, no item **Name:**, digite **Arrays_OO**, no item **Location:**, clique no botão **Browse...**, e selecione o disco **C:**, clique no botão **Selecionar pasta**, e deixe como caminho do projeto. Deixe marcado o item **Create directory for solution**, veja como ficou, conforme vimos na **figura 78**. Em seguida clique no botão **OK**. Vai aparecer a janela **New Android App – Arrays_OO**, selecione o item **Blank App**, e na caixa de texto **Minimum Android Version**, clique na setinha para baixo e slecione o item **Android 4.0.3 (Ice Cream Sandwich)**, conforme vimos na **figura 79**. Clique no botão **OK**. Observe que vai abrir o código do arquivo **MainActivity.cs**, conforme vimos na **figura 80**. Feche esta janela, basta clicar no ícone do **X**, que se encontra perto do nome da janela, vejam que vai aparecer a nossa **IDE** ou área de desenvolvimento, conforme vimos na **figura 81**. Esta é a área central, local onde vamos escrever nosso código.

Agora vamos criar nossa tela de entrada de dados. Abra a janela **Solution Explorer** ou pressione ao mesmo tempo as teclas **Ctrl+Alt+L**, e deve abrir a janela **Solution Explorer** conforme vimos na **figura 82**, em seguida clique com o mouse na setinha que tem ao lado da pasta **Resources**, em seguida, clique com o botão do mouse sobre a pasta **layout**, e selecione o item **Add**, em seguida selecione o item **New Item...**, ou pressione ao mesmo tempo as teclas **Ctrl+Shift+A**, conforme vimos na **figura 259**. Ou vá até o menu **Project** e **New Item...**, ou pressione ao mesmo tempo as teclas **Ctrl+Shift+A**, conforme conforme vimos na **figura 260**, independentemente da forma escolhida para inserir o novo item, vai abrir a janela **Add New Item – Arrays_OO**, no menu do lado esquerdo, clique com o mouse na setinha que tem ao lado do item **Installed**, em seguida clique com o mouse sobre a setinha que tem ao lado do item **Visual C#**, em seguida selecione o item **Android**, no menu do lado direito, selecione o tipo **Android Layout**, no item **Name:**, digite **TelaEntrada**, conforme vimos na **figura 261**. Clique no botão **Add**, pode ser que abra a janela **Microsoft Visual Studio – Security Warning**, avisando que o modelo a seguir está solicitando a abertura de mais um documento de maneira que possa representar um risco de segurança, conforme vimos na **figura 262**. Não tem problemas, clique no botão **Trust(Confiar)**, e vai aparecer a área de design da **TelaEntrada**, conforme vimos na **figura 263**. Observe que após criarmos as nossas telas, bem como as Classes, as mesmas vão ficar disponibilizadas em abas, conforme vimos na **figura 264**. Ou na janela **Solution Explorer**, conforme vimos na **figura 265**. Salve seu projeto, conforme vimos nas **figuras 90** e **91**.

Para que nossa aplicação fique mais profissional, vamos alterar o ícone e a tela de fundo do aplicativo, além dos ícones que vamos utilizar nos botões para navegação entre as telas. Primeiro temos que achar as imagens que correspondam ao aplicativo que estamos desenvolvendo. Neste exemplo, para o ícone vamos procurar uma imagem de array. Para a imagem de fundo da tela **activity_main.axml**, algo que diz respeito a barcos no tamanho de 600x600 pixels. Para a imagem de fundo da tela **TelaEntrada.axml**, algo que diz respeito a Barco no tamanho de 100x100 pixels. Baixe os arquivos. Após baixar os arquivos vá até a pasta onde você salvou os mesmos e veja como ficou, conforme vimos na **figura 266**. Veja os detalhes par trabalhar com imagens no **capítulo 07** no item **Trabalhando com Imagem de Fundo e Ícone**. Selecione todas as imagens, para isto basta pressionar ao meso tempo as teclas **Ctrl+A**, com as imagens selecionadas, pressione as teclas **Ctrl+C**, ou clique com o botão do mouse sobre as imagens selecionadas e selecione o item **Copiar** do menu, conforme vimos na **figura 150**. Vamos criar a pasta **drawable** no nosso projeto, para que possamos copiar as imagens que acabamos de baixar e configura. Para isto abra a janela **Solution Explorer**, pressione ao mesmo tempo as teclas **Ctrl+Alt+L**, e deve abrir a janela **Solution Explorer** conforme vimos na **figura 82**. Em seguida, clique com o botão do mouse sobre a pasta **Resources**, selecione o item **Add**, em seguida selecione o item **New Folder**, conforme vimos na **figura 151**. Ou vá até o menu **Project** e selecione o item **New Folder**, conforme vimos na **figura 152**. No nome da pasta digite **drawable**, conforme vimos na **figura 153**. Em seguida clique com o botão do mouse sobre a pasta **drawable** e selecione o item **Paste** do menu, ou pressione ao mesmo tempo as teclas **Ctrl+V**, conforme vimos na **figura 154**. Como saber se as imagens foram copiadas? Basta passar o mouse sobre o nome das imagens que vai ser mostrado um **preview** da mesma, conforme vimos na **figura 155**.

Salve seu projeto, conforme vimos nas **figuras 90** e **91**. O ícone vai ser inserido automaticamente após a compilação, a imagem de fundo vamos ter que inserir manualmente. Vamos inserir a imagem de fundo e os botões **Preencher Array** e **Exibir Array** na tela principal **activity_main.axml**, se o mesmo estiver aberto, basta clicar na aba com o nome do arquivo, conforme vimos na **figura 264**. Se o mesmo estiver fechado, abra a janela **Solution Explorer**, pressione ao mesmo tempo as teclas **Ctrl+Alt+L**, e deve abrir a janela **Solution Explorer** conforme vimos na **figura 82**. Em seguida, abra a pasta **Resources**, para isto clique na setinha que tem ao lado da pasta **Resources,** em seguida clique na setinha que tem ao lado da pasta **layout**, e clique duas vezes sobre o arquivo **activity_main.axml**, aguarde até carregar nossa **view** ou **layout**, conforme vimos na **figura 156**. Observem que temos dois botões no canto inferior esquerdo, **Design** e **Source**. Clique no botão **Source** e veja que vai abrir a janela de código, toda vez que acrescentarmos algum item ou mudar uma propriedade, para visualizar como ficou na tela, basta clicar no botão **Design**. Vamos alterar o código para que ele contenha um item **LinearLayout**. Selecione as linhas **2** a **7**, para isto posicione o cursor do mouse no início da **linha 2** e pressione a tecla **Shift+Setinha Direita** até o final da **linha 7**, conforme vimos na **figura 127**. Pressione a tecla **Delete** do teclado, no local onde o cursor do mouse está piscando, na **linha 2**, digite o código abaixo:

```
<LinearLayout xmlns:android="http://schemas.android.com/apk/res/android"
    xmlns:app="http://schemas.android.com/apk/res-auto"
    xmlns:tools="http://schemas.android.com/tools"
    android:layout_width="match_parent"
    android:layout_height="match_parent"
    android:minWidth="25px"
    android:minHeight="25px"
    android:orientation="vertical"
    android:background="@drawable/fundo_barco">
  <Button
      android:text="Preencher Array"
      android:layout_width="match_parent"
      android:layout_height="wrap_content"
      android:textStyle="bold"
      android:textColor="#FF8C00"
      android:id="@+id/btnExecutar" />
  <Button
      android:text="Exibir Array"
      android:layout_width="match_parent"
      android:layout_height="wrap_content"
      android:textStyle="bold"
      android:textColor="#FF8C00"
      android:id="@+id/btnExibir" />
</LinearLayout>
```

Veja como ficou o código completo, conforme abaixo:

```
<?xml version="1.0" encoding="utf-8"?>
<LinearLayout xmlns:android="http://schemas.android.com/apk/res/android"
```

```
    xmlns:app="http://schemas.android.com/apk/res-auto"
    xmlns:tools="http://schemas.android.com/tools"
    android:layout_width="match_parent"
    android:layout_height="match_parent"
    android:minWidth="25px"
    android:minHeight="25px"
    android:orientation="vertical"
    android:background="@drawable/fundo_barco">
  <Button
      android:text="Preencher Array"
      android:layout_width="match_parent"
      android:layout_height="wrap_content"
      android:textStyle="bold"
      android:textColor="#FF8C00"
      android:id="@+id/btnExecutar" />
  <Button
      android:text="Exibir Array"
      android:layout_width="match_parent"
      android:layout_height="wrap_content"
      android:textStyle="bold"
      android:textColor="#FF8C00"
      android:id="@+id/btnExibir" />
</LinearLayout>
```

Observe que à medida que você vai digitando, a **IDE** do **Visual Studio**, vai apresentado as opções que você pode selecionar, conforme vimos na **figura 159**. Salve seu projeto, conforme vimos nas **figuras 90** e **91**. Para visualizar se a imagem de fundo foi mesmo inserida, clique no botão **Design**. Vamos inserir a imagem de fundo e a caixa de texto **Nome do Barco**, na tela **TelaEntrada.axml**, se o mesmo estiver aberto, basta clicar na aba com o nome do arquivo, conforme vimos na **figura 264**. Se o mesmo estiver fechado, abra a janela **Solution Explorer**, pressione ao mesmo tempo as teclas **Ctrl+Alt+L**, e deve abrir a janela **Solution Explorer** conforme vimos na **figura 82**. Em seguida, abra a pasta **Resources**, para isto clique na setinha que tem ao lado da pasta **Resources,** em seguida clique na setinha que tem ao lado da pasta **layout**, e clique duas vezes sobre o arquivo **TelaEntrada.axml**, aguarde até carregar nossa **view** ou **layout**, conforme vimos na **figura 156**. Observem que temos dois botões no canto inferior esquerdo, **Design** e **Source**. Clique no botão **Source** e veja que vai abrir a janela de código, toda vez que acrescentarmos algum item ou mudar uma propriedade, para visualizar como ficou na tela, basta clicar no botão **Design**. Vamos alterar o código para que ele contenha um item **LinearLayout**. Selecione as linhas **2** a **7**, para isto posicione o cursor do mouse no início da **linha 2** e pressione a tecla **Shift+Setinha Direita** até o final da **linha 7**, conforme vimos na **figura 127**. Pressione a tecla **Delete** do teclado, no local onde o cursor do mouse está piscando, na **linha 2**, digite o código abaixo:

```
<LinearLayout xmlns:android="http://schemas.android.com/apk/res/android"
    xmlns:app="http://schemas.android.com/apk/res-auto"
```

```
    xmlns:tools="http://schemas.android.com/tools"
    android:layout_width="match_parent"
    android:layout_height="match_parent"
    android:minWidth="25px"
    android:minHeight="25px"
    android:orientation="vertical"
    android:background="@drawable/fundo_barco_01">
  <TextView
     android:text="Nome do Barco"
     android:layout_width="wrap_content"
     android:layout_height="wrap_content"
     android:id="@+id/lblNomeBarco"
     android:layout_marginTop="5dp"
     android:layout_marginLeft="3dp"
     android:textColor="#FF8C00"
     android:textStyle="bold"
     android:textSize="20dp" />
  <EditText
      android:layout_width="match_parent"
      android:layout_height="wrap_content"
      android:id="@+id/txtNomeBarco"
      android:layout_marginLeft="3dp"
      android:layout_marginTop="5dp"
      android:textColor="#FF8C00"
      android:textStyle="bold"
      android:textSize="20dp" />
</LinearLayout>
```

Veja como ficou o código completo:

```
<?xml version="1.0" encoding="utf-8"?>
<LinearLayout xmlns:android="http://schemas.android.com/apk/res/android"
    xmlns:app="http://schemas.android.com/apk/res-auto"
    xmlns:tools="http://schemas.android.com/tools"
    android:layout_width="match_parent"
    android:layout_height="match_parent"
    android:minWidth="25px"
    android:minHeight="25px"
    android:orientation="vertical"
    android:background="@drawable/fundo_barco_01">
  <TextView
     android:text="Nome do Barco"
```

```
        android:layout_width="wrap_content"
        android:layout_height="wrap_content"
        android:id="@+id/lblNomeBarco"
        android:layout_marginTop="5dp"
        android:layout_marginLeft="3dp"
        android:textColor="#FF8C00"
        android:textStyle="bold"
        android:textSize="20dp" />
    <EditText
         android:layout_width="match_parent"
         android:layout_height="wrap_content"
         android:id="@+id/txtNomeBarco"
         android:layout_marginLeft="3dp"
         android:layout_marginTop="5dp"
         android:textColor="#FF8C00"
         android:textStyle="bold"
         android:textSize="20dp" />
</LinearLayout>
```

Observe que à medida que você vai digitando, a **IDE** do **Visual Studio**, vai apresentado as opções que você pode selecionar, conforme vimos na **figura 159**. Salve seu projeto, conforme vimos nas **figuras 90** e **91**. Para visualizar se a imagem de fundo foi mesmo inserida, clique no botão **Design**. A parte gráfica do nosso aplicativo está terminada. Agora vamos criar o array e o índice que vamos utilizar para guardar informações no array e buscar essas informações. Para isto, vamos abrir o nosso arquivo **MainActivity.cs**, se o mesmo estiver fechado, abra a janela **Solution Explorer,** pressione ao mesmo tempo as teclas **Ctrl+Alt+L**, e deve abrir a janela **Solution Explorer** conforme vimos na **figura 82**, e clique duas vezes com o mouse no arquivo **MainActivity.cs**, conforme vimos na **figura 80**. Caso esteja aberto, basta clicar na aba com o nome do mesmo, conforme vimos na **figura 116**. Será aberta a janela de código do arquivo **MainActivity.cs**. Posicione o cursor do mouse no início da **linha 1**, segure a tecla **Shift + setinha para direita** até o final da **linha 4**, pressione a tecla **Delete** do teclado, e veja que o cursor do mouse vai ficar posicionado na **linha 1**. No local onde o cursor do mouse esta piscando, na **linha 1**, digite o código abaixo:

```
using Android.App;
using Android.Widget;
using Android.OS;
using Android.Support.V7.App;
using System.Collections.Generic;
using Android.Views;
using System;
```

Salve seu projeto, conforme vimos nas **figuras 90** e **91**. Vamos alterar o texto do título do nosso Aplicativo e codificar os botões para preencher o array e exibir o conteúdo do array, para isto abra a janela **Solution Ex-**

plorer ou pressione ao mesmo tempo as teclas **Ctrl+Alt+L**, e deve abrir a janela **Solution Explorer** conforme vimos na **figura 82**. Clique na setinha que tem ao lado da pasta **Resources**, em seguida clique na setinha que tem ao lado da pasta **values**, clique duas vezes com o mouse sobre o arquivo **strings.xml**, vai abrir a janela com o código do mesmo, na **linha 2**, altere o texto para: **Arrays OO**, deve ficar conforme vimos na **figura 89**. Salve seu projeto, conforme vimos nas **figuras 90** e **91**. Retorne para o arquivo **MainActivity.cs**, se o mesmo estiver fechado, abra a janela **Solution Explorer**, em seguida pressione ao mesmo tempo as teclas **Ctrl+Alt+L**, em seguida clique duas vezes com o mouse sobre o arquivo **MainActivity.cs**, conforme vimos na **figura 80**. Caso ele esteja aberto, se você percebeu, a medida que vamos abrindo as janelas, as mesmas ficam disponibilizadas em abas, conforme vimos na **figura 116**. Clique na aba com o nome do arquivo **MainActivity.cs**, e vai abrir a janela de código do mesmo, conforme vimos na **figura 80**. Posicione o cursor do mouse no final da **linha 11**, antes do parênteses de fechamento, e digite o código abaixo:

```
, Icon = "@drawable/Icon"
```

Salve seu projeto, conforme vimos nas **figuras 90** e **91**. Veja como ficou, conforme vimos na **figura 274**. Posicione o cursor do mouse no início da **linha 14**, segure a tecla **Shift + setinha para direita** até o final da **linha 20**, conforme figura 305:

```
9   namespace Arrays_OO
10  {
11      [Activity(Label = "@string/app_name", Theme = "@style/AppTheme", MainLauncher = true,
12      public class MainActivity : AppCompatActivity
13      {
14          protected override void OnCreate(Bundle savedInstanceState)
15          {
16              base.OnCreate(savedInstanceState);
17
18              // Set our view from the "main" layout resource
19              SetContentView(Resource.Layout.activity_main);
20          }
21      }
22  }
```

Figura 305

Pressione a tecla **Delete** do teclado, e veja que o cursor do mouse vai ficar posicionado na **linha 14**. No local onde o cursor do mouse está piscando, na **linha 14**, digite o código abaixo:

```
List<string> Barcos = new List<string>();
int i;

protected override void OnCreate(Bundle savedInstanceState)
{
    base.OnCreate(savedInstanceState);
    //Chama o layout principal Main
```

```
            SetContentView(Resource.Layout.activity_main);
            //Faz referência ao objeto Button btnExibir no Main.xml
            Button Exibir = FindViewById<Button>(Resource.Id.btnExibir);
            //Faz referência ao objeto Button btnExecutar no Main.xml
            Button Executar = FindViewById<Button>(Resource.Id.btnExecutar);
            Executar.Click += delegate
            {
                //Populando o array
                for (i = 0; i < 3; i++)
                {
                    //Código onde vai ser chamado o campo EditText em tempo de 
execução
                    //através do método inflater
                    LayoutInflater layoutInflater = LayoutInflater.From(this);
                    //Aqui vamos pegar a referencia do layout que queremos inflar
                    View view = layoutInflater.Inflate(Resource.Layout.TelaEntra-
da, null);
                    Android.App.AlertDialog.Builder alertbuilder = new Android.
App.AlertDialog.Builder(this);
                    alertbuilder.SetView(view);
                    //Faz referência ao objeto EditText txtNomeBarco na Tela_En-
trada.xml
                    var NomeBarco = view.FindViewById<EditText>(Resource.
Id.txtNomeBarco);
                    alertbuilder.SetCancelable(false)
                    .SetPositiveButton("Incluir", delegate
                    {
                        if (NomeBarco.Text != "")
                        {
                            //Inserindo os nomes no array
                            Barcos.InsertRange(0, new string[] { NomeBarco.Text 
});
                        }
                        else
                        {
                            //Define o alerta para executar a tarefa
                            Android.App.AlertDialog.Builder builder = new An-
droid.App.AlertDialog.Builder(this);
                            Android.App.AlertDialog erro = builder.Create();
                            //Define o Titulo
                            erro.SetTitle("Erro");
                            erro.SetIcon(Android.Resource.Drawable.IcDialogIn-
fo);
                            erro.SetMessage("A Caixa de Texto está vazia. Verifi-
que !!!!. O Aplicativo Vai Ser Encerrado !!!!");
                            erro.SetButton("OK", (s, ev) =>
```

```
                        {
                            i = 0;
                            NomeBarco.Text = "";
                            Finish();
                        });
                        erro.Show();
                    }
                })
                .SetNegativeButton("Cancelar", delegate
                {
                    //Define o alerta para executar a tarefa
                    Android.App.AlertDialog.Builder builder = new Android.
App.AlertDialog.Builder(this);
                    Android.App.AlertDialog erro = builder.Create();
                    //Define o Titulo
                    erro.SetTitle("Cancelamento");
                    erro.SetIcon(Android.Resource.Drawable.IcDialogInfo);
                    erro.SetMessage("O Botão Cancelar Foi Pressionado !!!!.
O Aplicativo Vai Retornar para a Tela Principal !!!!");
                    erro.SetButton("OK", (s, ev) =>
                    {
                        alertbuilder.Dispose();
                        Finish();
                    });
                    erro.Show();
                });
                Android.App.AlertDialog dialog = alertbuilder.Create();
                dialog.Show();
            }
        };
        Exibir.Click += delegate
        {
            try
            {
                //Percorre o array através do valor do índice i
                for (i = 0; i < 3; i++)
                {
                    Barcos.Sort();
                    Toast.MakeText(this, Barcos[i], ToastLength.Long).
Show();
                }
            }
            catch (Exception)
            {
                //Define o alerta para executar a tarefa
```

```
                    Android.App.AlertDialog.Builder builder = new Android.App.
AlertDialog.Builder(this);
                    Android.App.AlertDialog erro = builder.Create();
                    //Define o Titulo
                    erro.SetTitle("Erro");
                    erro.SetIcon(Android.Resource.Drawable.IcDialogInfo);
                    erro.SetMessage("O Array Está Vazio !!!!");
                    erro.SetButton("OK", (s, ev) =>
                    {

                    });
                    erro.Show();
                }
            };
        }
```

Salve seu projeto, conforme vimos nas **figuras 90** e **91**. Veja como ficou o código completo:

```
using Android.App;
using Android.Widget;
using Android.OS;
using Android.Support.V7.App;
using System.Collections.Generic;
using Android.Views;
using System;

namespace Arrays_OO
{
    [Activity(Label = "@string/app_name", Theme = "@style/AppTheme", MainLaunch-
er = true, Icon = "@drawable/Icon")]
    public class MainActivity : AppCompatActivity
    {
        List<string> Barcos = new List<string>();
        int i;

        protected override void OnCreate(Bundle savedInstanceState)
        {
            base.OnCreate(savedInstanceState);
            //Chama o layout principal Main
            SetContentView(Resource.Layout.activity_main);
            //Faz referência ao objeto Button btnExibir no Main.xml
            Button Exibir = FindViewById<Button>(Resource.Id.btnExibir);
            //Faz referência ao objeto Button btnExecutar no Main.xml
            Button Executar = FindViewById<Button>(Resource.Id.btnExecutar);
            Executar.Click += delegate
```

```
        {
            //Populando o array
            for (i = 0; i < 3; i++)
            {
                //Código onde vai ser chamado o campo EditText em tempo de
execução
                //através do método inflater
                LayoutInflater layoutInflater = LayoutInflater.From(this);
                //Aqui vamos pegar a referencia do layout que queremos inflar
                View view = layoutInflater.Inflate(Resource.Layout.TelaEntra-
da, null);
                Android.App.AlertDialog.Builder alertbuilder = new Android.
App.AlertDialog.Builder(this);
                alertbuilder.SetView(view);
                //Faz referência ao objeto EditText txtNomeBarco na Tela_En-
trada.xml
                var NomeBarco = view.FindViewById<EditText>(Resource.
Id.txtNomeBarco);
                alertbuilder.SetCancelable(false)
                .SetPositiveButton("Incluir", delegate
                {
                    if (NomeBarco.Text != "")
                    {
                        //Inserindo os nomes no array
                        Barcos.InsertRange(0, new string[] { NomeBarco.Text
});
                    }
                    else
                    {
                        //Define o alerta para executar a tarefa
                        Android.App.AlertDialog.Builder builder = new An-
droid.App.AlertDialog.Builder(this);
                        Android.App.AlertDialog erro = builder.Create();
                        //Define o Titulo
                        erro.SetTitle("Erro");
                        erro.SetIcon(Android.Resource.Drawable.IcDialogIn-
fo);
                        erro.SetMessage("A Caixa de Texto está vazia. Verifi-
que !!!!. O Aplicativo Vai Ser Encerrado !!!!");
                        erro.SetButton("OK", (s, ev) =>
                        {
                            i = 0;
                            NomeBarco.Text = "";
                            Finish();
                        });
                        erro.Show();
```

```
                    }
                })
                .SetNegativeButton("Cancelar", delegate
                {
                    //Define o alerta para executar a tarefa
                    Android.App.AlertDialog.Builder builder = new Android.
App.AlertDialog.Builder(this);
                    Android.App.AlertDialog erro = builder.Create();
                    //Define o Titulo
                    erro.SetTitle("Cancelamento");
                    erro.SetIcon(Android.Resource.Drawable.IcDialogInfo);
                    erro.SetMessage("O Botão Cancelar Foi Pressionado !!!!.
O Aplicativo Vai Retornar para a Tela Principal !!!!");
                    erro.SetButton("OK", (s, ev) =>
                    {
                        alertbuilder.Dispose();
                        Finish();
                    });
                    erro.Show();
                });
                Android.App.AlertDialog dialog = alertbuilder.Create();
                dialog.Show();
            }
        };
        Exibir.Click += delegate
        {
            try
            {
                //Percorre o array através do valor do índice i
                for (i = 0; i < 3; i++)
                {
                    Barcos.Sort();
                    Toast.MakeText(this, Barcos[i], ToastLength.Long).
Show();
                }
            }
            catch (Exception)
            {
                //Define o alerta para executar a tarefa
                Android.App.AlertDialog.Builder builder = new Android.App.
AlertDialog.Builder(this);
                Android.App.AlertDialog erro = builder.Create();
                //Define o Titulo
                erro.SetTitle("Erro");
                erro.SetIcon(Android.Resource.Drawable.IcDialogInfo);
```

```
                    erro.SetMessage("O Array Está Vazio !!!!");
                    erro.SetButton("OK", (s, ev) =>
                    {

                    });
                    erro.Show();
                }
            };
        }
    }
}
```

Vamos compilar nossa aplicação, para isto vá para o menu **Debug**, em seguida, selecione o item **Start Debugging** ou pressione a tecla **F5**, conforme vimos na **figura 96**. Ou simplesmente clique na setinha verde que fica na janela **Select Device**, conforme vimos na **figura 97**. Como eu disse anteriormente, estou executando no meu smartphone **Asus Zenfone 4**, deve aparecer a janela inicial do nosso aplicativo, clique no botão **EXIBIR ARRAY**, observe que não vai ocorrer o erro de **Runtime** ou de **Execução**, pois usamos um **if..else**, poderíamos ter usado a cláusula **try..catch**, ao invés disto, vai aparecer uma mensagem para o usuário dizendo que algo está errado, clique no botão **OK**. Esta é uma ótima maneira de amarrar o usuário para digitar os valores corretos. Podemos fazer isto em todos os aplicativos que peçam entrada de dados ao usuário. Clique no botão **PREENCHER ARRAY**, veja que vai abrir a tela de entrada de dados, clique no botão **CANCELAR**, vai aparecer uma mensagem para o usuário dizendo que o aplicativo foi cancelado e que o mesmo vai retornar para a tela principal. Clique no botão **OK**, e vamos retornar para a tela principal do aplicativo, veja a sequencia conforme figura 306:

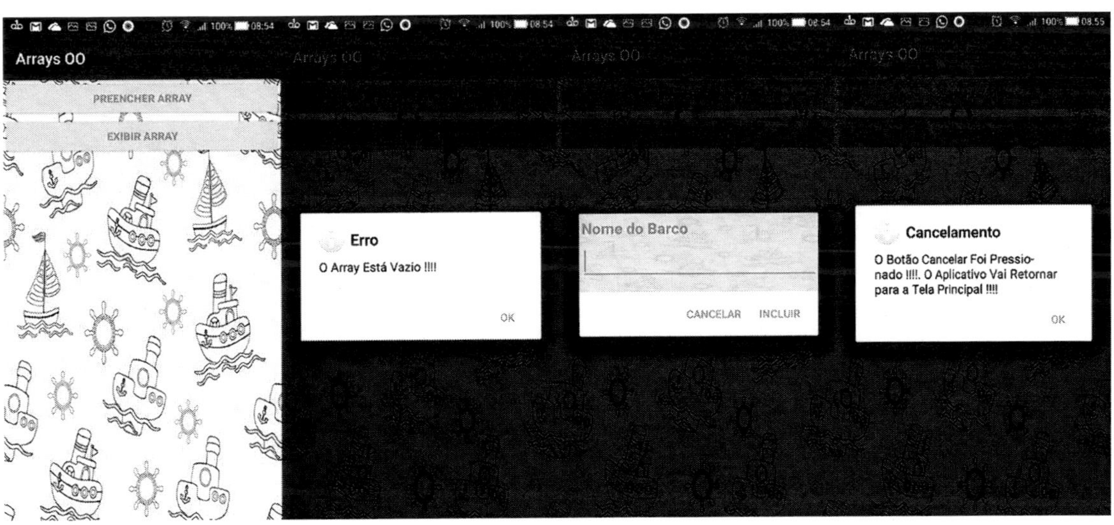

Figura 306

Figura 307

Para retornar ao aplicativo, no smartphone ou no emulador, clique no menu redondo que fica na parte de baixo da tela, role a tela até encontrar o ícone do app **Arrays OO** conforme figura 307:

Clique sobre ele, siga a senquencia que vimos na **figura 306**, e clique no botão **PREENCHER ARRAY**, e vai aparecer a tela para entrarmos com os dados. Clique no botão **INCLUIR**, com a caixa de texto vazia e vai aparecer uma mensagem de erro dizendo para verificar se a mesma esta vazia. Clique no botão **OK**, vai encerrar o aplicativo, repita a sequencia que vimos na **figura 307**, e retorne para o app **Arrays OO**, repita a sequencia que vimos na **figura 306**, e clique no botão **PREENCHER ARRAY**, e vai aparecer a tela para entrarmos com os dados. Digite três nomes de barcos, ao terminar vamos retornar para a tela inicial do app, conforme vimos na **figura 306**. Clique no botão **EXIBIR ARRAY**, e veja que os nomes vão aparecendo no rodapé da tela do emulador, veja a sequencia conforme figura 308:

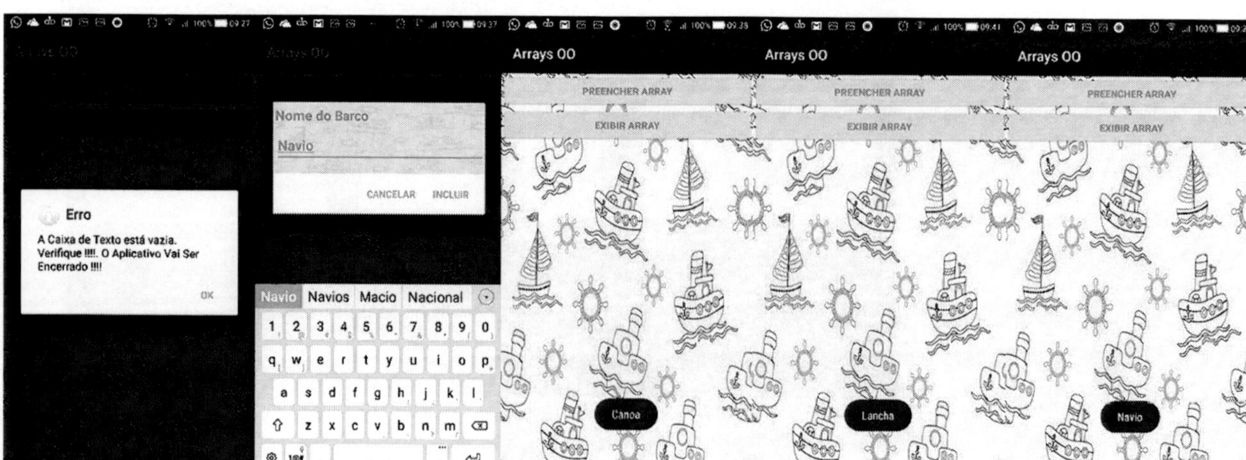

Figura 308

Vamos retornar ao **Visual Studio**, para isto, clique no ícone do **Visual Studio** na barra de tarefas do **Windows**, conforme vimos na **figura 61**. Ao abrir o **Visual Studio**, vá para o menu **Debug**, em seguida, selecione o item **Stop Debugging** ou pressione simultaneamente as teclas **Shift+F5**, conforme vimos na **figura 103**, ou ainda, você pode utilizar o menu que aparece na barra de ferramentas do **Visual Studio**, conforme vimos na **figura 104**.

Trabalhando com Listas

Vamos ver que o uso de **listas** ao invés de **arrays**, vai facilitar nossa vida, principalmente quando for necessário adicionar e remover elementos da lista dinamicamente. Para entender melhor este conceito, vamos criar um novo projeto bem simples, se o **Visual Studio 2017 Community** estiver fechado, basta clicar sobre o ícone do programa que se encontra na barra de tarefas, conforme vimos na **figura 61**. Caso esteja aberto, vamos criar um novo projeto, para isto temos três opções: usar o menu **File**, em seguida selecionar **New Project...**, ou pressionar ao mesmo tempo as teclas **Ctrl+Shift+N**, conforme vimos na **figura 75**, ou clicar no link **New Project...**, na janela inicial da **IDE**, conforme vimos na **figura 76**. Independentemente da forma escolhida para criar um novo projeto, vai abrir a janela **New Project**, conforme vimos na **figura 77**.

Observe que temos vários templates que podemos utilizar para criar uma aplicação. Com a janela **New Project** aberta, no menu do lado esquerdo, clique na setinha ao lado do item **Installed**, clique na setinha ao lado da opção **Visual C#**, selecione **Android**, na janela do lado direito, selecione **Android App (Xamarin)**, no item **Name:**, digite **Listas_OO**, no item **Location:**, clique no botão **Browse...**, e selecione o disco **C:**, clique no botão **Selecionar pasta**, e deixe como caminho do projeto. Deixe marcado o item **Create directory for solution**, veja como ficou, conforme vimos na **figura 78**. Em seguida clique no botão **OK**. Vai aparecer a janela **New Android App – Listas_OO**, selecione o item **Blank App**, e na caixa de texto **Minimum Android Version**, clique na setinha para baixo e slecione o item **Android 4.0.3 (Ice Cream Sandwich)**, conforme vimos na **figura 79**. Clique no botão **OK**. Observe que vai abrir o código do arquivo **MainActivity.cs**, conforme vimos na **figura 80**. Feche esta janela, basta clicar no ícone do **X**, que se encontra perto do nome da janela, vejam que vai aparecer a nossa **IDE** ou área de desenvolvimento, conforme vimos na **figura 81**. Esta é a área central, local onde vamos escrever nosso código. Agora vamos criar a classe chamada **Veiculo**, separada da aplicação, que vai ser o nosso molde, que é o correto a fazer, e criaremos dois atributos ou variáveis chamadas, **vei_ano** e **vei_nome**. Criaremos também a classes **Barco**, sem atributos ou métodos.

Vamos criar a **Classe Veiculo**, para isto abra a janela **Solution Explorer** ou pressione ao mesmo tempo as teclas **Ctrl+Alt+L**, e deve abrir a janela **Solution Explorer** conforme vimos na **figura 82**, e clique com o botão do mouse sobre o nome do projeto **Listas_OO**, selecione o item **Add**, em seguida selecione o item **New Folder,** conforme vimos na **figura 151**. Ou vá até o menu **Project** e selecione o item **New Folder**, conforme vimos na **figura 152**. No nome da pasta digite **Classes**, conforme vimos na **figura 153**. Pressione a tecla **Enter** do teclado, veja como ficou, conforme vimos na **figura 210**. Agora vamos criar nossa **Classe Veiculo** dentro da pasta **Classes**, para isto selecione com o mouse a pasta **Classes** dentro da janela **Solution Explorer**, em seguida selecione o item **Add**, em seguida selecione o item **Class...**, conforme vimos na **figura 211**. Ou vá até o menu **Project** e selecione o item **Add Class...**, conforme vimos na **figura 212**. Independentemente da forma escolhida para inserir a classe, vai abrir a janela **Add New Item – Listas_OO**, o tipo **Class** vai estar selecionado, no item **Name:**, digite **Veiculo**, conforme vimos na **figura 213**. Clique no botão **Add**, vai aparecer a área de código da classe **Veiculo**, conforme vimos na **figura 214**. Veja que a **Classe Veiculo**, foi criada dentro da pasta **Classes**, na janela **Solution Explorer**, conforme vimos na **figura 215**.

Repita o procedimento anterior quando criamos a classe **Veiculo**, e crie a **Classe Barco**, para isto selecione com o mouse a pasta **Classes** dentro da janela **Solution Explorer**, em seguida selecione o item **Add**, em seguida selecione o item **Class...**, conforme vimos na **figura 211**. Ou vá até o menu **Project** e selecione o item **Add Class...**, conforme vimos na **figura 212**. Independentemente da forma escolhida para inserir a classe, vai abrir a janela **Add New Item – Listas_OO**, o tipo **Class** vai estar selecionado, no item **Name:**, digite **Barco**, conforme vimos na **figura 213**. Clique no botão **Add**, vai aparecer a área de código da classe **Barco**, conforme vimos na **figura 214**. Veja que a **Classe Barco**, foi criada dentro da pasta **Classes**, na janela **Solution Explorer**, conforme vimos na **figura 215**.

Vamos retornar para a classe **Veiculo**. Se a mesma estiver aberta, basta clicar na aba com o nome da classe, conforme vimos na **figura 116**. Caso esteja fechada, para abri-la, abra a janela **Solution Explorer** pressione ao mesmo tempo as teclas **Ctrl+Alt+L**, e deve abrir a janela **Solution Explorer** conforme vimos na **figura 82**. Clique na setinha que tem ao lado da pasta **Classes**, clique duas vezes sobre o nome da classe **Veiculo.cs**. Com a classe **Veiculo.cs** aberta, posicione o cursor do mouse no inicio da **linha 15**, pressione a tecla **Shift+Setinha Direita** até o final da **linha 15**, conforme vimos na **figura 277**. Em seguida pressione a tecla **Delete** do teclado, e veja que o cursor do mouse vai ficar piscando na **linha 15**. Na **linha 15**, onde o cursor do mouse está piscando, digite o código abaixo:

```
public abstract class Veiculo
```

Veja como ficou, conforme vimos na **figura 278**. Salve seu projeto, conforme vimos nas **figuras 90** e **91**. Agora posicione o cursor do mouse no final da **linha 16**, pressione a tecla **Enter**, observe que o cursor do mouse vai ficar posicionado na **linha 17**, conforme vimos na **figura 217**. Na **linha 17**, onde o cursor do mouse está piscando, digite o código abaixo:

```
 public int vei_ano;
public string vei_nome;
//Método Construtor
public Veiculo(int Vei_Ano, string Vei_Nome)
{
```

```
            vei_ano = Vei_Ano;
            vei_nome = Vei_Nome;
        }
```

Salve seu projeto, conforme vimos nas **figuras 90** e **91**. Veja como ficou, conforme vimos na **figura 279**. Veja como ficou o código completo:

```
using System;
using System.Collections.Generic;
using System.Linq;
using System.Text;

using Android.App;
using Android.Content;
using Android.OS;
using Android.Runtime;
using Android.Views;
using Android.Widget;

namespace Listas_OO.Classes
{
    public abstract class Veiculo
    {
        public int vei_ano;
        public string vei_nome;
        //Método Construtor
        public Veiculo(int Vei_Ano, string Vei_Nome)
        {
            vei_ano = Vei_Ano;
            vei_nome = Vei_Nome;
        }
    }
}
```

Deve-se observar que criamos na classe mãe **Veiculo**, um construtor, desta forma obrigatoriamente, devemos declarar um construtor nas classes filhas, para isto devemos usar o modificador **base**, que vai ser utilizado para que possamos acessar os atributos e métodos da classe mãe. Em algumas linguagens este modificador é conhecido como **super**. Sua notação é a seguinte:

```
: base(parametro1, parametro2, etc)
```

Disto isto, vamos abrir a classe **Barco.cs**, se a mesma estiver aberta, basta clicar na aba com o nome da classe, conforme vimos na **figura 116**. Caso esteja fechada, para abri-la, abra a janela **Solution Explorer** pressione ao mesmo tempo as teclas **Ctrl+Alt+L**, e deve abrir a janela **Solution Explorer** conforme vimos na **figura 82**. Clique na setinha que tem ao lado da pasta **Classes**, clique duas vezes sobre o nome da classe **Barco.cs**. Com a classe **Barco.cs** aberta, posicione o cursor do mouse em frente a **linha 15**, digite o código abaixo:

```
public
```

Veja como ficou, conforme vimos na **figura 216**. Salve seu projeto, conforme vimos nas **figuras 90** e **91**. Agora posicione o cursor do mouse na **linha 16**, pressione a tecla **Enter**, observe que o cursor do mouse vai ficar posicionado na **linha 17**, conforme vimos na **figura 217**. Na **linha 17**, onde o cursor do mouse está piscando, digite o código abaixo:

```
    // Declarar o construtor da classe mãe
public Barco(int Vei_Ano, string Vei_Nome) : base(Vei_Ano, Vei_Nome)
    {

    }
```

Veja como ficou, conforme vimos na **figura 257**. Salve seu projeto, conforme vimos nas **figuras 90** e **91**. Observe que o **objeto base** esta com uma linha vermelha, isto quer dizer que não fizemos a referência de onde a **classe Barco** vai fazer a herança. Neste caso posicione o cursor do mouse no final da **linha 15**, pressione a barra de espaço e digite o seguinte código:

```
: Veiculo
```

Veja como ficou, conforme vimos na **figura 258**. Salve seu projeto, conforme vimos nas **figuras 90** e **91**. Ainda com a classe **Barco.cs** aberta, posicione o cursor do mouse no final da **linha 21**, pressione a tecla **Enter**, observe que o cursor do mouse vai ficar posicionado na **linha 22**, na **linha 22**, onde o cursor do mouse está piscando, digite o código abaixo:

```
        public override String ToString()
        {
            return ("Ano do Barco: " + vei_ano + "\nNome do Barco: " + vei_
nome);
        }
```

Conforme vimos na **figura 280**, veja como ficou o código completo:

```
using System;
using System.Collections.Generic;
using System.Linq;
```

```
using System.Text;

using Android.App;
using Android.Content;
using Android.OS;
using Android.Runtime;
using Android.Views;
using Android.Widget;

namespace Listas_OO.Classes
{
    public class Barco : Veiculo
    {
        // Declarar o construtor da classe mãe
        public Barco(int Vei_Ano, string Vei_Nome) : base(Vei_Ano, Vei_Nome)
        {

        }
        public override String ToString()
        {
            return ("Ano do Barco: " + vei_ano + "\nNome do Barco: " + vei_
nome);
        }
    }
}
```

Pronto, já codificamos todas as nossas classes, para que nossa aplicação fique mais profissional, vamos alterar o ícone e a tela de fundo do aplicativo, além dos ícones que vamos utilizar nos botões para navegação entre as telas. Primeiro temos que achar as imagens que correspondam ao aplicativo que estamos desenvolvendo. Neste exemplo, para o ícone vamos procurar uma imagem de array. Para a imagem de fundo da tela **activity_main.axml**, algo que diz respeito a barcos no tamanho de 600x600 pixels. Para a imagem de fundo da tela **TelaEntrada.axml**, algo que diz respeito a Barco no tamanho de 100x100 pixels. Baixe os arquivos. Após baixar os arquivos vá até a pasta onde você salvou os mesmos e veja como ficou, conforme vimos na **figura 266**. Veja os detalhes par trabalhar com imagens no **capítulo 07** no item **Trabalhando com Imagem de Fundo e Ícone**. Selecione todas as imagens, para isto basta pressionar ao meso tempo as teclas **Ctrl+A**, com as imagens selecionadas, pressione as teclas **Ctrl+C**, ou clique com o botão do mouse sobre as imagens selecionadas e selecione o item **Copiar** do menu, conforme vimos na **figura 150**. Vamos criar a pasta **drawable** no nosso projeto, para que possamos copiar as imagens que acabamos de baixar e configura. Para isto abra a janela **Solution Explorer**, pressione ao mesmo tempo as teclas **Ctrl+Alt+L**, e deve abrir a janela **Solution Explorer** conforme vimos na **figura 82**. Em seguida, clique com o botão do mouse sobre a pasta **Resources**, selecione o item **Add**, em seguida selecione o item **New Folder,** conforme vimos na **figura 151**. Ou vá até o menu **Project** e selecione o item **New Folder**, conforme vimos na **figura 152**. No nome da pasta digite **drawable**, conforme vimos na **figura 153**. Em seguida clique com o botão do mouse sobre a pasta **drawable** e selecione o item **Paste** do menu, ou pressione ao mesmo tempo as teclas **Ctrl+V**, conforme vimos na **figura 154**. Como saber se as imagens foram copiadas? Basta passar o mouse sobre o nome das imagens que vai ser mostrado um **preview** da mesma, conforme vimos na **figura 155**.

Salve seu projeto, conforme vimos nas **figuras 90** e **91**. O ícone vai ser inserido automaticamente após a compilação, a imagem de fundo vamos ter que inserir manualmente. Vamos inserir a imagem de fundo e os botões **Preencher Lista**, **Exibir Lista** e **Limpar Lista** na tela principal **activity_main.axml**, se o mesmo estiver aberto, basta clicar na aba com o nome do arquivo, conforme vimos na **figura 264**. Se o mesmo estiver fechado, abra a janela **Solution Explorer**, pressione ao mesmo tempo as teclas **Ctrl+Alt+L**, e deve abrir a janela **Solution Explorer** conforme vimos na **figura 82**. Em seguida, abra a pasta **Resources**, para isto clique na setinha que tem ao lado da pasta **Resources,** em seguida clique na setinha que tem ao lado da pasta **layout**, e clique duas vezes sobre o arquivo **activity_main.axml**, aguarde até carregar nossa **view** ou **layout**, conforme vimos na **figura 156**. Observem que temos dois botões no canto inferior esquerdo, **Design** e **Source**. Clique no botão **Source** e veja que vai abrir a janela de código, toda vez que acrescentarmos algum item ou mudar uma propriedade, para visualizar como ficou na tela, basta clicar no botão **Design**. Vamos alterar o código para que ele contenha um item **LinearLayout**. Selecione as linhas **2** a **7**, para isto posicione o cursor do mouse no início da **linha 2** e pressione a tecla **Shift+Setinha Direita** até o final da **linha 7**, conforme vimos na **figura 127**. Pressione a tecla **Delete** do teclado, no local onde o cursor do mouse está piscando, na **linha 2**, digite o código abaixo:

```
<LinearLayout xmlns:android="http://schemas.android.com/apk/res/android"
    xmlns:app="http://schemas.android.com/apk/res-auto"
    xmlns:tools="http://schemas.android.com/tools"
    android:layout_width="match_parent"
    android:layout_height="match_parent"
    android:minWidth="25px"
    android:minHeight="25px"
    android:orientation="vertical"
    android:background="@drawable/fundo_barco">
  <Button
      android:text="Preencher Lista"
      android:layout_width="match_parent"
      android:layout_height="wrap_content"
      android:textColor="#FF8C00"
      android:textStyle="bold"
      android:id="@+id/btnExecutar" />
  <Button
      android:text="Exibir Lista"
      android:layout_width="match_parent"
      android:layout_height="wrap_content"
      android:textColor="#FF8C00"
```

```
        android:textStyle="bold"
        android:id="@+id/btnExibir" />
    <Button
        android:text="Limpar Lista"
        android:layout_width="match_parent"
        android:layout_height="wrap_content"
        android:textColor="#FF8C00"
        android:textStyle="bold"
        android:id="@+id/btnLimpar" />
</LinearLayout>
```

Salve seu projeto, conforme vimos nas **figuras 90** e **91**. Veja como ficou o código completo:

```
<?xml version="1.0" encoding="utf-8"?>
<LinearLayout xmlns:android="http://schemas.android.com/apk/res/android"
    xmlns:app="http://schemas.android.com/apk/res-auto"
    xmlns:tools="http://schemas.android.com/tools"
    android:layout_width="match_parent"
    android:layout_height="match_parent"
    android:minWidth="25px"
    android:minHeight="25px"
    android:orientation="vertical"
    android:background="@drawable/fundo_barco">
    <Button
        android:text="Preencher Lista"
        android:layout_width="match_parent"
        android:layout_height="wrap_content"
        android:textColor="#FF8C00"
        android:textStyle="bold"
        android:id="@+id/btnExecutar" />
    <Button
        android:text="Exibir Lista"
        android:layout_width="match_parent"
        android:layout_height="wrap_content"
        android:textColor="#FF8C00"
        android:textStyle="bold"
        android:id="@+id/btnExibir" />
    <Button
        android:text="Limpar Lista"
        android:layout_width="match_parent"
        android:layout_height="wrap_content"
        android:textColor="#FF8C00"
        android:textStyle="bold"
```

```
        android:id="@+id/btnLimpar" />
</LinearLayout>
```

Observe que à medida que você vai digitando, a **IDE** do **Visual Studio**, vai apresentado as opções que você pode selecionar, conforme vimos na **figura 159**. Para visualizar se a imagem de fundo foi mesmo inserida, clique no botão **Design**. Agora vamos criar nossa tela de entrada de dados. Abra a janela **Solution Explorer** ou pressione ao mesmo tempo as teclas **Ctrl+Alt+L**, e deve abrir a janela **Solution Explorer** conforme vimos na **figura 82**, em seguida clique com o mouse na setinha que tem ao lado da pasta **Resources**, em seguida, clique com o botão do mouse sobre a pasta **layout**, e selecione o item **Add**, em seguida selecione o item **New Item...**, ou pressione ao mesmo tempo as teclas **Ctrl+Shift+A**, conforme vimos na **figura 259**. Ou vá até o menu **Project** e **New Item...**, ou pressione ao mesmo tempo as teclas **Ctrl+Shift+A**, conforme conforme vimos na **figura 260**, independentemente da forma escolhida para inserir o novo item, vai abrir a janela **Add New Item – Listas_OO**, no menu do lado esquerdo, clique com o mouse na setinha que tem ao lado do item **Installed**, em seguida clique com o mouse sobre a setinha que tem ao lado do item **Visual C#**, em seguida selecione o item **Android**, no menu do lado direito, selecione o tipo **Android Layout**, no item **Name:**, digite **TelaEntrada**, conforme vimos na **figura 261**. Clique no botão **Add**, pode ser que abra a janela **Microsoft Visual Studio – Security Warning**, avisando que o modelo a seguir está solicitando a abertura de mais um documento de maneira que possa representar um risco de segurança, conforme vimos na **figura 262**. Não tem problemas, clique no botão **Trust(Confiar)**, e vai aparecer a área de design da **TelaEntrada**, conforme vimos na **figura 263**. Observe que após criarmos as nossas telas, bem como as Classes, as mesmas vão ficar disponibilizadas em abas, conforme vimos na **figura 264**. Ou na janela **Solution Explorer**, conforme vimos na **figura 265**. Salve seu projeto, conforme vimos nas **figuras 90** e **91**.

Vamos inserir a imagem de fundo e as caixas de texto **Ano do Barco** e **Nome do Barco**, na tela **TelaEntrada.axml**, se o mesmo estiver aberto, basta clicar na aba com o nome do arquivo, conforme vimos na **figura 264**. Se o mesmo estiver fechado, abra a janela **Solution Explorer**, pressione ao mesmo tempo as teclas **Ctrl+Alt+L**, e deve abrir a janela **Solution Explorer** conforme vimos na **figura 82**. Em seguida, abra a pasta **Resources**, para isto clique na setinha que tem ao lado da pasta **Resources,** em seguida clique na setinha que tem ao lado da pasta **layout**, e clique duas vezes sobre o arquivo **TelaEntrada.axml**, aguarde até carregar nossa **view** ou **layout**, conforme vimos na **figura 156**. Observem que temos dois botões no canto inferior esquerdo, **Design** e **Source**. Clique no botão **Source** e veja que vai abrir a janela de código, toda vez que acrescentarmos algum item ou mudar uma propriedade, para visualizar como ficou na tela, basta clicar no botão **Design**. Vamos alterar o código para que ele contenha um item **LinearLayout**. Selecione as linhas **2** a **7**, para isto posicione o cursor do mouse no início da **linha 2** e pressione a tecla **Shift+Setinha Direita** até o final da **linha 7**, conforme vimos na **figura 127**. Pressione a tecla **Delete** do teclado, no local onde o cursor do mouse está piscando, na **linha 2**, digite o código abaixo:

```
<LinearLayout xmlns:android="http://schemas.android.com/apk/res/android"
    xmlns:app="http://schemas.android.com/apk/res-auto"
```

```
  xmlns:tools="http://schemas.android.com/tools"
  android:layout_width="match_parent"
  android:layout_height="match_parent"
  android:minWidth="25px"
  android:minHeight="25px"
  android:orientation="vertical"
  android:background="@drawable/fundo_barco_01">
<TextView
   android:text="Ano do Barco"
   android:layout_width="wrap_content"
   android:layout_height="wrap_content"
   android:id="@+id/lblAnoBarco"
   android:layout_marginTop="5dp"
   android:textSize="20dp"
   android:textStyle="bold"
   android:layout_marginLeft="3dp"
   android:textColor="#FF8C00" />
<EditText
    android:inputType="number"
    android:layout_width="65dp"
    android:layout_height="wrap_content"
    android:id="@+id/txtAnoBarco"
    android:layout_marginLeft="3dp"
    android:layout_marginTop="5dp"
    android:textColor="#FF8C00"
    android:textSize="20dp"
    android:textStyle="bold" />
<TextView
    android:text="Nome do Barco"
    android:layout_width="wrap_content"
    android:layout_height="wrap_content"
    android:id="@+id/lblNomeBarco"
    android:layout_marginTop="-5dp"
    android:layout_marginLeft="3dp"
    android:textSize="20dp"
    android:textStyle="bold"
    android:textColor="#FF8C00" />
<EditText
    android:layout_width="match_parent"
    android:layout_height="match_parent"
    android:id="@+id/txtNomeBarco"
    android:layout_marginLeft="3dp"
    android:layout_marginRight="5dp"
    android:layout_marginTop="2dp"
```

```
        android:textColor="#FF8C00"
        android:textStyle="bold"
        android:textSize="20dp" />
</LinearLayout>
```

Salve seu projeto, conforme vimos nas **figuras 90** e **91**. Veja como ficou o código completo:

```
<?xml version="1.0" encoding="utf-8"?>
<LinearLayout xmlns:android="http://schemas.android.com/apk/res/android"
    xmlns:app="http://schemas.android.com/apk/res-auto"
    xmlns:tools="http://schemas.android.com/tools"
    android:layout_width="match_parent"
    android:layout_height="match_parent"
    android:minWidth="25px"
    android:minHeight="25px"
    android:orientation="vertical"
    android:background="@drawable/fundo_barco_01">
    <TextView
        android:text="Ano do Barco"
        android:layout_width="wrap_content"
        android:layout_height="wrap_content"
        android:id="@+id/lblAnoBarco"
        android:layout_marginTop="5dp"
        android:textSize="20dp"
        android:textStyle="bold"
        android:layout_marginLeft="3dp"
        android:textColor="#FF8C00" />
    <EditText
        android:inputType="number"
        android:layout_width="65dp"
        android:layout_height="wrap_content"
        android:id="@+id/txtAnoBarco"
        android:layout_marginLeft="3dp"
        android:layout_marginTop="5dp"
        android:textColor="#FF8C00"
        android:textSize="20dp"
        android:textStyle="bold" />
    <TextView
        android:text="Nome do Barco"
        android:layout_width="wrap_content"
        android:layout_height="wrap_content"
        android:id="@+id/lblNomeBarco"
        android:layout_marginTop="-5dp"
        android:layout_marginLeft="3dp"
```

```
        android:textSize="20dp"
        android:textStyle="bold"
        android:textColor="#FF8C00" />
    <EditText
        android:layout_width="match_parent"
        android:layout_height="match_parent"
        android:id="@+id/txtNomeBarco"
        android:layout_marginLeft="3dp"
        android:layout_marginRight="5dp"
        android:layout_marginTop="2dp"
        android:textColor="#FF8C00"
        android:textStyle="bold"
        android:textSize="20dp" />
</LinearLayout>
```

Agora vamos criar a lista e o índice que vamos utilizar para guardar informações na lista e buscar estas informações. Para isto vamos abrir o nosso arquivo **MainActivity.cs**, se o mesmo estiver fechado, abra a janela **Solution Explorer,** pressione ao mesmo tempo as teclas **Ctrl+Alt+L**, e deve abrir a janela **Solution Explorer** conforme vimos na **figura 82**, e clique duas vezes com o mouse no arquivo **MainActivity.cs**, conforme vimos na **figura 80**. Caso esteja aberto, basta clicar na aba com o nome do mesmo, conforme vimos na **figura 116**. Será aberta a janela de código do arquivo **MainActivity.cs**. Posicione o cursor do mouse no início da **linha 1**, segure a tecla **Shift + setinha para direita** até o final da **linha 4**, pressione a tecla **Delete** do teclado, e veja que o cursor do mouse vai ficar posicionado na **linha 1**. No local onde o cursor do mouse esta piscando, na **linha 1**, digite o código abaixo:

```
using Android.App;
using Android.Widget;
using Android.OS;
using Android.Views;
using Android.Support.V7.App;
using Listas_OO.Classes;
using System.Collections.Generic;
```

Salve seu projeto, conforme vimos nas **figuras 90** e **91**. Vamos alterar o texto do título do nosso Aplicativo e codificar os botões para preencher a lista e exibir o conteúdo da lista, para isto abra a janela **Solution Explorer** ou pressione ao mesmo tempo as teclas **Ctrl+Alt+L**, e deve abrir a janela **Solution Explorer** conforme vimos na **figura 82**. Clique na setinha que tem ao lado da pasta **Resources**, em seguida clique na setinha que tem ao lado da pasta **values**, clique duas vezes com o mouse sobre o arquivo **strings.xml**, vai abrir a janela com o código do mesmo, na **linha 2**, altere o texto para: **Listas OO**, deve ficar conforme vimos na **figura 89**. Salve seu projeto, conforme vimos nas **figuras 90** e **91**. Retorne para o arquivo **MainActivity.cs**, se o mesmo estiver fechado, abra a janela **Solution Explorer**, em seguida pressione ao mesmo tempo as teclas **Ctrl+Alt+L**, em seguida clique duas vezes com o mouse sobre o arquivo **MainActivity.cs**, conforme vimos na **figura 80**. Caso ele esteja aberto, se você percebeu, a medida que vamos abrindo as janelas, as mesmas ficam disponibilizadas em abas, conforme vimos na **figura 116**. Clique na aba com o nome do arquivo **MainActivity.cs**, e vai abrir a janela de código do mesmo, conforme vimos na **figura 80**. Posicione o cursor do mouse no final da **linha 11**, antes do parênteses de fechamento, e digite o código abaixo:

```
, Icon = "@drawable/Icon"
```

Salve seu projeto, conforme vimos nas **figuras 90** e **91**. Veja como ficou, conforme vimos na **figura 274**. Posicione o cursor do mouse no início da **linha 14**, segure a tecla **Shift + setinha para direita** até o final da **linha 20**, conforme vimos na **figura 305**. Pressione a tecla **Delete** do teclado, e veja que o cursor do mouse vai ficar posicionado na **linha 14**. No local onde o cursor do mouse esta piscando, na **linha 14**, digite o código abaixo:

```
 //Criando a lista de Barcos
List<Barco> barcos = new List<Barco>();
int i = 0;

protected override void OnCreate(Bundle savedInstanceState)
{
    base.OnCreate(savedInstanceState);
    //Chama o layout principal Main
    SetContentView(Resource.Layout.activity_main);
    //Faz referência ao objeto Button btnLimpar no Main.xml
    Button Limpar = FindViewById<Button>(Resource.Id.btnLimpar);
    //Faz referência ao objeto Button btnExibir no Main.xml
    Button Exibir = FindViewById<Button>(Resource.Id.btnExibir);
    //Faz referência ao objeto Button btnExecutar no Main.xml
    Button Executar = FindViewById<Button>(Resource.Id.btnExecutar);
    Executar.Click += delegate
    {
        //Populando a lista
        for (i = 0; i < 3; i++)
        {
            //Código onde vai ser chamado o campo EditText em tempo de
execução
            //através do método inflater
            LayoutInflater layoutInflater = LayoutInflater.From(this);
            //Aqui vamos pegar a referencia do layout que queremos inflar
            View view = layoutInflater.Inflate(Resource.Layout.TelaEntra-
da, null);
            Android.App.AlertDialog.Builder alertbuilder = new Android.
App.AlertDialog.Builder(this);
```

```
                    alertbuilder.SetView(view);
                    //Faz referência ao objeto EditText txtAnoBarco na TelaEn-
trada.axml
                    var AnoBarco = view.FindViewById<EditText>(Resource.
Id.txtAnoBarco);
                    //Faz referência ao objeto EditText txtNomeBarco na TelaEn-
trada.axml
                    var NomeBarco = view.FindViewById<EditText>(Resource.
Id.txtNomeBarco);
                    alertbuilder.SetCancelable(false)
                    .SetPositiveButton("Incluir", delegate
                    {
                        if ((AnoBarco.Text != "") && (NomeBarco.Text != ""))
                        {
                            // Populando a Lista
                            barcos.Add(new Barco(int.Parse(AnoBarco.Text), Nome-
Barco.Text));
                        }
                        else
                        {
                            //Define o alerta para executar a tarefa
                            Android.App.AlertDialog.Builder builder = new An-
droid.App.AlertDialog.Builder(this);
                            Android.App.AlertDialog erro = builder.Create();
                            //Define o Titulo
                            erro.SetTitle("Erro");
                            erro.SetIcon(Android.Resource.Drawable.IcDialogIn-
fo);
                            erro.SetMessage("Alguma Caixa de Texto Está Vazia.
Verifique !!!!. O Aplicativo Vai Ficar em 2° Plano !!!!");
                            erro.SetButton("OK", (s, ev) =>
                            {
                                //Caso alguma caixa de texto esteja vazia, ini-
cializar o índice com zero para começar a contar novamente
                                i = 0;
                                barcos.Clear();
                                Finish();
                            });
                            erro.Show();
                        }
                        AnoBarco.Text = "";
                        NomeBarco.Text = "";
                    })
                    .SetNegativeButton("Cancelar", delegate
                    {
                        //Define o alerta para executar a tarefa
```

```
                        Android.App.AlertDialog.Builder builder = new Android.
App.AlertDialog.Builder(this);
                        Android.App.AlertDialog erro = builder.Create();
                        //Define o Titulo
                        erro.SetTitle("Cancelamento");
                        erro.SetIcon(Android.Resource.Drawable.IcDialogInfo);
                        erro.SetMessage("O Botão Cancelar Foi Pressionado !!!!.
O Aplicativo Vai Ficar em 2° Plano !!!!");
                        erro.SetButton("OK", (s, ev) =>
                        {
                            alertbuilder.Dispose();
                            Finish();
                        });
                        erro.Show();
                    });
                    Android.App.AlertDialog dialog = alertbuilder.Create();
                    dialog.Show();
                }
            };
            Exibir.Click += delegate
            {
                if (barcos != null && barcos.Count > 0)
                {
                    //Listar o conteúdo da lista barcos
                    for (i = 0; i < barcos.Count; i++)
                    {
                        Toast.MakeText(this, "" + barcos[i], ToastLength.Long).
Show();
                    }
                }
                else
                {
                    //Mostra uma mensagem de texto ao usuário dizendo que a Lis-
ta está vazia
                    Toast.MakeText(this, "A Lista barcos Está Vazia !!!!", Toas-
tLength.Long).Show();
                }
            };
            Limpar.Click += delegate
            {
                //Limpa os dados inclusos dentro da Lista barcos
                for (i = 0; i < barcos.Count; i++)
                {
                    barcos.Clear();
                }
```

```
            };
        }
```

Salve seu projeto, conforme vimos nas **figuras 90** e **91**. Veja como ficou o código completo:

```
using Android.App;
using Android.Widget;
using Android.OS;
using Android.Views;
using Android.Support.V7.App;
using Listas_OO.Classes;
using System.Collections.Generic;

namespace Listas_OO
{
    [Activity(Label = "@string/app_name", Theme = "@style/AppTheme", MainLaunch-
er = true, Icon = "@drawable/Icon")]
    public class MainActivity : AppCompatActivity
    {
        //Criando a lista de Barcos
        List<Barco> barcos = new List<Barco>();
        int i = 0;

        protected override void OnCreate(Bundle savedInstanceState)
        {
            base.OnCreate(savedInstanceState);
            //Chama o layout principal Main
            SetContentView(Resource.Layout.activity_main);
            //Faz referência ao objeto Button btnLimpar no Main.xml
            Button Limpar = FindViewById<Button>(Resource.Id.btnLimpar);
            //Faz referência ao objeto Button btnExibir no Main.xml
            Button Exibir = FindViewById<Button>(Resource.Id.btnExibir);
            //Faz referência ao objeto Button btnExecutar no Main.xml
            Button Executar = FindViewById<Button>(Resource.Id.btnExecutar);
            Executar.Click += delegate
            {
                //Populando a lista
                for (i = 0; i < 3; i++)
                {
                    //Código onde vai ser chamado o campo EditText em tempo de
execução
                    //através do método inflater
                    LayoutInflater layoutInflater = LayoutInflater.From(this);
                    //Aqui vamos pegar a referencia do layout que queremos inflar
                    View view = layoutInflater.Inflate(Resource.Layout.TelaEntra-
```

```
da, null);
                    Android.App.AlertDialog.Builder alertbuilder = new Android.
App.AlertDialog.Builder(this);
                    alertbuilder.SetView(view);
                    //Faz referência ao objeto EditText txtAnoBarco na TelaEn-
trada.axml
                    var AnoBarco = view.FindViewById<EditText>(Resource.
Id.txtAnoBarco);
                    //Faz referência ao objeto EditText txtNomeBarco na TelaEn-
trada.axml
                    var NomeBarco = view.FindViewById<EditText>(Resource.
Id.txtNomeBarco);
                    alertbuilder.SetCancelable(false)
                    .SetPositiveButton("Incluir", delegate
                    {
                        if ((AnoBarco.Text != "") && (NomeBarco.Text != ""))
                        {
                            // Populando a Lista
                            barcos.Add(new Barco(int.Parse(AnoBarco.Text), Nome-
Barco.Text));
                        }
                        else
                        {
                            //Define o alerta para executar a tarefa
                            Android.App.AlertDialog.Builder builder = new An-
droid.App.AlertDialog.Builder(this);
                            Android.App.AlertDialog erro = builder.Create();
                            //Define o Titulo
                            erro.SetTitle("Erro");
                            erro.SetIcon(Android.Resource.Drawable.IcDialogIn-
fo);
                            erro.SetMessage("Alguma Caixa de Texto Está Vazia.
Verifique !!!!. O Aplicativo Vai Ficar em 2° Plano !!!!");
                            erro.SetButton("OK", (s, ev) =>
                            {
                                //Caso alguma caixa de texto esteja vazia, ini-
cializar o índice com zero para começar a contar novamente
                                i = 0;
                                barcos.Clear();
                                Finish();
                            });
                            erro.Show();
                        }
                        AnoBarco.Text = "";
                        NomeBarco.Text = "";
                    })
                    .SetNegativeButton("Cancelar", delegate
```

```
                    {
                        //Define o alerta para executar a tarefa
                        Android.App.AlertDialog.Builder builder = new Android.
App.AlertDialog.Builder(this);
                        Android.App.AlertDialog erro = builder.Create();
                        //Define o Titulo
                        erro.SetTitle("Cancelamento");
                        erro.SetIcon(Android.Resource.Drawable.IcDialogInfo);
                        erro.SetMessage("O Botão Cancelar Foi Pressionado !!!!.
O Aplicativo Vai Ficar em 2° Plano !!!!");
                        erro.SetButton("OK", (s, ev) =>
                        {
                            alertbuilder.Dispose();
                            Finish();
                        });
                        erro.Show();
                    });
                    Android.App.AlertDialog dialog = alertbuilder.Create();
                    dialog.Show();
                }
            };
            Exibir.Click += delegate
            {
                if (barcos != null && barcos.Count > 0)
                {
                    //Listar o conteúdo da lista barcos
                    for (i = 0; i < barcos.Count; i++)
                    {
                        Toast.MakeText(this, "" + barcos[i], ToastLength.Long).
Show();
                    }
                }
                else
                {
                    //Mostra uma mensagem de texto ao usuário dizendo que a Lis-
ta está vazia
                    Toast.MakeText(this, "A Lista barcos Está Vazia !!!!", Toas-
tLength.Long).Show();
                }
            };
            Limpar.Click += delegate
            {
                //Limpa os dados inclusos dentro da Lista barcos
                for (i = 0; i < barcos.Count; i++)
                {
```

```
                        barcos.Clear();
                    }
                };
            }
        }
}
```

Vamos compilar nossa aplicação, para isto vá para o menu **Debug**, em seguida, selecione o item **Start Debugging** ou pressione a tecla **F5**, conforme vimos na **figura 96**. Ou simplesmente clique na setinha verde que fica na janela **Select Device**, conforme vimos na **figura 97**. Como eu disse anteriormente, estou executando no meu smartphone **Asus Zenfone 4**, deve aparecer a janela inicial do nosso aplicativo, clique no botão **EXIBIR LISTA**, observe que não vai ocorrer o erro de **Runtime** ou de **Execução**, pois usamos um **if..else**, poderíamos ter usado a cláusula **try..catch**, ao invés disto, vai aparecer uma mensagem para o usuário dizendo que algo está errado, clique no botão **OK**. Esta é uma ótima maneira de amarrar o usuário para digitar os valores corretos. Podemos fazer isto em todos os aplicativos que peçam entrada de dados ao usuário. Clique no botão **PREENCHER LISTA**, veja que vai abrir a tela de entrada de dados, clique no botão **CANCELAR**, vai aparecer uma mensagem para o usuário dizendo que o aplicativo foi cancelado e que o mesmo vai retornar para a tela principal. Clique no botão **OK**, e vamos retornar para a tela principal do aplicativo, veja a sequencia conforme figura 309:

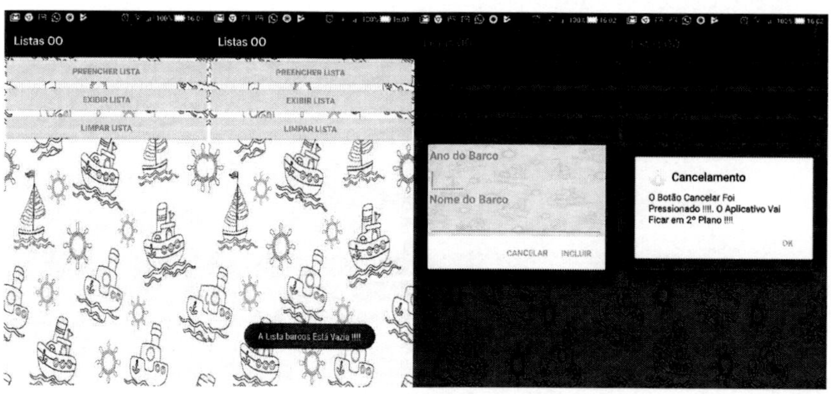

Figura 309

Para retornar ao aplicativo, no smartphone ou no emulador, clique no menu redondo que fica na parte de baixo da tela, role a tela até encontrar o ícone do app **Listas OO** conforme vimos na **figura 307**. Clique sobre ele, siga a senquencia que vimos na **figura 309**, e clique no botão **PREENCHER LISTA**, e vai aparecer a tela para entrarmos com os dados. Clique no botão **INCLUIR**, com a caixa de texto vazia e vai aparecer uma mensagem de erro dizendo para verificar se a mesma esta vazia. Clique no botão **OK**, vai encerrar o aplicativo, repita a sequencia que vimos na **figura 307**, e retorne para o app **Listas OO**, repita a sequencia que vimos na **figura 309**, e clique no botão **PREENCHER LISTA**, e vai aparecer a tela para entrarmos com os dados. Digite três nomes de barcos e seus respectivos anos, ao terminar vamos retornar para a tela inicial do app, conforme vimos na **figura 309**. Clique no botão **EXIBIR LISTA**, e veja que os nomes vão aparecendo no rodapé da tela do emulador, veja a sequencia conforme figura 310:

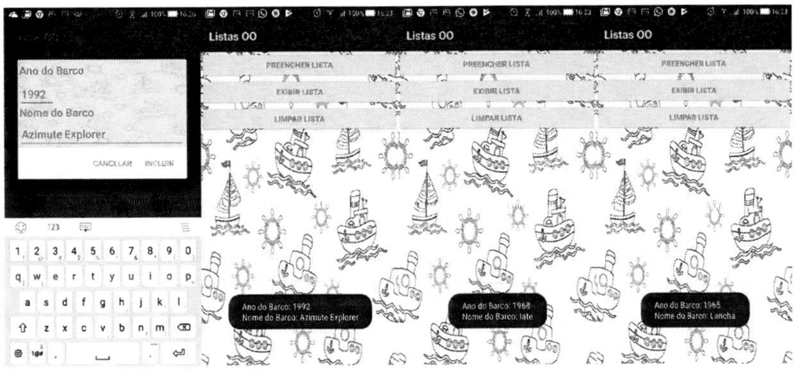

Figura 310

Aguarde o término das exibição dos dados, e clique no botão **LIMPAR LISTA**, e depois clique no botão **EXIBIR LISTA**, e veja que vai aparecer uma mensagem dizendo que a mesma está vazia, conforme vimos na **figura 309**. Vamos retornar ao **Visual Studio**, para isto, clique no ícone do **Visual Studio** na barra de tarefas do **Windows**, conforme vimos na **figura 61**. Ao abrir o **Visual Studio**, vá para o menu **Debug**, em seguida, selecione o item **Stop Debugging** ou pressione simultaneamente as teclas **Shift+F5**, conforme vimos na **figura 103**, ou ainda, você pode utilizar o menu que aparece na barra de ferramentas do **Visual Studio**, conforme vimos na **figura 104**.

Chegamos ao Fim

Espero que este livro possa ajudá-los a conhecer um pouco sobre **Orientação a Objetos – OO**, para que possam estar aptos a lidar com qualquer linguagem que estiver dentro do Paradigma Orientado a Objetos e estarem preparados para participar deste mercado cada vez mais crescente, no que diz respeito ao desenvolvimento de aplicativos. Quero salientar que o aprendizado não se resume apenas ao conteúdo deste livro e sim, na busca constante por novos conhecimentos.

Ativando o Emulador do Android

Vá até o menu **Tools**, em seguida selecione o item **Android**, em seguida selecione o item **Android Device Manager...**, conforme figura 311:

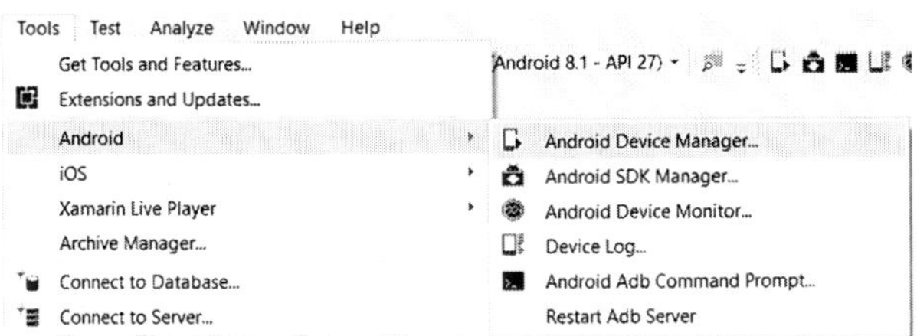

Figura 311

Dependendo da configuração do seu **Windows**, pode ser que apareça a janela **Controle de Conta de Usuário**, conforme figura 312:

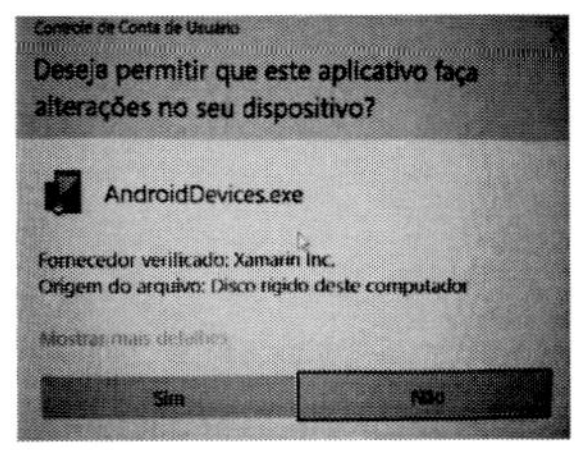

Figura 312

Clique no botão **Sim** e aguarde abrir a janela **Android Device Manager**, Clique no Botão **Start**, conforme figura 313:

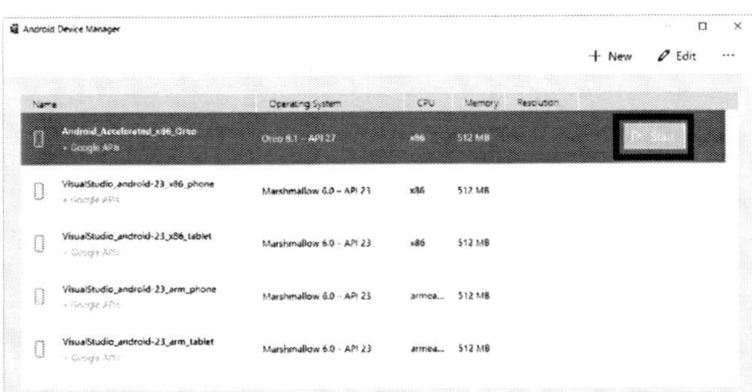

Figura 313

Deve aparecer uma mensagem de erro, conforme figura 314:

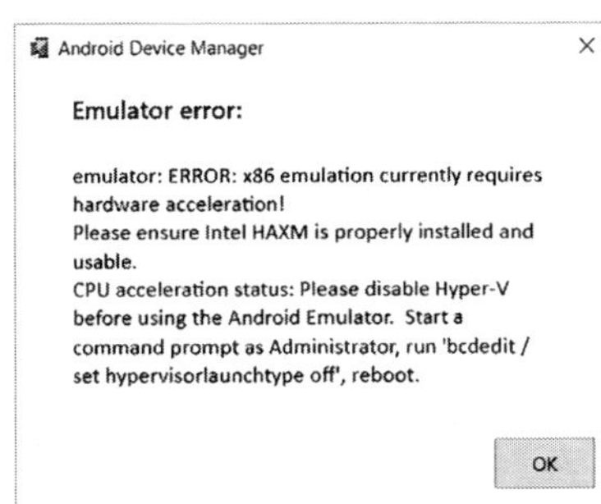

Figura 314

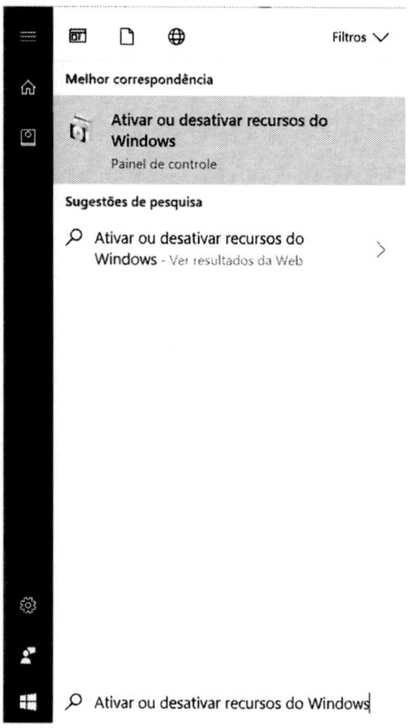

O que acontece é que para usar este emulador, temos que desabilitar o **Hyper-V**, vamos fazer isto. Clique no botão **OK**. Na caixa de pesquisa, digite **Ativar ou desativar recursos do Windows**, conforme figura 315:

Figura 315

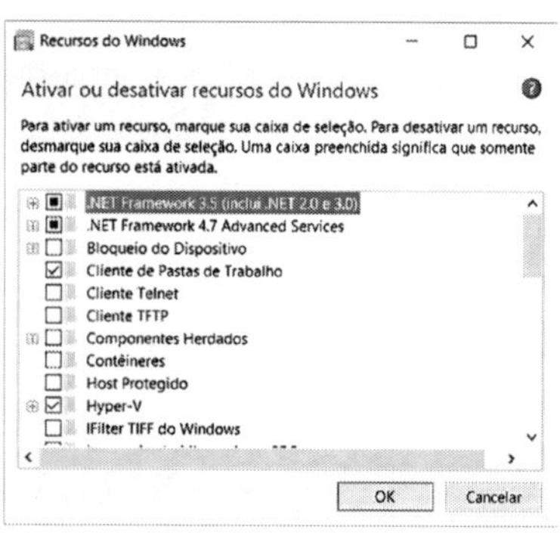

Clique sobre o item **Ativar ou desativar recursos do Windows**, deve aparecer a janela **Recursos do Windows**, procure o item **Hyper-V**, se o mesmo não estiver aparecendo, clique na barra de rolagem vertical, conforme figura 316:

Figura 316

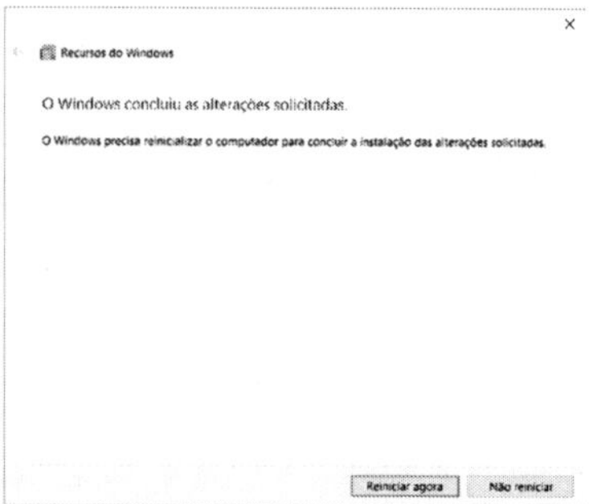

Clique com o mouse sobre a caixinha que tem na frente deste item e veja que o mesmo vai estar desmarcado, feito isto, clique botão **OK** e aguarde as configurações. Em seguida dever aparecer uma janela pedindo para reiniciar o **Windows**, conforme figura 317:

Figura 317

Clique no botão Reinciar agora, e reinicie o computador para que as configurações sejam confirmadas. Quando o computador voltar, repitda o procedimento que vimos na figura 61, para abrir o Visual Studio 2017. Se a mensagem de erro da figura 314 não aparecer, significa que está tudo ok.

Anexo II

Ativando as Opções de Desenvolvedor no Seu Smartphone

Modelo Leagoo Z5

Este tutorial é para o modelo **Leagoo Z5**, com **Android 6.0**, procure na Internet como fazer com o seu modelo de smartphone, mas na grande maioria das vezes, o procedimento é o mesmo. Na tela inicial, procure o item **Configurar**, conforme figura 318:

Figura 318

Pressione o mesmo, na próxima tela, pressione o item **General setting**, conforme figura 319:

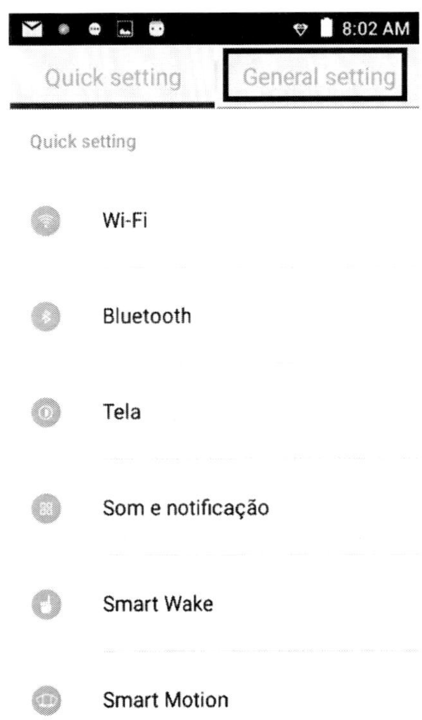

Figura 319

Role a tela e procure o item **Sobre o telefone**, conforme figura 320:

Figura 320

Pressione o mesmo, na tela **Sobre o telefone**, role a mesma até o final e pressione várias vezes o item **Número da versão**, até aparecer o modo de desenvolvedor, conforme figura 321:

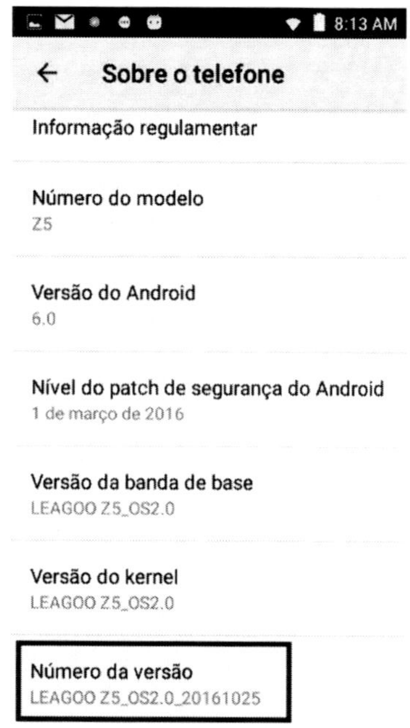

Figura 321

Deve aparecer agora na tela **General setting**, o item **Opções de desenvolvedor**, conforme figura 322:

Figura 322

Pressione este item, role a tela e verifique se o item **Depuração USB**, está ativado, conforme figura 323;

Figura 323

Role a tela mais um pouco e verifique se o item **Verificar apps por USB** está ativado, conforme figura 324:

Figura 324

No smartphone, deverá aparecer uma mensagem **Permitir a depuração USB?**, conforme figura 326:

Figura 326

Desta forma seu smartphone estará pronto para ser utilizado, basta inseri-lo na porta **USB** do seu compurador e o **Windows** deverá reconhece-lo automaticamente, conforme figura 325:

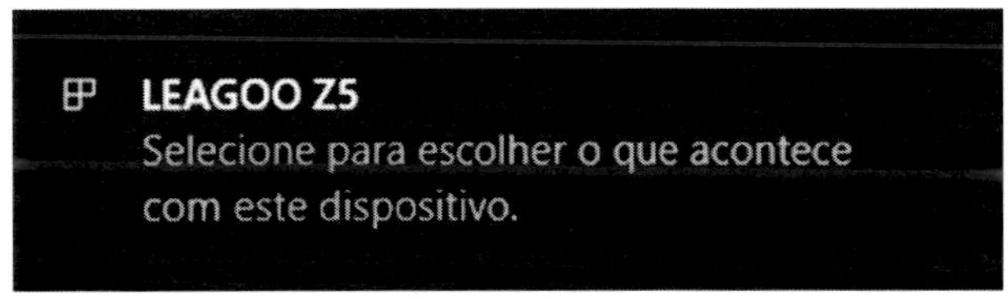

Figura 325

Clique no botão **OK**. Caso isto não aconteça, procure na Internet o driver so seu smartphone e faça a instalação do mesmo. Estamos prontos para utilizar nossos aplicativos desenvolvidos no **Visua Studio 2017** no nosso telefone celular.

Modelo Asus Zenfone 4

Este tutorial é para o modelo **Asus_Z01KD**, com **Android 8.0**, procure na Internet como fazer com o seu modelo de smartphone, mas na grande maioria das vezes, o procedimento é o mesmo. Na tela inicial, procure um ícone, conforme figura 327:

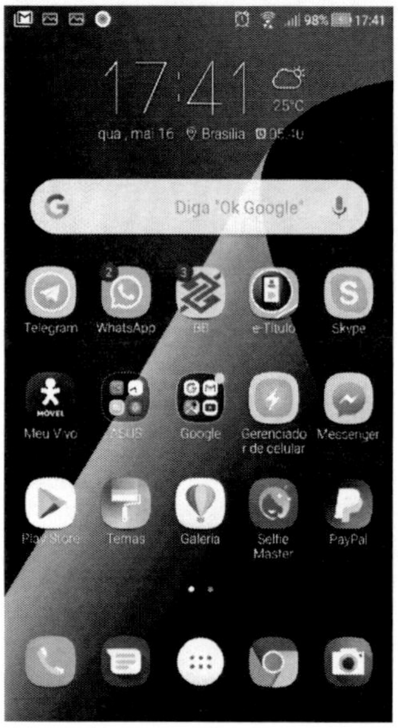

Figura 327

Pressione o mesmo, na próxima tela, procure o item **Configurar**, conforme figura 328:

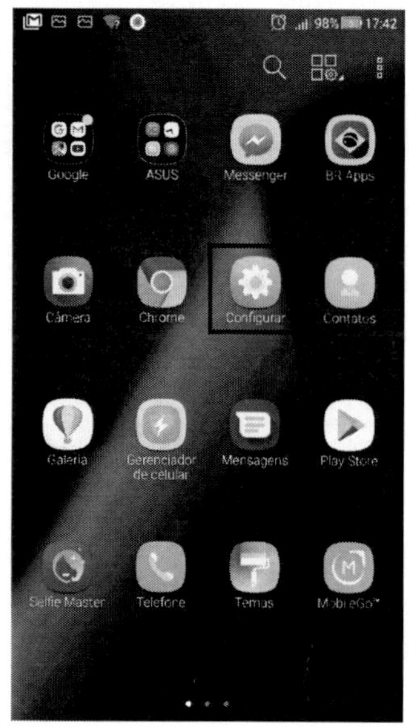

Figura 328

Na tela **Configurar**, clique sobre o item **Sistema**, conforme figura 329:

Figura 329

Na tela **Sistema**, clique sobre o item **Sobre**, conforme figura 330:

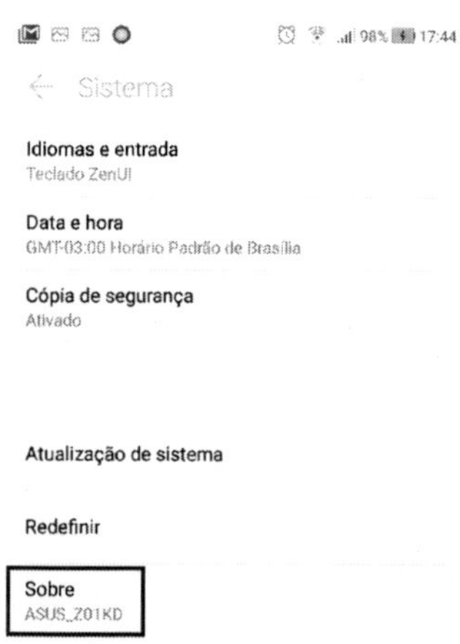

Figura 330

Na tela **Sobre**, clique sobre o item **Informações do software**, conforme figura 331:

Figura 331

Na tela **Informações do software**, clique sete vezes sobre o item **Número da versão**, conforme figura 332:

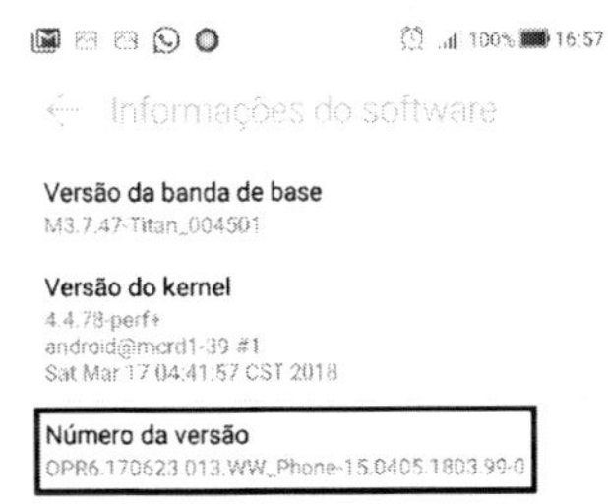

Figura 332

Retorne para a tela **Sistemas**, e veja que agora o item **Opções do desenvolvedor**, está ativado, conforme figura 333:

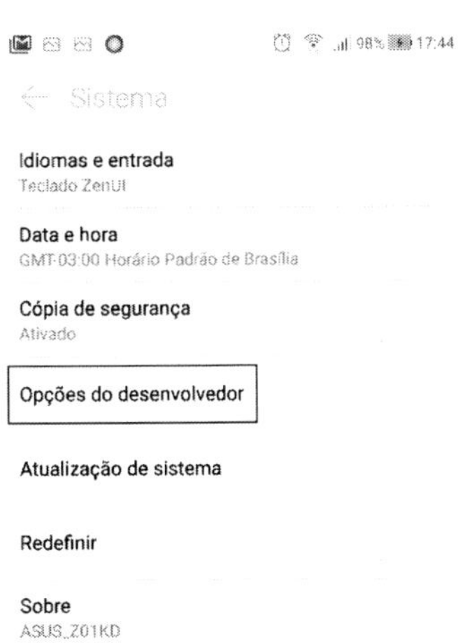

Figura 333

Clique sobre o item **Opções do desenvolvedor**, role a tela um pouco e encontre os itens **Depuração USB** e **Verificar apps por USB**, e ative-os, para isto basta clique sobre o botão que fica do lado direito, e o mesmo deve ficar azulado, conforme figura 334:

Figura 334

Desta forma seu smartphone estará pronto para ser utilizado, basta inseri-lo na porta USB do seu computador e o **Windows** deverá reconhece-lo automaticamente, conforme figura 335.

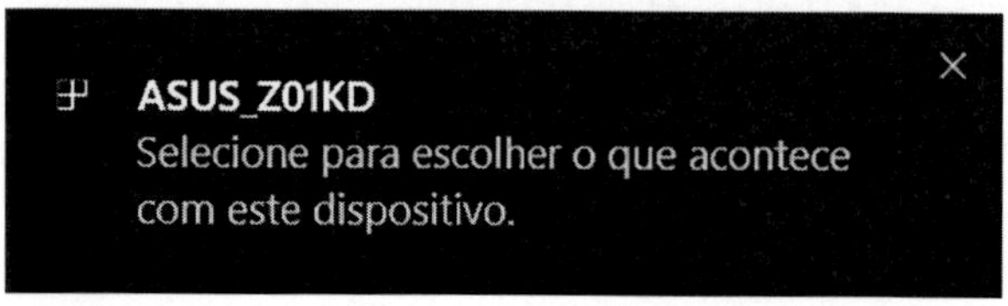

Figura 335

No smartphone, deverá aparecer uma mensagem **Use USB para transf. De arquivo?**, conforme figura 336:

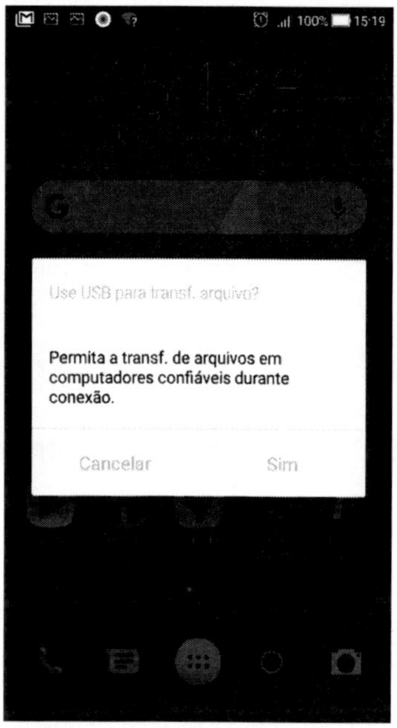

Figura 336

Clique no botão **Sim**. Deve aparecer outra mensagem **Permitir a depuração USB?**, conforme figura 337:

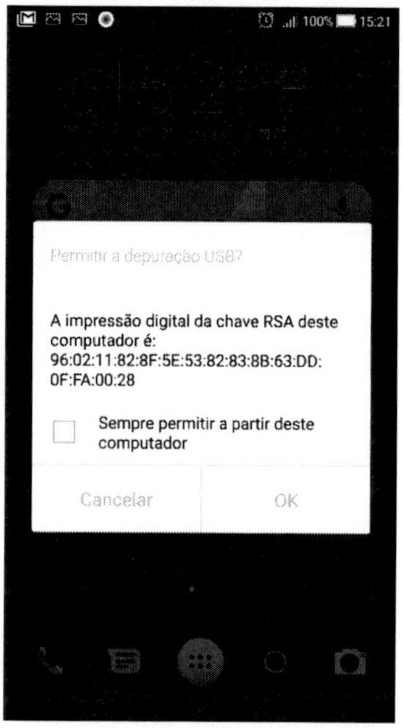

Figura 337

Clique no botão **OK**. Caso isto não aconteça, procure na Internet o driver so seu smartphone e faça a instalação do mesmo. Estamos prontos para utilizar nossos aplicativos desenvolvidos no **Visua Studio 2017** no nosso telefone celular.

Desinstalar um Aplicativo do Smartphone

Modelo Asus Zenfone 4

Este tutorial é para o modelo **Asus_Z01KD**, com **Android 8.0**, procure na Internet como fazer com o seu modelo de smartphone, mas na grande maioria das vezes, o procedimento é o mesmo. Na tela inicial, procure um ícone, conforme vimos na **figura 327**. Em seguida role as páginas até encontrar o ícone do **App**, segure com o dedo e arraste até o item **Desinstalar**, conforme figura 338:

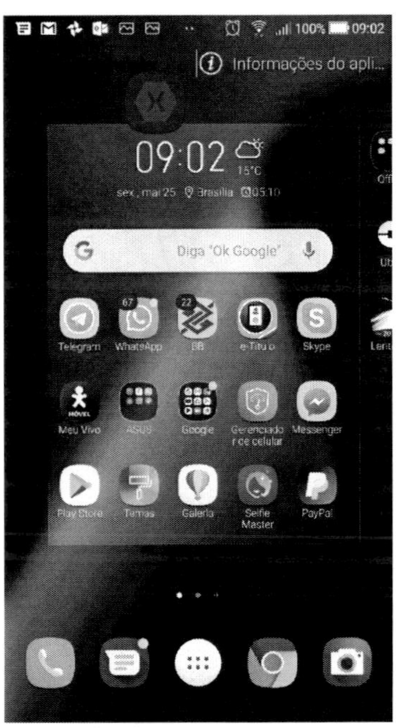

Figura 338

Aguarde e deve aparecer uma mensagem **Primeira Aplicação Android Deseja desinstalar este app?**, conforme figura 339:

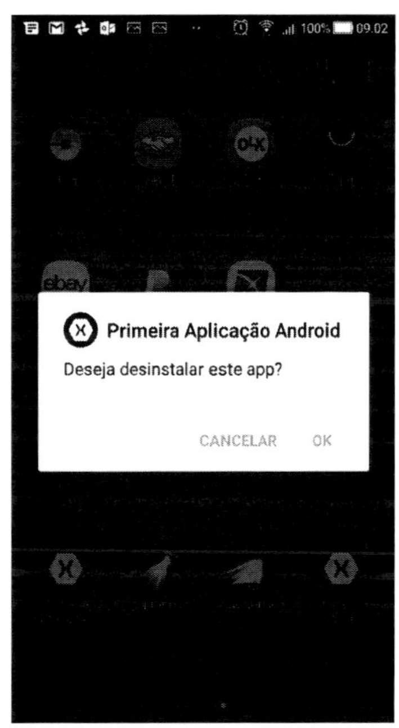

Figura 339

Clique no botão OK. Vai aparecer uma mensagem no rodapé da tela dizendo que o app foi desinstalado, conforme figura 340:

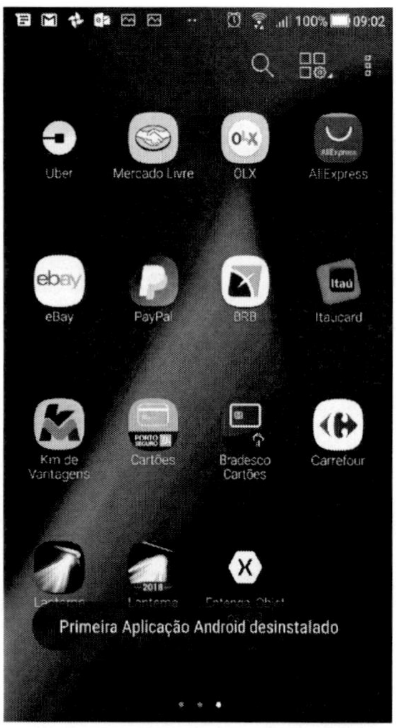

Figura 340

Modelo Leagoo Z5

Este tutorial é para o modelo **Leagoo Z5**, com **Android 6.0**, procure na Internet como fazer com o seu modelo de smartphone, mas na grande maioria das vezes, o procedimento é o mesmo. Na tela inicial, procure o item **Configurar**, conforme vimos na **figura 318**. Em seguida role as páginas até encontrar o ícone do **App**, segure com o dedo e arraste até o item **Unistall**, conforme figura 341:

Figura 341

Aguarde e deve aparecer uma mensagem **Primeira Aplicação Android Deseja desinstalar este app?**, conforme figura 342:

Figura 342

Clique no botão **OK**. Vai aparecer uma mensagem no rodapé da tela dizendo que o app foi desinstalado, conforme figura 343:

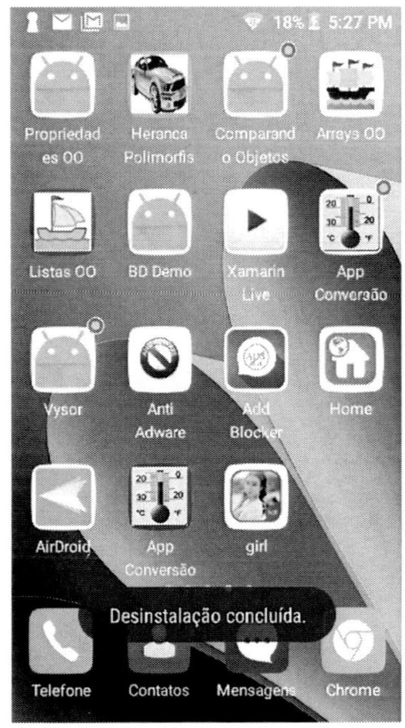

Figura 343

Impressão e acabamento
Gráfica da Editora Ciência Moderna Ltda.
Tel: (21) 2201 - 6662